中国煤炭工业发展报告（2015）

ANNUAL REPORT ON COAL INDUSTRY IN CHINA (2015)

煤炭产能新常态与落后产能退出新机制

New Normal of China's Coal Production and New Mechanism of Closing Down Outdated Production

主 编／岳福斌

图书在版编目(CIP)数据

中国煤炭工业发展报告.2015：煤炭产能新常态与落后产能退出新机制/岳福斌主编.—北京：社会科学文献出版社，2015.12
（煤炭蓝皮书）
ISBN 978-7-5097-8547-8

Ⅰ.①中… Ⅱ.①岳… Ⅲ.①煤炭工业-工业发展-研究报告-中国-2015 Ⅳ.①F426.21

中国版本图书馆CIP数据核字（2015）第302697号

煤炭蓝皮书
中国煤炭工业发展报告（2015）
——煤炭产能新常态与落后产能退出新机制

主　　编 / 岳福斌

出 版 人 / 谢寿光
项目统筹 / 周　丽　王玉山
责任编辑 / 王玉山　冯咏梅

出　　版 / 社会科学文献出版社·经济与管理出版分社（010）59367226
　　　　　 地址：北京市北三环中路甲29号院华龙大厦　邮编：100029
　　　　　 网址：www.ssap.com.cn
发　　行 / 市场营销中心（010）59367081　59367090
　　　　　 读者服务中心（010）59367028
印　　装 / 北京季蜂印刷有限公司
规　　格 / 开　本：787mm×1092mm　1/16
　　　　　 印　张：20.75　字　数：312千字
版　　次 / 2015年12月第1版　2015年12月第1次印刷
书　　号 / ISBN 978-7-5097-8547-8
定　　价 / 85.00元

皮书序列号 / B-2008-102

本书如有破损、缺页、装订错误，请与本社读者服务中心联系更换

▲ 版权所有 翻印必究

权威·前沿·原创

皮书系列为
"十二五"国家重点图书出版规划项目

本书由北京绿能煤炭经济研究基金会资助

《煤炭蓝皮书》编纂指导委员会

顾　问　濮洪九　中国煤炭工业协会名誉会长
　　　　　云公民　全国政协常委

主　任　吴　吟　国务院参事室特约研究员；中国能源研究
　　　　　　　　　会副理事长

委　员（按姓氏笔画排序）
　　　　　卜昌森　山西煤矿安全监察局党组书记、局长
　　　　　牛建明　山西省煤炭工业厅副厅长
　　　　　田　会　中国煤炭工业协会驻会副会长
　　　　　华　炜　陕西煤业化工集团党委书记
　　　　　乔乃琛　山东省煤炭工业局局长、党组书记
　　　　　刘万波　四川省煤炭产业集团总经理
　　　　　张双旺　内蒙古伊泰集团董事长、党委书记
　　　　　张玉卓　神华集团董事长、党组书记
　　　　　张有喜　同煤集团董事长、党委书记
　　　　　李希勇　兖矿集团董事长、党委书记
　　　　　杨照乾　陕西煤业化工集团董事长
　　　　　武华太　山西焦煤集团公司董事长、党委书记
　　　　　贺天才　晋煤集团董事长、党委书记
　　　　　凌　文　神华集团总经理、党组成员
　　　　　崔　涛　中国煤炭报社、中国安全生产报社党委书记

《煤炭蓝皮书》编纂委员会

主　编　岳福斌

委　员　（按姓氏笔画排序）

　　　　　于秀忠　山东省煤炭工业局副局长
　　　　　马金泉　兖矿集团战略研究院常务副院长
　　　　　牛克洪　兖矿集团战略研究院名誉院长
　　　　　孙喜民　陕西煤业化工集团副总经理
　　　　　张东海　内蒙古伊泰集团总经理
　　　　　张树屏　神华集团战略规划部主任师
　　　　　李　伟　兖矿集团总经理、党委副书记
　　　　　李永平　同煤集团董事长助理
　　　　　李建胜　山西焦煤集团副总经理
　　　　　陈旭忠　同煤集团董事、副总经理
　　　　　时亚民　陕西煤业化工集团副总工程师
　　　　　何　江　川煤集团企业管理部工程师
　　　　　吴　璘　中国煤炭经济研究院院长助理
　　　　　金智新　山西焦煤集团副董事长、总经理
　　　　　房世全　山西省煤炭工业厅规划发展处处长
　　　　　郭金刚　同煤集团副董事长、总经理
　　　　　顾　伟　中国社会科学院研究生院博士研究生
　　　　　黄传福　山东省煤炭工业局副局长

曹晨明　山西焦煤集团副董事长
　　韩建国　神华集团副总经理、党组成员
　　翟德元　内蒙古伊泰集团投资公司副总经理
　　魏红州　山西省煤炭工业厅规划发展处副处长

秘　书　薛　楠　岳鸿飞　胡可征　张新闻

主编简介

岳福斌 男，辽宁省葫芦岛市人，中国社会科学院研究生院教授、博士生导师，中央财经大学中国煤炭经济研究院院长，北京绿能煤炭经济研究基金会秘书长。兼任中国工业经济联合会学术委员、中国国有资产管理学会理事、能源国策专家委员会委员、中国科技发展基金以及一些省市企业的投资顾问、中经煤炭产业景气指数特约撰稿人。长期致力于中国经济问题研究，出版著作20余部，发表学术论文300余篇。近十多年来致力于中国煤炭经济研究，先后主持了铁路建设基金对煤炭产业的影响、煤炭价格形成机制、煤炭成本构成、煤炭交易制度、煤炭财产保险、煤炭管理体制、北煤南运铁路专线建设、煤炭产业创投引导基金、煤矿企业兼并重组、煤炭企业精细化管理、煤炭税费制度综合改革、加强商品煤质量管理、混合所有制及其在煤炭产业的构建、中国能源革命与煤炭产业策略、科学推进我国煤制油产业发展、煤炭工业发展"十三五"产能规划研究，以及《煤炭工业发展"十二五"规划》、河南省等多项地方政府和煤炭企业发展战略课题研究，提出的多项政策建议被政府采纳。已载入《中国当代著名经济学家辞典》《中国当代著名青年学者辞典》《世界华人著名教育家辞典》《当代华人名人传略》等。

摘　要

本书由中央财经大学中国煤炭经济研究院牵头组建的《煤炭蓝皮书》编纂指导委员会组织编写,由来自科研院所、高等院校、地方煤炭主管部门和重点煤炭企业的领导、专家学者共同编纂而成。

产能过剩已成为中国煤炭产业的一种新常态。这一态势已对煤炭产业的健康发展造成了极大的负面影响。目前我国煤炭产业已经全面陷入困境,并已危及经济社会稳定发展。研究表明,"十三五"期间煤炭需求增速将持续放缓,产能过剩问题依然存在。化解产能过剩已成为中国煤炭产业革命关键一役,是中国煤炭产业健康、稳定和可持续发展必须迈过的一道坎。考虑我国煤炭产能呈现的先进与落后叠加的特点,为避免"劣币驱逐良币"的挤出效应,按照社会生产力发展规律和煤炭产能结构优化的要求,化解煤炭产能过剩必须要以落后产能退出为突破口;而且,落后产能退出也是煤炭产业发展过程中一种常态化的必然选择。

本书以中国煤炭产能新常态与落后产能退出新机制为主线,由总报告、实证报告和附录三部分组成。总报告由中国煤炭经济研究院撰写,该报告分上下两篇,"上篇"在简要介绍有关产能基础知识的基础上,客观分析了产能过剩这一中国煤炭产业新常态,在深刻总结煤炭产能过剩形成原因的基础上,提出了化解的思路;"下篇"从煤炭落后产能的范畴入手,探讨了其形成原因和特点,总结和分析了其退出的政策实践和面临的困难,提出了建立健全常态化的退出机制,实现煤炭落后产能平稳有序退出的思路。实证报告分别由山西省煤炭工业厅、山东省煤炭工业局等煤炭主产省产业管理部门以及神华集团、山西焦煤集团、兖矿集团、同煤集团、陕煤化集团、内蒙古伊泰集团、川煤集团等煤炭企业撰写,分别介绍了它们或当地煤炭产能的形成

过程、产能总量与结构状况；总结了它们在落后产能退出或先进产能发展方面的经验和教训；分析了落后产能退出存在的困难；提出了下一阶段有关落后产能退出的政策诉求。另外，该书编委会摘编了20世纪末以来我国有关煤炭落后产能退出的政策法规作为附录。

本书最大的特点是唯物唯实、发展创新。以实事求是为原则，对我国煤炭产能的发展、产能过剩的基本态势、煤炭落后产能的形成和特点、落后产能退出政策及实践进行了客观分析和评价。以建立健全落后产能退出新机制为主旨，按市场经济发展要求，创新性地提出了政策引导下的市场化煤炭落后产能常态退出新模式。这一研究成果对于促进煤炭落后产能平稳有序退出，化解煤炭产能过剩问题，推动煤炭产业健康、稳定和可持续发展具有重要的理论意义和现实意义。该书可作为政府规划、管理、决策部门和煤炭企业实践指导参考用书，以及经济理论与政策研究机构、高等院校科研和教学参考用书。

序

2015年《煤炭蓝皮书》的选题是我提出并经中国煤炭经济研究院理事长工作会议讨论后确定的。

随着国民经济进入"新常态",煤炭产业也进入了"新常态"。认识新常态、适应新常态、引领新常态是当前和今后一个时期必须要解决好的问题。

2014年,中国煤炭经济研究院曾系统研究了煤炭工业发展"十三五"产能规划问题。研究和分析结果表明,煤炭产能相对过剩已成为我国"十二五"时期最基本的态势。由此,研究报告提出了要深入研究能源供需格局新变化、能源发展新趋势,准确把握煤炭产业周期性运行规律和发展新特点,牢固树立"市场决定产能规划"的新理念,把规划重心从供给侧转变到需求侧,把化解产能过剩作为新时期重点任务等诸多政策建议。我认为,这十分契合我国煤炭产业的"新常态"和发展新趋势。

化解煤炭产能过剩任重道远,不仅贯穿整个"十二五"时期,也是"十三五"时期煤炭产业的重点任务。完成这一重点任务必须要选准切入点或突破口,煤炭落后产能的退出将成为打胜这一战役的关键。事实上,我国煤炭落后产能由来已久,但受经济高速增长和煤炭产业自身一些因素的影响,煤炭落后产能长期存在。在当前煤炭企业经营持续恶化、煤炭行业全面亏损、集体讨薪等社会稳定事件时有发生的情况下,落后产能的退出成为当务之急。而从煤炭产业转型、健康和可持续发展的角度看,落后产能的退出更是长远之策。具体而言:

一是有助于平衡总量,并为先进产能的发展腾出空间。尽管煤炭产业持续不景气已经造成产业投资显著下降,但仍有一大批在建项目有待完工并形成新的产能。这些新建产能大多属于先进产能，如果落后产能退不出去，新产能的释放必然会带来新的产能过剩。只有通过"产能置换"的方式，才能为先进产能发展留出空间。

二是有助于煤炭产业转型发展，适应能源革命的大趋势。只有煤炭落后产能顺利退出去，才能形成规范的煤炭市场秩序，才能积聚煤炭产业转型升级的经济基础。只有落后产能有效退出，煤炭产业才可能脱胎换骨，走上安全有保障、资源利用率高、污染排放少、经济效益好的道路，才能适应能源革命的大趋势，把节约资源、保护生态环境的基本国策在煤炭行业落到实处。

三是有助于国民经济稳定健康发展。国民经济稳定健康发展离不开能源产业的稳定发展。煤炭产业作为我国基础能源产业，其稳定发展更是保障国民经济稳定发展的基本条件。"十二五"以来，我国煤炭产业深受产能过剩影响，产业发展呈现极不稳定局面。煤炭落后产能的退出，是化解产能过剩、促进产业稳定发展和国民经济稳定健康发展的重要保障措施。

为了有效撕开落后产能退出这个"口子"，开展深入研究十分必要。中国煤炭经济研究院主动担纲此重任。2015年4月，该院成立中心课题组，在前期研究基础上进行更深入研究；山西省煤炭工业厅、山东省煤炭工业局等部门，神华集团、同煤集团、山西焦煤集团、兖矿集团、陕煤化集团、内蒙古伊泰集团、川煤集团等企业相继成立专项课题组，并由各单位主要负责同志任组长，结合实际展开了煤炭落后产能退出这一课题的系统研究。其间，课题组还召开了两次专题研讨会，集思广益，进一步完善研究和充实研究成果。

经过半年多的努力，以"煤炭产能新常态与落后产能退出新机制"为主题的研究报告完成，并作为《中国煤炭工业发展报告（2015）》的总报告。该研究报告分上下两篇，上篇对我国煤炭产能形成过程进行了历史回顾，并对当前煤炭产能过剩基本态势及其成因进行了剖析，进而提出了化解煤炭产能过剩问题的基本思路与政策建议；下篇从煤炭落后产能的范畴入手，对其形成及特点进行了分析，梳理了近二十年来我国关于煤炭落后产能退出的政策及其实施效果，并在认识当前落后产能退出困难的基础上，有针对性地提出了实现煤炭落后产能平稳有序退出的思路。各专项课题组也相继完成了实证报告，分别介绍了他们或当地煤炭产能的形成过程、产能总量与结构状况，结合实际总结先进产能发展或落后产能退出的经验和教训，并提出了政策诉求。该书最后还摘编了20世纪末以来我国有关煤炭落后产能退出的政策法规，可以帮助读者了解政策法规的变迁。

《煤炭蓝皮书》（2015）已是煤炭蓝皮书系列的第七卷了。2015年蓝皮书的最大特点是：坚持以马克思主义作为指导思想的理论基础，以辩证唯物主义作为研究的世界观和方法论，不唯书，不唯上，只唯实，始终恪守实事求是的原则；坚持在唯物主义辩证法的基础上，灵活运用历史与现状相结合、规范与实证相结合、理论与实践相结合、本质分析与计量分析相结合的研究方法；坚持市场化改革的方向，提出了在政策引导下的煤炭落后产能市场化退出模式；集知识性、理论性、政策性、实践性于一体，内容翔实。该书可作为规划决策、行政执法、监督管理部门以及研究机构的参考用书，书中提到的一些具体做法，值得有关部门尝试。

产能过剩是我国煤炭产业发展历程中出现的一大新问题。建立煤炭落后产能的市场化退出机制，方向肯定是正确的，但有待在实践中完善和检验。希望本书课题组再接再厉，跟踪研究，为化解煤炭产能过剩问题继续贡献智慧，为煤炭产业转型、健康和可持续发展做出新贡献。

借此机会，向为本书付出辛勤劳动和汗水的作者和编委会工作人员表示衷心的感谢！向为我国煤炭产业发展做出杰出贡献的专家学者、企业家和一线职工致以崇高的敬意！

2015年9月

目 录

BⅠ 总报告

B.1 煤炭产能新常态与落后产能退出新机制
　　…………………………… 中国煤炭经济研究院课题组 / 001
　　上篇：产能过剩——中国煤炭产能新常态 …………………… / 002
　　下篇：建立健全常态化的退出机制　实现煤炭落后
　　　　　产能平稳有序退出 ……………………………………… / 069

BⅡ 实证报告

B.2 山西煤炭落后产能退出情况及有关建议
　　………………………………………… 山西省煤炭工业厅 / 116
B.3 煤炭产能新常态与落后产能退出新机制实证
　　研究报告 ……………………………… 山东省煤炭工业局 / 127
B.4 科学调整产量　为化解煤炭产能过剩做贡献
　　……………………………………… 神华集团有限责任公司 / 141
B.5 资源枯竭老国有煤矿退出政策研究
　　…………………………………… 大同煤矿集团有限责任公司 / 150

001

B.6 煤炭落后产能退出机制初探
　　………………………… 陕西煤业化工集团有限责任公司 / 159

B.7 近年来煤矿整顿关闭基本情况及政策建议
　　………………………… 山西焦煤集团有限责任公司 / 169

B.8 煤炭产能发展面临的问题与政策建议
　　………………………………………… 兖矿集团有限公司 / 177

B.9 完善煤炭落后产能退出机制的建议
　　………………………… 内蒙古伊泰集团有限公司 / 188

B.10 提高认识　统筹兼顾　推进煤炭落后
　　产能有序退出 ………… 四川省煤炭产业集团有限责任公司 / 195

附录：有关煤炭落后产能退出的国家政策 ………………… / 215
参考文献 ……………………………………………………… / 293

Abstract ……………………………………………………… / 302
Contents ……………………………………………………… / 305

总报告

General Report

B.1
煤炭产能新常态与落后产能退出新机制

中国煤炭经济研究院课题组*

摘　要： 进入国民经济与社会发展第十二个五年规划期后，产能过剩已成为中国煤炭产业的一种新常态。产能过剩虽有利于改变煤炭供给紧张的局面，降低火电等下游产业的生产成本，但对煤炭产业经济的负面影响极大。化解产能过剩已成为中国煤炭产业革命关键一役，是中国煤炭产业健康、稳定

---

* 课题组组长：岳福斌。成员：吴璘，浙江人，中国煤炭经济研究院院长助理，主要研究方向为煤炭经济；顾伟，江苏人，中国社会科学院研究生院博士研究生，主要研究方向为能源与信息监管；刘杨，四川人，清华大学博士后；岳鸿飞，北京人，北京师范大学经济与资源管理研究院博士研究生，主要研究方向为能源经济；薛楠（女），河北人，经济学硕士，中国煤炭经济研究院助理研究员；胡可征，河北人，北京师范大学经济与资源管理研究院硕士研究生；张新闻，安徽人，北京师范大学经济与资源管理研究院硕士研究生。

和可持续发展必须迈过的一道坎。目前，正值我国"十三五"规划的编制期，深入研究煤炭产能过剩这一新常态与落后产能退出新机制问题，无论对规划的科学编制、科学产能的形成和有序释放，对久处"隆冬季"的煤炭产业走出困境，重焕生机活力，再现辉煌，都具有重大意义。

本报告分"上篇"和"下篇"。"上篇"在简要介绍有关产能基础知识的基础上，客观分析了产能过剩这一中国煤炭产业新常态；在深刻总结煤炭产能过剩形成的原因的基础上，提出了化解的思路。"下篇"从煤炭落后产能的范畴入手，探讨了其形成的原因和特点，总结了政策实践和面临的困难，提出了建立健全常态化的退出机制，实现煤炭落后产能平稳有序退出的思路。

关键词： 煤炭 产能过剩 落后产能 退出机制 产业发展报告

上篇：产能过剩——中国煤炭产能新常态

一 有关产能的基础知识

（一）产能

1. 产能的定义

产能即生产某种产品的实际能力，是生产主体在既定的组织结构和生产技术条件下，充分利用生产性资本投入，在生产要素满负荷运转条件下所能实现的最大产量。一般情况下，产能用其所能生产的产品最大数量表示；有的也用耗费的原材料最大数量表示。

产能这一概念最早用以反映微观生产主体所拥有的加工生产能力，是反映企业生产规模的总量型指标。常见的计量指标主要有：生产要素投入量、产品产出量、原材料消耗量等。

微观企业产能有总量型产能和效率型产能两种表述方法。

总量型生产能力多出现在社会经济发展初期，特别是在短缺经济时代和企业刚刚起步阶段。例如，制造合成型生产企业的生产能力通常以年产出量计量。如钢铁厂、水泥厂以每年所生产的产品吨位作为生产能力，家电生产厂以年产品台数作为生产能力。这类企业的年产出数量越大，生产能力也越大。若生产企业同时生产多种类产品，可以通过选取企业产量与工时定额乘积最大的产品为代表产品，其他产品以此转换计算。对于使用单一原料生产多种产品的企业，通常以年处理的原料数量计量，如炼油厂以年加工处理原油的吨位作为该企业的生产能力。对于某些产品计量数字庞大的企业，如发电厂年发电量几十亿度电，其产能计量方式通常使用生产要素投入量计算，如总装机容量。服务性企业由于生产能力不能储存，往往也使用要素投入量计算服务能力，如航空公司以飞机座位数量为计量单位。

伴随着社会生产管理水平的全面提高与市场经济体制的完善健全，微观企业生产能力的计量方式也从原来的总量型指标变为效率型指标。效率型产能的表述从经济学方面给予了定义，即在单位时间内，所有生产要素最优组合所能生产出的总量即全要素生产率最大时的周期产量。微观企业层面的产能，一般是指从成本收益角度，所确定的某一生产企业的生产效率，即在单位时间内所生产的合格产品数量。其计算公式为：产能＝单位工作时间/周期时间。其中周期时间是指生产该单位产品的时间间隔，即生产的瓶颈时间；单位工作时间是指出勤时间减去相关活动产生的等待时间。

微观层面的产能定义，不论是总量型还是效率型，因其只用于表示单一生产主体的生产规模或技术指标，其定义已得到学界基本认同。随着经济的快速发展，资源赋存条件及环境承载能力约束的加大，产能的概念已从微观生产主体应用到中观整体产业层面。

基于中观经济理论分析，一产业产能应等于该产业所有企业的生产能

力之和，即该产业全部生产性固定资产在一定时期内（通常为年度周期），一定的技术组织条件下所能生产的最大数量，反映了该产业的生产力水平与产业发展现状。其计算形式为：$Y^* = \Sigma y_i^* = \Sigma P_i^* \cdot T_i^*$，其中，$Y^*$表示该产业产能，$y_i^*$代表该产业中某一企业的产能，$P_i^*$代表该企业的最大生产效率，$T_i^*$为该企业在周期时间内可投入的最大生产时间。截至目前，因研究者视角及行业间的差异，中观层面上的产能定义，学界还尚未形成共识。

2. 产能与产量

产能与产量是一对既有联系又有区别的经济学范畴。产能的本质属性是一种生产的技术参数和产业组织的释放形态，是实际生产的产品数量或规模。产能是产量的基础，具有决定性作用；产量是产能的外在表现形式。

在我国煤炭产业实践中，在"十二五"规划期以前，煤炭产能和产量是不区分的。尽管这样做从学术的角度看是不科学的，但在实践中有其客观必然性。究其原因，一是煤炭产业经济理论上的不成熟，人们对该范畴的认识还没达到相应的水平；二是煤炭供给相对短缺，人们重点关注的是产量的多少，而非产能的大小。"十二五"规划期以来，煤炭市场出现新常态，供给大于需求的矛盾日益尖锐。人们在深入分析这一经济现象过程中，逐步深化了对产量的决定因素——产能的认识，产能范畴的讨论和认识也逐步地深入，并首次出现在《煤炭工业"十二五"发展规划》中。

3. 产能的种类

产能一般可按其从规划到形成的过程，分为规划产能、设计产能、核定产能与实际产能。以资源类产业为例，规划产能是指产业主管部门根据国民经济社会发展需要和产业发展趋势，在产业发展规划中明确的某一时期该产业的生产能力，或者是企业在考虑长期需求和发展战略的基础上，对企业生产能力或矿井生产能力做出的规划。设计产能是指矿井在设计建造时，依据资源储量、环境承载力、安全生产条件、运输能力等技术条件，以及相关政策规定的其他条件所核定的矿井生产能力。从理论上讲，设计产能应是矿井产量的上限，通常由规划和设计部门确定，其最终的表现形式为生产性建设前的建设方案或技术图纸。核定产能，即在产能建成后，相关核准部门对其建成情况的验收与核算，结合前期规划和设计产能与实际建设情况，给出核算的产能规模。通常该结果会记入产业的相关统计数据中，现有的产能数据多数都是基于核定产能汇总而得。实际产能，顾名思义就是实际拥有的产能。

产能还可从生产建设过程角度去划分，包括拟建产能、在建产能、建成产能三个部分，其中建成产能是可以直接测量的，拟建产能和在建产能可纳入设计产能与核定产能范畴。

从投产环节看，产能还可以分为释放产能、闲置产能、废弃产能和待退出产能。释放产能是指投入生产并形成产量的生产能力；闲置产能是指实际拥有但没有投入生产的产能；废弃产能是指已经失去生产能力的产能；待退出产能是指生产力处于落后水平或按有关规定应予以退出的生产能力。

4. 煤炭产能

煤炭产能，按产能形成过程划分，同一般产能范畴基本一样，可分为规划产能、设计产能、在建产能和建成产能、释放产能、退出产能等。

按研究对象的大小划分，可以分为煤矿（井）产能、企业产能、基地产能、区域产能和产业总产能五大层次。煤矿（井）产能，是指在一定时期内煤矿所具备的煤炭生产能力。企业产能，是指煤炭企业在一定的时期内，在既定的生产组织技术条件下，所能生产的煤炭产品数量之和。基地产能，是针对目前我国十四大煤炭基地而言的产能。基于国民经济和社会发展实际，综合考虑我国能源资源禀赋和分布状况，以及各地区资源赋存条件、生产开采条件、交通运输条件、地区经济社会发展状况、生态环境状况等一系列因素，政府和产业主管部门提出了建设大型煤炭基地的能源战略布局，以此提高能源的持续、稳定供给能力，这些基地的煤炭产能共同构成了我国能源供应的重要基础。目前我国煤炭产业布局划分成神东、陕北、黄陇（华亭）、晋北、晋中、晋东、鲁西、两淮、冀中、河南、云贵、蒙东（东北）、宁东、新疆十四个煤炭基地（见图1）。区域产能，是综合我国因经济发展水平、地理地形地貌、行政区划等因素而划分的区域而言的。按经济带和煤炭开发历史划分，可分为东部地区、中部地区和西部地区煤炭产能；按经济区域划分，可分为东北、西北、华北、华东、华中、华南、西南地区煤炭产能；按行政区域划分，可分为内蒙古、山西、陕西等省（自治区、直辖市）煤炭产能。总产能，是指从国家层面看，整个煤炭产业所具有的生产能力的总和，是产业经济、产业管理的重要研究和分析指标。

我国煤炭资源基地分布见图2。

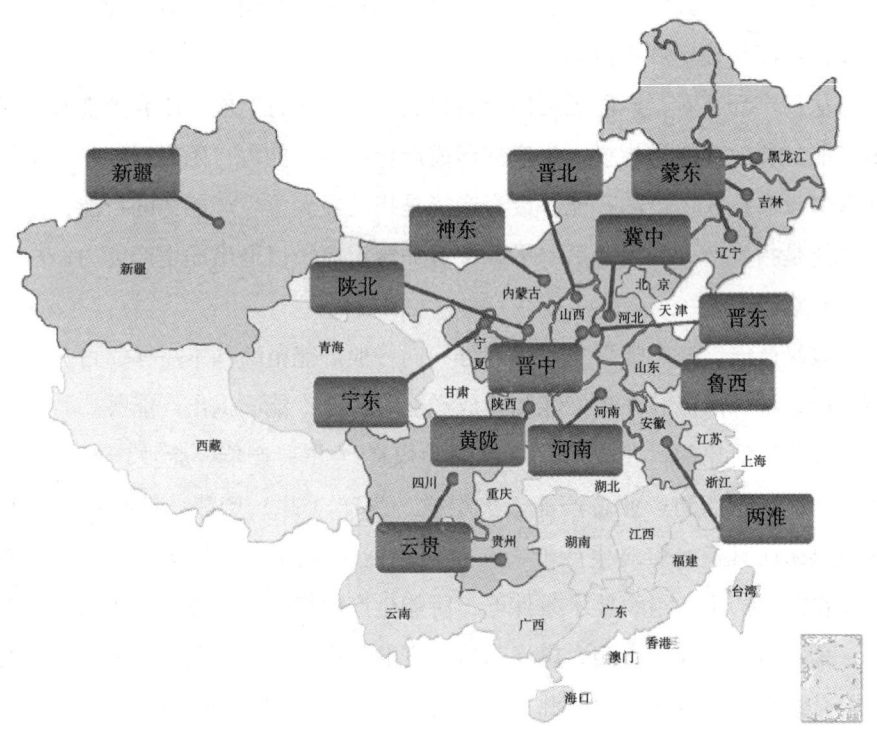

图1　我国十四大煤炭资源基地分布

（二）产能的形成及其影响因素

产能的形成是一部经济史的发展过程，是社会基本矛盾运动的结果。

自然界在发展变化中孕育了人类。人类在使用火的过程中脱离了动物界，在劳动中不断发展。随着劳动能力和技巧的不断提高，社会生产力水平

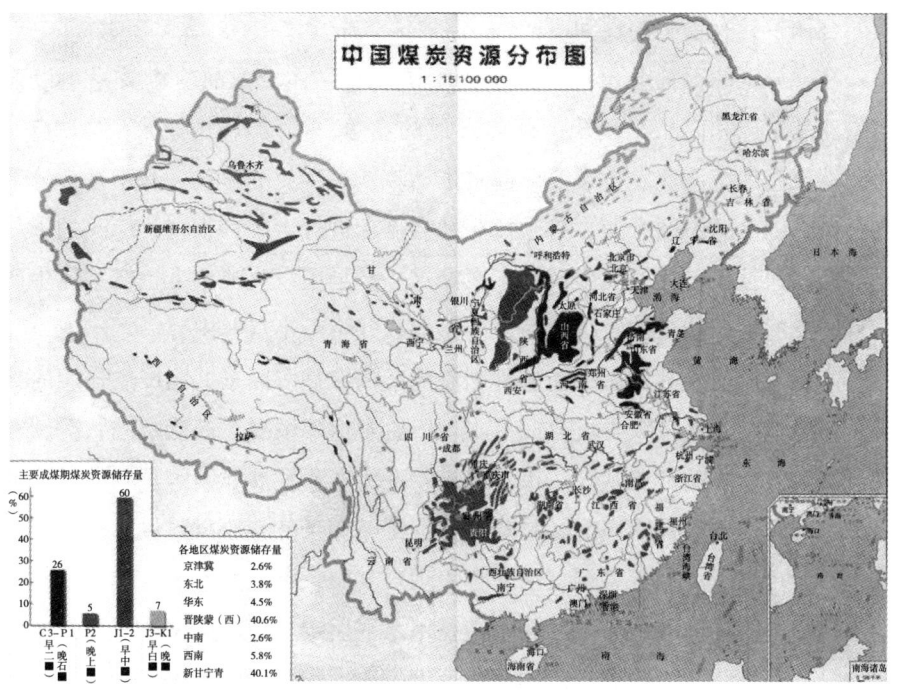

图 2　我国煤炭资源分布图

不断提升,社会生产关系也发生了变化,游牧部落从其余野蛮人群中分离出来,由此发生了人类社会三次大分工,形成了原始农业、工场手工业和商业,形成了早期的产业分工。

早期产业的形成促进了社会分工。马克思说:"单就劳动本身来说,可以把社会生产分为农业、工业等大类,叫做一般的分工;把这些生产大类分为种和亚种,叫做特殊的分工;把工场内部的分工,叫做个别的分工。"① 早期产业的形成是由一般分工而成,而新产业的出现则主要依赖于特殊的分工。

社会分工使许多劳动者或生产组织在社会再生产过程中处于相对独立而又相互联系的不同具体劳动过程中,客观上要求彼此间协同合作劳动。协作,这种表现了社会再生产过程中产业、部门及同一产业内部不同生产单位

---

① 《马克思恩格斯全集》第 23 卷,人民出版社,1972,第 289 页。

间的合作,具有了必要性和可能性。

社会分工使得社会出现了诸多的不同利益主体,商品生产关系得以产生。商品生产和商品交换及由此而形成的竞争,推动着社会分工进一步细化,不仅使传统产业发生裂变,而且推动着新兴产业的形成。基于社会分工与合作基础上的不同产业,必须按照社会需求进行生产,否则,摔碎的不仅是商品,而且还包括商品生产者。产能这一最早用以反映单个生产主体生产某种产品的生产能力的经济范畴,开始形成并不断丰富其内容。

产能的形成及其发展,受多种因素的影响,是多因素共同产生作用的结果。一般情况下,按大类可分成基本生产要素保障情况、产能基础状况、宏观经济形势、相关产业状况、市场供求状况、产业发展政策等。

基本生产要素保障情况,是指产业资源赋存条件、原材料供给、生产技术水平、环境承载力等各要素的综合表现。其中,资源赋存条件和原材料供给决定了产能规模的最大限度,生产技术水平决定了产能形成和释放的速度和质量,环境承载力则对产能的增长速度提出了限制性的要求。

产能基础状况,从量上表现为现已形成的产能规模、在建结转产能规模、拟淘汰产能规模等,从质上表现为先进产能、落后产能的分布情况等。下一时期的产能发展是建立在当前产能基础状况之上的,包括产能以何种限度增加和减少、产能结构如何调整升级等。

宏观经济形势,主要是指国际经济环境变化和国内经济社会发展状况。宏观经济的发展会作用于中观层面的产业发展,某一产业的发展水平与宏观经济发展水平也就往往呈现较强的同步性。宏观经济形势往往就决定了某一产业产能建设规模的大小、发展速度的快慢和发展水平的高低。

相关产业状况,是某一产业发展水平最直接的影响因素,尤其是下游产业的状况,直接决定了对这一产业产品的需求大小和变化,也就对这一产业的产能提出了明确的要求。下游产业景气度上升,会引发这一产业产能的集中过快释放和建设力度的加大;下游产业景气度下降,则会导致这一产业产能过剩。

市场供求状况,是某一产业产品在市场上的供需状态、价格表现形式等。市场供求状况与产能是相互作用的,产能过剩会导致市场供过于求、价格低迷,短期内会出现以量保价的竞争行为,长期则会对这一产业提出缩减产能的要求;产能不足会导致市场供不应求、价格上涨,对这一产业的产能增加起到促进作用。

产业发展政策,是政府部门根据国民经济发展要求和一定时期内产业现状及发展趋势,为实现产业健康发展而提出的对产业经济加强管理和管制的建议主张和行为准则。产业发展政策对产业的发展起到引导和规范的作用,在具体的产能结构、布局等方面也会有方向性和原则性的要求。

(三)产能形态

根据产能供给水平与需求水平的比较,可把产能分为以下三种状态,即产能不足、产能适度和产能过剩。

产能不足是指某种产品的生产能力总和小于该种产品需求的总和。生产能力的不足,严重阻碍着经济社会的建设与发展,整个国民经济会因为某一主要部门的产能"短板"而增长缓慢与发展受阻。严重的供不应求局面会造成市场价格暴涨,甚至导致由成本引发的严重通货膨胀,不利于社会的稳定;特别是在经济建设初期,由于生产力水平有限,国内建设需求巨大,产能不足将成为制约经济发展的关键瓶颈。然后,在价值规律的作用下,供不应求的局面使需求拉动着产品价格升高,超额利润诱使资本与劳动向该种产品的生产部门流动,刺激技术进步,进而导致产能扩张。

产能适度是指某种产品的生产能力总和与该种产品需求的总和基本相等,即现阶段的生产能力能够满足市场的消费需求,处于均衡的状态。产能适度会促进产业平稳均衡发展,整个产业会出现均衡增长的趋势,市场蓬勃发展,交易井然有序,国民经济良性运行。在市场经济条件下,市场均衡的出现往往是短暂的、相对的,而不均衡则是长期的、绝对的。

产能过剩是指生产能力的总和大于需求能力的总和,从而出现过剩的现象。随着市场经济体制的建立,中国逐步由卖方市场转为买方市场,告别了短缺经济时代,然而,也随之出现了"产能过剩"的经济现象。

根据与经济周期的关系，"产能过剩"可划分为"周期性产能过剩"和"非周期性产能过剩"。一般而言，当经济走向萧条或衰退时，需求萎缩可能导致多数产业领域的富余产能增加，达到一定程度时即形成"产能过剩"。这种由经济周期引发的"产能过剩"，称之为"周期性产能过剩"。而在经济周期的影响之外，由其他因素作用而形成的产能过剩，我们称之为"非周期性产能过剩"。"非周期性产能过剩"又可进一步划分为"结构性产能过剩"和"体制性产能过剩"。在产业发展过程中，当供给结构不能适应需求结构的变化时，部分落后产能由于无法满足现实需求而形成富余产能，从而导致产能过剩。这种产能过剩称之为"结构性产能过剩"。在不同的国情环境中，体制机制和政策等非市场因素往往直接或间接地影响市场供需关系，使产能利用水平变化脱离经济周期而形成"产能过剩"，这种产能过剩称之为"体制性产能过剩"。

在"结构性产能过剩"中，往往出现落后产能的相对过剩和先进产能的相对不足共存的现象。先进产能一般是指生产工艺技术领先、满足经济社会发展需要、符合产业发展最新要求的生产能力，落后产能则与之相反。

产能过剩如一把双刃剑，有利有害，但主要是害。利的方面，可以改变供给紧张局面，降低下游产业生产成本。害的方面，造成资源的浪费、加剧生态环境的承载压力；加剧市场供求矛盾，导致价格大幅下跌；效益下降，甚至亏损；陷入困境中的企业弱化或失去偿债能力，造成银行、信托等金融类呆账坏账增多，引发金融风险；大量企业开工不足或歇业停产，职工下岗失业，影响社会政治经济稳定。因此，化解产能过剩是现代市场经济调控过程中必须面对的客观事实。

（四）产能特点

根据产能的定义及其态势可归纳出产能具有以下四大显著特点。

一是可预测性。产能的三种状态及其三种发展态势都与产品的供需平衡有直接关系。在某一产业可以自由进入与退出的前提下，产品需求市场的发展，是产能发展趋势的晴雨表。产品需求增加，产能将会扩张发展；产品需求不足，产能将会出现过剩。除定性预测外,产能也可定量预测。由于影响某种产品产能的变动因素较多,而其中又有长期趋势变动、季节性变动、循环变动、不规则变动之分,因此可通过长期的观察,运用时间序列模型进行定量预测。

二是可规划性。由于某种产品的有效产能大小主要取决于该产品的实际市场需求,因此只要通过市场调研或需求分析明确市场需求量,即可对产能进行规划。政府或产业协作组织可通过评估市场对某种产品的实际需求及当前该产品实际的供给能力,规划生产主体产能建设的规模。

三是可转化型。产能三态是相对的,在一定条件下可以相互转化。例如,在产能供给不足的情况下,过强的需求信号会导致产业资本流动,从而增加产能供给,使得产能态势由不足转为适中,甚至过剩;反之亦然。

四是可调控性。产能的大小,直接决定于该产业生产性投资的规模。当产能需要扩张时,通过加大生产性投入,即可提高产能。当产能需要紧缩时,可采取紧缩型产能政策,包括紧缩规划、严格准入、暂缓产能释放或关闭生产设备引导生产主体退出该产业或转产,即可实现压缩产能的效果。

二 历史的回顾:中国煤炭产能形成过程

(一)中国煤炭开采历史悠久

早在六七千年前,人类就已经发现并开始利用煤炭[①]。大约在新石器时代,中国个别地区的古人就已经发现煤炭的可燃性并从煤层露头处零星地拾取和利用煤炭。由于当时薪木充足易得,而煤的采取又比较困难,用煤作为燃料仅仅是偶然的、个别的现象[②]。

---

① 国家煤炭安全监察局编著《中国煤炭工业发展概要》,煤炭工业出版社,2010,第 6 页。"1973 年考古发现,在辽宁新石器时代晚期遗址中出土的煤精雕装饰品,距今已有六七千年历史。"
② 《中国古代煤炭开发史》编写组:《中国古代煤炭开发史》,煤炭工业出版社,1986,第 5、9 页。

从汉代始,煤炭已经用于冶铁过程中。汉武帝元狩四年(前119)实行盐铁官营政策,分别在产盐和产铁地区设置盐官与铁官(当时全国40个郡共设铁官49处),使得冶铁业迅速发展,促进了煤炭开采业的发展。记载西汉盐铁会议情况的《铁盐论》中描述:"盐冶之处,大校(抵)皆依山川,近铁炭。"这里的"炭"所指的就是煤。

三国时期,煤炭的开采和使用得到进一步发展。曹操在建安十五年(210年)前后,以邺为基,修建的三台(铜雀、金虎、冰井)之一的冰井台中贮藏了大批煤炭。西晋文学家陆云在给他哥哥陆机的信中写道:"一日上三台,曹公藏石墨数十万斤,云烧此消复可用,然烟中人不知,见颇见之不"。这里提到的可燃烧的石墨就是煤炭。

晋代以及南北朝时期,江西高安、新疆库车和山西大同等地区煤炭开发比较突出。《后汉书·郡国志》中载:"《豫章记》曰:县有葛乡,有石炭二顷,可燃以爨。"这是我国南方用煤的最早记载。北魏地理学家郦道元的《水经注》载:"屈茨北二百里有山,夜则火光,昼日但烟,人取此山石炭,冶此山铁,恒充三十六国用。"可见其开采利用规模之大。

隋文帝初年,煤炭就成了宫廷中的重要燃料。到了唐代,煤炭开采的地区较多,利用范围也更广。山西煤炭在唐代开发比较普遍,辽宁抚顺在辽金时期进入煤炭采掘高潮。

宋代文人朱羿讲,"石炭自本朝河北、山东、陕西方出遂及京师。"足见煤炭开发范围之广。据记载,当时"汴都数省百万家,尽仰石炭,无一家然薪者",足见煤炭开采规模之大。

元代初期,由于战争的影响,煤炭生产有所退步。但在全国统一之后,统治集团为了巩固统治,大力发展生产,注重矿业,使得煤炭开采业又有所恢复和进步,特别是都城大都的西山地区,采煤业发展普遍,成为最大的煤炭生产基地。

明、清两代,煤炭已成为国计民生的重要能源,封建统治者把解决煤炭燃料看作关系社会安定的重要问题。明神宗朱翊钧认为,"煤乃民间日用之需,若官督开取,必致价值倍增,京城何以户户安生?",遂使民间煤窑蓬勃发展，以致北京、山东、山西、河南、陕西、吉林、辽宁、安徽、浙江以及甘、宁、云、贵都煤窑林立。据《明一统志》载，山西很多县均产煤，天顺年间还赐大同一些煤户以王爵。明代兴旺的采煤业一直延续到清代，远在南方的广东则"煤斤所出日广，商人获利日多，纷纷告争，自愿增税承采"。陕西则"自韩而鄜而朝，而同华，由河达渭以及长安，周至之西，载以易粟，岁以为常"。山东峄县则"商贾辐辏，炭窑时有增益，而漕运数千艘，连樯北上，载煤数十万石，由是矿业大兴"。这充分说明这一时期全国各地采煤业的盛况。但一些封建官吏往往以采煤有伤"风水"、"龙脉"和"易于聚众生事"为由，对采煤业采取了种种限制政策，然禁而不止，不时出现"私采滥挖"现象。但禁煤的政策限制了中国采煤业的进一步发展。[①]

（二）近代煤炭产能的情况

1840年鸦片战争的炮声轰开了中国的大门，多个通商口岸被迫开放，近代航运业和机器工业进入中国，旧式手工煤窑的开采已无法满足近代工业巨大的耗煤量。在清廷洋务派的推动下，诞生了中国的第一批近代新式煤矿[②]。自1875年（光绪元年）至1894年（光绪二十年），中国先后出现了规模大小不一、寿命长短不一的新式煤矿十六个，经营性质除官办外，还有官商合办或官督商办，但在所有近代新式煤矿中，真正算得上机器开采并具有较大规模的，只有基隆煤矿和开平煤矿。

1876年，中国第一个近代煤矿——台湾基隆煤矿创办起来。基隆煤矿由两江总督沈葆桢奏请清政府同意，聘任英国矿师，到英国购买机器，1876年正式成立矿务局，1878年正式建成投产，日产能力约300吨，较手工煤窑高出几十倍。基隆煤矿自建成投产后产煤量逐年上升，1878年产煤16017

[①] 《中国煤炭志》编纂委员会：《中国煤炭志》，煤炭工业出版社，1998。
[②] 近代新式煤矿的技术和设备从西方引进，因而当时人们把机器采煤叫作新法开采或西法开采，而传统的手工工具采煤，叫作旧法开采或土法开采。而当时的"机器采煤"仅仅是指在提升、通风、排水三个生产环节上，使用以蒸汽为动力的提升机、通风机和排水机，而其他生产环节仍然是靠人力或畜力。

吨,1879年为30046吨,1880年为41236吨,1881年达到54000吨,为历史最高点①。但在1882年之后基隆煤矿的运转状况急转直下,生产经营中官办企业的极端腐败、管理能力低下、经营不善等弊端越发凸显,严重阻碍了煤矿的发展,1883年基隆煤矿产量回落至31818吨,仅为1879年的水平。1884年法国侵略台湾,当局拆毁机器,炸毁矿井,基隆煤矿遭到彻底破坏。随后虽几易其主,努力恢复生产,但已难挽颓势,1892年,基隆煤矿因长期亏损关闭。1894年,台湾沦陷,基隆煤矿被日本占领。

1879年,在中国近代煤矿史上影响更为深远的开平煤矿开始凿井施工,1881年正式投产,当年最高日产量达到五六百吨②,且逐年上升,到开平煤矿被英商骗取前,年产量已达77.8万吨。

1894年,中国在甲午战争中战败,不平等条约的签订掀起了列强攫取中国采矿权的狂潮。1895~1912年,列强攫取中国煤矿权的条约、协定和合同共有42项。1895~1936年,外国资本在中国开办了32个煤矿,煤炭产量为全国煤炭产量的1/3~1/2,霸占了中国煤炭产业的半壁江山。列强疯狂的攫取行为激起了中国人民的愤慨,收回筑路权和开矿权的爱国运动接连展开。一批民族资本家在人民开展收回路矿权利的运动中,集资开办了一批新式煤矿,形成了一个开办煤矿的高潮。1895~1936年共开办民资煤矿52座。截至1936年,全国年产50万吨以上的近代煤矿有61个,年产60万吨以上的煤矿有8个③。中国近代煤矿业得到了进一步发展。

1931年九一八事变,日本帝国主义占领了中国东北;1937年七七事变之后,日本帝国主义发动了全面侵华战争,中国东北、华北、华中大片土地尽数被日本占领,中国的煤矿几乎全部落入日本人之手。据统计,自1931年至1945年日本投降,日本人共霸占中国大小煤矿200多处,掠夺煤炭4.2多亿吨。④

---

① 《中国近代煤矿史》编写组:《中国近代煤矿史》,煤炭工业出版社,1990,第21页。
② 李鸿章:《请减出口煤税片》,载《李文忠公奏稿》卷四十。
③ 《中国近代煤矿史》编写组:《中国近代煤矿史》,煤炭工业出版社,1990,第61页。
④ 濮洪九、陆延昌等主编《中国电力与煤炭》,煤炭工业出版社,2004,第168页。

抗日战争期间，国民党统治区为了解决燃料问题，国民政府资源委员会直辖煤矿29处，鼓励私人开办煤矿59处，但设备简陋、技术落后、生产能力很小，日产100吨以上的只有35处，加上其他小窑，总计年产量为600多万吨。中国共产党在解放区也办了一些小煤窑，供当地军民做燃料。据战后统计，仅晋察冀地区就有小煤窑473处，日产约2000吨。东北地区自九一八事变后，在日本人的经营下，煤炭产量连年增长。1932年煤炭产量达840多万吨，1936年增至1470万吨，1943年为2630万吨，占当时全中国煤炭产量的49.5%；1944年达到2650万吨，较1932年增长2倍多。1931～1945年，东北地区共生产煤炭3.4亿吨。

抗日战争胜利后，民主政府从日本帝国主义手中接管了一大批新式煤矿之后，进行了艰苦的修复工作，生产逐步恢复。东北9个国营煤矿，1946～1948年，共恢复坑口97个，新建坑口20个，煤炭产量迅速增加，1946年为74万吨，1947年为235万吨，1948年为540万吨，1949年达到1106万吨。

据统计，1907～1949年全国煤炭累计产量达11.49亿吨，平均年产2672万吨。具体情况如图3所示。

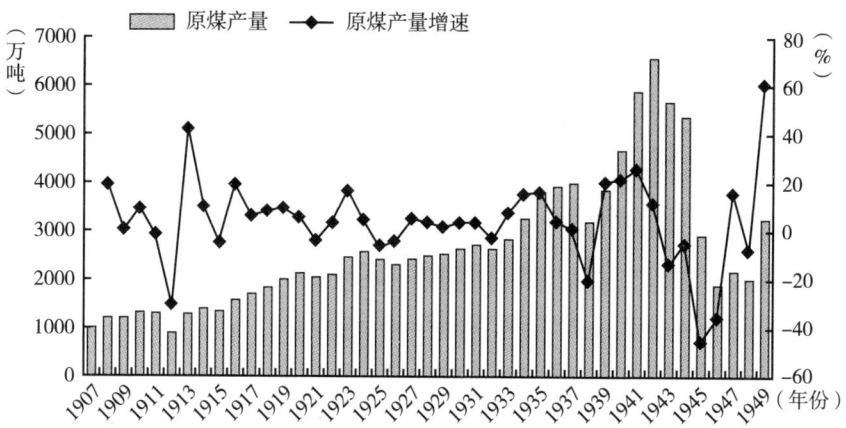

图3 1907～1949年我国煤炭产量

（三）新中国成立以来的产能情况

1. 国民经济恢复期的煤炭产能情况

中华人民共和国成立之初，为适应国民经济全面恢复的需要，1949年10月成立燃料工业部，加强对全国煤炭、电力、石油生产建设的统一管理。据不完全统计，各地人民政府共接收了40多个煤矿企业200多处矿井和少数露天矿。这些煤矿除开滦、抚顺、淮南、焦作、阳泉、淄博、枣庄等少数几处矿井较完善外，其他煤矿规模都很小，设备简陋，技术落后，大多采用自然通风，无完善的排水系统和正规的运输系统，主要采用穿硐式、残柱式、高落式采煤法，采掘不分，加上长期战争的破坏，这些煤矿回到人民手中时已是一片衰败景象，大多数处于停产或半停产状态①。其中，大同9处矿井全部被淹；抚顺西露天矿、龙凤矿被淹；焦作18个坑口中11个被完全破坏，7个仅剩井架。

新中国成立初期，全国煤矿按所有制分成国营煤矿、公私合营煤矿和私营手工业开采的小窑。1949年底，恢复煤矿生产初见成效，全国生产量达到3243万吨，比上年增长61%。其中，国营煤矿占68.2%，公私合营煤矿占3.5%，私营小窑占28.3%②。

1950年2月14日，中国同苏联签订了《中苏友好同盟互助条约》。之后，苏联分期分批帮助设计、提供成套设备和主要物资建设一些重大项目，当时确定援建的156个项目中，煤炭工业25项③，其中包括苏联援助建设的五项和中国自行设计建设的鸡西小恒山立井、双鸭山岭西立井、本溪彩屯立井、通化碎子矿斜井、营城中八斜井、辽源泰信三坑斜井、营城中七斜井、鸡西城子河新九号斜井和鹤岗大陆层一斜井。截至1952年底，总设计

---

① 濮洪九等主编《中国电力与煤炭》，煤炭工业出版社，2004。
② 《新中国煤炭工业》编委会编著《新中国煤炭工业》，海洋出版社，2006。
③ 但由于种种原因，苏联援建的25项，实际只实现了17项，其他8项未能实现，没有实施的项目是：鸡西城子河选煤厂、鸡西城子河9号立井、山西潞安选煤厂、鹤岗兴安台2号立井、大同鹅毛口立井、通化湾沟立井、抚顺胜利矿、平顶山2号立井。

年生产能力1251万吨、选煤厂设计能力1800万吨，全国煤炭工业累积固定资产实现新增金额合计59亿元。"一五"初期，全国煤矿已有83%恢复了生产，并对32处矿井进行了技术改造，全国原煤产量平均每年增长27.1%[1]，煤矿生产能力达到7131万吨。1952年国营煤矿采用正规采煤方法的产量比重由1949年的12.51%增长到72.47%[2]，当年产量6649万吨，超过旧中国最高年产量（6568万吨），达到历史最高水平。

2. 改革开放前（1953~1980年）煤炭产能情况

在三年国民经济恢复的基础上，从1953年起，开始了"一五"计划，国家进入大规模的经济建设时期。

为满足国民经济发展的实际需要，我国煤炭工业不断加大产能的投建力度，"一五"时期在国家开工的147个项目中，煤炭领域的项目就多达25个[3]，采取大、中、小相结合的方针，重点扩建了开滦、大同、阜新和阳泉等15个矿区，并开始在平顶山、潞安、中梁山和石嘴山等10个新矿区进行建设，设计生产能力7537万吨；建成投产205处，设计生产能力6376万吨；恢复矿井38处，设计生产能力1134万吨；改扩建矿井103处，净增生产能力2536万吨；新建和恢复选煤厂24处，设计原煤处理能力2275万吨[4]。

到1957年，煤炭工业超额完成了第一个五年计划。1957年全国原煤产量达到了13073万吨，完成计划11298.5万吨的115.7%，其中国有重点矿9433万吨，完成计划8681万吨的108.7%，比1952年提高96.6%，平均每年递增14.5%。炼焦用洗精煤产量达855万吨，比1952年增长了

---

[1] 《新中国煤炭工业》编委会编著《新中国煤炭工业》，海洋出版社，2006。
[2] 国家煤矿安全监察局编著《中国煤炭工业发展概要》，煤炭工业出版社，2010。
[3] 董志凯：《关于"156项"的确立》。"一五"时期煤炭领域项目：鹤岗东山1号立井、鹤岗兴安台10号立井、辽源中央立井、阜新平安立井、阜新新邱一号立井、阜新海州露天矿、兴安台洗煤厂、城子河洗煤厂、城子河9号立井、山西潞安洗煤厂、焦作中马村立井、兴安台二号立井、大同鹅毛口立井、淮南谢家集中央洗煤厂、兴化湾沟立井、峰峰中央洗煤厂、抚顺西露天矿、抚顺龙凤矿、抚顺老虎台矿、抚顺胜利矿、双鸭山洗煤厂、铜川王石凹立井、峰峰通顺三号立井、平顶山2号立井、抚顺东露天矿。
[4] 《新中国煤炭工业》编委会编著《新中国煤炭工业》，海洋出版社，2006。

一倍多。

1958年，开始执行发展国民经济的"二五"计划。"二五"计划前三年我国开展了"大跃进"运动。为保障冶金部实现天文数字的钢产量指标，煤炭工业部提出了"全民大办煤矿"的主张，喊出了"兵对兵，将对将，小煤窑对小高炉""哪里有千吨铁，哪里就有万吨煤"等口号。煤炭产量由1958年的2.7亿吨快速增长到1960年的3.97亿吨；但因不科学的采掘方式，煤矿生产能力遭到严重破坏。1960年起开始大幅快速减产，1962年的实际产量为2.2亿吨，产业重回萧条。1963~1965年，国民经济进入调整时期。煤炭产业缩小了建设规模，停建了一批项目，原则上不开工新项目。因"大跃进"期间企业下放，计划权也基本下放，计划程序混乱，三年调整期间对计划编制工作也进行了整顿。经过三年时间的国民经济调整巩固，煤炭产业秩序逐步恢复，1965年全国煤炭产量达2.32亿吨。

1966年，"三五"计划开始执行。从这一年开始，"文化大革命"爆发，直到1976年结束。其间，毛主席提出"备战、备荒、为人民"和建设大三线的主张。这一背景下，煤炭产业"三五"计划的总方针是立足战争，充分发挥一、二线老区的作用，争取时间大力建设战略后方，加强三线建设适当发展二线地区，并将"扭转北煤南运"、建设江南煤矿作为"三五"计划的战略要点。"三线"仍继续建设以六盘水为中心的西南基地和以贺兰山为中心的西北基地。江南以湘、赣、粤为重点，开发的主要矿点包括涟邵、丰城、长广、龙岩、漳平、松宜等。

受"文化大革命"影响，"三五"初期煤炭减产明显，供应紧张。为保证生产，各地煤矿进驻军代表，按军队模式组织生产。在"大干三年，扭转北煤南运的局面""四边三当年"（边勘探、边设计、边施工、边生产和当年设计、当年施工、当年投产）等口号的带动下，全国煤炭产量迅速上升，仅1970年当年就增产了8804万吨，产量达到3.54亿吨，大大超过"三五"计划的产量目标。

1971年，开始进入"四五"计划时期。"突出备战"仍是这一时期的主要纲领，在石油供应紧张局面趋向缓和的背景下，我国提出"煤、油、气并举,加快油、气发展"的方针。在采掘关系得到改善的基础上,煤炭部开始引进国外技术与设备,但50年代兴建的一批中小煤矿生产水平开始下降,1972~1974年全国煤炭产量几乎停滞不前。在重新恢复的煤炭工业部的"老矿挖潜、新井快建、小煤窑大发展"思想的指导下,1975年全国原煤产量达到4.82亿吨,超额完成"四五"计划的产量目标。

1975年,《煤炭工业十年(1976~1985)规划纲要(草案)》提出,争取在10年左右的时间里,实现煤炭基本按大区自给,凡有资源条件的省区基本实现自给。该草案后经国家计委认同,纳入了国家长远计划。1976年粉碎"四人帮"后,长远计划的编制思想有所改变。1976年12月~1978年8月,在一年多的时间里,提出了七次长远计划的方案,产量指标不断提高,要求到1980年底达到5.8亿~7亿吨。但由于年产2000万吨的开滦矿务局在1976年的唐山大地震中遭受破坏,1977年全国出现煤炭供应严重紧张的局面。当年的全国计划会议提出,1980年原煤产量要达到6.5亿吨。但在一系列增产活动中,采掘关系再次失调,煤炭产业继而展开了自身调整。1980年,我国完成原煤产量6.2亿吨。

3. 改革开放以来我国煤炭产能情况

1978年12月,党的十一届三中全会召开,标志着中国进入了一个新的发展阶段。1979年5月,煤炭工业部根据党中央提出的"调整、改革、整顿、提高"的方针,组织进行煤炭工业大调整。经过三年的努力,效果显著。其中,全国年产3万吨以上的在建规模由1981年的11947万吨增加到18290万吨。

1982年党的十二大确定,"从1981年到本世纪末的二十年,经济建设的目标,在不断提高经济效益的前提下,要力争使全国工农业总产值翻两番,使人民生活达到小康水平"。煤炭工业的战略计划目标是"在提高经济效益、促进社会节能的前提下,煤炭以一番保全国翻两番,由年产6亿吨增加到12亿吨"。1982年底,在第五届全国人民代表大会第五次会议上通过的《关于第六个五年计划的报告》提出,到1985年,原煤产量达到7亿吨,增长12.9%,并提出"在稳步增产中完成调整任务""大、中、小煤矿一起搞,国家、集体、个人一起上"等煤炭产业发展的方针。在这一方针

的指引下，地方煤矿产量急剧上升，1985年全国原煤产量达到8.7亿吨，超出调整后的计划目标。

由于煤炭供应紧张局面得到一定缓解，"七五"期间煤炭工作重点转向提高素质和效益，加快了现代化矿井的建设，大力开展了煤矿质量标准化工作。至1990年，全国建成14个现代化矿务局、107个现代化矿井；38个质量标准化矿务局、429个质量标准化煤矿。1990年全国原煤产量达到10.79亿吨，完成"七五"计划所确定的原煤产量目标。

1991年，开始进入"八五"计划时期。为了彻底扭转1984年后煤炭产业长期处于亏损的状态，根据国务院领导的指示，1993年5月召开的全国煤炭工业工作会议做出了"走向市场，迎接挑战，拼搏三年，扭亏为盈"的部署。煤炭产业坚持改革、转变机制，在优化结构、减人提效、提升管理等方面取得显著成效，乡镇煤矿快速发展，煤炭生产稳步增长，1995年煤炭产量为12.92亿吨，略超调整后的"八五"计划目标。

1996年通过的《国民经济和社会发展"九五"计划和2010年远景目标纲要》提出，2000年原煤产量要达到14亿吨，比1995年增加1亿吨。《"九五"时期煤炭工业改革和发展纲要》提出2000年全国煤炭产量达到14亿~14.5亿吨，其中，国有重点煤矿6亿吨；国有重点煤矿开工规模1.75亿吨，新增生产能力1.2亿吨，结转"十五"1.8亿吨；国有地方煤矿平均每年开工、投产规模1000万吨。

1997年，亚洲金融危机爆发，市场化改革刚刚起步的煤炭产业陷入前所未有的困境。为应对困难，实施了"压缩过剩的煤炭生产能力、鼓励煤炭出口"的主导政策，确定了"下放、关井、监管"的改革措施。在关井压产和结构调整的系列举措下，煤炭产量下降明显。2000年全国煤炭产量12.5亿吨，与"九五"计划确定的产量目标形成较大落差；同时，抑制煤矿建设的措施也为下一个五年煤炭产能不足埋下了隐患。

"十五"时期，正值世纪之交。随着后亚洲危机时期的到来，在经济形势向好和国家政策带动下，煤炭生产建设加快，一定程度上扭转了"九五"期间建设规模严重不足的局面。2005年，国务院《关于促进煤炭工业健康发展的若干意见》下发。这一具有里程碑意义的文件极大地促进了煤炭产业的发展。2005年煤炭产量达到22亿吨，比2000年增长76%，年均增速达12%；在建规模4.4亿吨，为"九五"末的10倍，但仍然"供不应求"。

2007年，《煤炭工业发展"十一五"规划》正式下发。规划明确，到规划期末，煤炭产量达到26亿吨；"十五"结转的在建煤矿全部建成投产；小型煤矿整合改造为大中型煤矿，增加产能2亿吨；新开工（新建和改扩建）煤矿规模4.5亿吨，形成产能2亿吨。

在经济形势持续好转和国务院《关于促进煤炭工业健康发展的若干意见》等系列政策的促进下，"十一五"时期我国煤炭产业整体水平显著提升，生产技术水平大幅提高，至2010年形成661处年产120万吨及以上大型煤矿，建成359处安全高效煤矿，千万吨级煤矿达40处。2010年全国煤炭产量达32.4亿吨，远远超过"十一五"规划26亿吨的产量目标。其间，受市场好转、效益提升影响，煤炭产业吸引了大量投资，五年内固定资产投资达1.25万亿元，期末全国煤炭生产能力超过36亿吨，新增产能大大超过"十一五"规划所提出的新增7.9亿吨产能的目标。

2012年，《煤炭工业发展"十二五"规划》出台，提出到2015年，煤炭生产能力达到41亿吨/年，产量控制在39亿吨左右。其中：大型煤矿26亿吨/年，占总能力的63%；年产能30万吨及以上中小型煤矿9亿吨/年，占总能力的22%；年产能30万吨以下小煤矿控制在6亿吨/年以内，占总能力的15%。原煤入选率65%以上。煤矿建设方面，"十一五"结转建设规模3.6亿吨/年，"十二五"新开工建设规模7.4亿吨/年，建成投产规模7.5亿吨/年，结转"十三五"建设规模3.5亿吨/年。

然而，"十二五"以来，受煤炭产业投资增速过快、产能集中过快释放等因素的影响，至2014年，我国煤炭生产能力已经达到43亿吨/年，年均增长近2亿吨生产能力；受需求低迷影响，前四年煤炭产量增速逐步放缓直至负增长，2014年产量为36.3亿吨。

1949~2014年我国煤炭产量情况见图4。

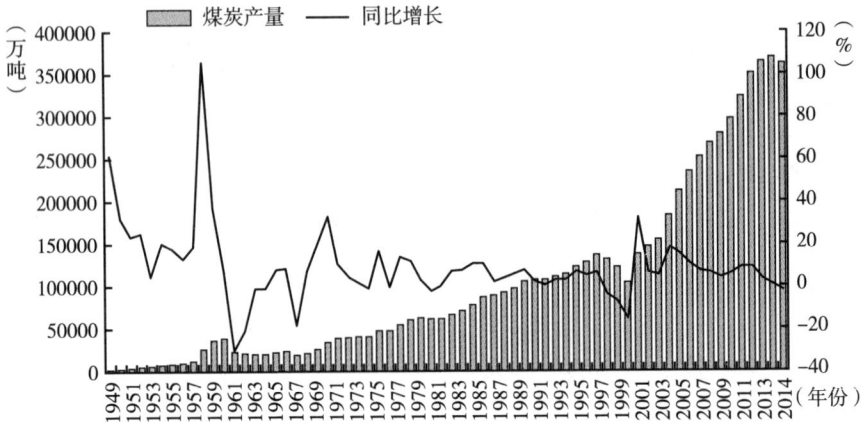

图 4　1949~2014 年我国煤炭产量变化

三　产能过剩：中国煤炭产能的新常态

（一）"十二五"期间中国煤炭产能供给与实际需求的矛盾分析

1. 对"十二五"末我国煤炭产能总量的基本估计

按《煤炭工业发展"十二五"规划》测算，规划期间，我国煤炭产能年均增加1.5亿吨，年均增速约为3.5%。

国家统计局数据显示，"十二五"前四年，我国煤炭开采和洗选业固定资产投资分别为4907亿元、5286亿元、5263亿元、4682亿元，累计2.01万亿元，年均超过5000亿元；已远超"十一五"期间总共1.25万亿元的投资额。按可比价格计算，"十二五"前四年年均新增产能约3亿吨（含投产及在建产能）。2013年底，我国煤炭产能就已经达到42亿吨/年左右，远远超过规划的产能年均增量与增速，已超过"十二五"规划期末的41亿吨/年，提前两年达到预期目标值。有关煤炭产能建设情况的数据表明，截至2012年底，我国煤炭产业在建施工规模11.1亿吨，已获核准未施工5.1亿吨，未来产能投放高达16.2亿吨。根据已经掌握的情况进行初步预测，2015年底，我国煤炭产能将达到43亿~45亿吨，超过规划产能2亿~4亿吨。

2. 对"十二五"末我国煤炭产能释放的基本预测

按《煤炭工业发展"十二五"规划》，2015年煤炭产能释放控制在39亿吨，年均增加1.32亿吨，考虑到五年内年均0.19亿吨左右规模的落后产能淘汰，"十二五"期间规划年均释放产能约为1.5亿吨，与年均增加产能相当。

实际上，"十二五"前三年，我国煤炭产量分别为35.2亿吨、36.5亿吨和36.9亿吨，与上一年相比分别增加2.8亿吨、1.3亿吨和0.4亿吨，平均每年增加1.5亿吨；分别同比增长8%、3.7%和1%。考虑到落后产能淘汰因素，2011~2013年实际年均新增释放产能约1.7亿吨。2014年我国煤炭产量同比负增长1.6%，为36.3亿吨，这一因素导致2011~2014年实际年均新增释放产能降至1.2亿吨。

（1）"十二五"末煤炭产能理性预期释放情况预测

2014年我国煤炭产量36.3亿吨，出现十几年以来煤炭生产的首次负增长；预计2015年产量为36.2亿吨左右，略少于2014年（见图5）。

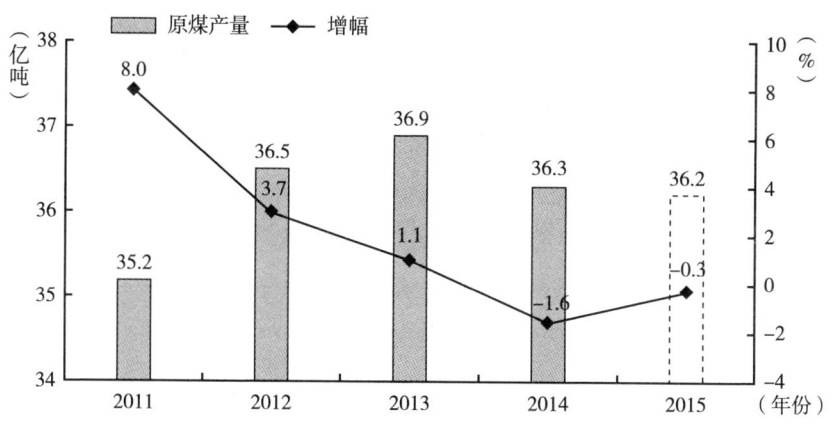

图5 理性预期条件下产能释放理论预测

（2）非理性条件下"十二五"末煤炭产能释放情况

受产能释放惯性和市场低迷条件下企业"薄利多销"行为的影响，若不加以必要的规制，2014年煤炭原煤产量会达到38亿吨，2015年达到39亿吨，与规划相当（见图6）。

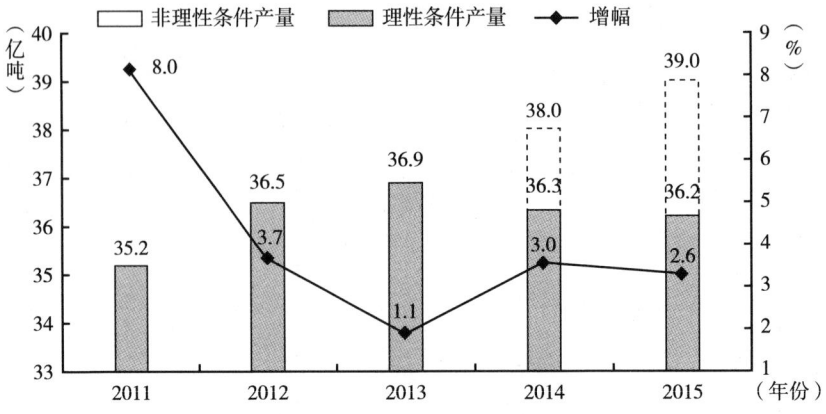

图 6 非理性条件下产量预测

3. "十二五"期间我国煤炭产能供给与实际需求的矛盾分析

(1) 煤炭产能实际需求的测算

A. 2011~2014 年的实际需求

从供给侧看,2011~2014 年我国煤炭有效需求产能在 33 亿吨左右(以零库存为目标假定的模型),若以 1.5 亿吨库存作为必要库存,2.5% 作为缓冲产能系数,则 2014 年煤炭产能实际需求为 34.04 亿~34.69 亿吨(见表 1)。

表 1　2011~2014 年煤炭产能实际需求(供给侧分析)

单位:亿吨

年份	A 产量	B 库存*	A-B 有效需求产能	产能实际需求
2011	35.2	3.13	32.07	32.89~33.57
2012	36.5	3.47	33.03	33.88~34.53
2013	36.9	3.20	33.70	34.56~35.20
2014	36.3	3.11	33.19	34.04~34.69

注:*这里的库存是指期末库存。

从需求侧看,2011~2013 年我国煤炭有效需求产能大体也在 33 亿吨左右,考虑必要库存和产能缓冲系数的影响,则 2014 年煤炭产能实际需求为 33.79 亿~34.45 亿吨(见表 2)。

表2 2011~2014年煤炭产能实际需求（消费侧分析）

单位：亿吨

年份	A 消费量	B 进口	C 出口	A－B＋C 有效需求产能	产能实际需求
2011	34.29	1.82	0.14	32.61	33.45~34.11
2012	35.26	2.90	0.09	32.27	33.10~33.77
2013	36.10	3.27	0.07	32.90	33.74~34.40
2014	35.80	2.91	0.06	32.95	33.79~34.45

综合以上，我们认为"十二五"前四年我国煤炭产能实际需求应为33.8亿吨、34.2亿吨、34.8亿吨、34.6亿吨左右。

B. 2015年的实际需求测算

从供给侧看，在一系列遏制煤矿超能力生产政策实施的背景下，预计全社会煤炭库存也将有所降低。由此，2015年我国煤炭有效需求为33.7亿吨左右。同样考虑必要库存和产能缓冲因素的影响，则2015年煤炭产能实际需求为34.21亿~34.85亿吨（见表3）。

表3 2015年煤炭产能实际需求（供给侧分析）

单位：亿吨

年份	A 产量	B 库存*	A－B 有效需求产能	产能实际需求
2015	36.2	2.85	33.35	34.21~34.85

注：*这里的库存是指期末库存。

从需求侧看，预计2015年煤炭消费量将继续小幅回落，从2014年的35.8亿吨降至35.6亿吨。

由于中国—东盟自由贸易关系，煤炭进口关税调整政策对印尼豁免，另一个主要进口煤供应国澳大利亚则将于中澳自由贸易协定达成后取得豁免，因此关税调整对我国煤炭进口的影响将低于预期；但《商品煤质量管理暂行办法》的出台，以及国内煤炭价格的持续下跌，对煤炭进口会起到很大的抑制作用，预计2015年我国煤炭进口处于2.3亿吨的水平。

在取消煤炭进口零关税之后，出口关税政策也进行了调整，出口门槛降低。但由于国际煤炭市场竞争激烈，预计2015年我国煤炭出口量难以出现大幅增长，预计将保持在600万吨左右的水平。

因此，2015年我国煤炭有效需求产能为33.36亿吨左右。考虑必要库存和产能缓冲系数的影响，则2015年煤炭产能实际需求为34.19亿~34.86亿吨（见表4）。

表4　2015年煤炭产能实际需求（消费侧分析）

单位：亿吨

年份	A 消费量	B 进口	C 出口	A−B+C 有效需求产能	产能实际需求
2015	35.6	2.30	0.06	33.36	34.19~34.86

综合供给侧和需求侧的分析，我们认为，2015年我国煤炭产能实际需求为34.53亿吨左右。

（2）煤炭产能供给与实际需求的矛盾状况

A. 2011~2014年煤炭供求矛盾状况

我国煤炭产业在"十二五"时期的前四年内，煤炭供给大于需求的矛盾愈演愈烈。2011~2014年，将近3亿吨的需求缺口，已占到基本需求总量的8%，严重超过4%[①]左右的合理供需差距；若考虑大量的煤炭进口，实际产能供需矛盾则更为尖锐（见图7、图8和表5）。

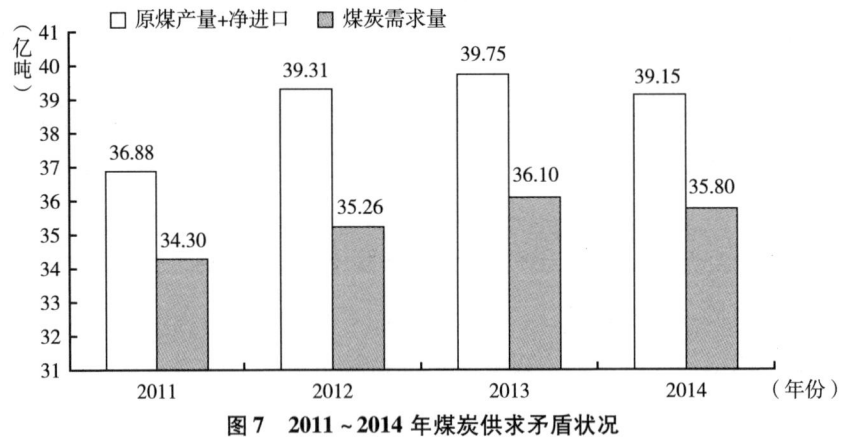

图7　2011~2014年煤炭供求矛盾状况

---

① 结合煤炭产业实际发展情况，可将"十二五"前期的煤炭产业运行情况确定为该行业比较正常合理的发展阶段，并将此阶段的供需差距定义为该产业合理的供需差距。

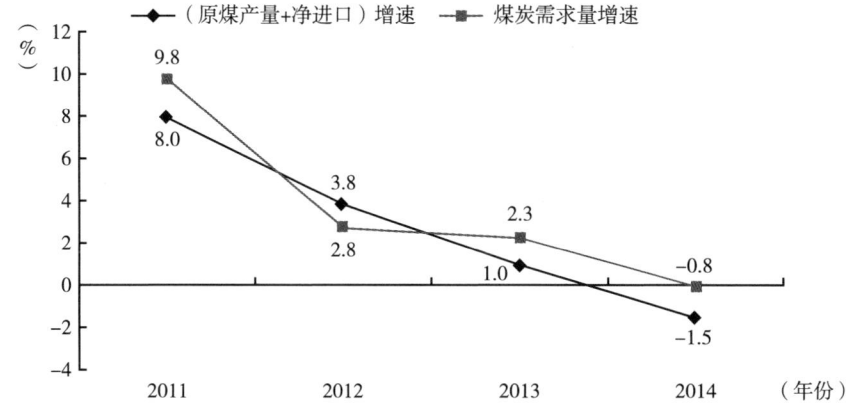

图 8　2011～2014 年煤炭供求增速对比

表 5　2011～2014 年我国煤炭产能供需矛盾

年份	2011	2012	2013	2014
产能供给(亿吨)	36.5	39.0	42.0	43.0
产能实际需求(亿吨)	33.8	34.2	34.8	34.6
供需差距(%)	8.0	14.0	20.7	24.3

B. 2015 年煤炭供求矛盾状况

从目前情况预测，2015 年我国煤炭实际产能需求为 34.53 亿吨，而规划产能数达到了 41 亿吨左右。近些年来大幅增长的煤炭进口以及经济增长放缓导致的煤炭需求增速下降，已经使得规划越来越难以适应实际，根据以上分析，"十二五"最后一年规划产能数将超过实际需求的 18.7%。

从实际情况看，"十一五"期间煤炭产业持续向好催生的投资惯性使得目前产业固定资产投资仍居高位，形成的产能更是大大超过预期，"十二五"末期产能供给与实际需求之间将形成巨大矛盾，一方面是因为产能的超前建设和集中释放，另一方面是因为经济增长放缓、下游需求难有大的起色。据测算，2015 年，我国煤炭产能将达到 43 亿～45 亿吨，超过实际产能需求的 23.9%～29.7%。

（二）"十三五"我国煤炭产能需求预测

1. 煤炭产能基础情况

（1）现有产能规模

根据初步预测，2015年底，我国煤炭产能将达到43亿~45亿吨，报告明确为44亿吨。

（2）在建结转产能规模

按照"十二五"规划，结转"十三五"的建设规模为3.5亿吨。

但实际上，截至2012年年底，在建施工规模11.1亿吨，已获核准未施工5.1亿吨，未来产能投放约16.2亿吨。截至2013年底，仍有在建10亿吨左右的产能规模有待释放（煤矿建设期一般为3~4年）。因此，实际结转"十三五"的建设规模约4亿吨。

（3）拟淘汰产能规模

目前小煤矿产能规模约7亿吨，其中年产9万吨以下的小煤矿产能为3亿~4亿吨，"十三五"期间理想预期淘汰小煤矿产能3亿~3.5亿吨；大中型煤矿衰老报废预计可每年减少2000万~3000万吨生产能力，"十三五"期间大中型煤矿衰老报废总计减少生产能力1亿吨左右。

预计"十三五"期间，年均淘汰落后产能（含衰老报废）8000万吨左右，累计淘汰4亿吨左右。

2. 宏观经济形势

（1）国际经济形势

2014年12月11日闭幕的中央经济工作会议认为，世界经济仍处在国际金融危机后的深度调整期，2015年世界经济增速可能会略有回升，但总体复苏疲弱态势难有明显改观，国际金融市场波动加大国际大宗商品价格波动，地缘政治等非经济因素影响加大。这些不稳定因素的影响正在不断显现，2015年初，欧洲央行推出QE（量化宽松政策），欧元出现瀑布式暴跌，欧元兑美元跌至1∶1.13的低位，有机构预计到2015年底欧元兑美元汇率将跌至1∶1，创10多年的新低；国际原油价格经过连续的下跌，已经由100

多美元/桶跌至40美元左右/桶的水平；从乌克兰危机、伊斯兰国（ISIS）武装威胁、利比亚政治动荡，到愈演愈烈的叙利亚内战、风波再起的巴以冲突，以及伊朗核问题、俄罗斯军事扩张、朝鲜半岛和东海南海局势、岌岌可危的希腊局势等，对世界经济的影响难以预料。

清华大学当代国际关系研究院认为，2015~2020年，发达国家增长动力强化但难称"强劲"，新兴国家整体从高增长时代向中（低）速增长"变轨"，全球经济整体缺乏强力引擎。预计2015~2018年，美国将维持2.5%以上增长；欧元区将保持1.5%左右的增长；新兴国家对世界经济的拉动作用比不上2005~2010年。从2015年开始，世界经济整体能保持3.5%以上的增长，但从2018年开始，世界经济增长将回落至3.5%以下。截至2020年，全球经济的四大风险包括：低利率和总体宽松的货币政策可能导致的金融泡沫；以中东和东欧为中心的地缘政治风险；中国经济增速急剧下降的风险；美国实施货币政策"出口"战略带来的资金从新兴国家大规模流出的风险。

综合分析国内外智库的观点，充分考虑"一带一路""亚投行""中国制造2025""互联网+"等正能量因素，我们认为，"十三五"期间世界经济增长将处于3.5%~3.8%的水平。

（2）国内形势

中国社会科学院宏观经济运行实验室预测，2016~2020年中国GDP潜在增长率为5.7%~6.6%，2020~2030年为5.4%~6.3%。中国社会科学院原副院长李扬认为，整个"十三五"期间，平均经济增速大概是6.5%或6.6%。中国社会科学院副院长蔡昉认为，虽然中国经济平均潜在增长率逐年下降，但是可以通过改革创造新的红利，提高潜在增长率。"十二五"后两年把GDP年度增长率预期目标定在7.5%是合适的，"十三五"时期中国经济增长率依然可达7%。

我们认为，我国经济运行仍面临不少困难与挑战，经济下行压力依旧较大，转型升级、结构调整阵痛显现，微观主体生产经营困难增多，部分经济风险显现。预计"十三五"期间，我国经济增长速度将维持在6%~7%的

水平。

3. 相关产业状况

(1) 主要下游产业景气状况

根据煤炭工业规划设计研究院的煤炭峰值研究，2020年前，我国电力需求保持较快增长，但增速放缓，年均增速在6%左右，受非化石能源发电增长影响，电力用煤需求年均增速在4%左右；我国钢铁产业产能严重过剩，"十三五"期间产量将与"十二五"期间产量基本持平，钢铁用煤则呈下降趋势，年均下降0.93%；建材产业受经济结构调整等影响，将很快达到产量峰值，建材用煤亦呈下降趋势，年均降1.8%；化工方面，传统煤化工增长有限，新型煤化工受政策影响存在较高不确定性，根据规划情况，预计"十三五"期间化工用煤年均增长16.5%。

在中国煤炭经济研究院于2015年1月底组织召开的"煤炭经济形势分析与展望研讨会"上，有关专家认为，我国电力供求格局仍将保持总体宽松的格局，由于近年来新增装机容量大幅增加，"十三五"期间存在较大的电力过剩风险；我国钢材需求将进入一个弧顶期，钢铁产业整体产能过剩的态势依然如故，并需要相当长一段时间来进行化解。尽管我国"一带一路"战略蕴含着诸多过剩产能转移的机会和钢铁、建材等新的消费点，但需要通过较长时间的发酵，"十三五"最初两年，效果不会明显。

(2) 产品消费利用技术水平的影响

国家能源局能源"十三五"规划会议提出，今后较长一段时期，煤炭作为我国主体能源的地位不会改变，清洁高效利用煤炭资源是保障我国能源安全的重要基石。一是持续提高发电用煤比重，实施煤电节能减排升级改造行动计划，新建燃煤机组供电煤耗低于每千瓦时300克标准煤，污染物排放接近燃气机组排放水平，现役60万千瓦及以上机组力争5年内供电煤耗降至每千瓦时300克标准煤。据此计算，以2020年8万亿千瓦时的全社会用电量作为参考，若我国火电平均供电煤耗从目前的318克/千瓦时降至300克/千瓦时，可节约1.44亿吨标准煤。二是按照安全、绿色、集约、高效的原则，加强大型煤炭、煤电基地建设，提高环保和安全准入标准,淘汰落后生产能力。三是制定煤炭消费总量中长期控制目标,加快淘汰分散燃煤小锅炉,因地制宜稳步推进"煤改电""煤改气"替代改造。四是积极推进煤炭分级分质梯级利用,提高煤炭综合利用水平。以煤制油产业发展为例,若2020年形成5000万吨的生产能力,可增加2亿吨左右的煤炭消费量。

4. 基本生产要素供给状况

(1) 煤炭资源供给

我国煤炭资源储量5.9万亿吨,探明储量2.3万亿吨,占一次能源资源总量的94.22%,而石油、天然气不足6%(分别约为5.4%、0.6%)。

国土资源部编制发布的《中国矿产资源报告(2014)》透露,2013年我国新增煤炭查明资源储量673亿吨;截至2013年底,我国查明煤炭资源储量1.48万亿吨,比2010年增加1435亿吨,其中九成以上增量来自西部地区。这为我国煤炭资源开发及其战略西移奠定了良好的基础。

(2) 生产技术工艺水平

改革开放以来,我国煤炭产业技术水平不断提高,经过多年的探索和发展,也催生了一批生产工艺先进、安全水平领先的大型煤炭企业集团群体。截至2013年底,我国煤矿百万吨死亡率降至0.293,大中型煤炭企业采煤机械化程度达90%以上;年产量亿吨的煤炭企业达到8家,11家煤炭企业年产量超过5000万吨,52家煤炭企业年产量超过1000万吨。

整体来看,我国煤炭产业具备进一步提高技术水平和产业集中度的可能性,大型煤炭企业将成为我国"十三五"期间煤炭产能的主要载体,同时由于多种因素制约,小煤矿还不能完全退出,中小型煤矿还将在"十三五"期间继续承担30%左右的煤炭产能任务。

(3) 环境承载力

目前我国经济社会发展的环境承载能力已经达到或接近上限,煤炭开采过程中资源浪费,土地资源破坏、占用及生态环境恶化依然严重。相关数据表明,我国煤矸石占压土地1.2万公顷以上,2013年底我国采煤形成的采空区面积约70万公顷,因采煤塌陷毁损土地约35万公顷;还存在加剧缺水

地区供水紧张、破坏地下水资源、矿井水废污水排放等情况。有数据表明，全国采煤破坏排放地下水约60亿立方米/年。尤其是煤炭利用过程中产生的煤烟污染物对环境破坏的影响最大，近年来各地频繁出现的雾霾极端天气等大气污染现象对我国煤炭开采和利用形成较大压力。有关研究机构认为，北京PM2.5的污染源构成中，燃煤占22.4%~26%；京津冀PM2.5的成因中，燃煤发电占到25%。因此，煤炭资源不可再生性和环境压力给煤炭产业发展带来严峻挑战，节能环保任重道远。

一系列基于环境保护而减少煤炭消费的相关政策已经出台。如《国家能源局 环境保护部 工业和信息化部关于促进煤炭安全绿色开发和清洁高效利用的意见》（国能煤炭〔2014〕571号）提出，京津冀、长三角、珠三角等重点区域严格实行煤炭消费总量控制；《重点地区煤炭消费减量替代管理暂行办法（发改环资〔2014〕2984号）》要求，到2017年，北京市煤炭消费量比2012年减少1300万吨，天津市减少1000万吨，河北省减少4000万吨，山东省减少2000万吨。

5. 市场状况

（1）供求矛盾

2014年全国煤炭产量36.3亿吨，煤炭销量35亿吨，净进口量2.85亿吨，整体供求严重失衡。截至2015年6月底，煤炭产业全社会库存已连续43个月处于3亿吨左右的高位。近年来大幅增加的煤炭进口也在一定程度上加剧了我国煤炭市场的供求矛盾，虽然我国已经取消煤炭"零进口关税"，但最主要的进口来源国依然享受"零进口关税"待遇，使得我国煤炭进口将依然保持较强劲的势头；2014年12月中旬，财政部发布《2015年关税实施方案》，其中2015年无烟煤、炼焦烟煤、褐煤等出口关税税率调降为3%（2014年为10%）。虽然短期出口下行，但随着政策的放宽，我国煤炭出口量在今后一段时期将会有所增加。

在2013年全国煤炭消费总量中，电力用煤占52.89%，钢铁用煤占15.30%，建材用煤占16.12%，化工用煤占6.58%，其他用煤占9.12%。这一消费结构将在"十三五"期间得到调整。《国家能源局 环境保护部 工业和信息化部关于促进煤炭安全绿色开发和清洁高效利用的意见》（国能煤炭〔2014〕571号）提出，到2020年，电煤占煤炭消费的比重要提高到60%以上。因此，未来一段时期，我国煤炭供求很大程度上将受制于火电产业。

整体上看，煤炭供大于求的矛盾在短时间内仍然较难化解，供求失衡的局面可能在"十三五"期间延续，尤其是"十三五"初期，这一矛盾仍然尖锐。

（2）产品需求弹性

煤炭消费弹性系数是反映煤炭消费增长速度与国民经济增长速度之间比例关系的指标，通常用两者年平均增长率的比值来表示。一般可通过对一定时期内煤炭消费弹性系数的观察，来预测未来一段时期的煤炭需求量。

表6 2001~2014年我国煤炭消费弹性系数

2001年	2002年	2003年	2004年	2005年	2006年	2007年
0.29	0.60	1.92	1.73	0.94	0.85	0.39
2008年	2009年	2010年	2011年	2012年	2013年	2014年
0.39	0.81	0.91	1.01	0.78	0.34	-0.11

由于煤炭消费统计数据欠科学，表6的数据参考性不是很强。

若"十三五"期间我国煤炭消费弹性系数基本维持在0.4左右，那么在GDP年增速7%的情况下，我国煤炭消费将以每年2.8%的速度增长。

（3）市场价格水平

2011年底以来，煤炭价格总体上一路下滑且跌势未改。截至2015年9月底，秦皇岛5500大卡动力煤平均价格为396元/吨，与2011年末相比，下跌53.6%；与2014年末相比，下跌24.6%。据中国煤炭工业协会分析，煤炭合理价格应回升到5500大卡动力煤0.1~0.12元/卡的水平，即550~660元/吨的水平，那么理论上还有39%~67%的上涨空间。

6. 产业发展政策

（1）国民经济和社会发展规划

党的十八大提出2020年全面建成小康社会的宏伟目标——实现国内生

产总值和城乡居民人均收入比2010年翻一番。

"十三五"国民经济和社会发展规划编制工作已经启动。李克强总理强调,"十三五"时期是全面建成小康社会最后冲刺的五年,也是全面深化改革要取得决定性成果的五年。研究编制"十三五"规划,要远近结合,更加注重以解决长远问题的办法来应对当前挑战,既要以五年为主,衔接2020年全面建成小康社会各项目标,又要考虑更长时期的远景发展。

煤炭需求强度与国民经济发展水平息息相关,但分析21世纪以来我国煤炭需求与国民经济的关系,可以发现,万元GDP能耗水平以及万元GDP煤耗水平都出现了40%以上的降幅,这主要是由产业结构调整、节能技术进步带来的,而这一趋势还将在未来一段时期延续(见表7)。

表7　21世纪以来国民经济能耗、煤耗水平

年份	GDP（亿元）	总能耗（万吨标准煤）	煤炭消费占能源结构比重(%)	煤炭消费量（万吨）	能耗强度（万吨/亿元）	煤耗强度（万吨/亿元）
2000	99215	145531	69.20	141092	1.47	1.42
2001	109655	150406	68.30	135000	1.37	1.23
2002	120333	159431	68.00	141601	1.32	1.18
2003	135823	183792	69.80	169232	1.35	1.25
2004	159878	213456	69.50	193596	1.34	1.21
2005	184937	235997	70.80	231851	1.28	1.25
2006	216314	258676	71.10	255065	1.20	1.18
2007	265810	280508	71.10	272746	1.06	1.03
2008	314045	291448	70.30	281096	0.93	0.90
2009	340903	306647	70.40	295833	0.90	0.87
2010	401513	324939	68.00	312237	0.81	0.78
2011	472882	348002	68.40	342950	0.74	0.73
2012	519470	361732	66.60	352647	0.70	0.68
2013	568845	375000	65.60	361000	0.66	0.63

考虑到GDP煤耗水平进一步下降的趋势,经济增速放缓对煤炭需求增长将带来更大的压力。

(2) 能源发展规划

《能源发展战略行动计划（2014~2020年）》提出，要实施节约优先战略，到2020年，一次能源消费总量控制在48亿吨标准煤左右，煤炭消费总量控制在42亿吨左右；要实施立足国内战略，到2020年，国内一次能源生产总量达到42亿吨标准煤，能源自给能力保持在85%左右，石油储采比提高到14~15，能源储备应急体系基本建成；要实施绿色低碳战略，到2020年，非化石能源占一次能源消费比重达到15%，天然气比重达到10%以上，煤炭消费比重控制在62%以内。

在优化能源结构方面，提出要把发展清洁低碳能源作为其主攻方向，坚持发展非化石能源与化石能源高效清洁利用并举，逐步降低煤炭消费比重，提高天然气消费比重，大幅增加风电、太阳能、地热能等可再生能源和核电消费比重，形成与我国国情相适应、科学合理的能源消费结构，大幅减少能源消费排放，促进生态文明建设。具体地，一是降低煤炭消费比重，重点是削减京津冀鲁、长三角和珠三角等区域煤炭消费总量和控制重点用煤领域煤炭消费，到2020年，京津冀鲁四省市煤炭消费比2012年净削减1亿吨，到2017年，基本完成重点地区燃煤锅炉、工业窑炉等天然气替代改造任务。二是提高天然气消费比重，重点是实施气化城市民生工程、稳步发展天然气交通运输、适度发展天然气发电、加快天然气管网和储气设施建设和扩大天然气进口规模。三是安全发展核电，到2020年，核电装机容量达到5800万千瓦，在建容量达到3000万千瓦以上。四是大力发展可再生能源，重点是积极开发水电、大力发展风电、加快发展太阳能发电、积极发展地热能、生物质能和海洋能以及提高可再生能源利用水平，到2020年，力争常规水电装机容量达到3.5亿千瓦左右，风电装机容量达到2亿千瓦，光伏装机容量达到1亿千瓦左右，地热能利用规模达到5000万吨标准煤。

(3) 煤炭产业政策

《能源发展战略行动计划（2014~2020年）》提出，要清洁高效发展煤电，转变煤炭使用方式，着力提高煤炭集中高效发电比例。提高煤电机组准

入标准,新建燃煤发电机组供电煤耗低于每千瓦时300克标准煤,污染物排放接近燃气机组排放水平。要推进煤电大基地大通道建设,要重点建设晋北、晋中、晋东、神东、陕北、黄陇、宁东、鲁西、两淮、云贵、冀中、河南、内蒙古东部、新疆等14个亿吨级大型煤炭基地。到2020年,基地产量占全国的95%。采用最先进节能节水环保发电技术,重点建设锡林郭勒、鄂尔多斯、晋北、晋中、晋东、陕北、哈密、准东、宁东等9个千万千瓦级大型煤电基地。发展远距离大容量输电技术,扩大西电东送规模,实施北电南送工程。加强煤炭铁路运输通道建设,重点建设内蒙古西部至华中地区的铁路煤运通道,完善西煤东运通道。到2020年,全国煤炭铁路运输能力达到30亿吨。

《关于印发〈煤电节能减排升级与改造行动计划(2014~2020年)〉的通知》(发改能源〔2014〕2093号)提出,在执行更严格能效环保标准的前提下,到2020年,力争使煤炭占一次能源消费比重下降到62%以内,电煤占煤炭消费比重提高到60%以上。

2014年11月底,国家能源局发布的《关于调控煤炭总量优化产业布局的指导意见》提出,今后一段时期,东部地区原则上将不再新建煤矿项目;中部地区(含东北)将保持合理开发强度,按照"退一建一"模式,适度建设资源枯竭煤矿生产接续项目;西部地区将加大资源开发与生态环境保护统筹协调力度,重点围绕以电力外送为主的千万级大型煤电基地和现代煤化工项目用煤需要,在充分利用现有煤矿生产能力的前提下,新建配套煤矿项目。要求各地不得核准新建30万吨/年以下煤矿、90万吨/年以下煤与瓦斯突出矿井。继续淘汰9万吨/年及以下煤矿,鼓励具备条件的地区淘汰9万吨/年以上、30万吨/年以下煤矿,鼓励各地主动关闭灾害严重或扭亏无望的矿井。

2014年底,国家能源局等三部门印发的《关于促进煤炭安全绿色开发和清洁高效利用的意见》(国能煤炭〔2014〕571号)提出,要切实提高煤炭加工转化水平,加快煤炭由单一燃料向原料和燃料并重转变。

2014年底,国家发展改革委等六部门印发的《重点地区煤炭消费减量替代管理暂行办法》（发改环资〔2014〕2984号）提出，到2017年，北京市煤炭消费量比2012年减少1300万吨，天津市减少1000万吨，河北省减少4000万吨，山东省减少2000万吨。上海市、江苏省、浙江省、广东省人民政府要于2015年6月底前，研究提出煤炭消费减量目标，送国家发展改革委、环境保护部、国家能源局备案。

2015年2月4日，国家能源局发布的《关于促进煤炭工业科学发展的指导意见》明确提出，在经济发展新常态下，我国煤炭工业要遵循发展规律，着力优化产业布局，调整产业结构，推进煤炭安全绿色开采和清洁高效利用。要坚持调整存量、做优增量原则，加快淘汰落后产能，优化配置生产要素，遏制盲目扩张和无序建设，控制重点地区、重点区域煤炭消费总量。要坚持提质增效、集约发展原则，提高企业发展质量和核心竞争力，合理安排区域开发强度，推进煤炭及共伴生资源综合开发利用。要坚持深化改革、创新驱动原则，建立公平开放透明的市场规则，营造宽松政策环境。要坚持绿色开发、清洁利用原则，最大限度减少煤炭资源开发对生态环境影响，依靠科技创新、强化监管，降低煤炭利用污染物排放。强调要充分认识当前和今后一段时期煤炭工业发展形势的复杂性、艰巨性，增强加快转变煤炭工业发展方式的自觉性和坚定性，重点做好优化煤炭开发布局、调整煤炭产业结构、加强煤炭规划管理、规范煤炭生产建设秩序、推进煤炭安全绿色开采、推进煤炭清洁高效利用、加快煤层气产业化发展、营造煤炭企业良好发展环境、加强煤炭行业监督管理、统筹推进煤炭国际合作等工作，苦练内功、积极作为，通过煤炭行业自身主动调整适应形势变化。

基于以上，我们运用多种计量方法对我国"十三五"期间煤炭需求进行预测后认为，我国2020年煤炭产能需求总量在45亿吨左右。

（三）产能过剩已成为我国煤炭产业新常态的重要内容

2014年12月9日~11日召开的中央经济工作会议认为，我国经济发展进入新常态。正从高速增长转向中高速增长，经济发展方式正从规模速度型

粗放增长转向质量效率型集约增长,经济结构正从增量扩能为主转向调整存量、做优增量并存的深度调整,经济发展动力正从传统增长点转向新的增长点。认识新常态,适应新常态,引领新常态,是当前和今后一个时期我国经济发展的大趋势。

随着经济发展进入"新常态",我国煤炭产业也进入了"新常态"。随着"四大"建设(大基地、大集团、大煤矿、大通道)加快,正在摆脱过去"小、散、乱、差"的形象,产业集中度越来越高;产业间的关联更加密切,煤电路港一体化正在形成;煤炭加工转化越来越深化,煤炭作为原料的比重在增加,产业转型升级在加快,现代化程度在提高;煤炭供应由短缺到相对过剩,市场价格在理性回归;产能过剩已经成为我国煤炭产业新常态的重要内容。

(1) 欧美产能过剩标准的证明

截至目前我国还没有建立起产能过剩定性、定量的科学评价标准。在欧美等国家,产能过剩评价指标一般是用实用产量与产能的比值(简称实用比),在79%~83%为产能正常;超过90%则认为产能不足;低于79%则认为产能过剩。

当前我国国内实用煤炭产量约33亿吨,保守估计当前我国煤炭产能已达到43亿吨左右,则实际的产能实用为76.7%,属于产能过剩范围。

值得一提的是,欧美国家煤炭生产企业,多数会对口个体的合同电站。因此,我国煤炭产能过剩问题,比用欧美的产能过剩标准判断要严重得多。

(2) 国内产能过剩一般标准的证明

国内学者通过比较国内外产能过剩案例,总结出了六大产能过剩时的产业经济运行指标:一是产品库存持续急剧上升,销售呈现停滞状态;二是产销率大幅下降,供求关系严重失衡;三是商品价格大幅度回落,长期处于成本线以下;四是产业出现大面积的企业亏损,企业被迫举债经营;五是一批企业相继倒闭或破产;六是进口严重受阻,出口不计成本,国际贸易摩擦频繁发生。

我们用该六大指标衡量煤炭产业的经济运行情况会发现，当前我国的煤炭产业已具有上述所描述的各种表现。

（1）截至2015年9月底，煤炭产业全社会库存已连续46个月处于3亿吨左右的高位。煤炭企业存煤1.08亿吨；全国重点电厂存煤6919万吨；主要港口存煤3527万吨。产品滞销严重。

（2）整体煤炭供求严重失衡，煤炭企业销售不畅，2015年前三季度全国煤炭产量27.19亿吨，同比下降4.62%；全国煤炭销量25.86亿吨，同比下降5.57%。产业销售利润率继续创10年来新低。

（3）2015年9月底，环渤海5500大卡动力煤综合平均价格为396元/吨，较上年同期下降86元/吨，下跌17.8%，与2011年高点相比下降457元/吨，下跌53.6%。

（4）2015年三季度末，全国煤炭企业亏损面超过90%，煤炭采掘业几乎全面亏损。半数以上煤炭企业减发欠发工资和欠缴社保，并呈加剧趋势，员工工资水平普遍下降。

（5）2015年前三季度，煤炭开采和洗选业实现利润总额287.2亿元，同比下降64.4%。三季度销售利润率仅为1.3%，只有全部工业销售利润率5.2%的四分之一。

（6）2015年前三季度，我国累计进口煤炭15636万吨，同比下降29.83%，同比降幅较上年同期扩大23.13个百分点。

无论是沿用欧美产能过剩标准，还是试用国内产能过剩一般标准，都足以证明我国煤炭产业产能过剩是毋庸置疑的；更为严重的是，相关研究表明，"十三五"期间煤炭需求增速持续放缓，导致煤炭产能过剩问题可能会更加突出，如果不能有效化解，将会产生更大的负面影响。

四 煤炭产能过剩的成因

目前存在的煤炭产能过剩问题形成原因是多方面的，有客观原因，也有主观原因。主要有以下几个方面。

（一）经济系统出了问题，有效需求不足

2007年，美国房地产泡沫破裂，持续降温的住房市场和不断上升的利率，导致次级房贷违约剧增、信用严重紧缩，进而引发"次贷危机"，出现以房利美、房地美等次贷机构破产、雷曼兄弟等投资基金倒闭、股市剧烈震荡为标志的"百年金融风暴"。美国次贷危机迅速席卷欧盟、日本等世界主要金融市场，造成全球金融危机，使得世界经济发展遭受了第二次世界大战以来最沉重的打击。随着世界金融危机的蔓延和深化，长期过度负债的欧洲国家出现主权债务违约，并首先于2009年在希腊爆发主权债务危机。之后，葡萄牙、西班牙、爱尔兰、意大利等国家相继出现财政问题。欧洲经济遭受重创后，全球经济雪上加霜。为应对危机，各国纷纷采取财政扩张、货币宽松等经济刺激政策。美国推出7870亿美元美国复苏与再投资法案，欧盟推出2000亿欧元经济刺激计划，日本出台的4个经济刺激计划支出规模达75万亿日元；同期，世界主要经济体同步下调利率。经济刺激政策在短期内提振了经济，成功扭转2009年的负增长，但并未形成世界经济增长的内生动力，反而埋下了巨大风险和隐患。发达经济体长期债券收益率持续处于历史低位水平，投资疲软、全要素生产力增长乏力等因素给潜在产出前景蒙上了阴影；潜在增长减缓的预期又进一步削弱当前投资；新兴经济体近年来的增长也明显弱于预期，随着刺激政策的不断使用，支持经济增长的宏观经济政策空间已经十分有限，世界经济增长处于疲弱水平，已经由金融危机前4%左右的平均增速下降至2%左右的平均增速（见图9）。

中国作为世界经济的一部分，受全球经济不景气影响，国外需求急剧萎缩，对外贸易受到严重冲击。出口增速由金融危机前的20%左右，跌至2014年的5%左右；实际利用外资增速由2008年的22%下滑至2014年的0.8%。外部经济环境恶化导致投资需求下降，全社会固定资产投资增速由2008年的26%下降至2014年的15%；全社会消费品零售总额增速从2008年的23%下滑至2014年的12%；国家财政收入增速由2008年的20%下滑至2014年的8.6%；城镇登记失业人数从2008年的886万增加到2014年的

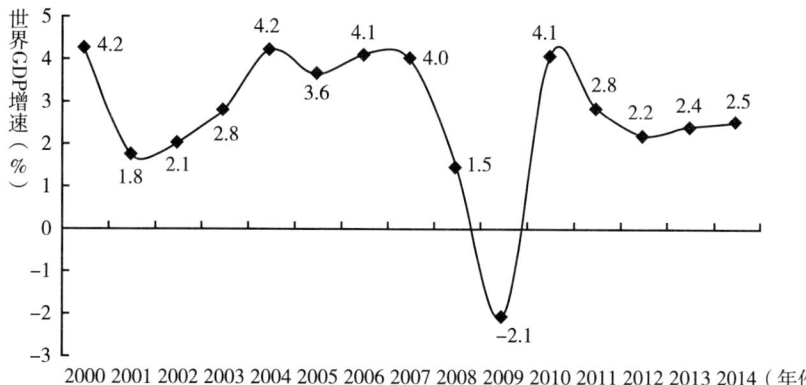

图 9 世界经济增速情况

952 万；GDP 增速已经从两位数的高速增长降为个位数（见图 10）。2008～2014 年我国平均经济增速比 2000～2007 年降低了 1.64 个百分点；2012～2014 年，连续三年处于"7 字头"的增长水平；平均增速比改革开放以来（1978～2011 年）的长期均值降低了 2.26 个百分点。目前，我国经济正处在增长速度换挡、结构调整阵痛、前期刺激政策消化"三期叠加"的阶段，下行压力不断加大，稳增长的任务尤其艰巨。

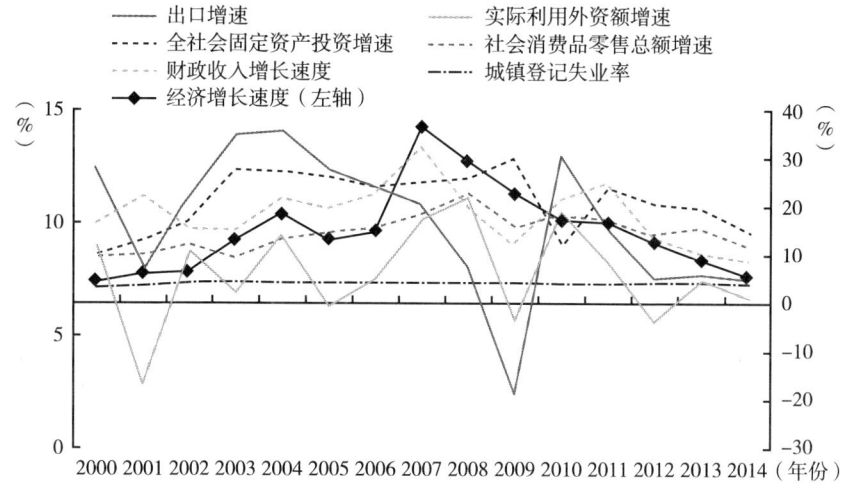

图 10 国民经济运行主要指标情况

国民经济上行乏力，导致煤炭下游产业普遍不景气，产能过剩、开工不足现象也越来越突出。目前我国火电机组产能过剩约1.5亿千瓦，产能过剩比例16%左右；钢铁产能过剩约2亿吨，过剩比例20%左右；水泥产能过剩约10.7亿吨，过剩比例30%左右；合成氨产能过剩约1500万吨，过剩比例25%左右。数据显示，2008~2014年与2000~2007年相比，我国火电发电量、粗钢产量、水泥产量、平板玻璃产量、合成氨产量平均增速分别下降6.9、11、2.5、9.4、3.5个百分点，增速放缓明显，2014年火电发电量、平板玻璃、合成氨产量均出现了同比负增长（见图11）。

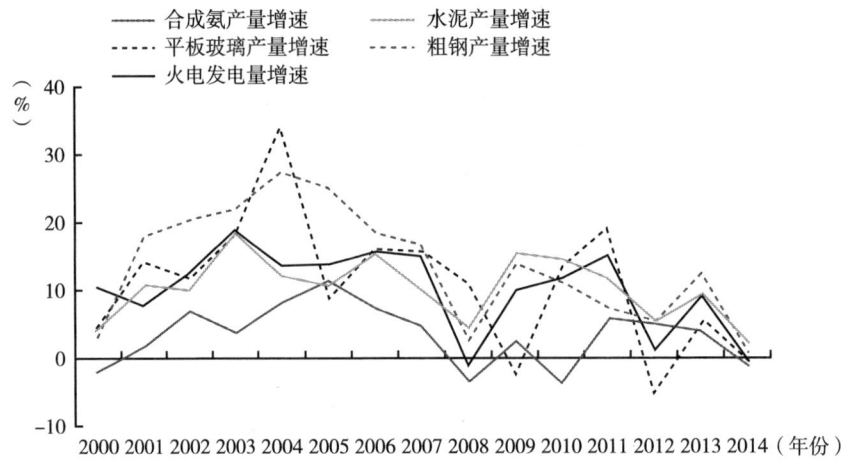

图11　主要煤炭下游产业产量增速情况

在国内外经济普遍不景气、煤炭下游产业产能过剩、开工不足的经济环境下，煤炭产业难以做到独善其身、一枝独秀，"十二五"期间，我国煤炭消费增速出现了较为明显的下降，产能过剩在所难免（见图12）。

（二）技术进步快于产业转型升级，形成产能叠加

改革开放以来，我国煤炭产业生产力水平不断提高，特别是近十多年来，通过引进吸收和自主研发相结合，煤炭生产技术得到了快速发展。在煤炭地质勘探方面，成功探索出"地面勘探与井下探测相结合，物探、钻探、

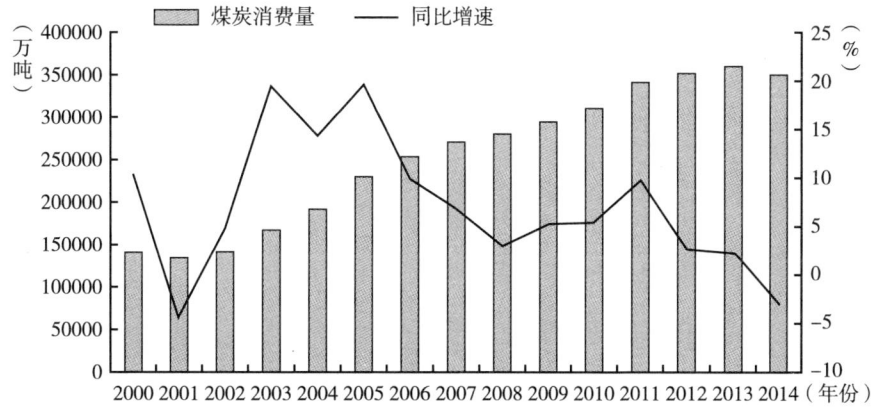

图12　我国煤炭消费量及增长情况

巷探相结合"的工作方法，形成了"地震主导，多手段配合，井上井下配合的立体式综合勘探体系"，物探上煤炭地震勘探技术的应用提高了勘探精度，钻探上超大孔径、超千米深孔钻井技术得到广泛应用，巷探上水平定向钻井技术及设备完成国产化配套、钻机能力达到1000米。在煤矿建井方面，冻结、钻井、注浆等特凿井技术处于世界领先水平，深厚冲击层千米深井快速建井关键技术取得突破，掌握了千米深井一次开凿的核心技术，500米反井钻机一次成井技术取得成功，千米深井支护技术取得成功，地面预注浆技术水平不断提高。煤炭开采方面，大采高综采技术在神东等主要矿区大面积推广应用，最大采高达7米，工作面产量实现了年产1000万吨；综放开采技术水平已在世界领先，工作面单产达到90万~1100万吨/年；"特厚煤层大采高综放开采成套技术"实现工作面最高日产量5万吨；"14~20米一次采全厚大采高综放成套技术和装备"实现工作面年产1000万吨；实现0.9米极薄煤层条件下的自动化开采；露天开采实现设备大型化、开采集中化、工艺连续化和环节合并化。整体而言，技术进步使得我国煤炭开采能力和水平得到快速提升，供应保障能力不断增强。

与此同时，我国煤炭产业转型升级却显得相对滞后，产能结构优化

进程缓慢。在技术进步快、落后产能未能及时退出的情况下，形成先进产能与落后产能的叠加。以小煤矿为例，2014年底，在全国1.1万处煤矿中，小煤矿数量仍达到8000多处，占煤矿总数的九成左右，产量超过总产量的12%，其中4000个左右是9万吨以下的小煤矿。落后产能退出机制不健全，使得一些达不到环保、能耗、安全等标准的落后煤矿不仅存在，而且还以不公平的方式进行市场竞争。尽管近年来煤炭领域技术进步快而消费增长慢所带来的市场挤出效应，客观上有助于落后产能的退出，但这种退出机制约束力度相对较弱，尚无法从根本上扭转产能叠加局面。

（三）煤炭工业"十二五"产能规划不科学

产能规划是产能规划主体在综合分析多种影响因素后对产业未来生产能力所做的安排，其核心目标是保障产品的合理供给，维持产业的平稳均衡发展，避免出现产业动荡，具有战略性与长远性，是产业内部各生产单位产能规划的总蓝图。作为政府调控经济的重要手段，产能规划是从国家安全层面保障经济社会平稳发展的重要措施，在优化产业结构、调控经济运行、保障人民生活等方面具有重大的意义。

产能规划编制的宗旨在于充分考虑未来市场需求，对下一时期的产能给出相对准确的预测判断，并编制出一套切实可行的产能形成方案。为保障产能预测的合理性与科学性，形成一套系统而又完整的产能规划编制依据尤为重要。产能规划编制是在现有产能规模的基础上展开的，包括已经形成的产能、在建结转产能规模、拟淘汰产能规模等因素。对宏观经济形势的判断是确定产能规模的主要依据，包括国际经济和国民经济两大方面。基本生产要素供给状况重点需要考虑煤炭资源供给情况、生产技术工艺水平以及环境承载能力等因素。相关产业状况是产能规划最直接的影响因素，包括主要下游产业景气度、产品消费利用技术水平等。市场状况是反映产业景气度的重要信号，可作为产能规划的重要参考依据，主要考虑因素是供求矛盾状况、产品需求弹性和市场价格水平等。产能规划是诸如国民经济和社会发展规划、能源发展规划以及煤炭产业政策等产业上位政策的具体化，产业发展政策是编制产能规划必须认真研究和考虑的主观性因素。

遗憾的是，我国煤炭工业"十二五"产能规划没有很好满足这些要求，主要表现在：

一是对国内外经济形势判断有误。2012年发布的《煤炭工业发展"十二五"规划》指出，世界煤炭需求总量增加，发达经济体煤炭需求平稳，新兴经济体煤炭需求增长；国民经济继续保持平稳较快发展，工业化和城镇化进程加快，煤炭消费量还将持续增加。但实际情况与预期偏离较大，尽管世界煤炭需求总量有所增加，但增速放缓，低于历史平均水平，2013年世界煤炭消费量为3826.7百万吨油当量，比2010年增加357.6百万吨油当量，但消费增速仅为3.0%，还不及2010年增速（7.6%）的一半；国民经济增速则是持续放缓，从两位数的高速增长降为个位数增长，"十二五"前四年经济增速连续放缓，2012~2014年经济增速持续"7字头"的中速增长。

二是对煤炭产业经济周期把握不准。产业经济周期是产业经济发展中循环出现的景气度上升和下降的波动现象。每一个周期都包含繁荣、衰退、萧条、复苏四个阶段。新中国成立以来，我国煤炭经济经历了八次完整的周期性波动，证明了煤炭产业经济周期的存在。然而，截至目前，对于煤炭产业经济周期性的把握，无论是理论与实践层面，还是学界与实务部门，普遍不够。不仅对煤炭产业经济周期性研究十分欠缺，而且早应加强的产业周期性预测预警工作开展得也很滞后。至今，找不到一本研究我国煤炭产业周期性的著作；直至2010年才有了"中经煤炭产业景气指数"。

三是规划编制方法方式落后。第一，规划侧重点转移不及时。纵观我国煤炭产业经济发展的轨迹，供给短缺是主要的形式特征，规划编制的侧重点一直放在供给侧，但在煤炭市场供需宽松局面已经形成的条件下，并没有及时把规划重点转移到需求侧。第二，方案单一、无法择优。多年以来，我国煤炭工业的规划研究工作主要由一家或极少几家单位进行编制，社会参与度明显不够，对规划方案的评价缺少比较，不能满足优中选优的需求。第三，方法简单，程序不当。规划工作几乎完全沿袭了传统的产能计划的做法，且仍旧保留了自上而下指令性的规划方式，先确定目标，再进行分解，现代计量方法运用不充分。

正由于此，在制定规划时，规划主体对煤炭产能严重过剩的情况预见不足，规划中对产能结构调整和优化重视程度不够，对落后产能退出也没有提出较为明确的规模、时序等要求。《煤炭工业发展"十二五"规划》提出，到2015年形成煤炭生产能力41亿吨，煤炭产量控制在39亿吨左右。而实际情况是，2013年我国煤炭生产能力就达到了42亿吨，提前两年就超过了产能规划目标，预计2015年实际产能将达到43亿~45亿吨，而实际产能需求仅为35亿吨（考虑进口等因素），规划产能目标与实际形成产能以及实际产能需求均存在较大差距；煤炭产量自2013年达到36.8亿吨之后开始下降，2014年已减少至36.3亿吨（与历年产量数据保持一致统计口径），预计2015年仍将维持小幅下降的趋势，规划产量目标与实际情况也存在较大出入。可以说，目前我国煤炭产能过剩的严重局面与煤炭工业"十二五"产能规划不科学有直接关系。

（四）产能形成过程中存在诸多推手

首先是企业产能扩张欲望强。在2002~2011年煤炭市场供需持续紧张及由此导致的价格上涨、盈利水平不断攀升的刺激下，一轮非理性产能扩张潮形成。有的煤炭企业批小建大，或未批先建，甚至在煤炭资源整合、兼并重组时，不是去积极抓住国家推动节能减排的契机，调整结构，将资源优势转变为竞争优势，而是借机扩能。国家统计局数据显示，"九五""十五""十一五"时期，我国煤炭开采和洗选业固定资产投资分别为1001亿元、2813亿元、12504亿元，呈现非常明显的跨越式增长，甚至在产能过剩矛盾已凸显的"十二五"前四年投资仍在加速，累计达20172亿元，超过黄金十年20003亿元的投资总额，导致产能增长过快（见图13）。

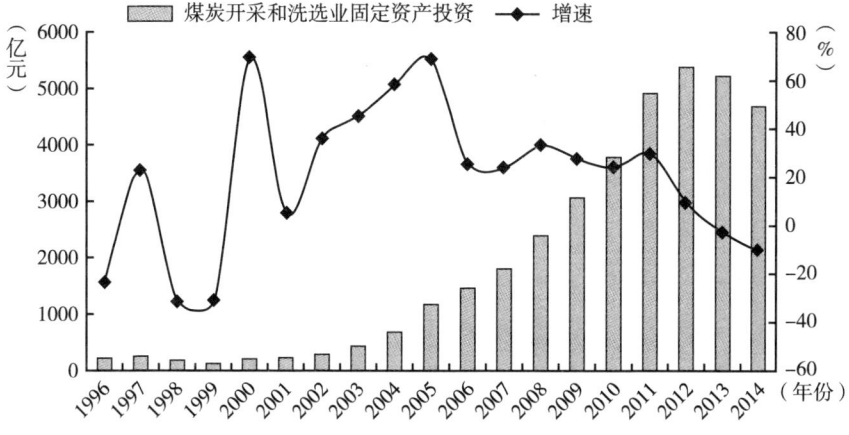

图13 1996~2014年煤炭开采和洗选业固定资产投资及其增速

其次是地方政府扩能热情高。因煤炭产业投资规模大、财政贡献高、劳动力需求多,在地方经济和社会发展中往往占据比较重要的地位乃至成为支柱产业,有的煤炭主产省煤炭产业上缴税费占财政收入的四成以上。正因为如此,煤炭产区各级政府为推动经济社会发展,往往对煤炭投资大开绿灯,在生产要素提供上给予优惠,甚至主动参与投资,在产业景气时期尤甚;而对淘汰落后产能则显得消极。以晋陕蒙为例,2006~2012年合计煤炭采选业投资达到10452亿元,占全国的46%,其中山西投资额占全国的23%;投资增长速度也保持高位水平,年均增速达到29%(见图14)。

再次是金融和社会资本推动力量大。煤炭产业景气时期,煤炭企业、涉煤项目成为金融机构积极争取的对象。银行普遍愿意提高煤炭产业贷款占比,愿意承揽煤炭企业发债业务,进行金融创新以支持煤炭建设项目,甚至有银行随时关注煤炭企业新建项目情况,一旦得到审批,项目贷款即能到位;煤炭企业债券发行、股票增发,金融机构大量发行煤炭信托等金融产品在资本市场上也颇受社会资本追捧。中国人民银行金融研究所和创绿中心联合发布的《中国能源转型和煤炭消费总量控制下的金融政策研究》显示,在2008年1月~2014年3月期间,包括五大商业银行在内的16家上市银行向168家上市涉煤企业(煤炭采掘、火力发电、煤化工和建材四个行业)

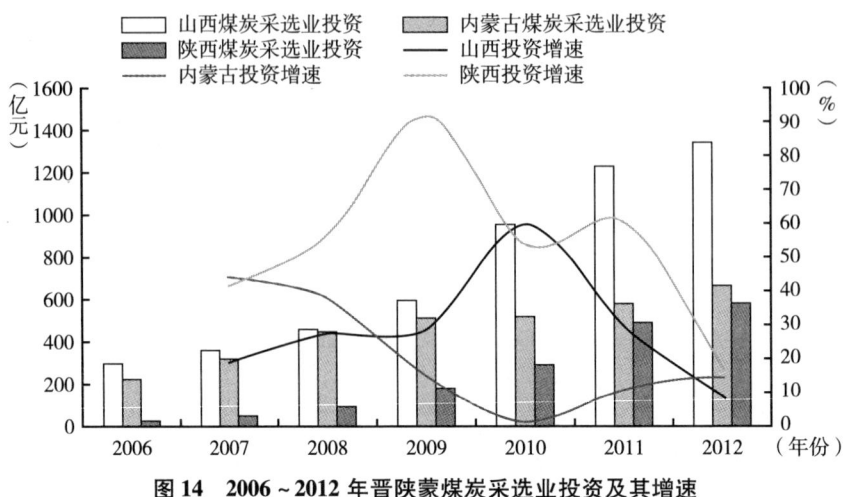

图14 2006~2012年晋陕蒙煤炭采选业投资及其增速

累计发放了5.5万亿元人民币的贷款,其中2008~2011年我国涉煤行业相关贷款保持稳定较快增长,2012~2013年对大型涉煤行业企业的贷款总额增速提高,2013年贷款总额比2012年贷款总额增长204.5%,年增速提高45.6%,而且主要集中于煤炭采掘业。此外,非煤产业向煤炭产业渗透的资本也颇为可观,比如,电力产业不断向上游扩张,某大型电力集团煤炭产量从2009年的39万吨增加到了2014年的4478万吨,增长114倍;21世纪以来,大量民间投资涌向房地产、矿产等高利润领域,2005~2007年是江浙民间资本投资煤炭领域的高峰时期,仅温州商人在山西的煤炭投资存量就超过1000亿元。

(五)产能管理体制机制落后

长期以来,我国对煤矿建设项目实行严格的行政审批核准制,审批事项环节过多、手续繁杂,审批过程不公开透明,审批周期过长,导致煤炭产能成为稀缺资源;而且,在超强行政审批制度下,更多的非市场因素在煤炭产能形成过程中成为主导,使得市场不能发挥煤炭产能配置的基础作用。不仅如此,在煤炭产能管理方面,存在重事前审批管理,轻事中、事后管理的问题。产能形成后,一方面释放环节缺少优化措施,容易节奏失控,有时过于集中，如"十一五"期间的煤炭产业投资，包括资源整合、兼并重组背景下一批大型现代化矿井，在"十二五"初期就得到集中释放；另一方面，淘汰和抑制落后产能的力度与发展先进产能的力度又不相匹配，增加的力度大大超过减退的力度，形成巨大的产能过剩压力，甚至出现产能过剩迹象时，由于缺少预测预警，调控又不及时，往往错失调控最佳时机，而且调控范围过窄，只限于部分大型企业的"限产令"。

"九龙治煤"是一直没有得到很好解决的问题，这个问题在煤炭产能过剩形成中是一个不可忽视的因素。按现行的管理分工，国土资源部负责煤炭资源勘查、开采的监督管理，国家发展改革委（国家能源局）负责制定产业发展战略规划、核准建设项目，国家安监总局（煤矿安监局）负责煤矿安全生产监督管理，环保部负责煤矿环境评估和监管，国资委作为出资人对国有煤炭企业进行生产运营监督和考核，等等，很多部门对煤炭产能的建设都有决定权、监督权。在多头管理体制下，管理部门权限难以厘清、责任难以落实，在煤炭产能的调整和优化上难以形成合力，十分不利于煤炭科学产能的形成。

五 化解煤炭产能过剩问题的基本思路与政策建议

（一）提高对化解煤炭产能过剩问题的认识

1. 煤炭产业摆脱困境的治本之策

自2011年11月以来，我国煤炭产业景气度已经连续40多个月波动下行，产量于2014年首次出现负增长。数据显示，2015年前三季度，全国煤炭产量27.19亿吨，同比下降4.62%；全国煤炭销量25.86亿吨，同比下降5.57%。煤炭库存长期居高不下，价格持续下跌，销售收入和利润均同比下降。固定资产投资也持续滑落，2014年出现负增长，2015年降幅扩大。整体而言，我国煤炭产业发展已全面陷入困境。

从表面上看，煤炭产业陷入困境的直接原因是煤炭价格的持续大幅下跌，但若从本质上讲，其背后的原因是我国煤炭的供需关系失衡，供给总量大大超过需求总量,是供给侧出现了生产相对过剩问题,而出现这一问题的前提条件或客观基础是产能过剩。

因此,煤炭产业摆脱目前困境的关键是化解过剩产能,从根本上缓解煤炭供大于求的压力,平衡煤炭市场供需关系,稳定煤炭市场价格,扭转大面积亏损局面,使产业尽快复苏,重新走上健康发展的道路。

2. 稳增长的基础性保障

近年来,受世界金融危机的影响,全球经济普遍下滑,国际市场需求明显下降,我国经济下行压力在加大,增速持续放缓。国务院总理李克强在东北经济工作座谈会上提出,要把稳增长作为紧要之务。

稳增长的基本物质保障条件是基础产业的稳定。煤炭是我国最重要的主体能源和工业原料,煤炭产业是我国重要的基础产业,稳增长必须首先稳煤炭产业。然而我国煤炭产业发展并不稳定,呈现明显的大起大落的波动性,特别是近期波动更为剧烈。

煤炭产业的不稳定已严重影响了我国国民经济的稳定发展。2013年1月以来,煤炭开采和洗选业增加值累计同比实际增速持续低于全国工业增速;2015年上半年的数据显示,全国工业增加值累计同比实际增速为6.3%,而煤炭开采和洗选业仅为0.6%。从煤炭主产区接二连三发生的集体讨薪等群体性事件看,不稳定已经引发了一些社会问题。煤炭产业的不稳定引起党中央、国务院的高度重视。2013年11月,国务院办公厅出台了《关于促进煤炭行业平稳运行的意见》;2014年,国务院总理李克强、副总理张高丽、国务委员马凯分别就煤炭脱困做出重要批示,肯定煤炭在我国能源安全保障中的地位和作用,提出要多策并举、综合施策、统筹解决煤炭行业的困难和问题;从2014年7月开始,国家发展改革委联合财政部、环保部、国家能源局、国家煤矿安监局等部门召开联席会议,专门研讨煤炭产业稳定发展问题,至2015年10月已举行43次。

煤炭产业作为煤炭企业的集合,其稳定性取决于煤炭企业这一微观基础的稳定;取决于大多数煤炭企业摆脱亏损、走出困境,重焕生机和活力;取决于稳煤价、稳市场、稳供求关系。理论分析和实践证明,限产保价、化解产能过剩不仅近可治标，而且远可治本，是稳增长的基础性保障。

3. 优化煤炭产业结构的最佳契机

广义的产业结构一般是指国民经济各产业之间的相互联系和比例关系；狭义的则是指某一产业内部各组成要素之间的相互联系和比例关系，包括产业的微观基础结构、产业集中度、产业空间布局和产能释放时序、产业内部各子系统的相互关系等。产业经济学认为，产业结构的状况决定着产业功能，产业功能发挥的好坏决定产业效益，当产业内部各组成要素之间的组合与最佳比例接近或一致，即产业结构达到优化状态时，产业的整体功能达到最大化，产业的效益趋于最大。

新中国成立以来，我国煤炭产业结构发生了翻天覆地的变化，一直处于不断优化之中。但由于各种因素的影响，产业结构非优化问题也由来已久。主要表现为：产业微观基础薄弱，企业数量过多，而大多数抗风险能力差。产业集中度过低，目前CR4仅为25%左右，CR8仅为37%左右，均低于世界其他主要产煤国家。产业空间布局不合理，东部地区开采过度，而资源富裕的西部地区却一直得不到很好利用。产能形成和释放时序不科学，盲目扩建、违规超建和释放无序并存，落后产能难以退出。根据国家能源局最新数据，2015年煤炭产业就有1254处矿井、7779万吨落后产能有待退出。产业内部结构不合理，传统产业转型升级慢，煤基制油等新兴产业发展缓慢，相关第三产业，例如金融服务、教育咨询服务、技术研发服务发展滞后。煤炭产业结构非优化问题一直未得到很好的解决，并非国家不重视，主要原因是改革开放以来，我国经济飞速增长，能源需求过旺，为了稳定经济增长全局，不得不推迟解决结构优化问题。

"十二五"以来，日益严重的产能过剩已危及煤炭产业安全，但同时也解决了煤炭供给不足问题。这一新常态的出现，为煤炭产业的结构优化提供了最佳契机。比如，在煤炭市场供求相对宽松的条件下，完全有可能发挥市场的功能作用，淘汰一部分代表落后生产力的落后企业；通过兼并重组，提高产业集中度；通过科学规划和管理，优化产业布局，规范产能释放时序；通过深化改革，优化产业内部各子产业间的相互关系。

4. 科学编制煤炭工业发展"十三五"规划的重要基础性工作

2014年6月,时任国家能源局局长吴新雄披露,全国"十三五"能源规划前期基础工作已开始进行。按照国家发改委、国家能源局关于做好能源"十三五"规划编制工作的统一部署,2014年末《煤炭工业发展"十三五"规划》编制工作也正式启动,目前正在编制中。

煤炭产业规划的核心内容是产能规划。编制好煤炭产能规划,首先要客观、准确地判断现有产能的基本态势,这是做好规划重要的基础性工作。目前对我国煤炭产能过剩问题已经形成共识。这一共识对于"十三五"煤炭工业发展规划编制指导思想的明确,原则、目标和重点任务的确定,提供了依据。

随着对煤炭产能过剩问题研究的不断深入,一系列化解产能过剩问题的思路逐步形成,例如放缓新产能增速、推迟现有产能释放、淘汰落后产能等。这不仅对"十三五"煤炭产能规划的保障措施的提出具有重要意义,而且对"十三五"煤炭产能规划的贯彻执行也具有重要的实践意义。此外,在分析研究煤炭产能过剩问题的过程中,随着人们认识水平的提高、理论的升华、规律的发现,乃至于实践经验的总结和教训的吸取,都将成为《煤炭工业发展"十三五"规划》编制的一笔不可多得的宝贵的精神财富。

5. 促进煤炭管理体制机制创新

从现象上看,造成我国煤炭产能过剩的供给侧原因是投资过度,需求侧的原因是消费不足;而从本质上分析,根本原因是体制机制的落后。

改革开放前,我国煤炭产业管理体制机制是照搬苏联的,典型特征是高度集权和计划化,完全排斥市场,企业没有自主权。随着改革开放的不断深入,市场经济体制机制虽已基本确立,但因煤炭产业经济体制改革相对滞后,传统的计划经济体制并没有被根除。例如,高度集权的产能配置制度,政府决定的能源价格形成制度,政企不分的国有资产管理和国企高管的任命制度,重前期规划核准、轻中后期监察的产能管理制度,任务型的落后产能的退出制度等,都仍然保留着计划经济体制的痕迹,这些痕迹的存在,不仅成为过剩产能的"催化剂",而且成为化解过剩产能的"绊脚石"。

理论分析和实践证明，要从根本上解决煤炭产能过剩问题，必须全面深化煤炭管理体制和运行机制的创新。因此，化解煤炭产能过剩的全过程也是创新煤炭管理体制和运行机制的过程。化解煤炭产能过剩将促进煤炭管理体制机制创新。

6. 完成中国能源革命的重点任务和重大举措

能源安全事关经济安全和国家安全，是具有全局性和战略性的重大问题。近年来，国际能源价格战愈演愈烈，并已波及我国。面对国际能源供需格局新变化、能源发展的新趋势，党的十八大做出了推动能源生产和消费革命的战略部署。2014年6月13日，习近平总书记在中央财经领导小组第六次工作会议上做出指示：保障国家能源安全，必须推动能源生产和消费革命；推动能源生产和消费革命是长期战略，必须从当前做起，加快实施重点任务和重大举措。

能源革命是在人类生产力水平不断提高的基础上，发生的能源生产和消费及与其相关的产业转型升级、结构优化、技术进步、体制与机制创新等重大变革，是一个以新能源体系取代旧能源体系的演变更替过程。中国是爆发能源革命最早的国家，不仅是世界上发现、开采和利用煤炭替代薪柴最早的国家，而且是最先开展规模化煤炭生产和消费的国家。但由于历史的原因没有跟上人类能源革命的步伐，必须奋起直追。

由中国能源资源赋存条件和现实生产能力所决定，煤炭产业是中国能源革命的主战场。从目前的情况看，严重的产能过剩问题已导致整个产业的非健康发展，使煤炭产业革命的生机和活力受到了严重的影响，必须抓紧恢复。恢复煤炭产业的生机和活力，必须要以化解煤炭产能过剩问题为重心，并把它作为推动和开展能源革命首先要完成的重点任务和率先推出的重大措施。

（二）明确化解煤炭产能过剩问题的原则

1. 确保能源安全的原则

能源安全事关国家安全，而煤炭是我国能源安全的基础，确保开放条件下的能源安全应是我国煤炭产业发展的第一要务。化解煤炭产能过剩要以确保国家能源安全为基本原则。

我国煤炭资源赋存量占一次能源资源总量的94.2%，而石油、天然气不足6%，分别约为5.4%、0.6%。长期以来，煤炭在我国一次能源结构中占据65%左右的比例，相比于石油、天然气分别60%、32%的对外依存度，煤炭可以达到完全自给，在保障国家能源安全方面发挥了极其重要的作用。

党的十八大提出2020年全面建成小康社会的宏伟目标——实现国内生产总值和城乡居民人均收入比2010年翻一番。而煤炭需求强度与国民经济发展水平息息相关，国民经济长期发展的要求，必然带来能源需求总量的增长，考虑到节能技术进步的有限性以及新能源发展的局限性，煤炭仍将是我国最主要的基础能源。

有鉴于此，化解当前煤炭产能过剩问题，必须要把握一条红线，即保证国民经济发展对能源的基本需求，要着眼于更长远的发展，充分考虑国民经济社会发展中的能源安全问题。

2. 坚持稳中求进的原则

稳中求进是党中央国务院面对错综复杂的国内外经济形势，为应对后金融危机时期世界经济普遍复苏乏力、国民经济下行压力加大而确定的我国经济工作的主基调。"稳"主要是保持宏观经济政策基本稳定，保持经济平稳较快发展，保持物价总水平基本稳定，保持社会大局稳定；"进"主要是要在转变经济发展方式上取得新进展，在深化改革开放上取得新突破，在改善民生上取得新成效。

煤炭产业作为基础能源产业，在保障国民经济稳定运行中扮演着极为重要的角色；作为工业产业的重要力量，为地方和国家经济增长做出了巨大的贡献；作为有五百多万职工的生力军，为我国就业形势的稳定提供了可靠的基础。毫无疑问，煤炭产业的稳定发展是国民经济稳定发展的重要基础，化解煤炭产能过剩问题，必须坚持"稳运行、稳增长、稳社会、求发展"的原则。

稳运行，要在淘汰落后产能、遏制过剩产能过程中，稳定必要的生产能力，稳定基本的煤炭产量，稳定煤炭市场供给，稳定煤炭企业运营；稳增长，要在控制煤炭产能和产量的过程中，保持煤炭产业增长，其中主要是产业质量的提升；稳社会，要在控制产能过程中，稳定职工收入，在关闭矿井过程中，落实好职工再就业和社会保障问题，保持社会稳定；稳发展，要在煤炭产能的"退"和"进"中，掌握好动态平衡，稳定煤炭产业可持续发展的基础，并通过发展化解产能过剩带来的各种问题。

3. 坚持规划先行的原则

在正常状态的市场经济条件下，政府政策能引导企业按市场运行规律去发展；在市场失灵状态下，政策起到规制的作用，努力用最小的代价，使市场尽快恢复正常态势。

化解煤炭产能过剩，是一项复杂的系统工程，需要解决一系列问题、协调一系列利益关系，诸如中央与地方、地方与企业、国资与民资、煤炭与下游、企业与职工等之间的问题和关系。这些性质各异的问题和错综复杂的关系，不能简单依靠长官意志或个人权威加以解决和协调，只能依靠有效的市场调节和正确的政策手段。

我国煤炭产能过剩有着整体过剩与局部短缺的矛盾，不同地方、不同企业煤炭产能的形成历史也各不相同，煤炭赋存条件、开采运输状况、企业经营效益更是千差万别。化解煤炭产能过剩政策的制定，必须要体现公共意志、维护公共利益。这就要求加强政策调研，广泛听取各地方、企业、研究机构的意见，充分了解煤炭产能及其发展实际，厘清产能控制尤其是淘汰落后产能工作中的权责利义等问题，增强政策的针对性和可操作性，更好地引导化解煤炭产能过剩这项工作的顺利开展。

4. 坚持保护先进、淘汰落后的原则

先进产能是绝对的，而落后产能是相对的。从我国煤炭产能过剩的实际情况看，过剩的产能未必是落后的；而落后的产能必定是过剩的，是化解我国煤炭产能过剩、产业走向健康发展必须坚决淘汰的产能。

落后产能代表的是安全系数不高、资源回采率较低、难以改造升级、存在非法违法开采等现象的煤矿产能，它们对安全生产、环境保护、产业结构优化有害无益。淘汰落后产能，不仅可以有效控制煤炭总量，同时也为先进

产能腾出发展空间，更好地推进煤炭产业转型升级和可持续发展。因此要抓住机遇，统一认识，合理制定政策，加快推进落后产能的有序退出。

先进产能代表的是资源条件好、开采技术水平高与安全环保指标优秀的煤矿产能，它们是煤炭产业转型升级和下一阶段健康发展的重要基础。化解过剩产能，不能简单地追求"量"的下降，更要注重"质"的提高，更不能为了达到化解过剩产能的目的搞"一刀切"，把先进的产能也列为化解对象。要从长计议，形成淘汰落后与发展先进的良性互动机制，科学化解落后产能。

5. 坚持市场化原则

十八届三中全会通过的《中共中央关于全面深化改革若干重大问题的决定》强调要"紧紧围绕使市场在资源配置中起决定性作用深化经济体制改革"，并提出了保证各种所有制经济公开公平公正参与市场竞争、提高资源配置效率和公平性、建立更加公平可持续的社会保障制度的要求。

我国煤炭产业具有一定的特殊性，各种所有制经济参与其中，资源配置与再配置市场化程度低，仍处于劳动密集型发展阶段，因此化解产能过剩过程中，必然会触及不同所有制主体间的利益纠葛、资源处置矛盾以及职工安置问题，因此必须要秉承"公开、公平、公正"的原则。

"公开"是指坚持产能标准制定公开透明，要全面公开存量产能与在建产能情况，合理制定产能标准并向社会公布，及时公开化解煤炭产能过剩进展情况，并发挥新闻媒体舆论和社会公众的监督作用。

"公平"是指坚持化解产能过剩过程中保证各种所有制经济地位平等，科学制定与产能退出相配套的补偿标准，并在建立统一的退出标准的基础上，考虑区域的差别性，统筹区域能源安全、产业发展、社会稳定等关系，通过市场化与行政化相结合的手段，合理推进落后产能的退出。

"公正"是指在化解产能过剩过程中要兼顾各类生产要素所有者的权益，要追本溯源，本着权责利义相一致的原则，确定责任主体，并承担相应的损失。

6. 坚持法治化原则

法治是市场经济的基本保障，依法治国已成为新时期国家治理的一切行为的准则。立法环节要完善规范性文件、重大决策合法性审查机制，建立科学的法治建设指标体系和考核标准，健全法规、规章、规范性文件备案审查制度；执法环节要完善行政执法程序，加强对行政执法的监督，全面落实行政执法责任制和执法经费由财政保障制度，做到严格规范公正文明执法。

化解煤炭产能过剩，要以建立健全产能标准体系、严格立法为基础，要科学制定包括规模大小、资源质量、能耗水平、排放程度、开采水平、安全标准等因素的落后产能目录和界定标准；要以产业准入管理为切入点，有关部门应加强统筹协调，形成多部门协同机制，在土地、信贷、环保、就业、社保等方面与化解产能过剩政策协调配合。

化解煤炭产能过剩，要建立具有权威性和统一性的协调组织，对过剩产能化解进展情况进行动态跟踪、监督检查和考核评价；要明确并落实有关部门的责任，形成各部门各司其职、各负其责、相互合作、协同推进的煤炭过剩产能化解工作机制，实现化解过剩产能工作的常态化和长效化。

（三）要以"十三五"煤炭产能规划为抓手

目前，我国煤炭市场供过于求的矛盾已经十分突出，煤炭产能过剩已经成为普遍共识，人们已经将化解煤炭产能过剩提升到产业发展的战略高度。毋庸置疑的是，随着国民经济由高速增长进入中高速增长，煤炭需求侧增长空间有限，而供应侧由于大批在建项目有待投产则压力继续增大，化解产能过剩仍将是"十三五"时期煤炭产业的主要任务。

化解煤炭产能过剩问题是一项系统工程，需要政策的正确引导，产业管理部门的科学组织，地方政府的协调配合，煤炭企业的积极参与，以及相关部门的支持保障，利益关系复杂、牵涉问题繁多。其具体工作千头万绪，既要把握好资源勘查、煤矿建设、煤炭开采的度，又要统筹好安全生产、技术进步、企业发展与产业结构调整之间的关系，还要处理好各部门、各级政府、相关产业、政府与企业、企业与职工之间的各种关系。因而，化解煤炭产能过剩问题，首要的工作是事先做好规划，通过规划对未来一段时期的煤炭生产能力做出合理的安排，并将其作为化解产能过剩、产能科学发展各项

工作的总蓝图。

我国以五年作为一个时间段来做国家的中短期规划，并将"五年规划"作为持续推进现代化战略目标的重要手段、推动经济社会发展不断上新台阶的重要途径。1953年以来，我国已先后实施了12个"五年规划（前期称为计划）"。作为国民经济发展中最重要的内容，产业经济始终作为规划的核心内容，除了系统提出宏观目标外，其余内容往往围绕产业展开，而每个产业也在这一指导思想下，形成具体的产业"五年规划"。

当前，正值"十二五""十三五"转换期，国民经济与社会发展以及包括煤炭产业在内的各项产业发展"十三五"规划编制工作正在进行。煤炭产业应利用好这一契机，在"十三五"煤炭产能规划中，将化解煤炭产能过剩作为重点任务。在指导思想上，要统筹各能源品种之间的发展关系，把握好下一阶段煤炭需求变化趋势，明确努力化解煤炭产能过剩、促进总量平衡这一基本思路，以顺应能源供需格局新变化和经济社会发展新趋势；在原则确定上，要以淘汰落后与发展先进产能并举为基本原则，处理好产能减法与加法、数量与质量的关系，做到煤炭产能的有进有退和有序发展；在发展目标上，要在控制总量与优化存量的基础上，形成与我国经济社会发展相适应、与资源生态环境相协调的煤炭科学产能；在保障措施上，要建立适应煤炭产业经济新常态的产能建设管理、释放管理和退出管理新机制。

（四）要以落后产能退出为突破口

落后产能一般是指生产设备、工艺技术水平等低于社会平均水平或达不到国家法律、法规、产业政策所规定的基本标准的生产能力。具体到煤炭产业，其落后产能是指危及生产和人身安全、不具备安全生产条件，严重污染环境或破坏生态，产品质量低于国家规定或产业最低标准，工艺技术水平低下、严重浪费资源能源，装备落后、规模过小的煤矿，以及法律法规规定的其他情形。化解煤炭产能过剩，以落后产能退出为突破口，有其必然性、必要性和可行性。

1. 以落后产能退出为突破口的客观必然性

社会生产力的发展，是先进生产力不断取代落后生产力的进程。煤炭产业发展至今，经历了原始手工刨煤—近代炮采—现代机械化开采的不同阶段，也是生产力水平不断提高的过程。煤炭落后产能是这一发展过程中没有跟上生产力发展要求、不符合经济社会发展趋势的旧有的生产能力，代表的是落后生产力。这些落后生产力由于工艺水平较差等原因，对煤炭安全生产、绿色开采、产业可持续发展的负面影响较大，且严重制约煤炭产业结构优化和转型升级，即便是在整体产能不过剩的条件下，也有其退出的客观要求。煤炭落后产能退出是产业发展过程中一种常态化的必然选择。

目前，我国煤炭产能已经严重过剩。在下游需求疲软、新消费点没有有效形成的条件下，只有在煤炭总产能上做"减法"，才能缓解产能严重过剩的压力。考虑我国煤炭产能呈现的先进与落后叠加的特点，为避免"劣币驱逐良币"的挤出效应，按照社会生产力发展规律和煤炭产能结构优化的要求，化解煤炭产能过剩首先要减掉落后产能。

2. 以落后产能退出为突破口的必要性

在过剩煤炭产能中，落后产能是其重要的组成部分。以小煤矿为例，其产量目前仍处于5亿吨左右的水平，超过煤炭总产量的12%。经研究测算的煤炭过剩产能8亿吨左右和近几年全社会煤炭库存长期维持在3亿吨左右的事实，我们完全有理由说，煤炭落后产能在煤炭产能过剩、市场供求失衡中的负面影响很大。

长期以来我国煤炭落后产能之所以难以顺利退出，很重要的原因在于经济高速增长状态下的煤炭供给短缺，随着煤炭供应宽松局面的形成，落后产能退出不再有能源保障方面的压力。因此，若能建立健全完善的落后产能退出机制，形成煤炭落后产能的全面、有序、常态化退出，不仅可以有效缓解产能过剩的压力、促进总量平衡，扭转全行业亏损的局面，还可以提高煤炭产能的整体质量、优化产能结构，为煤炭产业的稳定发展提供保障，推动煤炭产业革命的进一步深入。

3. 以落后产能退出为突破口的可行性

一是易达成共识。以落后产能退出为突破口，不仅符合生产力发展规律，也符合基本国策的要求和经济社会稳定健康发展的需要。煤炭落后产能的退出，有利于提升煤炭产业的整体能耗水平和绿色开采水平，有助于全面贯彻节约能源资源、保护生态环境的基本国策；落后产能的退出，有利于缓解产业发展压力，纾解产业发展中的诸多矛盾，进而保障基础能源产业的健康发展，为国民经济和社会的稳定发展奠定良好基础。社会各界对此有一致认识。

二是有政策基础。自1998年国务院发布《关于关闭非法和布局不合理煤矿有关问题的通知》（国发〔1998〕43号）以来，我国已颁布并下发了近三十个关于煤炭落后产能退出的文件。尤其是进入"十二五"时期，国务院、产业管理部门针对煤炭落后产能退出下发文件的频率在加快，而且在指导思想、原则目标、组织领导、标准界定、退出机制、监督检查等方面形成了较为系统的思路，奠定了有效退出的政策基础。

三是有可操作性。我国煤炭落后产能由来已久，但在国民经济高速增长、长期能源供给不足、煤炭成本构成缺失的背景下，供给紧缺、价格高企使得即使高生产成本的煤炭落后产能也能长期生存，缺少退出的社会压力和市场力量。然而，"十一五"以来集中投资过快增长的煤炭产能伴随着国民经济增速的放缓，已经呈现出明显过剩的"新常态"，煤炭供给不足的矛盾已经自然化解，持续走低的煤炭价格已经不足以支撑大多数落后产能正常运营，煤炭落后产能退出的基本条件已经具备。基于多年来管理部门淘汰煤炭落后产能的经验，以及大量研究基础上可预见的困难和形成的解决思路，只要建立健全退出机制，煤炭落后产能退出是有现实可操作性的。

（五）要加强产能日常管理

1. 全程化管理

全程化管理是指在某项生产或活动的全生命周期中，对包括需求、规划、设计、建设、形成、实施（生产）、退出等项内容进行的全过程管理，以实现整体的协调和有序运行。

煤炭产能形成和释放是行政行为与市场行为、中观行为与微观行为的统一，是一个复杂的长周期过程。如果在产能生命周期中的某一个层面、某一个环节出现问题，都会对产能的科学发展造成全局性的影响。

鉴于此，煤炭产业管理部门要在煤炭产能形成和释放的全过程中充分履行好规划、引导和监管职能，并在市场失灵时进行必要的干预。要科学地编制煤炭产能规划，建立健全煤矿生产能力管理信息登记制度，及时公开煤矿生产能力，严厉查处违规建设和超能力生产行为，密切关注煤炭产能的整个释放过程，依据市场信号把控好产能释放的时序、规模与结构，妥善安排衰退和落后产能的退出。

2. 常态化管理

常态化管理是指以日常管理、动态管理为理念，对事物进行一般性和惯常性的管理，并通过对外部环境的观测和预测，对管理目标进行有效的修正、对管理手段进行适时的调整。

煤矿审批和建设周期较长，从投资建设到建成投产，往往是外部环境已经发生了较大的变化，如果这一过程中没有及时有效的调控手段，将会发生煤炭产能失衡的风险。因此，有必要时时关注国内外经济形势变化，定期对煤炭产能发展趋势做出评判，改变五年为周期的粗放式的产能事后调整为年度调整，实现产能的动态优化；重视和发挥产业季度预测预警工具的作用，引导人们对煤炭产能释放形成合理预期，并为年度产能调整打好思想基础。

3. 精细化管理

精细化管理，是通过管理的系统化、规范化、标准化、数量化和信息化等现代手段，加强对管理对象和流程的严密管控，以最大程度节约资源、降低成本，提高效率与效益，是转变粗放发展方式为集约发展方式的管理理念和管理方式。

我国煤炭产能结构十分复杂，既有地域上的分布差异，也有品种类别上的区别，更有不同所有制的归属关系，拟建、在建和投产状态也是千差万别，在信息统计和具体管理上存在较大的差异。有必要加快推进煤矿生产能

力管理信息系统的建设,形成全覆盖、数字化、在线化的数据库,全面掌握全国煤矿的建设进度、开拓方式、采煤工艺、水文地质条件、危险指数、开采规模、资源储备等相关信息,并依此对煤炭产能的建设和释放进行精细化的指导和管理。

4. 现代化管理

现代化管理是基于民主法治的原则,革新思想观念和管理体制,构建全面的信息系统、高水平的决策系统、高效的执行系统和强有力的监督系统,充分运用现代科学技术和手段,以有效促进管理的科学化和合理化,提高管理效能。

长期以来,我国煤炭产能管理理念和方式较为落后,资源配置与再配置制度市场化程度不高,过于强化审批权力,对事中和事后管理不够重视,为违规建设、违法生产等现象提供了温床,现代化技术手段运用也不够充分,容易使得产能发展与经济社会发展趋势不相吻合。

有必要全面提高煤炭产能管理的现代化水平,一是要求管理思想的现代化,重视市场侧对煤炭产能的重要性,重视市场的作用;二是要求管理组织的现代化,在产能管理机构设置上做到集权和适度分权,并严格落实问责制;三是要求管理方法的现代化,由经验管理向数学模型与经验判断相结合转变;四是要求管理手段的现代化,加强计算机和互联网技术的应用。

5. 法治化管理

法治是指国家的运行处于依法治理的状态。其重要体现在于,一是科学立法,即具备完善而良好的法律体系;二是严格执法,即执行法律法规时做到有法必依、执法必严、违法必究;三是司法公正,即司法活动体现公平、平等、正当、正义;四是全体守法,即任何行为主体都必须在宪法和法律范围内活动。

法治化是国家治理的一切行为的基本准则,煤炭产能管理作为政府管理部门的行政手段,必须坚持法治化的原则。要进一步完善煤炭产业法律法规体系;规范煤矿建设审批制度,依法批准、验收新建煤矿生产能力,严格改扩建、技术改造、资源整合等煤矿建设制度,对违规建设项目进行严肃处理；依法开展煤矿日常生产检查，严厉查处超能力生产行为，按有关法规进行处理，并对违规情况和处罚结果进行公开通报；科学制定标准，严格落实煤炭落后产能淘汰工作安排，加强监管与引导。

（六）在发展中化解煤炭产能过剩

目前我国煤炭产能过剩属于相对过剩，是相对于产能有效需求不足而言的。煤炭产能过剩的相对性，提示我们在形成化解煤炭产能过剩的思路时不应仅限于在产能供给侧做减法，还应在产能需求侧做加法，即增加煤炭产能的有效需求。现在的问题是，煤炭下游产业对煤炭的消费需求已基本饱和，必须通过煤炭消费革命培养新的消费热点，在发展中化解煤炭产能过剩问题。

自党的十八大做出推动能源生产和消费革命的战略部署以来，煤炭产业革命也悄然兴起，转方式、调结构、加快实现产业转型升级已成为产业发展的主流。传统的以煤炭开采为主的发展模式正在向开采与深加工并重的发展模式转变；煤炭产业正在由一般的资源型产业向高新技术产业转型；煤炭消费革命正在推进，开始由燃料向燃料与原料并举转变。这一发展趋势，已为增加煤炭产能有效需求打开了空间。其中，发展煤制油产业正是契合煤炭产业转型升级要求、化解煤炭产能过剩的有效途径。

早在20世纪80年代，随着经济的发展与能源需求的快速增长，我国重新恢复了煤制油技术的研究与开发，并将其作为石油替代战略工程。21世纪以来，随着我国石油进口量的增长、国际石油价格的高涨，煤炭液化技术研发进一步加快。在企业的大量科研资金持续投入与科研人员的辛勤付出之下，我国煤制油工艺、反应催化剂及其工业化装置等技术领域的自主创新不断取得突破，打破了国外技术垄断，取得中国煤基制油技术的自主知识产权，迫使南非Sasol合成油技术退出中国市场。2005年9月，科技部对中科院费托合成油工艺进行验收；2005~2009年，内蒙古伊泰集团、山西潞安集团和中国神华集团建成三个16万~20万吨/年合成油示范厂。截至目前，伊泰、潞安两个示范厂已运行超过6年，神华示范厂2010年开车验证成功。2008年投产的神华集团承担的全球首套百万吨直接液化工艺也于2011年转

入商业化生产阶段。晋煤集团消化吸收国外先进甲醇制汽油（MTG）技术，2009年投产的10万吨/年项目已实现安全稳定满负荷运行。陕西煤业化工集团以煤炭分质分级清洁高效转化利用为前提，深耕煤焦油加氢制油领域，形成自主知识产权的技术体系，已实现百万吨的生产能力。此外，兖矿集团也很早就介入煤制油领域，2004年万吨级费托合成油技术中试成功，其承担的百万吨示范项目也于2015年9月18日试运行。截至目前，我国煤制油产业的发展呈现出技术多样化、产品多元化的良好发展态势；产业雏形初步形成，已经拥有250万吨/年的运行产能以及到2020年之前3000万吨/年的规划和在建产能；远期若形成1亿吨的生产能力，则可增加4亿吨左右的煤炭产能消化能力。此外，提高煤化工产业链附加值，通过煤炭制取甲苯、二甲苯、乙烯、丙烯、芳烃、乙二醇等紧缺的化学品和高新材料，在间接替代石油的同时，也可以实现煤炭产能的有效消化。

（七）创新煤炭产能管理体制机制

1. 创新煤炭产能规划体制机制

要转变观念，牢固树立"市场决定产能规划"的新理念。要把规划重心从以供给侧为主转变到以需求侧为主的方面上来。当今世界规划的需求侧响应已经成为主流。美国在《2005年能源政策法》中明确提出了联邦政府的注意力要转向需求侧响应。我们应借鉴发达国家的经验，摒弃"重生产、轻消费""重计划、轻市场"的传统思想和行为方式，树立市场经济新理念，突出市场在煤炭产能规划中的决定性作用，注重战略与战术、预期与即期、全局与局部、规划与需求、生产与消费的关系，实现政府、企业和市场之间的信息对称，确保煤炭产能规划的科学性。

要大胆创新，改变煤炭产能规划编制方式方法。在加强研究和组织领导的前提下，煤炭产业管理部门应加强对各级编制工作的指导和相关规划的协调；要完善产能规划意见征集和论证制度，健全以规划编制部门为主导、社会有关方面有序参与的新模式；努力做到多思路、多口径、多渠道、多方法、多方案，克服片面性；要改变以往的"闭门保密"为"开门公开"的编制，要准许主要煤炭消费者尤其是主要电力企业和煤制油气等煤化工企业参与到煤炭产能规划甚至具体项目的论证中；要采取类似于美国联邦能源监管委员会的《需求响应潜力的国家评估报告》中的方法，建立科学的煤炭产能规划需求响应机制；要在产能规划过程中，尽量保留原框架体系的前提下，根据市场需求合理确定煤炭产能总量、供给主体结构、区域分布及产业集中度，而且还要考虑节能减排、环境保护目标。

2. 创新煤炭产能配置体制机制

产能配置是指通过行政手段或市场机制实现生产能力的分配和流转，具体包括现行产能布局、承载主体的选择、建设周期的安排、释放时点的掌握、产能结构的调整等。

市场决定资源配置是市场经济的一般规律，党的十八届三中全会指出，要使市场在资源配置中起决定性作用，并更好发挥政府作用。我国煤炭产业正在积极推进市场化改革，煤炭产能作为产业发展的基础，也要以市场为基础手段进行配置。

（1）还原煤炭产能商品属性

①煤炭产能商品的二重性：使用价值和价值

产能作为生产某种产品的生产能力，具有使用价值和价值。其使用价值是能够生产出某种产品；其价值通过生产出产品的商品价值得以体现。

在市场经济体制下，生产要素，包括矿产资源、技术专利、生产设备、生产组织乃至劳动力都已经商品化。作为生产要素有机组合而形成的生产能力，已经具有商品属性，而且，实践已经走到了理论的前面。例如，煤矿的转让，作为产能载体的企业的被兼并重组，究其深层次的可能性，都根源于其商品属性。

②煤炭产能商品价值量的决定：投入产出率

煤炭产能商品的价值量，由投入产出效率来决定。由于煤炭产品的形成过程中，受资源的质量、开采条件、运输条件等多因素的影响，单位产能在同一时间内创造出的产品价值量是不一样的，如开采一吨动力原煤和一吨焦煤，其投入产出率是不一样的，后者的价值量高于前者的价值量。

(2) 产能进入市场

市场经济作为开放条件下的经济形态,要求商品进入市场,按照"公开、公平、公正"的原则等价流转交换,而且,这种交易行为按自主性原则要求,交易双方均应自主决策、自负盈亏。产能作为商品,客观上要求按市场经济的一般要求和规则进入市场并进行等价流转交易。

产能进入市场并不是某一部分,而是全部产能都应进入市场,包括新规划产能、在建产能、形成的产能,其中包括限制性过剩产能、应退出的落后产能。进入市场的产能信息要公开,买卖行为要公平,交易价格要公正,性价比要与投入产出率基本一致。作为产能出让主体和受让主体要自主决定产能转让受让行为,并对转让受让的结果负责。

(3) 政策引导产能交易

还原煤炭产能商品属性并进入市场交易,并不等于政府不再管控产能,而是为了克服高度集权的行政性的煤炭产能规划、配置、管控所带来的弊端而建立的一种新机制。

产能作为中观经济范畴,与宏观经济和微观经济息息相关,其能否实现优化配置直接影响国民经济系统的健康、稳定运行。为建立和维护产能市场秩序,保护产能交易者权益,形成均衡态产能供求格局,政府必须要加强对产能交易的政策引导。

引导产能交易的政策包括产能总量政策、产能布局政策、产能标准要求和交易细则。总量政策是根据产能三态,明确产能交易是为了增加产能总量、稳定产能总量还是化解产能过剩的政策;产能布局政策,是根据国民经济发展规划,明确产能在区域间的流转方向;产能标准要求,是指流转标的的标准;产能交易细则,是指市场准入和退出等条件限制。

(4) 建立健全产能交易市场

市场是商品交换活动的场所,是流通领域本身的总表现,是一定社会经济条件下社会诸方面商品经济关系的汇集地。它具有资源配置、价值实现、利益协调等功能,影响市场功能的因素,有政治、经济、社会、思想文化等诸方面,就市场本身应具备的条件而言,要求系统完整、信号准确、交易公平、竞争有序、保障有力。

系统是指由相互作用和相互依存的若干组成要素构成的具有特定功能的有机整体。系统的功能在于实现行为主体效益最大化。系统功能的最佳发挥，首要的条件是完整性。作为系统的基本要素，主体、客体和环境之间要相互促进和制约，系统内各要素之间的关系要协调。

按系统理论和我国煤炭产能交易的具体实际要求，建立健全煤炭产能交易市场，要从以下几个方面着手。

①培育交易主体

在创新建立的煤炭产能交易系统中，交易主体有政府和企业。经过多年的改革和市场经济体制建设，企业主体已经成熟；所欠缺的是一些企业的规模和实力，相对规模型的煤炭产能难以满足要求。因此，在企业主体培育方面，重点应是大企业和企业集团的培育和经济实力的增强。目前培育交易主体的重点是，作为产能交易主体，政府应设立相对独立的产能管理公司作为国有产能交易的主体。

②规范交易客体

作为交易客体的煤炭产能差异性很大，诸如所有制、区域、规模、效益、产品、质量、所处形成阶段等方面，都存在很大差异，因此，规范交易客体的关键是产能商品标准的制定。

③完善交易环境

首先是社会要对煤炭产能交易有一个正确的认识，社会舆论要能产生正能量，能及时解决产能交易而派生的公共性问题，因此，完善政策环境，建立健全相互配套的财税、金融、产业等激励和约束政策十分必要。

在完善市场环境方面，除上文所强调的系统完整外，要努力做到信号准确、交易公平、竞争有序、保障有力。信号准确，要求产能交易信息完整，产能要素情况真实，价值评估及定价合理公允；交易公平，要求按"公开、公平、公正"的原则进行产能交易，打破参与主体的所有制、地域、行业界限，实行自主自愿交易；竞争有序，要求防止垄断，要制定统一的、适合大多数产能配置和流转的交易规则与交易程序；保障有力，要求加强产能交

易的法制建设,确保交易者权益,确保交易服务到位、配套体系完善,加强产能交易中的政策引导,尤其是市场失灵时要加强政府规制。

(5) 完善保障制度

商品化后的煤炭产能,要求明确法律上的所有权归属关系。产能所有权本质上是一种产权。按现代产权制度"归属清晰、权责明确、保护严格、流转顺畅"的要求,煤炭产能所有权应从以下几个方面完善保障制度。

①科学界定权利主体

要根据"谁投资谁所有"的原则,合理合法地界定产能归属关系。这里的"理",指市场经济的基本理论;这里的"法",指现行的法律、法规。在产能权利主体界定过程中,要尊重历史,尽可能搞清产能原始形成及中间变化过程,并据此决定其归属,以充分保护产能主体权利;实在搞不清楚的,要从有利于产业发展和社会稳定的角度加以界定。

②建立责权制衡机制

作为产能权利主体,不仅拥有权力和利益,而且必须承担责任和义务。有权无责和有责无权都无法保障产能主体权益。改革开放以来,产权多元化的格局在我国已经形成。随着产能主体的清晰界定,产能所有权与使用权的"二权分离"将成为一种普遍现象,特别是各种形式的混合所有制的形成,客观上要求建立权利与责任相互制衡机制。实践证明,契约式委托授权代理模式是一种有效形式。建议各级国有资产管理部门应改革管理体制,组建国有资产(包括国有产能)经营公司,履行国有产能所有权职责;作为产权载体的煤炭企业行使经营权,并通过契约的方式把双方的权、责、利、义明确下来。

③保障主体的合法权益

无论是科学界定产能权利主体,还是建立责权制衡机制,都是为了规范在所有权基础上形成的经济关系。经验表明,经济关系越复杂,涉及的主体越广泛,发生的权利摩擦和纠纷可能越多,越需要采取强有力的保障性措施维护主体的合法权益。我们应当着眼于完善相关的法律制度,包括产能市场主体和中介组织行为规范、市场交易法律制度、财税制度、金融制度、社会保障制度；按照权利和责任挂钩、权利与利益脱钩的要求，形成行为规范、保障有力的产能优化配置的法治环境。

④建立健全相应的协调机制

化解煤炭产能过剩有赖于增强产能的流动性。产能的有效流动不仅能实现产能总量平衡，而且有利于结构优化。

增强煤炭产能的流动性，有赖于产能商品的顺畅流转。煤炭产能的顺畅流转，有助于实现新增产能规范配置，存量先进产能优化配置，过剩产能得到有效抑制，落后产能及时有序退出。

从目前情况看，煤炭产能顺畅流转主要受制于"九龙治煤"的管理体制。其影响在于，分散式的多头管理，容易形成政出多门的局面并缺少权威性；分权制的财政分配体制，容易产生利益不均衡问题；多级次的管理，容易产生级次间的严重摩擦，影响效率。因此，有必要建立稳定有效的协调机制，统筹多方利益和各种关系。要建立部际组织领导机构，协调各管理部门间的关系，从顶层设计推动煤炭产能流转；要全面深化财税体制改革，打破利益格局，调整中央与地方的事权与支出责任，构建科学的税收体系；加快政府职能转变，充分发挥互联网等现代技术的优势，实现多部门高效沟通、全面协作的协同工作机制。

下篇：建立健全常态化的退出机制
实现煤炭落后产能平稳有序退出

早在20世纪末，煤炭落后产能退出问题就已摆上了日程，而且也取得了一定的成效。由于主客观条件的影响，该项工作的推进与客观要求和预期目标还有较大差距，而且推进工作越来越难。为了更好地解决煤炭落后产能退出问题，我们组织力量对该问题进行了系统研究，形成此报告。

本报告从煤炭落后产能的范畴入手，探讨了其形成原因和特点，分析了退出的必然性和必要性，总结了政策实践和面临的困难，提出了建立健全常态化的退出机制、实现煤炭落后产能平稳有序退出的思路。

一 煤炭落后产能及其界定

在本报告"上篇",我们曾明确,落后产能一般是指生产设备、工艺技术水平等低于社会平均水平或达不到国家法律、法规、产业政策所规定的基本标准的生产能力。具体到煤炭产业,其落后产能是指不具备安全生产条件、危及生产和人身安全,严重污染环境或破坏生态,产品质量低于国家规定或产业最低标准,工艺技术水平低下、严重浪费资源能源,装备落后、规模过小的煤矿,以及法律法规规定的其他情形。煤炭落后产能的落后性主要体现在以下方面。

(一)工艺技术落后

煤炭开采工艺技术是指生产煤炭产品的方法和手段,包括煤炭开采过程中所采用的工艺路线、工艺流程、工艺控制和技术手段等。根据资源赋存条件,煤炭开采一般分露天开采和井工开采(地下采煤),其中井工开采为最主要的方式。井工开采方式中,主要分为柱式、壁式两种工艺,目前最为普遍的是壁式采煤工艺,我国及俄罗斯等欧洲国家主要采用长壁采煤法,美国、澳大利亚、南非、印度等以短壁采煤法为主。经过多年的改进与发展,我国煤炭开采工艺向现代化逐步迈进,工艺形式向多元化和综合化发展,薄煤层开采工艺符合我国煤炭赋存特点,短壁开采工艺弥补了长壁开采工艺资源浪费的缺点,矿井集约化工艺实现了因地制宜的煤炭资源开采,煤炭地下气化工艺实现了资源利用的重大突破。开采技术的发展则是一个进步程度不断加快的过程,先后经历了手镐采煤—风镐采煤—爆破采煤—普通机械化采煤—高档普通机械化采煤—综合机械化采煤—综合普通机械化放顶采煤等七个阶段,尤其是近十年来,通过引进吸收和自主研发,煤炭开采技术得到了飞速发展,现代化井工煤矿开采的三大技术——大采高综采技术、大采高综放开采技术和短壁工作面开采技术达到国际领先水平。

由于工艺技术发展水平的不平衡性和普及的渐进性,综合机械化开采只是在大中型煤矿企业应用比较广泛，很多煤矿企业还是采用普采和炮采的方式，特别是在一些小煤矿，受技术条件限制，主要还是采用炮采的采煤技术。占总产能 1/10 左右的 30 万吨及以下的小煤矿，采煤机械化程度和掘进装载机械化程度均处于 20% 左右的低水平。这些工艺技术落后的煤矿，构成了我国落后煤炭产能的重要部分。《煤炭生产技术与装备政策导向》（2014 版）提出，推广无煤柱开采的回采巷道布置，工作面后退式开采、下行式开采的回采程序；限制回采工作面前进式以及上行开采等回采程序；禁止回采工作面金属摩擦支柱、钢支柱、木支柱支护，急倾斜煤层仓储式采煤法，缓倾斜中厚、厚煤层刀柱采煤法，高落式采煤法，巷道式采煤法，急倾斜煤层斜坡采煤法，回采工作面人力运输、畜力运输和人工落煤。其中，禁止类是指技术落后，安全性差，劳动强度和能耗大，生产效率低，资源回收率低以及国家明令禁止的生产工艺技术，共 43 项。

（二）装备水平低

煤矿装备是指煤炭开采过程中所需要或用到的各种器具、机械、设施的总称。近十多年来，我国煤机装备水平不断提高，在矿井建设、巷道掘进、综采设备、辅助运输、露天开采、煤炭洗选等方面的装备取得重大突破；综合机械化开采实现了"三机一架一体化"的核心装备模式，即掘进机、采煤机、刮板运输机和液压支架一体化联动，煤炭产业生产力水平得到有效提升，采煤机械化程度大幅提高，其中，大中型煤炭生产企业采煤机械化程度达 89% 以上；系列化液压支架、电牵引采煤机、大运量大运距胶带输送机、大型刮板输送机等新型装备得到应用。但总体而言，目前我国煤机装备仍落后于国际先进水平，装备可靠性、智能化和信息化等指标偏低。掘进机在破岩能力、效率及适应性、可靠性方面有所欠缺，露天开采关键零部件在技术性能、成套设备配套性、工作可靠性和使用寿命等方面处于相对落后水平，洗选加工设备存在关键材质不过关、自动化程度低、可靠性、耐磨性和耐腐蚀性差等缺点。更为突出的问题是，我国不少煤矿装备水平处于全国平均水平以下，甚至仍采用较为传统的生产装备。《产业结构调整指导目录（2011

年本)》(2013修正版)认为,煤炭产业需要淘汰的落后生产工艺装备共有11项,包括6AM、ψM-2.5、PA-3型煤用浮选机,PB2、PB3、PB4型矿用隔爆高压开关,PG-27型真空过滤机,X-1型箱式压滤机,ZYZ、ZY3型液压支架,木支架,不能实现粉尘达标排放的干法选煤设备等。《煤炭生产技术与装备政策导向》(2014版)提出,推广缓倾斜、倾斜中厚层走向(倾向)长壁综采垮落法,缓倾斜、倾斜中厚煤层走向(倾向)条带综采充填法等14种不同井型、煤层厚度、煤层倾角的管理顶板;限制悬移(组合)支架放顶煤垮落式等7种管理顶板;禁止急倾斜中厚煤层走向长壁倒(正)台阶爆破落煤垮落法等5种管理顶板。

(三)生产规模小

生产规模小是指生产规模在30万吨/年及以下的小煤矿,它是我国煤炭产业发展历史的产物,主要是在20世纪六七十年代"社队煤矿"、80年代以后"乡镇煤矿"的基础上演变过来的。长期以来,小煤矿作为我国煤炭产业的组成部分,对保障能源供给、发展地方经济、解决就业问题有巨大的历史贡献,但其弊端也不断显现。小煤矿贡献了我国煤炭生产总量的1/3,但事故死亡人数却接近3/4。其原因在于小煤矿违法违规现象严重,超强度、超能力、超定员生产现象严重;规模太小,不利于机械化推广,许多小煤矿仍采用掘巷采煤、放炮落煤、木头支护、井下人力运煤等原始生产方式;基础管理薄弱,安全欠账较多,防灾系统薄弱,安全技术标准和规范滞后,导致安全隐患严重。没有技术改造空间的小煤矿是典型的落后产能的代表。

近年来,淘汰小煤矿的力度不断加大。《国家安全监管总局等十二部门关于加快落后小煤矿关闭退出工作的通知》(安监总煤监〔2014〕44号),要求对核定生产能力在3万吨/年及以下煤矿、9万吨/年及以下煤与瓦斯突出煤矿等13类小煤矿依法实施关闭或淘汰退出。《国家能源局和国家煤矿安监局关于做好2015年煤炭行业淘汰落后产能工作的通知》提出,逐步淘汰9万吨/年及以下煤矿,支持具备条件的地区淘汰30万吨/年以下煤矿。这些政策在规模指标方面可作为落后产能退出的具体量化标准。

（四）能源消耗大

煤炭开采设备、生产工艺的能耗指标如果高于产业平均水平，也属于落后的煤炭产能。《煤炭井工开采单位产品能耗限额》（GB29444-2012）要求，电力折标准煤系数采用当量值时，现有煤炭井工开采企业单位产品能耗限定值应不大于11.8kgce/t（千克标准煤/吨），新建煤炭井工开采企业单位产品能耗准入值应不大于7.0kgce/t，煤炭井工开采企业通过节能技术改造和加强节能管理，单位产品能耗先进值不大于3.0kgce/t。《煤炭露天开采单位产品能源消耗限额》（GB29445-2012）要求，现有煤炭露天开采企业单位产品能耗限定值应不大于8.2kgce/t，新建煤炭露天开采企业单位产品能耗准入值应不大于6.5kgce/t，煤炭露天开采企业应通过节能技术改造和加强节能管理，单位产品能耗先进值不大于5.0kgce/t。

2015年4月4日，国务院办公厅发布的《关于加强节能标准化工作的意见》（国办发〔2015〕16号）提出，适时将能效"领跑者"指标纳入强制性终端用能产品能效标准和行业能耗限额标准指标体系，将"领跑者"企业的能耗水平确定为高耗能及产能严重过剩行业准入指标。能效标准中的能效限定值和能耗限额标准中的能耗限定值应至少淘汰20%左右的落后产品和落后产能。

（五）资源浪费严重

随着煤炭生产和消费的快速增长，煤炭资源的不可再生性给煤炭产业可持续发展带来了严峻的挑战。长期以来，受不合理采煤方式、煤价形成机制和税费制度等影响，我国煤炭资源浪费现象严重。采厚弃薄、采易弃难、乱采滥挖、破坏资源等问题突出。目前，我国煤炭资源回采率仍大大低于发达国家的水平。退出资源浪费严重且无改进空间的落后产能，是贯彻落实节约资源这一基本国策的要求。

《国土资源部关于煤炭资源合理开发利用"三率"指标要求（试行）的公告》（2012年9月20日）提出要求，"（一）煤矿采区回采率：1.井工煤

矿。薄煤层（<1.3米）不低于85%；中厚煤层（1.3~3.5米）不低于80%；厚煤层（>3.5米）不低于75%；对于采用水力采煤技术的井工煤矿，薄煤层、中厚煤层和厚煤层的采区回采率分别不低于80%、75%和70%。2.露天煤矿。薄煤层（<3.5米）不低于85%；中厚煤层（3.5~10.0米）不低于90%；厚煤层（>10.0米）不低于95%。（二）原煤入选率。煤炭矿山企业的原煤入选率原则上应达到75%以上。（三）煤矸石与共伴生矿产资源综合利用率。国家鼓励煤炭矿山企业合理开发与综合利用煤矸石以及与煤共伴生矿产资源。开采设计或开发利用方案也要对煤层气、黄铁矿、镁、铟、高岭土等矿产资源开发利用提出指标要求。其中煤矸石和矿井水综合利用率均应达到75%以上。"《生产煤矿回采率管理暂行规定》（国家发展改革委令〔2012〕17号）强调，井工煤矿采区回采率的考核标准是：薄煤层（<1.3米）不低于85%，中厚煤层（1.3~3.5米）不低于80%，厚煤层（>3.5米）不低于75%；露天煤矿采区回采率的考核标准是：煤层小于1.3米的不低于70%，煤层1.3~3.5米的不低于80%，煤层3.5~6米的不低于85%，煤层大于6米的不低于95%。

（六）环保不达标

长期以来我国煤炭开采和利用对环境产生了较大影响。在生态容量有限的条件下，如何使得煤炭资源能够得到绿色开发和合理利用，是煤炭产业发展过程中需要持续探索的命题。

《煤炭工业污染物排放标准》（GB20426-2006），对煤炭工业水污染物排放限值和控制、地面生产系统大气污染物排放限值和控制、煤矸石堆置场污染控制等方面提出了要求，如采煤废水pH值不能超过6~9，总悬浮物不能超过70（现有生产线）、50（新建生产线），化学需氧量不能超过70（现有生产线）、50（新建生产线），大气污染物排放限值为颗粒物不超过80mg/m^{3}或设备去除效率>98%，等等。《产业结构调整指导目录（2011年本）》（2013修正版）提出，煤炭产业需要淘汰既无降硫措施又无达标排放用户的高硫煤炭（含硫高于3%）生产矿井等。

鉴于此，环保水平达不到要求或经改进仍达不到要求的煤矿，应认定为落后产能。

（七）安全不过关

安全生产是煤炭产业发展的第一要义。"十五"期间，我国煤矿安全生产事故频发，尤其是"十五"初期百万吨死亡率处于 5 左右的水平。"十一五"以来煤矿安全状况持续呈现总体稳定、趋向好转的发展态势，百万吨死亡率由 2006 年的 2.04 下降到 0.3 以下。但是我国煤矿在世界主要产煤国家中开采条件最复杂，90%以上是井工开采，煤矿开采深度平均每年增加 20 米以上，大中型煤矿平均开采深度接近 500 米，最深的矿井深度已经超过 1500 米，煤矿灾害程度越来越严重；况且，安全生产水平较低的小煤矿仍占我国煤矿总量的大多数，提高我国煤矿整体安全生产水平任重而道远。

国家煤矿安全监察局、中国煤炭工业协会制定的《煤矿安全质量标准化基本要求及评分方法（试行）》（2013 年）对煤矿安全水平是否达标、产能是否落后具有较强的参考意义。文件认为，参与安全质量标准化考核评分的煤矿不应存在以下情况：（1）生产矿井没有 2 个能行人的通达地面的安全出口，采煤工作面没有 2 个畅通的安全出口（一个通到回风巷道，另一个通到进风巷道）；（2）超能力、超强度或者超定员组织生产；（3）使用明令禁止使用或者淘汰的设备、工艺；（4）存在超层越界开采等现象；（5）煤矿井下安全避险"六大系统"（监测监控系统、人员定位系统、紧急避险系统、压风自救系统、供水施救系统和通信联络系统）未按规定建设，未达到"系统可靠、设施完善、管理到位、运转有效"要求；（6）开拓煤量、准备煤量、回采煤量未达到规定要求；（7）存在危及安全生产的重大安全隐患。《国务院办公厅关于进一步加强煤矿安全生产工作的意见》（国办发〔2013〕99 号）提出，没有达到安全质量标准化三级标准的煤矿，限期停产整顿；逾期仍不达标的，依法实施关闭。《国家能源局 国家煤矿安全监察局关于做好 2015 年煤炭行业淘汰落后产能工作的通知》（国能煤炭〔2015〕95 号）要求，对非法违法开采和不具备安全生产条件的煤矿，坚决予以关

闭;对安全基础条件差且难以改造,以及煤与瓦斯突出等灾害严重的小煤矿,要加强监管,加快引导其退出煤炭生产领域。

(八)产品质量差

煤炭资源因生成条件不同,其成分构成不同,由此而决定的原煤质量也有优劣之分。高灰、高硫、高水,以及汞、砷、磷、氯有害元素超标的煤炭产品,可称之为劣质煤。劣质煤一经生产,进入流通和使用环节,其危害性极大,既保护了落后生产,又浪费资源,直接或间接地助推了环境污染。因此,生产劣质煤并缺少加工提质工艺的煤矿是构成煤炭落后产能的一部分。

国家发展改革委、环保部、商务部等六部门联合发布的《商品煤质量管理暂行办法》(2015年1月1日实施)提出,商品煤应满足以下基本要求,灰分:褐煤≤30%,其他煤种≤40%;硫分($S_{t,d}$):褐煤≤1.5%,其他煤种≤3%;其他指标:汞(Hg_d)≤0.6μg/g,砷(As_d)≤80μg/g,磷(P_d)≤0.15%,氯(Cl_d)≤0.3%,氟(F_d)≤200μg/g。文件还对境内远距离运输的商品煤在发热量、灰分、硫分等方面提出更为严格的要求。《产业结构调整指导目录(2011年本)》(2013修正版)提出,煤炭产业需要淘汰不能就地使用的高灰煤炭(灰分高于40%)生产矿井等。这些要求对于以产品质量不达标构成的落后煤炭产能的界定具有较强的指导意义。

二 煤炭落后产能的形成及特点

(一)煤炭落后产能的形成

煤炭落后产能的形成有其客观必然性,是社会生产力发展水平不断提高的结果。除了这种客观必然性因素外,有些主观因素也会导致煤炭落后产能的形成,例如,在产业发展的某一阶段,受人类生产实践的指导思想、体制机制等因素的影响,人们可能会做出违背客观规律的产能规划或提出不符合实际的政策主张，这些都会人为地制造落后产能。目前我国煤炭落后产能中，有相当大的比重源自于此。

人类社会的发展作为一种自然历史过程，总体上呈现螺旋式上升的趋势。随着人类认识自然、改造自然能力水平的提高，新科学技术、先进生产工艺、新材料新设备和高效管理方式的出现与实际应用，对劳动过程、劳动的组织形式、劳动产品的质量和数量提出了更高的要求。在这一新的历史条件下，建立在传统的生产工艺、技术和组织形式基础上的产能，若以静态的形式停滞在原有水平上，将会成为落后产能。

大约在170万年前的远古时代，原始人类通过以石击石的方式打磨石器为生产工具以捕猎御敌。正是这一伟大创举，成为人类区别于一般动物的本质特征。除石器以外，原始人类还陆续使用木质、骨质、角制及用贝壳等材料制作工具。火的发现使原始人类开始烧制陶器，用以汲水、贮物和烧煮食物。夏商西周时期，青铜器的生产淘汰了大量落后的以石器木器为主的原始农具。冶铁业的兴起，又使落后的传统工具发生巨大变革，从而使社会生产力出现了质的飞跃。战国时期农具再次改良成为木心铁刃，在减轻农具质量的同时又增加了硬度，提高了效率。

从动力源上，在人类历史的相当长时期，主要依靠人力和畜力进行生产劳作，牛拉犁耙驴拉磨，尔后又学会从大自然获取能量，如天然瀑布的利用、风车和水车等。18世纪60年代，工业革命爆发，蒸汽机和纺织机逐步得到广泛应用，维系相当长时间的工场手工业的生产方式逐步被机器大工业所代替。

能源是人类生存和发展的重要物质基础。主体能源在人类史上的更替，也使得一定时期的先进产能逐渐落后。自从有人类以来，具有里程碑意义的能源重大变革有三次：第一次是钻木取火和薪柴的生产利用；第二次是煤炭取代薪柴成为主体能源；第三次是仍在发展中的油气取代煤炭。其中每一次重大变革，都会有大量的落后产能被淘汰。

薪柴时代在人类史上维持的时间相当长，大约到19世纪中叶。随着人类社会经济的发展和人口的增加，薪柴生产和消费的局限性越来越明显。经

过上百万年的砍伐，人类生活半径范围内的森林资源供给难以保障；薪柴燃烧的热值小、燃烧温度低，难以满足生产需要；随着需求量的不断增加，不得不安排大量的劳动力从事薪柴采伐，造成劳动力浪费；由于供给严重小于需求，导致薪柴价格昂贵。在人类史上维系上百万年的薪柴能源模式面临挑战。

在长期的生产生活实践中，人类发现了一种能够燃烧的化石——煤炭。煤炭是原始植物堆积腐化而成的腐殖质，经过一系列复杂的物理和化学过程形成的黑色可燃矿物质。煤炭发现的初期，人类把它作为雕刻艺术品的原料，被称为"墨玉"；后来在实践中发现可以燃烧，可替代薪柴，又被称为"石炭"。煤炭之所以能够取代薪柴逐步成为人类社会的主体能源，首先是由它的自然属性所决定的。煤炭不仅易燃，而且燃烧温度高，能够满足冶铁等生产需求；易分割，便于运输。再从其社会属性看，煤炭资源大都埋藏在人迹罕见的穷乡僻壤，开采时几无现代称谓的"产权纠纷"；其量大易得，交易价格相对便宜。正由于如此，煤炭在短短的三十年的时间内，就从1860年的与薪柴比2:8，达到5:5；到20世纪初已成为人类社会的主体能源。

传统的煤炭开采技术先是露天，后又以穿硐式采煤为主，生产工艺简单，开采范围极为有限。为了扩大开采空间，加大单井煤炭开采量，20世纪50年代，煤炭产业开始实行残柱式采煤和高落式采煤。这种开采工艺虽然加大了单井的产出量，但巷道掘进量大，呆滞资源多，资源回采率低，通风条件恶劣，生产不安全。为延长回采工作面长度，加强工作面两端运输、通风功能，20世纪70年代，国内重点煤矿企业开始实行长壁式采煤法，极大改善了井下作业条件，提高了资源利用率。为了保护生态环境，防止矿区地面塌陷，近年来煤炭产业又在推行填充式采煤法，即采煤工作面和顺槽同时推进，实现边掘进边采煤边充填老空区。

传统的开采和运输工具以锄镐挖煤、人背肩挑为主。随着开采空间的扩大，开采方式开始利用明火放炮落煤的方式并取代镐锄挖煤。然而，明火放炮落煤存在着很大的安全隐患，并造成极端恶劣的井下作业环境。伴随着煤机装备制造业的发展，煤炭开采的机械化生产成为主要的生产方式，全断面掘进机、横纵轴悬臂掘进机、大倾角抛煤机、双滚筒采煤机、铲斗装岩机等一大批煤机装备的上马应用，淘汰了传统低效率高危险的手工采煤。另外，伴随着节能环保理念的强化，煤炭洗选加工工艺与清洁生产技术加以开发应用，提高了煤炭产品质量，传统高灰高硫高水的落后煤炭产品逐步被淘汰。

在生产关系与组织形式上，大企业集团的出现，从经济规模、管理效率上一改传统个体生产者规模小、效率低、不经济的落后局面，从生产的组织形态上提高了生产效率。生产力的发展，客观上要求作为生产方式最重要内容的企业组织形式与之发展的要求相适应，随着社会生产力的不断发展，企业规模不断扩大，并且随着生产的进一步扩大和市场竞争的加剧，企业将进一步通过并购、联合、重组等方式向规模化和集团化发展。达到一定规模的企业或企业集团具备雄厚的资金实力，支持科技研发，使用新的高科技设备，走集约化发展的道路，整体上促进了科技等方面的进步，从而导致发展相对缓慢的生产力成为落后产能。

落后产能的形成，除了客观必然因素外，还有主观因素。比如，在发展的某一阶段，受人类生产实践指导思想、体制机制等因素的影响，人们有时会做出违背客观规律的产能规划或政策主张，因此导致落后产能的形成。目前我国煤炭产业所存在的落后产能中，相当大的比重源自于此。我们通过我国小煤矿三次集中过快发展的历史事实，对此结论做出有力证明。

1956年，中国基本完成了对农业、手工业和资本主义工商业的改造，社会主义的基本制度在我国已经确立。1958年5月中共八大二次会议正式通过"鼓足干劲、力争上游、多快好省地建设社会主义"的总路线，"大跃进"运动兴起。1958年3月，煤炭工业部召开全国煤矿四级干部会议，提出中国煤炭工业在产量上要5年超过英国，15年赶上美国，并明确了"二五""三五""四五"的煤炭产量计划。为完成天文数字目标，煤炭工业部提出"全面大办煤矿的主张"，提出"边勘探、边设计、边施工"的方针，大力开办小煤窑，以"实现用分散的小煤窑对应分散的炼钢炉"。1958年10月，煤炭工业部召开第一次全国小型煤矿会议，对小煤矿的发展要求做

到"星罗棋布,全面开花"。一时间,10万多个小煤窑星罗棋布于全国,这些煤矿仓促上马,多为独眼井,既无安全设施又无专业设备,生产工艺全靠手工落煤,肩挑背扛,伤亡事故严重。三年"大跃进"内开工的矿井设计能力超过3.2亿吨,但能继续建设的只有3000多万吨。全国八成生产矿井采掘失调,近20%巷道严重失修,给煤炭生产能力带来破坏的同时,形成了大量落后产能。

从1966年至20世纪80年代初,中苏关系紧张。在"立足战争,争取时间建设战略后方"的思想指导下,国家先后开展了"大三线"建设。为确保东南沿海的前线建设,提出"大干三年,扭转北煤南运的局面"和"江南9省"煤炭建设的发展规划,推广"四边三当年"(边勘探、边设计、边施工、边生产和当年设计、当年施工、当年投产)的经验。一时间,江南小煤矿大肆兴起,人为制造了大量落后产能。

1978年底,党的十一届三中全会召开。会议正式提出将全党工作重心转移到经济建设上来,并做出了实行改革开放的重大决策。为保障改革开放时期经济建设快速增长对煤炭的大量需求,1979年煤炭工业部党组召开扩大会议,要求把快速提高煤矿产量、满足国民经济发展需要作为煤炭产业发展的首要目标;提出"大、中、小煤矿一起上,国家、集体、个人一起上""有水快流"的煤炭产业发展方针。提出了"老矿要挖潜,新井要快建,小煤窑要大发展""全党动员,各级办矿;多搞中小,以小为主;由小到大,由土到洋;成群配套,形成矿区;选择重点,建设基地"的发展思路,而且对乡镇小煤矿发展给予政策上的扶持。一时间,全国乡镇小煤矿得到大发展,最多时达到了8万多个。

(二)落后产能的特点

1. 形成原因的复杂性

从上述煤炭落后产能及其形成原因综合分析看,其形成原因种类、头绪等多而复杂。既有客观的历史必然性,也有主观的人为结果。如资源状况、地质构造、运输状况等导致的落后产能,技术落后或技术瓶颈等导致的落后产能，开采方式、开采强度等不同形成的落后产能，以及政策错误或规划失误导致的落后产能和市场催生盲目投资带来的落后产能等。

以最具代表性的小煤矿为例，有政府动员、号召的，如"大跃进"时期形成的小煤窑、20 世纪 70 年代大力发展的江南小煤矿、80 年代"有水快流"政策催生的小煤矿等；有投资人主动出资按程序合规修建的，如 21 世纪初煤炭市场回暖背景下，大量新建的小煤矿；也有违法违规建设的。

2. 空间分布的普遍性

普遍性是同类事物中包含着的共同的、本质的东西。由煤炭资源赋存条件所决定，煤炭产业布局在我国比较广泛。根据资源分布状况和开采条件，我国实施了重点建设晋东、晋中、晋北、陕北、黄陇、宁东、神东、蒙东、新疆、冀中、鲁西、河南、两淮和云贵等 14 个大型煤炭基地的战略规划；受地区消费和运输条件等约束，江西、福建、湖南、湖北、广西、青海等煤炭资源不富裕地区也都分布着在建或在产煤矿。因此，除西藏、海南、广东、浙江等少数地区外，煤炭产能遍及全国 25 个省、自治区、直辖市。

落后产能作为煤炭总产能中的一部分，普遍存在于各煤炭产区。如西南地区煤层薄、倾角大、地质构造复杂的煤矿，华东地区主采煤层含硫高的煤矿，四川等地的高瓦斯煤矿、贵州等地的煤与瓦斯突出煤矿等；云、贵、川、渝、湘、鄂、赣、闽等地技术装备落后、采煤机械化低的煤矿等；东部地区（包括东北）资源枯竭、衰老煤矿等。

《关于做好 2015 年煤炭行业淘汰落后产能工作的通知》（国能煤炭〔2015〕95 号）提出的"2015 年煤炭行业淘汰落后产能计划"涉及全国 20 个省（自治区、直辖市），足以说明煤炭落后产能存在的普遍性。

3. 界定标准的时代性

煤炭落后产能作为落后生产力的一种具体形式，是与代表先进生产力的先进产能相互对立而存在的，没有不同时代的先进生产力的形成，其落后性则难以体现。如古代的掏槽落煤法和凿、锤、镐、钎、锲、锹等采煤工具一直沿用到近代，随着采煤与掘进分开才逐步体现出其落后性；随着采煤方法的日趋复杂和技术的进步，风镐、电钻、割煤机等新工具的引进和使用，新

中国成立初期仍在沿用的明火爆破、手镐落煤才逐渐被淘汰；工艺技术的提高，加之人们对安全问题的高度认识，残柱式、穿硐式、高落式等采煤方法逐渐被长壁式采煤方法所取代；环境问题的突出和环保意识的增强，使人们对煤炭开采和加工过程提出了更高的环保要求，对煤炭产品提出了新要求，生产和加工标准更加严格化；机械化装备的逐渐推广，使得单井开采能力和规模快速提升，小煤矿的淘汰标准从3万吨/年，逐步提高到9万吨/年、15万吨/年，并逐步向30万吨/年过渡。

4. 落后程度的差别性

新中国成立以来，我国煤炭产业布局相继经历了以东北为重点、西南大三线建设、大力建设江南煤矿、实施北方建设战略、逐步西移的变迁过程，因不同时期生产力发展水平不同，加之受自然条件、经济基础、发展水平的影响，我国不同地区煤炭生产力水平出现了较大的差异性，落后产能程度也具有较大的差别性。

较为明显的现象是，开发历史越短，落后程度越低；发达地区优于落后地区；东部地区优于西部地区；同一区域内，大中型煤矿优于小煤矿。如兖矿集团以国家大型煤炭基地建设为高端起点，经过多年的产业结构调整和优化，煤炭产能先进程度处于产业领先水平；神华集团凭借后发优势和先进的管理水平，成为我国规模最大、现代化程度最高的煤炭企业。相反，龙煤集团等老煤炭企业因背负较重的历史负担，产能结构优化滞后，落后产能迟迟不能有序退出；川煤集团等西南地区煤炭企业，因特殊的地理环境和地质条件，存在很多分布散、井型小、安全程度低的煤矿，等等。

5. 存在形式的多样性

煤炭落后产能作为落后生产力的一种存在形式，其本质上是一致的，但其具体存在形式则是多样的。有安全性的落后产能，主要是那些安全设施落后或不配套、措施不完善、灾害隐患过大的煤矿；环境性的落后产能，主要是指煤层硫分等较高、开采过程对环境破坏较大的煤矿；政策性的落后产能，主要是指国家级及产业有关部门明文规定的应予以淘汰的煤矿；生产工艺性的落后产能，主要是指采煤工艺、技术、装备落后导致能耗高、资源浪费严重的煤矿；经济性的落后产能，主要是指投入大、经济效益差、竞争能力弱的煤矿；规模性的落后产能，主要是指井型过小的煤矿。这些存在形式有时是独立存在于某一落后产能载体，有时则是并存于某一落后产能载体。

6. 落后载体的小型性

理论上讲，"小"并不等于落后，从某种意义上讲，小往往是大的开端，很多大矿由小矿发展而来，很多大企业也是由小企业发展而来。但由煤炭产业的特殊性和小煤矿的特点所决定，在煤炭落后产能退出政策制定和具体实践过程中，重点一直都放在小煤矿的淘汰上。

煤炭产业属高危性资源开采产业，尤其是地下采煤，开采和掘进工作过程中，如果安全设备不配套、管理不到位，很容易发生冒顶、瓦斯爆炸、煤尘燃烧、透水等事故，装备技术和开采方式的落后也容易形成资源浪费、环境破坏。因此对煤矿的安全、技术和管理等方面的要求较高。小煤矿的特点决定了其较难满足这些条件。整体而言，小煤矿不利于实现规模化开采，缺乏向大中型煤矿转变的基础，不少地质构造和煤层赋存条件复杂的小煤矿更是难以改造升级，发展空间狭小。因此，虽然落后产能并不由煤矿的大小所决定，但中国的大多数小煤矿已成为煤炭落后产能的主要载体，在实践中成为煤炭落后产能的"代名词"。近年来，我国出台的一系列淘汰煤炭落后产能的政策也都是以小煤矿为主要淘汰对象。

三 煤炭落后产能退出政策与实施

20 世纪 80 年代，全国各地小煤矿肆意开采、乱挖滥采现象十分普遍，安全问题突出。1997 年亚洲金融危机爆发，国内经济萎缩，煤炭产能出现过剩。自 1998 年底开始，国家出台了一系列以治理小煤矿为主要内容的专项政策，我国煤炭落后产能退出工作也由此开始。

（一）"十五"以前政策规定与实施效果

改革开放以来，我国煤炭产业得到了迅猛发展，国有、集体、个体等各

类煤矿加速建设投产,煤炭产量迅速增长。其结果,一方面扭转了长期以来我国煤炭产品供不应求的局面,为缓解我国能源紧张、保证工农业生产和人民生活需要做出了很大贡献;另一方面,小煤矿盲目发展、低水平重复建设、超能生产、乱挖滥采,成为破坏和浪费资源、造成伤亡事故的主要源头。

为合理开发利用煤炭资源,调整和优化煤炭产业结构,1998年12月国务院决定关闭非法和布局不合理煤矿,实行"关井压产"政策,并正式下发了《国务院关于关闭非法和布局不合理煤矿有关问题的通知》(国发〔1998〕43号),成为我国最早关于淘汰煤炭落后产能的政策性文件。

该次关井压产工作由国家经贸委牵头,会同国家煤炭工业局、国土资源部、国家工商行政管理局和财政部、国家计委、监察部、公安部、国家环保总局成立煤炭行业关井压产工作领导小组,下达全国关井压产规划和分省(自治区、直辖市)目标。重点从安全生产与矿井规模角度取缔"两证"(采矿许可证和煤炭生产许可证)不全的各类小煤矿和在国有煤矿矿区范围内,因布局不合理,影响国有煤矿长远发展的各类小煤矿。按照规划,关井压产任务到1999年底前完成,关闭非法和布局不合理煤矿2.58万处,压减产量2.5亿吨。同时,也从环保不达标角度对开采高硫高灰煤,又未采取有效降硫降灰措施的各类煤矿予以关闭。

在该轮关停取缔煤炭产业非法不合理小煤矿政策的基础上,国家经贸委将淘汰落后产能的范围延伸到钢铁、有色、轻工、石化、建材、机械等15大国家重点工业部门,旨在全面制止国家在发展建设当中的低水平重复建设,加快结构调整步伐,促进生产工艺、装备和产品的升级换代。1999年1月~2002年6月,国家经贸委以生产项目为单位,先后三批发布《淘汰落后生产能力、工艺和产品的目录》(国家经济贸易委员会令第6号、第16号、第68号),陆续颁布淘汰、限制落后产能、工艺和产品的目录。对违反国家法律法规、生产方式落后、产品质量低劣、环境污染严重、原材料和能源消耗高的落后生产能力、工艺和产品进行淘汰,涉及淘汰项目353项。在三批淘汰的清单中,涉煤类的淘汰项目仅出现在了第一批目录中，共计6项。淘汰条件同1998年下发的《通知》中的要求基本一致。

1999年至2000年底，全国累计关闭各类小煤矿4.7万处、压产3.5亿吨，小煤矿数量从1997年的8万处减少到3.3万处，基本完成计划任务，淘汰了一批落后生产能力，乡镇煤矿产量占全国的比重由1997年的43.1%下降到27%。小煤矿随意布点、越层越界、乱采滥挖现象得到初步遏制，办矿秩序和生产经营秩序趋于好转。

客观地讲，我国政府对煤炭产业淘汰落后产能的问题提出的时间并不晚且发现及时，但以"两证"为依据进行关停筛选，值得商榷。两证的标准条件多为生产资格准入，并非规模条件限制。因此筛选条件与淘汰初衷存在不一致性。对于影响长远发展的各类小煤矿，所采取的政策措施多为暂时性停产，变更矿井所有权及组织形式后，多将继续开采，只减少了生产主体法人的数量，并没有改变煤炭产能的总量。此外，在国家经贸委三批《淘汰落后生产能力、工艺和产品的目录》的清单中，仅在第一批中罗列了对煤矿产能的淘汰规定，似乎，煤炭产业已不存在落后产能，导致人们对该问题放松了警惕。

（二）"十五"期间政策规定与落实情况

"十五"期间，我国煤矿安全生产事故多发，仅在2001年1~4月，全国共发生重大、特大事故118起，死亡891人。在这些重大、特大事故中，乡镇煤矿和国有煤矿矿办小井的事故占绝大多数。为遏制煤矿事故多发的势头，扭转煤矿安全生产工作面临的严峻形势，2001年6月13日，国务院办公厅紧急发出《关于关闭国有煤矿矿办小井和乡镇煤矿停产整顿的紧急通知》（国办发明电〔2001〕25号，以下简称《紧急通知》）。

《紧急通知》要求：所有矿办小井立即停止生产，并于2001年6月30日以前予以关闭，关闭任务重的煤炭重点省也必须在2001年9月底前将本省的矿办小井全部关闭，以待严格清理。全国所有乡镇煤矿，一律停产整顿，由地方人民政府组织煤炭、国土资源、安全监管、工商等有关部门和煤矿安全监察机构一起组成检查组进行检查和认定。对证件不全，不具备基本安全生产条件的各类小煤矿一律予以淘汰。

《紧急通知》下发后，关闭整顿小煤矿和煤矿安全生产工作取得了一定成绩。但是，一些地区关闭整顿小煤矿工作仍存在不少问题：突出表现为部分地区国有煤矿矿办小井并没有全部关闭，乡镇煤矿停产整顿流于形式，以停代整；一些已关闭的小煤矿擅自恢复生产的现象比较严重；一些地区整顿验收标准不够严格。为进一步做好关闭整顿小煤矿和煤矿安全生产工作，2001年9月16日，国务院办公厅再次发布《关于进一步做好关闭整顿小煤矿和煤矿安全生产工作的通知》（国办发〔2001〕68号），再次重申"四个一律关闭"①，确定关停最后期限，明确小煤矿整顿工作细则、标准及重点。明确责任落实主体，关闭整顿小煤矿和煤矿安全生产工作由省级人民政府统一负责。

2005年6月，国务院《关于促进煤炭工业健康发展的若干意见》（国发〔2005〕18号）正式发布，此纲领性文件强调进一步改造整顿和规范小煤矿。鼓励大型煤炭企业兼并改造中小型煤矿，积极推进中小型煤矿采煤工艺改革和技术改造，继续淘汰布局不合理、不符合安全标准、不符合环保要求和浪费资源的小煤矿，坚决取缔违法经营的小煤矿。从加快结构调整，完善煤炭供应体系的高度，淘汰安全不过关、环保不达标、布局不合理、规模不经济、工艺技术差、资源消耗大的煤炭矿井产能。

距18号文件出台仅1个月的时间，山西、陕西、新疆、河南、广东等地又相继发生煤矿特别重大事故。例如，2015年8月7日的广东省梅州市兴宁市大兴煤矿发生的特别重大透水事故，就造成123名矿工遇难。这些煤矿事故发生的主要原因，多为此前停产整顿煤矿"停而不整"后的继续生

---

① 凡属"四个一律关闭"的小煤矿，即国有煤矿矿办小井、国有煤矿矿区范围（即国有煤矿采矿登记确认的范围）内的小煤矿、不具备基本安全生产条件的各类小煤矿、"四证"（即采矿许可证、煤炭生产许可证、营业执照和矿长资格证书）不全以及生产高灰高硫煤炭（灰分超过40%、含硫超过3%）的小煤矿，必须按照《紧急通知》有关规定全部予以关闭。

产。为坚决整顿关闭不具备安全生产条件和非法煤矿，防止"明停暗开，日停夜开"，2005年8月，国务院办公厅印发了《关于坚决整顿关闭不具备安全生产条件和非法煤矿的紧急通知》（国办发明电〔2005〕21号）。文件要求对经审查认定不具备安全生产条件、责令限期整顿的矿井，证照不全矿井，超能力生产矿井，没有按规定建立瓦斯监测和瓦斯抽放系统的矿井，没有采取防突措施的矿井，没有经过安全生产"三同时"竣工验收而投产的基建和改扩建矿井等，必须立即停止煤矿生产，认真进行整改，实行联合执法，依法查处违法违规单位和人员，有关地方人民政府要向停产整顿煤矿派出监督员，坚决防止"假整顿真生产"。

2005年8月31日，国务院总理温家宝签署第446号国务院令，正式公布《国务院关于预防煤矿生产安全事故的特别规定》，再次从安全生产角度，关停超能力开采、超瓦斯作业等十五类存在重大安全隐患的煤炭矿井，并对关闭煤矿下达了诸如"停止供应并处理火工用品""停止供电拆除线路"等具体措施，彻底淘汰了一批因安全生产不达标而落后的煤炭产能。

同年12月2日，国家发改委以第40号令的形式发布了《产业结构调整指导目录（2005年本）》，文件给出了包括农林业、水利、煤炭、电力、石油、钢铁、冶金等二十六大部类产业目录清单，通过"鼓励类""限制类""淘汰类"三大分类指导产业结构调整。煤炭产业有14项鼓励类事项，4大限制类事项，12项淘汰类事项。在限制类事项中，文件根据区域煤炭需求及煤层赋存条件，给出各产煤省最低单井规模，低于最低规模的单井将被限制开采。从生产工艺上，限制非机械化开采工艺的煤矿项目；从资源使用效率上，限制煤炭资源回收率达不到国家规定要求的煤矿项目；从生产布局上，限制未经国家或省（区、市）煤炭行业管理部门批准矿区总体规划的煤矿项目。在淘汰类目录中，对不符合煤炭矿区规划、安全生产不达标、单矿井规模过低（3万吨/年）、高硫高灰等煤炭质量不达标的生产矿井坚决淘汰。

据统计，至2005年底，小煤矿（乡镇矿）数量下降至2.06万个，占全

国煤矿总数的89.5%（见表1），产量为8.1亿吨，占全国煤炭总产量的36.7%。

表1 2000~2005年不同类型全国煤矿数量变化

年份	国有重点矿(个)	地方国有矿(个)	小煤矿(乡镇矿)(万个)
2005	744	1670	2.06
2004	769	1763	2.30
2003	736	1915	2.56
2002	570	1612	2.50
2001	571	1548	2.30
2000	577	1598	3.10

纵观"十五"前期的煤炭落后产能退出方式，一方面，几乎全部依靠取缔各类许可证、强停水电等基础设施供应、炸井平矿销毁生产资料等行政手段强行关停，造成和遗留了较多的社会问题。另一方面，"十五"前期的煤炭产能退出主要通过安全生产专项整治，其主要目标为降低事故率确保安全生产，而并非以期实现总量控制与生产力水平升级换代，生态环保、质量效益、技术升级、规模经济与资源保护的效果并不明显。直到"十五"时期末，国务院18号文件及国家发改委《产业结构调整指导目录（2005年本）》（简称《目录》）文件的出台才开始从产业结构调整与资源整合的角度重新定位，并从安全生产、环保达标、布局优化、规模经济、资源整合的角度考虑煤炭产能的进退。

（三）"十一五"期间政策规定与落实情况

"十一五"时期是我国国民经济与社会发展确立"产业结构优化升级""资源利用效率显著提高"主要发展目标的开局阶段，并首次提出"节能减排"的任务要求。煤炭产业成为此轮产业优化调整、升级提效减排的重点部门。为适应国家"十一五"规划发展目标的预期要求，国务院从2005年开始，就加大煤炭资源的整合力度，提出"争取用三年左右的时间完成小煤矿的整顿工作"目标，为"十一五"时期煤炭产业的结构优化、效率提升夯实基础。

为贯彻落实国务院的战略部署，2006年3月15日，国家安监总局会同国家发改委等十一部委联合出台《关于加强煤矿安全生产工作规范煤炭资源整合的若干意见》（安监总煤矿〔2006〕48号）。虽然此文件出台的主要目的仍为减少小煤矿数量，控制矿难事故，强化安全生产，但从手段上看已经重视从资源整合的角度通过淘汰落后、优化布局，提高产业集中度的途径提高矿井安全保障能力。

2006年8月1日，国家发改委、国土资源部、国家环保总局、国家安全监管总局、银监会共同印发《关于印发新开工项目清理工作指导意见的通知》（特急发改投资〔2006〕1538号），要求相关单位对当前固定资产投资新开工项目进行全面清理，其中煤炭行业要清理设计能力3万吨/年及以上的项目，并从产业政策、项目审核、土地审批、环境评价、信贷政策等方面给出了具体的清查范围与标准，从源头上抑制新建项目中的落后产能形成。

在"十一五"开局的一年时间内，全国各有关地区和部门按照集中开展对非法和不具备安全生产条件煤矿的整顿关闭工作要求，共取缔非法采煤矿点1万余处（次），关闭不具备安全生产条件和非法煤矿5900多处。但小煤矿数量仍旧过多，布局不合理、破坏资源和环境的状况尚未得到根本改善，以小煤矿为集中表现形式的落后产能并未完全退出。煤矿超层越界开采行为仍然屡禁不止；煤矿安全生产形势依然严峻。为进一步做好煤矿整顿关闭工作，贯彻落实"十一五"规划纲要，调整和优化煤炭产业结构，提高煤炭生产力发展水平，国务院办公厅于2006年9月28日发布《国务院办公厅转发安全监管总局等部门关于进一步做好煤矿整顿关闭工作意见的通知》（简称《通知》）（国办发〔2006〕82号），再次要求整顿关闭非法和不具备安全生产条件以及不符合国家煤炭产业政策、布局不合理、破坏资源、污染环境的煤矿，并明确到"十一五"末力争把小煤矿数量控制在1万处左右；进一步明确了十四大关停淘汰的煤矿类型①。该次关停整顿首次运用部际联席会议制度与联合执法机制,通过国家发展改革委、国土资源部、国家煤矿安监局、国家工商总局、公安部、电监会、劳动保障部等十二部委从规划、采矿许可、生产许可、经营许可、爆破物管理、供电使用、用工管理等多方面协同联动推进全国煤矿的整顿关闭工作,并要求国有资产监管机构会同有关部门针对存在重大安全生产隐患并经论证在现有技术条件下难以有效防治的国有煤矿,提出破产关闭的政策意见,建立正常退出机制。

2007年1月,国家发改委正式下发了《煤炭工业发展"十一五"规划》,明确提出到2010年全国保留小煤矿数量在1万处以内。在相关政策保障及多方部门的努力下,截至2007年底,全国共取缔非法生产煤矿、非法采煤窝点1.7万处;共关闭小煤矿11155处,约占2005年初全国小煤矿数量的45%,淘汰落后生产能力2.5亿吨;煤炭资源整合工作全面实施。在开展资源整合工作的20个产煤省(自治区、直辖市)中,共有8821个煤矿参与了资源整合,整合后将形成3747个矿井;煤炭产业集中度有所提高,小煤矿平均单井能力由2005年的3.2万吨/年,提高到2007年底的6万吨/年;小煤矿事故总量有较大幅度下降,2007年乡镇煤矿发生事故1760起,死亡2900人,同比分别下降18.1%、15.5%;小煤矿安全基础管理得到加

---

① 十四大关停淘汰的煤矿类型包括:不符合矿产资源规划和矿业权设置方案的;不符合经批准的煤炭工业发展规划和矿区总体规划的;未依法取得采矿许可证、安全生产许可证、煤炭生产许可证、营业执照和矿长资格证、矿长安全资格证,擅自从事生产的;超层越界开采拒不退回的;3个月内2次或者2次以上发现有重大安全生产隐患,仍然组织生产的;被依法责令停产整顿的矿井擅自组织生产或经整顿验收不合格的;存在煤与瓦斯突出、自然发火、冲击地压、水害威胁等重大安全生产隐患,经论证在现有技术条件下难以有效防治的;1个月内3次或者3次以上发现未对井下作业人员进行安全生产教育和培训或者特种作业人员无证上岗的;不同采矿权人,其被许可的采矿范围在垂直方向上相互重叠且影响安全生产的,只保留一个矿井,其他关闭的;在大型煤炭矿区范围内开采的;年生产能力在3万吨及以下的矿井,其中属于煤与瓦斯突出、水害威胁严重的必须在2006年年底前关闭,其他矿井必须在2007年年底前关闭;资源接近枯竭的矿井,采矿许可证到期后一律予以关闭;纳入资源整合范围的矿井,未履行煤矿建设项目相关核准手续和"三同时"审批程序、违规越权核准,未重新取得采矿许可证、安全生产许可证和煤炭生产许可证擅自组织生产的;擅自进行"三下"开采和在自然风景名胜区、文物保护区、重要水源地、重要设施等区域内开采的;国家和地方产业政策明令淘汰的;地方人民政府规定应予关闭的。

强。截至2007年底，全国60%的小煤矿采用了正规开采方法，48%的矿井取消了木支护，有971处小煤矿实现了机械化采煤。提前半年基本完成了全国人大常委会提出、国务院确定的工作任务，推进了煤炭产业结构的调整和煤矿安全生产的稳定好转[①]。

2008年5月6日，国务院副总理张德江在太原煤矿安全生产座谈会上要求"务必加大整顿关闭小煤矿工作力度，要通过三年的努力，力争到2010年把乡镇小煤矿数量压到1万处以内"。在此基础上，2008年10月7日，国家发改委、国家能源局、国家安全监管总局、国家煤矿安监局四部门发布《关于下达"十一五"后三年关闭小煤矿计划的通知》（发改能源〔2008〕2624号），明确了"十一五"后三年关闭小煤矿最低控制目标，扩能改造和大矿托管矿井最低控制目标和2010年底最多允许保留小煤矿数量目标，并印发了有关省（区、市）"十一五"后三年关闭小煤矿计划表。规划"十一五"后三年全国再减少小煤矿4000余处，其中彻底关闭2500余处、扩能改造（包括大集团整合改造）1500余处。力争实现到2010年小煤矿保留1万处以内的目标。并要求及时汇报上年底保留的小煤矿具体名单、煤炭产量、剩余资源量、核定或设计生产能力情况。

2009年，为应对国际金融危机的冲击和影响，党中央、国务院制订实施了以"保增长、扩内需、调结构"为总体要求的促进经济增长一揽子计划，其中包括在推动结构调整方面提出的控制总量、淘汰落后、兼并重组、技术改造、自主创新等一系列对策措施。在一揽子经济增长促进计划的作用下，当年中国工业增速稳中趋升，但从产业发展状况看，产业结构调整虽取得一定进展，但不少领域产能过剩、重复建设问题仍很突出，有的甚至还在加剧。为抑制过剩产能的形成，同年9月，国务院批转发改委《关于抑制部分行业产能过剩和重复建设引导产业健康发展若干意见的通知》（国发〔2009〕38号），其中重点涉及了钢铁、水泥、平板玻璃、煤化工、多晶硅、风电设备六大领域。但此次出台的抑制过剩产能政策，出于"保增长、扩

---

① 赵铁锤就《关于下达"十一五"后三年关闭小煤矿计划的通知》答记者问。

内需"角度,没有针对煤炭产业提出产能淘汰要求,仅从煤化工角度限制了相关项目的审批。

2010年是"十一五"的收官之年,为进一步完成"十一五"规划纲要目标,加快转变经济发展方式,促进产业结构调整和优化升级,推进节能减排,2010年2月6日国务院下发《关于进一步加强淘汰落后产能工作的通知》(简称《通知》)(国发〔2010〕7号)。《通知》要求要进一步发挥市场配置资源的基础性作用,充分发挥法律法规的约束作用和技术标准的门槛作用,在电力、煤炭、钢铁、水泥、有色金属、焦炭、造纸、制革、印染等行业淘汰落后产能。通过分解落实目标责任、强化政策约束机制、完善政策激励机制、健全监督检查机制、切实加强组织领导,由工业和信息化部牵头,国家发展改革委、监察部、财政部、人力资源和社会保障部、国土资源部、环境保护部等近20个政府部门参加的淘汰落后产能工作部际协调小组,统筹协调淘汰落后产能工作,研究解决淘汰落后产能工作中的重大问题。《通知》提出:煤炭行业要在2010年底前关闭不具备安全生产条件、不符合产业政策、浪费资源、污染环境的小煤矿8000处,淘汰产能2亿吨。

为贯彻《通知》要求,国家发展改革委、国家能源局、国家安监总局、国家煤监局于2010年5月24日发出《关于进一步淘汰落后产能推进煤矿整顿关闭工作的通知》(发改能源〔2010〕1118号)。文件强调要继续加大淘汰工作力度,确保淘汰落后产能任务的顺利完成。强调运用经济手段①,加大对煤矿整顿关闭、淘汰落后产能重点地区的支持力度。确定2010年煤矿关闭名单和淘汰落后产能规模,于6月底前在地方主流媒体上向社会公告,并报送国家能源局、国家煤矿安监局,并制定2010年煤炭行业淘汰落后产

---

① 充分发挥中央财政专项资金在淘汰落后产能、整顿关闭小煤矿等方面的引导作用,管好、用好"以奖代补"资金。对煤矿整顿关闭、淘汰落后产能任务较重且完成较好的地区,国家在安排技术改造等资金时给予倾斜。产煤地区要研究制定配套措施,建立完善小煤矿正常退出机制。对被关闭煤矿企业缴纳的安全风险抵押金等资金,经有关部门核准后,及时返还。应关闭的煤矿已经缴纳采矿权价款的,地方可从分成的采矿权价款中安排资金支持解决遗留问题。

能计划表。

在"整顿关闭"和"资源整合"等政策推动下,整个"十一五"时期,全国累计关闭小煤矿9616处,淘汰落后产能5.4亿吨,全面完成"十一五"淘汰落后产能工作目标。2010年,年产30万吨以下小煤矿减少到1万处以内,完成了"十一五"末全国小煤矿保留1万处以内的目标,小煤矿产量比重由2005年的45%下降到22%;全国矿井平均井型由2005年的不足9万吨提高到21万吨。

"十一五"时期煤炭落后产能的退出虽然仍以淘汰小煤矿为主要方式,但一改此前简单行政关停的手段。这一时期煤炭落后产能退出性文件的共同特点是在强调安全生产的同时,重在煤炭资源整合和生产组织形式的改善。通过"以大并小"的方式淘汰生产规模小的落后产能,通过"以大管小"的方式改善产品质量差与安全管理不过关的产能,通过"以优并差"的方式淘汰生产技术差与装备水平低的落后产能,进而实现全产业供应结构体系的优化升级,减少环境污染与资源浪费,间接使落后产能实现退出。阶段性目标明确,淘汰清单与退出计划详细,多部门协调联动,责任分解清晰,鼓励监管后备保障等配套措施多方跟进。另外,"十一五"时期的煤炭落后产能退出政策,开始注重市场手段与经济手段,运用中央财政专项资金实行"以奖代补"等财政经济手段。然而,在此期间的落后产能退出过程中依然存在着一些矛盾与问题:以资源整合的方式淘汰落后产能,多为在原来小煤矿基础上实行扩能改造,虽生产规模得以改善,但工艺技术与资源效率的提升空间有限,产能布局不合理而导致的落后产能不能得到改善;为完成"十一五"规划目标及"节能减排"的目标,落后产能的淘汰进程存在集中跃进式淘汰,政策实施方式虽然多边但略为生硬,平稳过渡淘汰效果欠佳;多部门协调联动的联合工作制度,本身就存在体制机制冗余,部门间协调运行的交易成本较高,不可持续。因此,"十一五"时期的煤炭落后产能退出机制,只能属于短期内的应急行为。

（四）"十二五"期间政策规定与落实

在"十二五"开局之初，为巩固"十一五"时期淘汰落后产能取得的成绩，2011年1月26日，工业和信息化部等十八部门①联合制定《关于印发淘汰落后产能工作考核实施方案的通知》（工信部联产业〔2011〕46号）。文件要求，各省级人民政府每年2月底前按照国家确定的重点行业淘汰落后产能标准及要求，提出本地区重点行业淘汰落后产能年度目标任务和计划淘汰的目录清单，并报工业和信息化部、国家能源局；3月底前，工业和信息化部、国家能源局会同有关部门向各省级人民政府审核下达淘汰落后产能年度目标任务；4月底前，各省级人民政府将下达的目标任务分解到市、县，落实到企业；12月底前，列入各地区本年度淘汰计划的落后产能全部拆除主体设备、生产线，并由各省级人民政府组织完成对所有淘汰落后产能企业的现场检查和验收，出具书面验收意见。次年1月底前，上报工业和信息化部、国家能源局任务完成情况的自查报告。次年3月底前，工业和信息化部、国家能源局会同国家发展改革委、国土资源部、环境保护部、国家工商总局等十七部门组成考核工作组，通过现场核查和重点抽查等方式，对各地区上年度淘汰落后产能工作情况进行检查考核，并向社会公告。

2011年8月31日，为进一步应对我国能源需求刚性增长、资源保障能力和环境容量制约加大、全球性能源安全和气候变化影响加剧的紧迫局面，国务院印发了《关于印发"十二五"节能减排综合性工作方案的通知》（国发〔2011〕26号），强调要调整优化产业结构，加快淘汰落后产能。要求各地方抓紧制定重点行业"十二五"淘汰落后产能实施方案，完善落后产能退出机制，指导、督促淘汰落后产能企业做好职工安置工作。中央财政和地方各级人民政府要积极安排资金，支持淘汰落后产能工作。完善淘汰落后产能公告制度。对经济欠发达地区通过增加转移支付加大支持和奖励力度。

---

① 十八部门包括：工业和信息化部、国家发展改革委、监察部、财政部、人力资源和社会保障部、国土资源部、环境保护部、农业部、商务部、中国人民银行、国资委、国家税务总局、国家工商总局、国家质检总局、国家安全监管总局、银监会、电监会、国家能源局。

2011年，全国关闭落后煤矿407个，完成计划的133%，淘汰落后产能2463万吨，完成计划的155%。年产30万吨以下的小煤矿在全国总产量中的比重下降到20%。

国家发展改革委、国家能源局、国家安监总局、国家煤监局于2011年11月印发《关于"十二五"期间进一步推进煤炭行业淘汰落后产能工作的通知》（发改能源〔2011〕2091号），明确"十二五"期间六大类煤矿①的落后产能应予以淘汰。为进一步落实国家发改委、国家能源局第2091号文件的要求，2012年5月国家能源局下发《关于做好2012年煤炭行业淘汰落后产能工作的通知》（国能煤炭〔2012〕107号），文件明确给出国家2012年全年的淘汰计划，即计划全年淘汰落后煤矿625处，淘汰落后产能2347万吨。淘汰方式依然坚持通过改造升级、兼并重组、关闭退出等途径退出煤炭落后产能；对非法违法开采的煤矿，坚决予以关闭；对安全基础条件差且难以改造的小煤矿，要加强监管，积极引导其退出煤炭生产领域；对具备资源优势和改造提升条件的小煤矿，鼓励其参与煤矿企业兼并重组，实施改造升级。在国发〔2011〕26号文件下发后，财政部、国家能源局、国家煤矿安全监察局等三部门于2012年10月22日，又向各有关省、自治区、直辖市、计划单列市财政厅（局）及淘汰煤炭落后产能牵头部门下达《关于支持煤炭行业淘汰落后产能的通知》（财建〔2012〕818号），文件明确了"十二五"期间，淘汰落后产能专项资金的资金安排、管理使用说明、资金申报程序，奖励条件标准及组织淘汰要求等细则，并要求各省（区、市）依据本办法和当地实际情况制定更为具体的实施细则，并报财政部、国家能源局、国家煤矿安监局备案。

为保持政策的连续性，进一步贯彻落实2010年《国务院关于进一步加

---

① （一）不符合煤炭产业政策、矿产资源规划和矿区总体规划的煤矿；（二）单井井型低于3万吨/年的煤矿；（三）乱采滥挖，资源浪费严重，采区回采率连续3年平均低于50%的煤矿；（四）采煤工作面采用人力或畜力运输煤炭、掘进工作面采用手镐掘进及人力装岩的煤矿；（五）存在煤与瓦斯突出、自燃发火、冲击地压、水害威胁等重大安全生产隐患，经论证在现有条件下难以有效防治的煤矿；（六）煤矿生产安全相关法律、法规、规章、规程、标准和技术规范等明令禁止或淘汰的其他类型煤矿。

强淘汰落后产能工作的通知》（国发〔2010〕7号）精神，2013年2月6日和3月18日，国家能源局和国家煤矿安全监察局先后发出《关于进一步做好煤炭行业淘汰落后产能检查验收工作的通知》（国能煤炭〔2013〕87号）和《关于做好2013年煤炭行业淘汰落后产能工作的通知》（国能煤炭〔2013〕145号）。文件要求各省（区、市）淘汰煤炭落后产能牵头部门会同有关部门，抓紧对本地区2011年、2012年淘汰煤炭落后产能完成情况进行公告。数据显示，2012年全国关停小煤矿628处，经技术改造提升的小煤矿662处，兼并重组小煤矿388处，淘汰落后产能9780万吨。淘汰落后煤矿数量和产量分别完成目标任务的100.5%和417%。

同时文件还强调，要严格按照《关于"十二五"期间进一步推进煤炭行业淘汰落后产能工作的通知》（发改能源〔2011〕2091号）要求，坚持分类指导，通过改造升级、兼并重组、关闭退出等途径淘汰煤炭落后产能。对非法违法开采的煤矿，坚决予以关闭；对安全基础条件差且难以改造的小煤矿，要加强监管，积极引导其退出煤炭生产领域；对具备资源优势和改造提升条件的小煤矿，鼓励其参与煤矿企业兼并重组，实施改造升级。各地方有关部门要大力支持大中型煤矿企业发挥资金、技术和管理优势，兼并重组小型煤矿企业，提高小煤矿的技术、装备及管理水平。计划到2013年底全国再淘汰煤矿数量125处，淘汰落后产能6418万吨；其中关闭退出煤矿509处、产能2669万吨；改造升级煤矿479处、产能1674万吨；兼并重组煤矿268处、产能2075万吨。

2013年2月，国家发改委第21号令公布了《国家发展改革委关于修改〈产业结构调整指导目录（2011年本）〉有关条款的决定》[①]。此次修正，煤炭领域较前一版本在限制类和淘汰类条目中并未变动，在鼓励类中增加了煤炭共伴生资源加工与综合利用、矿井采空区矸石回填等技术工艺内容。比较清单见附件1。

[①] 《产业结构调整指导目录》自2005年发布以来，共修正过2次。第一次修正在2011年，其变动内容未涉及煤炭领域。

附件1　比较清单

2011年版鼓励类涉煤内容 （同2005年第一版）	2013年版鼓励类涉煤内容
1. 煤田地质及地球物理勘探	1. 煤田地质及地球物理勘探
2. 120万吨/年及以上的高产高效煤矿（含矿井、露天）、高效选煤厂建设	2. 120万吨/年及以上高产高效煤矿（含矿井、露天）、高效选煤厂建设
3. 矿井灾害（瓦斯、煤尘、矿井水、火、围岩等）防治	3. 矿井灾害（瓦斯、煤尘、矿井水、火、围岩、地温、冲击地压等）防治
4. 工业及生活用环保型煤开发及生产	4. 环保型煤及水煤浆技术开发与应用
5. 水煤浆技术开发及应用	5. 煤炭共伴生资源加工与综合利用
6. 煤炭气化、液化技术开发及应用	6. 煤层气勘探、开发、利用和煤矿瓦斯抽采、利用
7. 煤层气勘探、开发和矿井瓦斯利用	7. 煤矸石、煤泥、洗中煤等低热值燃料综合利用
8. 低热值燃料（含煤矸石）及煤矿伴生资源开发利用及设备制造	8. 管道输煤
9. 管道输煤	9. 煤炭高效洗选脱硫技术开发与应用
10. 煤炭高效洗选脱硫技术开发及应用	10. 选煤工程技术开发与应用
11. 节水型选煤工程技术开发及应用	11. 地面沉陷区治理、矿井水资源保护与利用
12. 地面沉陷区治理、矿井水资源保护及利用	12. 煤电一体化建设
13. 煤电、煤焦化（焦炉煤气、煤焦油深加工）一体化建设	13. 提高资源回收率的采煤方法、工艺开发与应用
14. 提高资源回收率的采煤方法、工艺开发应用及装备制造	14. 矿井采空区矸石回填技术开发与应用
	15. 井下救援技术及特种装备开发与应用
	16. 煤矿生产过程综合监控技术、装备开发与应用
	17. 大型煤炭储运中心、煤炭交易市场建设
	18. 矿井进出人员自动监控记录系统开发与应用
	19. 新型矿工避险自救器材开发与应用
	20. 建筑物下、铁路等基础设施下、水体下采用煤矸石等物质充填采煤技术开发与应用

除煤炭资源整合、产业结构优化升级、完成节能减排目标的落后产能淘汰外，强化小煤矿安全生产始终是落后产能退出的直接原因。2013年10月

2日国务院办公厅公布《关于进一步加强煤矿安全生产工作的意见》（国办发〔2013〕99号），大力推进煤矿安全治本攻坚，建立健全煤矿安全长效机制，坚决遏制煤矿重特大事故发生。要求加大政策支持力度，明确关闭对象，实现有重点关闭①。对不能实现正规开采的煤矿，一律停产整顿；逾期仍未实现正规开采的，依法实施关闭。没有达到安全质量标准化三级标准的煤矿，限期停产整顿；逾期仍不达标的，依法实施关闭。2013年11月18日，国务院办公厅发布《关于促进煤炭行业平稳运行的意见》（国办发〔2013〕104号），继续从准入角度，抑制落后产能的建设形成，遏制煤炭产量无序增长②。2013年，全国共淘汰煤炭落后产能14578万吨，完成目标任务的227%。

2014年1月20日，国家能源局正式印发《关于印发2014年能源工作指导意见的通知》（国能规划〔2014〕38号），围绕确保国家能源战略安全、转变能源消费方式、优化能源布局结构、创新能源体制机制四项基本任务，推动能源创新与可持续发展，打造中国能源"升级版"，提出了2014年能源工作的指导意见。在明确重点任务时强调继续加大淘汰落后产能和节能减排工作力度，从项目准入标准上遏制落后产能的形成③。

同年3月27日，国家能源局、国家煤矿安全监察局发出《关于做好2014年煤炭行业淘汰落后产能工作的通知》（国能煤炭〔2014〕135号），文件重申淘汰煤炭落后产能作为调整优化煤炭产业结构的重要手段，对转变煤炭发展方式、提高煤炭生产力水平具有重要意义。要求对非法违法开采和不具备安全生产条件的煤矿，坚决予以关闭；对安全基础条件差且难以改造，以及煤与瓦斯突出等灾害严重的小煤矿，要加强监管，加快引导其退出

---

① 重点关闭9万吨/年及以下不具备安全生产条件的煤矿，加快关闭9万吨/年及以下煤与瓦斯突出等灾害严重的煤矿，坚决关闭发生较大及以上责任事故的9万吨/年及以下的煤矿。关闭超层越界拒不退回和资源枯竭的煤矿；关闭拒不执行停产整顿指令仍然组织生产的煤矿。
② 严格新建煤矿准入标准，停止核准新建低于30万吨/年的煤矿、低于90万吨/年的煤与瓦斯突出矿井。新建煤矿必须严格履行基本建设程序，严厉查处未批先建、批小建大等违规行为。
③ 停止核准新建低于30万吨/年的煤矿和低于90万吨/年的煤与瓦斯突出矿井。逐步淘汰9万吨/年及以下煤矿，加快关闭其中煤与瓦斯突出等灾害隐患严重的煤矿，继续推进煤矿企业兼并重组的落后产能退出。

煤炭生产领域；对具备资源优势和改造提升条件的小煤矿，鼓励其参与煤矿企业兼并重组，实施改造升级。文件还给出了各省市2014年煤炭行业淘汰落后产能计划表，计划到2014年底全国再淘汰煤矿数量1725处，淘汰落后产能11748万吨；其中关闭退出煤矿800处、产能4070万吨；改造升级煤矿402处、产能1766万吨；兼并重组煤矿523处、产能5912万吨。北京、山西、内蒙古、江苏、河南、宁夏基本完成淘汰落后小煤矿任务。

为完成2014年淘汰小煤矿关闭退出工作，2014年5月12日，国家安全监管总局等十二部门下达《关于加快落后小煤矿关闭退出工作的通知》（安监总煤监〔2014〕44号）。要求以法律法规为依据，以产业政策为引导，以市场机制为基础，综合运用法律、经济、技术、行政等手段，建立健全小煤矿关闭退出机制，推进小煤矿向生产集约化、采掘机械化、安全质量标准化方向发展。以主要产煤省为重点下达淘汰规模红线[①]对13类小煤矿依法实施关闭或淘汰退出[②]，给出明确的关闭标准。

2014年9月，国务院安委会召开了重点地区煤矿整顿关闭工作座谈会，要求进一步加快淘汰煤炭落后产能，加大落后煤矿关闭力度。明确提出2014年要确保关闭煤矿800处、力争关闭1000处的奋斗目标。为贯彻落实国务院决策部署，国家能源局综合司、国家煤矿安监局办公室于9月18日

---

① 以辽宁、黑龙江、江西、湖北、湖南、重庆、四川、云南、贵州等省（市）为重点地区，逐步淘汰9万吨/年及以下煤矿，重点关闭不具备安全生产条件的煤矿，加快关闭9万吨/年及以下煤与瓦斯突出等灾害严重的煤矿，坚决关闭发生较大及以上责任事故的9万吨/年及以下的煤矿。

② （一）核定生产能力在3万吨/年及以下煤矿。（二）核定生产能力在9万吨/年及以下煤与瓦斯突出煤矿（按照各地已制订的工作规划或计划逐步关闭或淘汰退出）。（三）超层越界拒不退回的生产或建设煤矿。（四）资源枯竭的煤矿。（五）停而不整或整顿仍仍达不到安全生产条件的煤矿。（六）拒不执行停产整顿指令仍然组织生产的煤矿。（七）瓦斯防治能力没有通过评估，且拒不停产整顿的煤矿企业所属的高瓦斯和煤与瓦斯突出煤矿。（八）与大型煤矿井田平面投影重叠的煤矿。（九）经停产整顿，在限定时间内仍未实现正规开采的煤矿。（十）经停产整顿，在限定时间内没有达到安全质量标准化三级标准的煤矿。（十一）发生较大及以上责任事故的9万吨/年及以下的煤矿。（十二）灾害严重，且经县级以上地方人民政府组织专家进行论证，在现有技术条件下难以有效防治的煤矿。（十三）县级以上地方人民政府规定应依法予以关闭的煤矿。

下发《关于加大煤矿关闭退出工作力度的通知》（国能综煤炭〔2014〕746号），确定煤矿关闭退出目标任务，研究确定地区2014年关闭煤矿数量的奋斗目标，并将奋斗目标分解到具体市、县，落实责任，力争完成奋斗目标。要求各地要加快煤矿关闭退出工作进度，尽快确定拟关闭煤矿名单。对已确定关闭的煤矿，要督促立即停止生产，并做好停产后的监管工作，做到早关、快关，关实、关死，防止死灰复燃、非法生产。要求分10月、12月两阶段将2014年煤炭行业淘汰落后产能工作进展情况报送国家能源局、国家煤矿安监局。在淘汰力度一再增强的推动下，2014年底全国共关闭小煤矿1509处，完成了国务院安委会的确保任务，完成了年初淘汰落后产能计划表目标任务的87.5%。

2015年3月26日，国家能源局、国家煤矿安全监察局下发《关于做好2015年煤炭行业淘汰落后产能工作的通知》（国能煤炭〔2015〕95号），确定2015年煤炭行业淘汰落后产能工作的基本要求与2014年基本相同①。文件还给出了各省市2015年煤炭行业淘汰落后产能计划表，计划到2015年底全国再淘汰煤矿数量1254处，淘汰落后产能7779万吨；其中关闭退出煤矿1052处、产能6391万吨；改造升级煤矿202处、产能1388万吨。数据显示，2015年上半年，我国各地提出关闭1131处煤矿的任务已经落实49%，超过500处。下一步，小煤矿、高瓦斯矿井以及煤与瓦斯突出煤矿仍将作为整顿关闭重点，尤其是年产9万吨及以下的煤与瓦斯突出煤矿年底前要全部退出。

截至目前，"十二五"期间关于落后产能淘汰的相关政策在注重此前多部门协调联动的基础上，更加明确了财政先行的支持手段，各类政策出台前财政部门均先做好资金规划并拨款到位。另外，"十二五"以来的落

---

① 逐步淘汰9万吨/年及以下煤矿；对非法违法开采和不具备安全生产条件的煤矿，坚决予以关闭；对安全基础条件差且难以改造，以及煤与瓦斯突出等灾害严重的小煤矿，要加强监管，加快引导其退出煤炭生产领域；支持具备条件的地区淘汰30万吨/年以下煤矿；对具备资源优势和改造提升条件的小煤矿，鼓励其参与煤矿企业兼并重组，实施改造升级。

后产能退出政策,更加强调了政策的周期性与闭环的往复性,政策以年度为单位,月份为节点,在年度伊始确定淘汰目标与计划,年度中旬出台相应补充强化政策,年底及次年进行核查审定,确保了落后产能逐年淘汰的稳步进行。然而,该时期的落后产能退出政策中有些问题值得关注:国家相关部门从安全生产、节能减排、资源整合等多个角度出台落后产能的退出政策,这些文件在煤炭落后产能判断标准和关停程序及淘汰周期上,存在着不一致性,缺少综合性与系统性;落后产能的淘汰方式主要有关停、改造升级,而以市场为基础手段的常态化的退出机制没有建立起来;以年度为周期的淘汰退出方式略显仓促紧迫,给妥善解决后续保障问题带来了较大压力。

四 煤炭落后产能退出面临的困难

在本报告的上篇,我们曾强调指出,化解煤炭产能过剩,"要以落后产能的退出为突破口",并阐述了其客观必然性、必要性和可行性。事实上,早在20世纪末,国务院就发布《关于关闭非法和布局不合理煤矿有关问题的通知》(国发〔1998〕43号),要求关闭一定数量的非法和布局不合理煤矿,压减煤炭产量。据初步统计,涉及煤炭落后产能退出的部委以上的文件有数十件之多,时间跨度长达17年之久;各煤炭主要产区地方政府也都下发过相关配套文件。

从实践上看,由政府主导的煤炭落后产能的退出,在2005年《国务院关于促进煤炭工业健康发展的若干意见》(国发〔2005〕18号)下发前,并没有取得实质效果,其根本原因是煤矿开采权的垄断和煤炭产品成本构成的不合理。

在我国,由于社会经济的高速增长,除极个别时期外,能源供给不足曾经成为常态。在价值规律作用下,煤炭商品能够以高于生产成本价格的市场价格出售。众所周知,我国煤炭成本构成曾长期不合理,包括资源价款、环境治理费用等制度性成本缺失,安全性成本、维简费、劳动工资类成本等政

策性成本不实，导致煤炭生产者包括生产成本相对较高的生产者都可以获得高额利润。

一般而言，在成熟的市场经济体制条件下，通过非煤产业资本向煤炭产业流动，增加煤炭供给，化解供给小于需求的矛盾，实现新的均衡，使煤炭市场价格由中等水平的煤炭生产成本决定，从而驱逐落后产能退出煤炭产业。问题是我国煤炭产业曾长期存在煤矿开采权的垄断，加之地方保护主义的存在，阻碍了非煤产业资本向煤炭产业的流动，使得煤炭落后产能得以长期存在。

2005年以后，伴随着"大基地""大集团"建设和大规模、大力度的煤炭企业兼并重组工作的推进，煤炭落后产能退出成效显著。同时也应该清醒地认识到，该项工作的推进与客观要求和愿望还有较大的差距。煤炭落后产能退出面临诸多的困难。

（一）累积时间长，积重难返

对煤炭企业做调研后我们发现，越老的企业，产能整体水平越落后，明令要求退出的落后产能比重越大。老的煤炭企业，有的是解放战争期间接收过来的，大多数是新中国成立后建设的，普遍经过供给短缺时期。随着社会生产力的发展，一批又一批落后产能被倒逼形成，但由于煤炭供给短缺，大都被人为地保留下来，而且越积越多。2012年以来，煤炭产业经济景气度急速下滑，进入"隆冬季"的煤炭企业普遍经营困难，特别是老的煤炭企业，由于历史的原因，大都遗留问题较多，包袱重，成本高，效益差，目前几乎全部陷入亏损状态。在此状况下，如果没有外力的支持，让它们加大落后产能的退出力度，其难度可想而知。

（二）约束条件多，影响范围广

由煤炭落后产能的特点所决定，其退出工作是一项系统工程，涉及社会经济发展的诸多方面，需要宏观、中观和微观多层次有机融合。不仅需要党中央、国务院的正确领导，还需要得到各煤炭产区地方政府的积极配合和具体组织领导，也必须唤起众多煤炭企业的积极行动。从目前的情况看，中央政府对煤炭落后产能退出的决心是坚定的，但煤炭产区地方政府和煤炭企业积极性并不很高。据我们了解，不是它们有令不行，而是有些现实问题不好解决。例如，煤炭落后产能一旦退出，下岗人员如何安置？社会稳定如何保障？地方财政收入如何开源？业绩考核如何评价？诸如此类的问题，直接地约束煤炭落后产能退出工作的有效推进。

（三）退出成本高，企业不堪重负

煤炭产业作为采掘业，其前期勘探、巷道等基础建设投入大；其固定资产专用性和人才的专业性强，退出后资产损失和人才损失严重；其债务（包括生态环境欠账、欠缴税费等）、贷款清偿处理压力大，特别是由企业承担的退出人员的一次性就业补偿金、家属安置费、再就业岗位提供等，都将使处于困境中的大多数煤炭企业无能为力。

（四）机制不配套，权益难保障

煤炭落后产能退出，是煤炭生产要素的再配置，产业结构和利益关系的大调整，涉及社会经济的诸多方面，必须建立相应配套的机制，努力做到退出前无后顾之忧，退出后稳定妥当。从目前来看，还存在较大差距。

（1）激励机制不完善。目前对于落后产能退出，政府除给予少量的财政奖励资金支持外（有时候还不能到位），尚缺少直接、有效的支持措施。有的地方虽明确可用新增先进产能置换，但因目前煤炭产能过剩，包括先进产能在内的所有新项目的审批核准都从严把握，被置换的落后产能难以及时退出。

（2）约束机制较弱。首先是落后产能界定过于抽象。目前，除了"小煤矿"有明确的产出量的界定外，其他的界定标准主要是"差""严重""高""低""违法""违规"等主观性质化标准，缺少客观性量化标准。其中的"违法""违规"标准，看似约束力较强，但在实际执行中并非如此，"人情"大于"法理"、"权"大于"法"等现象时有发生。在明令退出的

煤炭落后产能构成中,其中有的是依法合规建成的,有的甚至是政府动员、鼓励、指令建成的。这类落后产能,若企业得不到政府的足额补偿,不仅煤矿企业缺少积极性,而且政府在执行力度上也会手软。正因为如此,截至目前,还没有见到哪个煤炭产区的产业主管领导、哪个煤炭企业领导,因为没有按令退出落后产能而受到惩处的案例。

(3)协调机制缺失。由于体制机制等多种原因,在煤炭落后产能退出问题上还存在诸多不协调因素。"分灶吃饭"的国民收入分配体制,导致中央和地方政府在煤炭落后产能退出问题上出现不协调,地方保护倾向较严重。"九龙治煤"的产业管理体制,导致各部门过于强调所管对象的重要性,难以做到围绕化解煤炭产能过剩这一主线推进煤炭落后产能退出。"重 GDP"的政绩考核制度,导致人们更关心即期收入最大化,而非落后产能退出这一预期优化行动。从总量上看的煤炭产能过剩并不排除局部平衡,而且从落后程度上看也存在着明显的差异。正因如此,有些应退出的落后产能,在有的区域并不显得落后。有必要建立依据落后程度梯度转移协调机制。由于地方保护等诸多因素的影响,目前还缺少这一机制。

(4)善后机制不完善。落后产能作为生产要素的有机组合,其退出后并不表明独立存在的生产要素使用价值的完全丧失,有必要通过生产要素市场实现其价值。从目前情况看,"二手"煤炭生产要素市场没有发育成熟,难以发挥应有的机制作用。煤炭落后产能的退出,必然会形成一批报废的设施设备和若干债权债务、生态环境欠账、下岗失业人员等。这一系列问题的妥善处理,也都需要建立切实可行的善后机制。

五 煤炭落后产能退出的思路

(一)指导思想

全面贯彻落实党中央、国务院有关政策和战略部署,按照煤炭产业摆脱困境、平稳运行、转型升级和持续健康发展的基本要求，紧紧抓住化解产能过剩这一主线，紧密结合煤炭产业发展"十三五"规划的编制和落实，坚持以法律法规为依据、产业政策为指导、市场机制为基础，建立健全常态化的退出机制，实现煤炭落后产能的平稳有序退出。

（二）基本原则

煤炭落后产能退出要坚持稳中求进、强化标准、统筹兼顾、保护先进的基本原则。

稳中求进是党中央、国务院确定的新时期社会经济发展总方针。"稳"即"稳定"，"进"即"增长和发展"，"稳中求进"的基本含义是指在稳定的前提下，努力实现增长与发展。"稳"和"进"两者互为条件、相辅相成。不稳，则难以进；不进，更难以稳。只有稳，才能更好地推进改革和发展；只有进，也才能更好地实现持久、牢固的稳。"十二五"初期，针对复杂多变的国际政治经济环境和国内经济运行情况，党中央、国务院作出了"稳中求进"的经济社会发展战略决策，要求在保持经济运行总体平稳、物价总水平稳定、就业形势稳定、社会稳定的基础上，在转变经济发展方式、调整经济结构、自主创新、改革开放、改善民生等方面有新进展、新突破。

煤炭作为我国重要的基础能源和重要原料，其落后产能的退出要从国民经济全局角度去考虑，要把稳煤炭供给、确保国家能源安全作为铁的规则；要充分考虑煤炭市场稳定因素，防止出现煤炭价格的大幅波动；要在煤炭落后产能退出过程中，努力做到矿区稳定和社会稳定；要稳定产业大军，特别是科技和管理人才队伍。在煤炭落后产能退出问题上，"稳"是策略，战略上是为了"进"（发展）。发展才是硬道理，要在煤炭落后产能平稳有序退出中，调结构、转方式、促转型升级求发展。

一般意义上说的标准，是指在协商一致原则下形成的共同接受并必须遵守的约束规范。通过强化标准的执行，旨在一定范围内获得最佳秩序、效率或效益。这里的"最佳"，是从宏观或中观角度考量的结果，而不是微观的。这里所说的强化标准，是指标准制定要严格，标准执行要严肃，违背标准处罚要严厉。具体到煤炭落后产能的退出，就是要逐步弱化行政指令，强化落后产能标准制定和执行，强化标准规范对落后产能退出的约束，实现煤炭落后产能的规范有序、公开透明、公平公正的退出。

煤炭落后产能退出，涉及面广，影响大。在该项工作的推进过程中，必须做到统筹兼顾。统筹思想是科学发展观的根本要求。党的十六届三中全会《中共中央关于完善社会主义市场经济体制若干问题的决定》中明确提出五个统筹的思想，即统筹城乡发展、统筹区域发展、统筹经济社会发展、统筹人与自然的和谐发展、统筹国内发展和对外开放。国务院《关于促进煤炭工业健康发展的若干意见》（国发〔2005〕18号）结合煤炭产业实际，提出要统筹煤炭工业与相关产业的协调发展、统筹煤炭开发与生态环境协调发展、统筹矿山经济与区域经济协调发展。理论分析和大量的实践证明，有统筹才有协调，才有可持续性，才能体现以人为本，煤炭落后产能退出只有统筹兼顾，才能达到预期目标。

淘汰落后、保护先进是社会生产力发展的必然要求。人类社会生产力的发展是先进生产力不断取代和淘汰落后生产力的过程，而且随着社会生产力的不断进步，先进生产力取代和淘汰落后生产力的进程会越来越快。经济社会的进步需要不断发展先进生产力，而不适应先进生产力和时代发展要求的落后生产力，要予以淘汰或通过努力逐步使它们向先进生产力转变。煤炭落后产能的退出，本质上讲也是保护、促进和发展先进生产力，是为先进生产力发展腾出空间。在煤炭落后产能退出过程中，要严格防止各种先进生产要素遭到破坏，包括先进的工艺技术、设备、劳动力、生产的管理组织系统。其中特别需要强调指出的是，要客观对待小煤矿。大多数小煤矿作为煤炭落后产能的主要载体，继续把退出重点放在该群体上是正确的，但绝不能逢小必杀，要客观分析，加以区别。个别与资源赋存条件相符合、区域市场有需求的小煤矿，可适当保留；与此同时，要防止"假大"落后产能规避退出。

（三）退出目标

1."十二五"末退出目标

按照《国家发展改革委、能源局、安监总局、煤监局关于"十二五"期间进一步推进煤炭行业淘汰落后产能工作的通知》（发改能源〔2011〕2091号）的要求，"十二五"期间，退出下列煤矿：（1）不符合煤炭产业政策、矿产资源规划和矿区总体规划的煤矿；（2）单井井型低于3万吨/年的煤矿；（3）乱采滥挖，资源浪费严重，采区回采率连续3年平均低于50%的煤矿；（4）采煤工作面采用人力或畜力运输煤炭、掘进工作面采用手镐掘进及人力装岩的煤矿；（5）存在煤与瓦斯突出、自燃发火、冲击地压、水害威胁等重大安全生产隐患，经论证在现有条件下难以有效防治的煤矿；（6）煤矿生产安全相关法律、法规、规章、规程、标准和技术规范等明令禁止或淘汰的其他类型煤矿。

按照《国家能源局、国家煤监局关于做好2015年煤炭行业淘汰落后产能工作的通知》（国能煤炭〔2015〕95号）的要求，小煤矿、高瓦斯矿井以及煤与瓦斯突出矿井仍将继续作为整顿关闭重点，尤其是年产9万吨及以下的煤与瓦斯突出煤矿2015年底前须全部退出。2015年全国淘汰落后产能7779万吨，淘汰煤矿数量1254处。其中，关闭退出煤矿1052处，产能6391万吨；改造升级煤矿数量202处，产能1388万吨（见表2）。

表2 2015年煤炭行业淘汰落后产能计划

单位：处，万吨

序号	省别	淘汰煤矿数量	淘汰落后产能	关闭退出		改造升级	
				数量	产能	数量	产能
	全国	1254	7779	1052	6391	202	1388
1	北京	0	0	0	0	0	0
2	河北	5	30	0	0	5	30
3	山西	0	0	0	0	0	0
4	内蒙古	0	0	0	0	0	0
5	辽宁	30	75	20	60	10	15

续表

序号	省别	淘汰煤矿数量	淘汰落后产能	关闭退出		改造升级	
				数量	产能	数量	产能
6	吉林	5	35	5	35	0	0
7	黑龙江	233	1270	233	1270	0	0
8	江苏	0	0	0	0	0	0
9	安徽	5	76	5	76	0	0
10	福建	54	225	54	225	0	0
11	江西	50	110	50	110	0	0
12	山东	56	834	35	483	21	351
13	河南	23	320	23	320	0	0
14	湖北	65	195	50	150	15	45
15	湖南	150	900	100	600	50	300
16	广西	37	340	37	340	0	0
17	重庆	80	240	80	240	0	0
18	四川	60	180	0	0	60	180
19	贵州	220	2100	200	1800	20	300
20	云南	131	416	115	345	16	71
21	陕西	25	216	20	120	5	96
22	甘肃	11	105	11	105	0	0
23	青海	2	12	2	12	0	0
24	宁夏	0	0	0	0	0	0
25	新疆	12	100	12	100	0	0

注：北京、山西、内蒙古、江苏、宁夏基本完成淘汰落后小煤矿任务。

2. "十三五"期间退出目标

（1）下列煤矿建议退出：

A. 存在重大安全生产隐患，难以有效防治的煤矿；

B. 非法违法开采的煤矿；

C. 单井井型低于9万吨/年的小煤矿；

D. 采区回采率连续三年低于产业平均值50%的煤矿；

E. 资源枯竭的衰老煤矿。

（2）落后产能退出总量

建议"十三五"期间我国煤炭产能总量需要保持"零增长"，落后产能退出的量要与新增先进产能相当。其中，退出小煤矿5000处，产能4亿吨；资源枯竭的衰老煤矿，产能0.5亿吨。

(3) 基本目标

淘汰9万吨/年及以下小煤矿；有序退出资源枯竭的衰老煤矿；全面清理非法违规开采和存在重大安全生产隐患的煤矿；淘汰回采率不达标经整改仍旧落后的煤矿。

3. 远景目标

按照国务院《关于促进煤炭工业健康发展的若干意见》（国发〔2005〕18号）提出的"坚持依靠科技进步，走资源利用率高、安全有保障、经济效益好、环境污染少和可持续的煤炭工业发展道路"的要求，坚持以法律法规为依据、产业政策为指导、市场机制为基础，建立健全常态化的落后产能退出机制，坚持稳中求进、强化标准、统筹兼顾、保护先进的基本原则，努力做到落后产能形成即退不累积、退出过程顺畅影响小、退出机制完善有保障。

（四）组织领导

煤炭落后产能的退出是一项系统工程，任务紧迫而关系重大，必须建立具有权威性、综合性、能代表社会多元利益主体的组织领导体系。建议：

(1) 在现有煤炭行业脱困部际联席会议基础上，成立煤炭落后产能退出部际领导小组。由国务院主管煤炭工业的领导任组长，全面负责该项工作，明确总体思路和基本原则；国家发改委负责编制退出方案、设计退出机制；具体退出工作由国家能源局负责组织实施。

(2) 煤炭生产省（自治区、直辖市）要成立由主管领导负责的煤炭落后产能退出工作指导组。指导组成员为相关厅局负责人，明确牵头部门，按国家的统一部署要求，提出目标、明确任务、落实责任、完善政策。目标任务要分解到市、县，并落实到具体企业。指导组负责监督和检查验收，并向国家能源局汇报煤炭落后产能退出执行情况。

(3) 各级煤炭行业协会等社会团体组织，要发挥好政府和企业之间的

中介组织作用,积极投入到落后产能退出工作中,加强行业自律和协调,协助有关部门做好煤炭落后产能退出工作。

(4)各煤炭企业(集团)作为煤炭落后产能退出工作的执行主体,要认清形势,从大局出发,履职尽责,实事求是,建立科学规范、行之有效的工作程序,选择或创新退出形式(路径),积极主动开展退出工作。

(五)路径选择

1. 政策引导市场化退出

这是中国式市场经济体制下最为理想的退出方式,具体思路:

(1)产业规划和管理部门要科学编制新增先进产能和退出落后产能规划方案。其中,新增先进产能要明确其布局、规模、技术参数、形成及释放时点等;拟退出产能要分解到各省(自治区、直辖市)。

(2)设立产能交易市场。规划新增先进产能作为标的的,要面向社会公开招、拍、挂,并明确参拍主体必须有一定数量的落后产能退出作为必要前提条件,其具体数量视产能过剩程度而定,当前阶段可要求与新增产能等量;若参拍主体落后产能退出规模不够,可采取多家企业联合竞拍,或购买非参拍主体拥有的落后产能的方式;也可主动退出或转让自己拥有的非落后产能。

(3)设立煤炭落后产能退出基金。首先把财政用于支持煤炭落后产能退出的专项基金作为政府发起基金(种子资金),之后把规划新增先进产能交易所得全部作为增量资金。该基金专用于政府购买政府负有连带责任的落后产能,其购买行为形成的具有"粮票"性质的落后产能退出指标,可用作激励手段,或直接注销。

政策引导市场化退出这一思路尽管理想,但目前约束条件较多,首先需要将产能商品化进入市场;政府进入产能市场尚需要做新制度安排;与之相配套的一系列公共政策需进行充分论证。

2. 经济性杠杆驱动退出

煤炭落后产能退出虽功在当代、利在千秋,但对作为退出主体的煤炭企业来讲，注定是要付出代价的。纵观政府主导的煤炭落后产能退出实践，之所以存在诸多消极因素，其根本原因是在数以亿计的落后产能退出损失面前，承担指令性退出任务的主体缺少退出的动力。因此，有必要对合法合规形成的落后产能，利用财政、税收、金融、投资等经济杠杆（如财政奖励、补偿，产能交易免税，优先发行股票、债券，政府购买等）加以驱动，促使煤炭落后产能退出。

3. 行政性依法强制退出

对于违法违规形成的落后产能，要引导其主动退出或通过市场机制促其退出。对那些无视政府政策引导，也不受经济杠杆驱动，经反复做工作仍拒不退出的落后产能，要果断依法依规进行强制退出。选择这一路径的重要前提是有法可依、有据可查。因此要科学制定落后产能标准和退出政策，加大执法处罚力度，充分发挥法律法规对落后产能的约束作用。

（六）退出机制

1. 市场机制

市场机制是指市场机体内各构成要素间的相互关系按市场规则建立的一种经济运行方式。市场机制决定于市场经济体制，并保障市场经济体制的完善和发展。经过多年的改革发展，我国煤炭市场经济体制已经确立，政策引导下的煤炭落后产能市场化退出，必须建立市场机制。

市场机制的基本原则是交易信息公开、交易行为公平、交易规则公正。具体到煤炭落后产能市场化退出机制，要突出透明度，公开政府政策信息、进入市场的产能商品信息、市场行为主体的相关信息等；要体现竞争的公平性，给予市场交易行为主体以平等的国民待遇，尊重交易主体行为的自主性，政府作为交易主体行为要规范；要做到交易规则的一致性。煤炭落后产能退出交易类同于碳汇交易，其交易目的不是直接获取该交易对象的使用价值，而是煤炭产业的转型升级、健康稳定和可持续发展。因此，给予交易行为主体优惠政策是必要的，但需事先明确。

2. 激励机制

激励机制是在分析作用对象的需求与动机的基础上，实施必要的引导、强化手段及制度，以激发行为主体的积极性。煤炭落后产能退出的激励机制，是为达成退出目标，通过经济性激励、政策性激励等手段，从而提高落后产能退出主体的积极性的一系列制度与规范。

煤炭落后产能退出涉及多方面的利益关系，存在的阻力较大。作为落后产能退出的组织者，产业主管部门因权力分散、法律法规不健全、工作难度大，退出工作推进效率不高；地方政府受行政考核机制、财政税收体制以及地方社会发展和就业等问题影响，对落后产能退出缺少积极性。作为落后产能退出主体的煤炭企业，由于缺少相应的后续保障措施，付出的代价很大，企业几乎没有能力退出。因此，十分有必要建立煤炭落后产能退出的激励机制，以保证落后产能退出的组织者积极履职、退出主体积极主动。建议采取如下激励机制：

（1）对落后产能退出给予财政支持，重点解决退出过程中的职工安置、企业转产等问题；对经济欠发达地区的落后产能退出工作，要加大转移支付的力度；对煤炭落后产能退出任务较重且完成较好的地区和企业，予以奖励。

（2）对煤炭落后产能退出积极的煤炭企业，在信贷授信、债券发行、增发股票、IPO等融资审批上予以优先安排；产能交易免收税费。

（3）对于煤炭落后产能退出任务较重且完成较好的地区和企业，在转产资金支持、投资项目核准备案、土地开发利用等方面，在符合有关政策前提下，予以政策倾斜。

3. 约束机制

约束机制是指为规范行为、便于组织、有序运转，经法定程序制定和颁布执行的具有规范性要求和标准的规章制度和手段的总称。煤炭落后产能约束机制，是指为避免有悖于预期的行为发生，对参与主体的行为起到制约和监督作用的法律法规、制度标准等行为规范或准则。

煤炭落后产能退出工作开展已有十余年，但仍缺少完善的约束机制，应尽快建立、健全和完善。

（1）建立健全煤炭落后产能标准及退出行为规范。改变单一的"规模"标准的局限性，完善以安全、资源、环境、能耗、工艺、技术等为主要标准的煤炭落后产能标准体系；规范产业管理部门、地方政府、地方产业管理部门等多层次的落后产能退出推进工作程序和方法；明确对落后产能退出主体的具体要求。

（2）明确煤炭落后产能退出各环节、各参与主体的责任。产业管理部门、地方政府要认真履行职责；工商、环保、安全、金融等部门要建立协同机制，依法依规推进落后产能退出；将煤炭落后产能退出纳入煤炭主管部门、产区和企业干部的考核体系；对违反有关法规政策和规定的工作严重失职或失误、对煤炭落后产能退出形成严重负面影响的，要进行问责，严肃处理。

（3）对于未完成煤炭落后产能退出目标的地区，暂停新建煤炭项目核准审批；对于未按期完成煤炭落后产能退出任务的企业，在信贷、新投资项目、新增土地管理等方面实行限制措施，必要时给予行政处罚、纪律处分；对谎报退出情况的，一经查实，由监察机关依法追究有关人员责任。

4. 协调机制

协调机制指为保证组织正常运转，促使组织内各部门及各种关系配合得当、削减交易成本、实现统一目标而实施的各种协调方法与运行框架的总和。煤炭落后产能退出的协调机制，其目的是通过一系列手段和措施，促使各参与主体相互配合、相互支持、相互促进，减少资源浪费，提高退出效率，为更好地实现共同目标创造良好的条件。

我国煤炭产业管理职能较为分散，"九龙治煤"的局面一直没有得到很好的改善，尚没有形成"集中统一、专业权威"的新型煤炭管理体制。煤炭落后产能退出存在政出多门、职能交叉、步调不一的现象，很多时候"各吹各号，各喊各调"。"步调一致才能得胜利"，煤炭落后产能退出作为一项复杂的系统工程，更需要各级政府、各个部门等参与主体相互协调，有必要建立以下协调机制：

（1）完善组织协调。明确各职能部门、各级政府的工作范围、职责分工，明确主管部门牵头，相关部门各司其职、高效配合、联合行动的协调工作机制，为工作的协调进行奠定基础。

重视发挥行业协会、工会等组织在协调产业管理部门与地方政府、各管理部门间、企业与职工之间关系方面的作用。

（2）强化信息公开制度。将煤炭落后产能退出工作的目标任务、工作安排、部门职责、工作进度信息等公开化，解决信息不对称问题，让各参与主体能在充分掌握信息的情况下形成相互协调的工作机制。

（3）加强利益协调。各方利益协调是煤炭落后产能退出工作的重点和难点，要充分发挥煤炭落后产能退出基金等在支付转移方面的作用，通过补偿等手段实现各方利益的相对公平，努力做到责权利的统一。

5.保障机制

保障机制是指为煤炭落后产能退出工作创造和提供制度化了的物质和精神保障条件或措施。

煤炭落后产能退出，涉及企业职工、投资者和地方政府等各方利益关系，事关煤炭产业健康运行，与社会经济稳定发展存在千丝万缕的关系，若把握不好，影响甚大。因此，必须建立以职工为本、投资者权益为重点、煤炭产业健康发展为准则、社会政治经济稳定为基本要求、人类社会经济可持续发展为目标的保障体系。

（1）认真落实和完善退出企业的职工安置政策，支持企业转产，加强带薪培训，做好转岗工作，引导劳务输出，避免大规模集中下岗失业。

（2）加强社会保障，做好职工社会保险关系的转移与接续工作，妥善处理企业离退休人员的安置，酌情办理内退手续。

（3）建立财政性专用基金，包括中央财政基金和地方配套基金，用以支持落后产能退出的各项补偿和奖励。

（4）完善煤炭生产要素流转制度，建立估值合理的交易模式，保证煤炭落后产能退出形成的仍有使用价值的生产设备等要素能够顺畅流转。

（5）不断完善突发事件应急方案，有序化解落后产能退出中的各类矛盾，有效防止群体性事件的发生。

（6）结合煤炭落后产能退出工作实践和遇到的问题，不断完善相关政策法规，以适应不断变化的形势。

（7）发挥媒体、组织的宣传作用，加强舆论引导，提高民众及社会各界参与监督的积极性。

（8）加强党的领导，把煤炭落后产能退出工作纳入有关党委的日常议事日程和管理内容。

实证报告
Empirical Report

B.2
山西煤炭落后产能退出情况及有关建议

山西省煤炭工业厅[*]

摘　要：	本报告介绍并分析了山西省煤炭产能的基本情况，提出了落后产能退出面临的困难和问题，强调要着力解决好政策性破产煤矿历史遗留问题，建议建立煤炭落后产能常态化退出机制。
关键词：	山西　落后产能　常态化退出机制

山西是煤炭资源和产煤、输煤大省及能源重化工基地，煤炭是山西的主导产业。全省含煤面积6.2万平方公里，占国土面积的40.4%，119个县

---

[*] 课题组组长：牛建明，山西省煤炭工业厅副厅长。
课题组成员：房世全，山西省煤炭工业厅规划发展处处长；朱晨，山西省煤炭工业厅规划发展处调研员；李元德，山西省煤炭工业厅规划发展处调研员；魏红州，山西省煤炭工业厅规划发展处副处长；杨海鹏，山西省煤炭规划设计院副院长。

（市、区）中，94个县（市、区）有煤炭资源。山西煤炭资源总量预测约6552亿吨（2000米以浅），占全国煤炭资源总量的11.9%。全省保有查明资源储量2695亿吨，位于新疆和内蒙古之后，列第三位。

新中国成立到2014年底，山西累计生产煤炭156.3亿吨，占全国生产总量的1/4以上，其中外调出省煤炭达106.3亿吨，占全国省际煤炭净外调量的70%左右，供应国内26个省（区、市），长期以来，为满足国家能源需求和山西省经济发展做出了重大贡献。

一 基本情况

（一）煤炭产能现状

截至2014年底，全省共有煤矿1077座，总能力14.3亿吨/年，平均单井规模达到130万吨/年以上，70%的矿井规模达到90万吨/年以上，30万吨/年以下小煤矿全部淘汰。

按矿井性质分：生产矿井455座，生产能力7.719亿吨/年；建设及其他类煤矿622座，能力6.598亿吨/年。

按井型分：大型矿井384座，能力9.25亿吨/年；中型矿井634座，能力4.82亿吨/年；小型矿井59座，能力0.24亿吨/年

另外，截至2015年2月底，山西省已取得"路条"和正在申请"路条"的煤矿项目有33座。其中：

（1）已取得"路条"煤矿27座，建设规模390万吨～13340万吨/年，净增12950万吨/年。其中：已完成前期工作上报国家待核准煤矿4座，建设规模300万吨～2100万吨/年，净增1800万吨/年。

（2）已上报国家能源局申请"路条"煤矿6座，建设规模1790万吨/年。

（二）近年来山西淘汰落后产能情况

山西作为煤炭大省，在为全国能源保障和经济社会发展做出巨大贡献的

同时，由于受生产力发展水平制约和20世纪80年代"有水快流"政策的影响，煤炭工业形成了"多、小、散、低"的产业格局，20世纪90年代，全省煤矿数量高达10000多座。

山西历届省委、省政府高度重视煤炭工业的健康发展，近十年来多次采取关井压产、打击非法违法煤矿、关闭淘汰资源枯竭矿井等有力措施，在推进煤炭资源整合、提升煤炭产业发展水平方面做了大量工作，特别是2008年以来，山西率先实施煤炭资源整合和煤矿企业兼并重组整合策略，压减煤矿数量近60%，淘汰落后产能近2.7亿吨，通过改造建设，全省保留矿井全部实现机械化开采，平均单井规模达到130万吨/年以上，全省煤炭工业发生了质的变化，进入了一个全新的发展阶段——"大矿"时代，煤炭工业的规模化、机械化、信息化、现代化水平明显提升，步入科学发展之路。

——关井压产。1999～2001年，全面实施了"关井压产、结构调整、限量保价"的调控措施，全省取缔非法煤矿和关闭布局不合理的小煤矿5020座，淘汰落后生产能力近1亿吨。

——临汾试点。2004年初，按照"资源资产化管理，企业股份化改造，区域集团化重组"的"三化"思路，以临汾为试点展开。煤矿承包人掏现金"买下"井下所有资源的开采权，政府按储量和煤种收取相应的资源价款后，将采矿权和经营权合二为一，明确为煤矿承包人所有。

——三大战役。2005～2007年，山西启动了严厉打击私挖滥采、煤炭资源整合和有偿使用、煤矿企业兼并重组整合的煤炭工业三大战役。第一战役是坚决依法关闭所有无证非法开采的煤矿，严厉整治所有违法开采的煤矿，整治不合格的坚决予以关闭。从2005年9月到12月，4个月关闭煤矿4876座。第二战役是实行煤炭资源整合和有偿使用。以市场经济手段为主，辅之以必要的法律和行政手段，淘汰9万吨/年以下的煤矿，通过资源整合和有偿使用，共关闭淘汰1700座煤矿。第三战役的目标是上马一批现代化的大型煤矿，上马一批现代化煤开采和煤化工企业、煤炭资源深加工企业，培育一批煤炭行业的大型企业。让省内若干个大煤矿集团联合、兼并、收购中小煤矿，提高煤炭行业的准入标准和技术要求，广泛推广应用高新技术，使整个行业的技术素质、整体能力有较大提高。

——煤炭资源整合和煤矿企业兼并重组。2007年12月21日，山西省政府研究并原则通过《关于推进煤炭资源整合、企业重组、股份制改造和托管工作，提高产业集中度和产业水平的实施意见》。2008年8月26日，省政府第18次常务会议讨论并原则通过省政府《关于加快推进煤矿企业兼并重组的实施意见》，2008年9月2日，省政府以晋政发〔2008〕23号文下发了《山西省人民政府关于加快推进煤矿企业兼并重组的实施意见》，制定了兼并重组的具体目标、实施路径和组织方式，揭开了山西煤炭资源整合的序幕。2009年4月15日，省政府以晋政发〔2009〕10号文下发了《山西省人民政府关于进一步加快推进煤矿企业兼并重组整合有关问题的通知》，全省煤矿企业兼并重组整合工作全面展开。

经过三年多的努力，截至2011年底，山西煤炭资源整合和煤矿企业兼并重组工作圆满结束，通过重组整合，山西煤炭工业发生了以下几方面的变化：

一是产业水平明显提升。矿井数由2008年底的2598座压减到1104座，70%的矿井规模达到90万吨/年以上，30万吨/年以下的小煤矿全部淘汰，平均单井规模由30万吨/年提升到100万吨/年以上，保留矿井全部实现机械化开采。

二是产业集中度明显提高。办矿企业由2008年底的2200多家减少到了130多家，形成4个年生产能力亿吨级（同煤、焦煤、晋能、中煤）和3个5000万吨级（阳煤、潞安、晋煤）以上的煤矿企业。

三是办矿机制明显优化。形成了以股份制为主要形式，国有、民营并存的按照现代企业制度运行的办矿格局。其中：国有企业办矿占20%；民营企业办矿占30%；混合所有制的股份制企业办矿占50%。

四是矿业秩序明显好转。重组整合关闭淘汰1500余座煤矿，煤矿压减比例达60%，30万吨/年以下的小煤矿全部淘汰，资源配置进一步优化，矿业权设置、煤矿布局更趋合理，矿业秩序明显好转。

五是煤炭资源回收率大幅提高。所有矿井实现了机械化开采，彻底改

变了一些小煤矿原有的采厚丢薄、吃肥弃瘦、只掘不采或以掘代采，破坏、浪费、丢失资源的状况，煤矿资源回收率大幅提高，保护了煤炭资源，实现了资源的集约高效开采。

六是安全保障能力明显增强。兼并重组整合后的保留矿井正在按照安全质量标准化矿井来建设，矿井机械化、信息化水平将得到大幅度提升，安全保障能力大幅提高。2011～2014年，全省煤矿百万吨死亡率连续四年降到0.1以下。

"十一五"以来全省关闭矿井、淘汰落后产能情况见表1。

表1 "十一五"以来山西省关闭矿井、淘汰落后产能情况

年度	关闭矿井数量(座)	淘汰落后产能(万吨)
2006	1035	6700
2007	403	2700
2008	242	2700
2009	489	6200
2010	527	9827
2011	478	9205
2012	40	1200

二 山西省煤炭产能构成及分析

（一）按矿井性质分析

1. 在现有的455座生产矿井中，因目前煤炭市场疲软，销售困难，亏损严重而主动停产的矿井达60多座，核定生产能力5000多万吨/年，占到全部生产矿井生产能力的6.5%。

2. 在622座建设及其他类煤矿中，由于资源储量少、煤质差、资金短缺等各种原因，停建缓建的煤矿达287座，批准建设规模3.2亿吨/年，占到建设矿井总规模的近一半。

（二）按灾害程度分析

1. 按瓦斯等级划分。全省已鉴定的矿井中，高瓦斯矿井236座，产能4.37亿吨/年；瓦斯突出矿井43座，产能8600万吨/年。

2. 按水文地质类型划分。全省复杂及以上类型矿井近90处。

（三）按枯竭矿井分析

经调查，山西省生产煤矿中，资源近于枯竭的有46座，生产能力6290万吨/年。按国有地方煤矿和国有重点煤矿分类，其中：国有地方煤矿2座，生产能力90万吨/年；国有重点煤矿44座，生产能力6200万吨/年。按估算剩余服务年限分类，其中：剩余服务年限1年的煤矿14座，生产能力1180万吨/年；剩余服务年限2年的煤矿4座，生产能力485万吨/年；剩余服务年限3年的煤矿4座，生产能力730万吨/年；剩余服务年限4年的煤矿10座，生产能力1535万吨/年；剩余服务年限5年的煤矿14座，生产能力2360万吨/年。

（四）按矿区地域范围分析

矿区部分范围位于各类自然保护区、风景名胜区、城镇规划区、泉域水资源保护区、饮用水源地保护区的煤矿有近200座。

三 产能退出面临的困难和问题

山西煤炭资源开采时间长、开发强度大、部分老国有煤矿资源接近枯竭；随着开采深度的增加，自然灾害危害程度不断加大，煤矿安全成本逐年升高；部分煤矿资源赋存条件差，安全保障程度低；国有煤矿承担了办社会职能，负担沉重，市场竞争力弱。

因此，一方面，一批资源枯竭、扭亏无望的老国有煤矿，在20世纪90年代后期完成了政策性破产，但是部分办社会职能还没有移交地方政府

和社会管理，给企业带来了新的社会负担。另一方面，随着时间的推移，部分煤矿资源濒临枯竭，煤矿开采成本高，经济效益差。按照市场化机制，煤矿企业有意逐渐进入关闭破产退出程序，但由于没有相关退出政策扶持，靠企业自身很难解决煤矿退出后职工安置、矿区产业接续等问题，这些问题解决不好，甚至还会影响到区域经济发展与社会稳定。因此矿井退出处于两难境地。

（一）原政策性破产煤矿存在的遗留问题

一是国家规定破产煤矿清算时限较短。国家规定破产煤矿清算费用的时间为6个月，核定5年补贴。在实际操作过程中，按破产程序进行资产处置，安置职工，重组企业，办理相关配套证件，处理工伤、残、职业病及离退休职工等历史遗留问题，6个月时间远远不够，这样就造成各项费用严重超支，财政补助资金缺口较大。

二是离退休职工的统筹项目外费用居高不下。中央下放地方的煤炭企业，统一参加了山西省养老统筹，统筹项目内养老保险，由山西省统一管理、统一发放；统筹项目外费用仍由企业负担。现在企业执行的统外费用有十几项之多，财政部核定破产补助费用时，只承认4项，剩余费用均由企业自行负担，而这部分费用又较高，矿均年支出费用都在六七千万元。

三是企业办社会机构不能及时移交。中办、国办〔2000〕11号文规定"关闭破产矿山所办的学校、医院、公安、消防、供水、供电、供暖等生活和公用服务单位，其设施和职工成建制移交地方政府管理"。但目前，除公安、学校移交地方外，破产煤矿其他生活后勤单位均未移交。

（二）落后产能退出面临的主要问题

煤炭落后产能退出主要面临人员安置分流、企业转产转型、国有资产处置、各方股东利益保障等一系列问题，需要国家层面出台配套的政策、列支专项资金予以支持。

一是淘汰煤炭落后产能成本高，企业难以承受。虽然国家近年来陆续下拨了一定数量的专项资金对关闭煤矿给予经济补助，但资金缺口仍然很大。山西省自2009年实施煤矿重组整合以来，关闭煤矿1500多座，淘汰落后产能近2.7亿吨，但关闭淘汰煤矿费用全部由主体企业承担。据不完全统计，仅主体企业补偿给被整合关闭煤矿企业的资金就高达1400多亿元，主体企业负担沉重。

二是关闭退出矿井人员安置难。以山西焦煤集团为例，经企业测算，近几年内淘汰落后产能涉及矿井40多座，从业人员近3万人。目前煤炭产业经济持续低迷，企业负担沉重，无力安置退出矿井众多人员，采取提前退出岗位、解除劳动合同等方式解决此类问题需要政府相关政策支持。目前已经暴露出了很多职工因为再就业上访和离退休方面的问题，职工就业安置和维稳压力巨大。

三是关于资金及资产损失问题。大集团公司在资源整合的资产并购、资源价款缴纳、基本建设等方面投入了大量资金，形成了各种地面、井下资产，如果淘汰关闭将造成不同程度的资金和资产损失，如何处置也是将要面临的困难和问题。

四是关于退出后股东权益保障的问题。整合矿井大多是国有控股、民营参股的股份制企业，如关闭退出必须按照公司法、公司章程，履行决策程序。如何保障股东权益需根据退出的相关政策研究协商。

四　建议

煤炭落后产能退出，既要解决好政策性破产煤矿存在的遗留问题，也要建立有序的、常态化的退出机制，使煤矿能够退得出，转得好。

（一）着力解决好原政策性破产煤矿历史遗留问题

一是对原政策性破产煤矿出台后续政策予以支持。对尚未移交的企业，企业垫付的企业办社会资金，由中央和地方配套资金给予企业一次性追加补助，对以后年度的费用，逐年核定，纳入中央、地方财政预算给予补助。

二是加快推进企业分离办社会职能进度。据统计，2014年山西省五大煤炭集团共负担企业办社会人员62862人，补贴19.84亿元。

建议尽快出台相关政策措施，加快推进企业分离办社会职能进度，尽快将企业承担的医院、市政、供热供气等社会职能移交政府，减轻企业负担。

（二）建立煤炭落后产能常态化退出机制

越来越多的资源枯竭煤矿，由于缺乏扶持政策，无法实现正常退出，特别是随着近几年煤炭市场需求的持续下滑，这些老煤矿亏损更加严重、雪上加霜，企业负担越来越重。建议国家从资金补偿、资产处置、债权债务处理、人员安置、资源接替、税收等方面出台相关政策，将淘汰落后产能与煤炭行业脱困工作统筹考虑，使煤矿企业早日甩掉包袱，轻装上阵，健康发展。

一是实施产能置换，增强企业淘汰落后产能的积极性。目前，由于煤炭市场需求下降，煤炭产能过剩的矛盾进一步凸显。建议国家将新核准煤矿项目与淘汰落后产能指标挂钩，在区域内或企业内部实施"退一进一"的办法，淘汰多少落后产能，核准多少建设规模。在申请项目路条时，即要提交淘汰落后产能的计划，在新项目开工建设前，必须淘汰等量的落后产能，否则，新项目不予批准开工。据一些企业反映，如实施产能置换，企业愿意承担淘汰落后产能的费用，且可就地安置关闭退出矿井原有职工。政府有关部门对符合条件的产能置换项目应在项目审批、用地指标置换、排污指标置换等方面给予政策支持。

二是实施产能储备，减缓产能释放速度。对目前已具备建设条件，且资源量大、安全条件好，仅因市场原因，预期建成投产后无效益而停建缓建的矿井，建议由国家给予一定的补贴，暂缓建设，作为储备产能。待煤炭市场有所好转时，适时适量批复开工建设，这样既可延缓产能释放，也能避免关闭退出造成大量的资源和资产的浪费。

三是对资源枯竭的国有煤炭企业重新启动破产政策。山西省的五大煤炭集团公司大部分为计划经济时期建设的老国有煤矿，多数已进入衰老期，濒临资源枯竭，而且煤矿开采成本高，经济效益差。由于国家没有相关退出政策，靠企业自身很难解决煤矿退出后职工安置、矿区产业接续的问题，影响到区域经济发展和社会稳定。据中煤协会调查，因资源枯竭，全国面临关闭退出的原国有重点煤矿约有130座，涉及职工约35万人。为切实减轻国有老煤炭企业的负担，做到企业有进有退，人员合理安排，建议国家重新启动破产政策，加快资源枯竭煤矿的退出，明确职工提前退休退养的有关政策，同时加快国有煤炭企业分离办社会职能的进度。

四是在退出企业职工安置方面给予资金或政策支持。对于即将退出的资源枯竭煤矿，建议国家给予企业一定的财政补贴，做好人员的安置和分流工作，或出台提前退休退养的有关政策，允许破产煤矿职工提前5年退休，部分从事井下、有毒、有害等特殊工种的职工，提前10年退休等。

五是积极支持企业转产转型发展。对一些位于城市区发展规划范围内，因城市建设需要、城市环保要求等综合因素而需关闭的煤矿，应充分利用其邻近城市地段的优势，建议由当地政府纳入地区城市发展总体规划，依托非煤项目，帮助企业实现转产转型。

六是对整顿关闭企业实施有别于其他煤矿企业的优惠政策。对自愿提出整顿关闭退出的煤矿企业，不仅优先对其配置接替资源，而且对其申办的煤炭深加工项目予以政策倾斜，在国家层面进一步简化核准审批手续，对煤矿新批资源的开发、新井建设和深加工项目实施优先核准审批。同时加大对整顿关闭企业的税收支持优惠力度，制定专门针对煤矿整顿关闭的税收优惠政策，区别于企业并购重组的税收，在交易税、契税等方面予以减免。还可考虑在资源价款缴纳、银行贷款、金融服务等方面予以支持，以鼓励煤矿企业主动淘汰落后产能和资源枯竭煤矿。

七是建议国家继续加大对已整顿关闭煤矿的资金补偿。"十一五"以来，山西省共整顿关闭煤矿2593座，淘汰落后产能达3.69亿吨，这些矿井大部分为有证矿井，特别是2009年参加煤矿企业兼并重组整合的煤矿，均全部缴纳了资源价款，建设投资巨大，整顿关闭后，矿工安置、

生活等遗留问题压力越来越大，增加了社会不稳定因素。虽然国家下拨了专项资金给予了一定程度的经济补助，但资金缺口仍然很大。为此，建议国家，对关闭淘汰煤矿数量多、淘汰落后产能大的省份，增加煤矿整顿关闭资金补助额度，以切实减轻企业负担，解决因关闭煤矿引发的系列问题。

B.3
煤炭产能新常态与落后产能退出新机制实证研究报告

山东省煤炭工业局*

摘　要： 坚持以科学发展观为指导，遵循国家产业政策要求，综合运用法律、经济、行政等手段，分类指导，完善政策，依法推进，加快小煤矿关闭退出，淘汰煤炭落后产能，提高保留小煤矿办矿水平，推进小煤矿向采掘机械化、安全标准化、管理信息化方向发展，不断调整优化产业结构，提升安全保障能力，推动全省煤炭工业持续健康发展。

关键词： 山东　煤炭工业　落后产能退出

山东是全国重点产煤省份之一，含煤面积约1.65万平方公里，占全省面积的11.5%，主要分布在济宁、枣庄、菏泽、泰安、淄博、济南、莱芜、潍坊、临沂、烟台、聊城、德州12个市和40个县（市、区）；由兖州、济宁、新汶、枣滕、龙口、淄博、肥城、临沂、巨野、黄河北10个矿区组成。全省累计探明资源储量332亿吨，保有资源储量258亿吨。截至目前，共有生产矿井179对，核定生产能力16972万吨/年；在建矿井10对，建设规模

---

* 课题组组长：乔乃琛，山东省煤炭工业局局长、党组书记，高级经济师。副组长：黄传富，山东省煤炭工业局副局长，高级工程师；于秀忠，山东省煤炭工业局副局长，高级经济师。主执笔：袁永，山东省煤炭工业局办公室副主任，经济师。协助撰稿人：孙高亮，山东省煤炭工业局安全监管处主任科员；刘钒，山东省煤炭工业局安全监管处主任科员；王景，山东省煤炭工业局规划发展处副主任科员；贺永杰，山东省煤炭工业局办公室副主任科员。

960万吨/年;从业人员50万人。2014年全省煤矿生产原煤1.48亿吨,销售商品煤1.44亿吨,实现营业收入3074.71亿元,利税249亿元,利润24.44亿元,煤矿职工平均年收入5.57万元。

一 山东煤炭产能发展历程

山东煤炭开采历史悠久,据考古资料证实,煤炭开采不迟于秦汉,最早有文字记载为唐宋时期。从1899年李鸿章创建官督商办中兴矿局有产量统计开始到1948年,全省有统计资料的煤炭产量为1.13亿吨。1949~2014年65年间,全省共生产原煤37.9亿吨,为国民经济和社会发展做出了积极贡献。

新中国成立初期,山东煤炭工业主要包括洪山、西河、新博、坊子、新汶、陶庄、临沂和章丘煤矿,1949年恢复生产井口30个,当年仅产煤178.9万吨。回顾新中国成立以来山东煤炭工业发展历程,主要经历了以下四个阶段。

(一)计划经济阶段(1949~1978年)

新中国成立后,历经三年恢复建设,全省煤炭生产达到历史新的高度,1956年、1958年、1959年连续实现三次飞跃,产量分别突破500万吨、1000万吨、2000万吨。"大跃进"至"文革"期间,全省年产量保持在2000万吨左右。1975年山东煤炭工业采取了一系列整顿措施,1976年产煤3336万吨,1978年产煤4200万吨,分别实现了第四、第五次飞跃,开始步入规范发展阶段。

(二)转轨发展阶段(1979~1992年)

以改革总揽全局,实施"有水快流"和"国家集体个人一齐上,大中小煤矿一起搞"的方针,这个阶段,煤矿数量由400余处猛增至1600余处;煤矿技术装备水平明显提高,1988年统配煤矿采掘机械化程度分别达到

74.07%、79.2%，跃居全国第二、第一位；煤炭产量快速增加，1991年突破6000万吨，相继建成了新矿、兖矿两个千万吨企业，成为东部沿海重要产煤地，有力支援了国民经济建设和发展。

（三）市场化培育和发展阶段（1993~2001年）

推进煤炭市场化改革和企业改制，放开煤炭价格，对统配煤矿实行属地管理，实施债转股和关闭破产政策帮助企业解决特殊困难。1991年全省煤炭产量突破6000万吨大关，1994年、1995年、1997年分别突破7000万吨、8000万吨、9000万吨大关，新世纪开局之年2001年突破1亿吨大关，开始步入快速稳定发展时期。

（四）持续稳定发展阶段（2002~2014年）

基于山东煤炭资源逐步减少和可持续发展的实际，山东省从促进经济社会发展和能源安全保障的实际出发，在全国率先提出了保护性开采策略，率先实施了按核定能力组织生产。全省煤炭产量连续12年稳定在1.5亿吨左右，百万吨死亡率连续11年控制在0.3以下，安全工作走在了全国前列。全省煤矿生产力水平取得新突破，形成了以综采为主、高档普采为辅的生产格局。2014年实际产量14818万吨，产能利用率87.54%，整体处于合理利用的区间。

回顾山东煤炭工业的四个发展阶段，新中国成立后顺应了恢复发展的需要，突出抓了煤炭生产秩序的建立；改革开放后顺应了全党全国工作重心转移的需要，突出抓了煤炭技术进步和产业规范发展；90年代后顺应了市场化改革的需要，突出抓了煤炭企业向市场经济过渡；21世纪以来顺应了国民经济快速发展的需要，突出抓了煤炭供应保障和安全生产。每个阶段都始终贯穿着煤炭生产力水平提升这条主线，体现了科学发展、安全发展这个出发点和落脚点。概括起来，这些都体现了一个规律，煤炭工业的发展必须始终紧扣宏观经济脉搏，与国民经济发展步伐相一致。

二 山东煤炭产能现状分析

（一）产能总量

2014年山东省共生产原煤14818万吨，占全国生产总量的3.82%；销售商品煤14355万吨，其中省外销量2328.89万吨、完成出口16.37万吨；期末库存177.25万吨。从消费总量分析，2013年全省煤炭消费总量40885万吨，2014年煤炭消费总量40800万吨以上。根据国家和省能源发展和大气防治战略部署，今后山东省煤炭消费总量将逐年降低，到2017年在2012年煤炭消费总量40232万吨的基础上减少2410万吨；到2020年，煤炭消费总量继续下降，煤炭在一次能源消费中所占比重力争降到60%。但预计到"十三五"末，外省煤炭调入量仍达23000万吨左右，省内煤炭市场煤炭供应缺口仍然较大。山东省探明保有储量只占全国的2%，产量占全国的4%，消耗占全国的10%，产煤大省、耗煤大省与资源小省的矛盾日益突出。剩余可采储量不到40亿吨，可供开采年限不足20年。

（二）产能结构

在我国宏观经济正处于增长速度换挡期、结构调整阵痛期和前期刺激政策消化期"三期"叠加的大背景下，结合山东实际，煤炭产能也面临着"五期"并存的新形势。一是处于市场效益低迷困难期，亏损产能加剧。受外部宏观形势、煤炭需求降低等因素影响，2014年以来煤炭消耗量明显偏低，沿海货运指数反弹无力，库存居高不下，以及全球煤炭市场供过于求形势日趋严峻、原油价格持续下跌等，都给煤炭行业发展带来了巨大压力。截至2014年底，全省80%以上煤矿企业处于亏损状态。二是处于安全风险加剧期，产能安全压力加大。在全省现有生产矿井中，受水、火、瓦斯、煤尘等五种自然灾害威胁的占80%以上；现有生产及在建采深超800米矿井36处，超千米深井16处，占全国千米深井的38%；受冲击地压威胁矿井39

处；许多老矿井的采场正在向深部转移，向地质、水文地质条件复杂区域转移，向村下转移，向极薄煤层转移，安全隐患越来越突出，安全生产难度越来越大。三是处于可持续发展紧迫期，后续产能开工不足。山东省煤炭资源储量少与压覆严重并存，累计剩余储量仅为40亿吨，可供开采年限不足20年，其中村下压煤储量20.24亿吨，占剩余储量的48.89%。全省现有179对生产矿井中，剩余服务年限5年及以下的有21对，剩余服务年限10年及以下的有61对。全省已探明尚未利用的资源量，济宁矿区10.3亿吨，其中8.6亿吨埋藏超1200米；黄河北矿区22.3亿吨，其中城市和黄河压占88%；巨野矿区4.97亿吨，规划8对矿井已建成5对；正在勘探的曹县煤田，煤层埋藏在1150~2400米，现有技术水平下不具备建井条件；仅剩正在规划的阳谷—茌平煤田，其已探明储量5.5亿吨。全省后备资源严重不足，接续产能开工远远不够。四是处于市场区位优势全面减弱期，产能释放动力不足。山东省处于西煤东运、北煤南运以及进口煤西进的中间地带，大量外来煤炭冲击省内市场。受国家政策、市场形势等影响，钢铁、焦化、建材等行业产能大幅压缩，煤炭需求量严重不足。从区域市场看，市场竞争或更为激烈。晋豫鲁等西煤东运、北煤南运铁路即将建成通车，山东省煤炭企业将失去传统的区位、煤种、质量优势。受海外煤炭和西部优质低价煤炭的冲击，山东省煤炭企业省内市场份额逐年降低，已由2004年的63%降至2014年的33%；全省煤炭总产量位次降至全国第7位，市场话语权、控制力降低，行业竞争力和区位优势全面减弱。五是处于历史遗留问题凸显期，产能盈利能力减弱。煤炭十年黄金期掩盖了一些问题和矛盾，困难形势下煤炭企业成本高、税费高、包袱沉重等历史性问题更加凸显。2014年度全省煤炭企业税费总额占到煤炭销售收入的30%以上，平均占总成本的45%以上，高于全国平均水平10个百分点。省属煤炭企业资产负债率达到71%，比同行业高出8个百分点，负债总额同比增长7.7%。煤炭企业大多远离主要城市，人员多，社会职能移交不到位，尤其是政策性关闭破产重组煤矿遗留问题较多，历史包袱重，稳定压力大，2013年以来遇到的困难和面临的严峻形势超出预期。

三 山东煤炭工业落后产能退出的重要意义和基本情况

落后产能是随着生产力发展和技术进步而形成的。当前,经济社会发展步入新常态,煤炭工业发展质量和要求进一步提高,有必要对不具备安全生产条件、不符合产业政策、浪费资源、污染环境的落后产能进行逐步淘汰。结合山东实际,有些小煤矿资源逐步枯竭、生产条件差、资源利用率不高、污染环境等问题日渐突出,已难以适应先进生产力的发展要求,更难以符合当前煤炭工业科学发展、安全发展的现实要求,已经到了需要关停并转的历史时刻。

(一)落后产能退出的必要性

落后产能的退出,关系煤矿安全生产,关系煤炭产业转型升级,关系煤炭工业集约高效发展。其必要性主要体现在以下几个方面:一是贯彻国务院和省委、省政府重大决策部署的政治任务。煤矿安全生产关系煤炭工业健康发展和国家能源战略安全,是安全生产的重中之重。党中央、国务院历来高度重视煤矿整顿关闭工作,2013年国务院办公厅出台了99号文件,明确将关闭小煤矿作为安全攻坚治本之策,要求各地加快关闭不具备安全生产条件的小煤矿;2014年国家安监总局等十二部委联合下发《关于加快落后小煤矿关闭退出工作的通知》,进一步推动落实小煤矿淘汰关闭工作。山东省委、省政府高度重视煤矿安全生产,姜异康书记、郭树清省长十分关注小煤矿关闭退出工作,多次作出批示指示;省政府办公厅先后印发了〔2011〕67号、〔2014〕4号文件,明确提出把小煤矿关闭退出纳入各级政府重要议事日程,要求全省2015年底前关闭年生产能力30万吨以下煤矿。这些都是国家和省委、省政府站在以人为本、科学发展的高度做出的重大决策部署,是一项必须完成的政治任务。二是实现煤矿安全生产状况根本好转的必然要求。全省现存的小煤矿中,尽管一些矿井前期实施了技术改造,但客观地讲,小煤矿资源禀赋差、开采规模小、装备水平差、人员素质低、办矿标准不高以及防灾抗灾能力弱等问题并没有从根本上解决。换言之，每个小煤矿都极有可能是一处不容忽视的安全隐患点和危险源。从近几年山东省煤矿发生的事故来看，多数是由于小煤矿违法违规生产造成的。如 2011 年枣庄防备煤矿"7·6"重大火灾事故，造成 28 人死亡；2014 年济南民泰煤矿"3·16"透水事故，死亡 1 人，涉险 4 人；2014 年济南李福煤矿"12·15"瓦斯爆炸事故，死亡 3 人，受伤 15 人，事故的调查处理也被国务院安委会办公室挂牌督办。因此，从这个意义上看，关闭小煤矿是着眼安全生产的长远之策，是实现全省煤矿安全生产状况根本好转的必然要求，必须痛下决心关闭，全力以赴确保安全生产。三是煤炭行业转型升级的必由之路。一方面，当前我国经济发展进入新常态，能源产业正在发生深刻调整，更加强调有序开发、清洁生产、可持续发展，煤炭工业必须坚持规模化、集约化、现代化的发展方向，不能再用过去的眼光、过去的标准、过去的要求来衡量现在的工作。另一方面，煤炭市场持续低迷，且短时间内看不到转折迹象，加上国外进口优质廉价煤和资源环境约束等多重因素影响，煤矿企业生存和经营非常困难，客观上又给安全生产带来了新的压力和挑战，事故发生概率加大，小煤矿则更甚。因此，在市场没保障、利润没保障、安全没保障的情况下，加快小煤矿关闭退出、淘汰落后产能是大势所趋，是煤炭行业调整结构、提质增效、转型升级的有效途径和必然选择。

（二）落后产能退出的范围

按照《山东省人民政府办公厅关于进一步加强矿山企业安全生产工作的意见》（鲁政办发〔2011〕67 号）、《山东省人民政府办公厅关于贯彻国办发〔2013〕99 号文件进一步加强煤矿安全生产工作的实施意见》（鲁政办发〔2014〕4 号）要求，凡是核定能力或生产规模达不到 30 万吨/年的煤矿，2015 年年底前一律予以关闭。

（三）落后产能退出的途径

一是淘汰关闭一批。运用政策手段，对年产 30 万吨以下小煤矿实施限

期关闭。2015年全省计划关闭退出小煤矿35处、淘汰落后产能483万吨（其中：济南市6处、淄博市4处、枣庄市7处、泰安市9处、莱芜市2处、临沂市5处、龙口市1处以及临沂矿业集团1处）。运用市场手段，对经营困难、长期亏损且扭亏无望的煤矿实施主动关闭。对资源枯竭的煤矿实施自然关闭。二是改造提升一批。2015年改造升级小煤矿21处、现有产能351万吨（其中：济南市2处、淄博市3处、潍坊市1处、泰安市7处、莱芜市3处、临沂市2处、龙口市2处以及临沂矿业集团1处）。逾期未完成改造任务的，予以关闭。三是兼并重组一批。着力推进地方煤矿企业兼并重组，把地方煤矿企业重组整合到60家以内，使大型煤矿企业煤炭产量达到全省总产量的75%以上。

四 山东煤矿落后产能退出的主要做法

近些年来，全省煤炭系统按照国家的总体部署和要求，立足于推进煤炭产业转方式调结构，坚持科学发展、安全发展理念，重点以安全集约高效开发煤炭资源为目标，着力优化产能结构，严格生产能力管理，依法规范生产秩序，增强能源安全保障力，促进了煤矿安全高效、合理集中生产，推动了全省煤炭工业持续健康发展。主要做法是：

（一）实施整顿关闭，淘汰落后产能

历史上山东省小煤矿最多时达上千处，办矿体制混杂，开采秩序问题突出，安全隐患严重。对此，山东省高度重视，多年来相继采取一系列有力措施，不断深化煤矿整顿关闭工作。一是规范办矿体制。1998年起部署实施了关闭非法和布局不合理煤矿，2003年底前关闭了年产1万吨以下煤矿，2006~2008年连续三年关闭了年产3万吨、6万吨、9万吨以下小煤矿，2009年底前将20处乡镇煤矿全部划归市县属管理，2010年底前关闭了年产9万吨以下煤矿，并对33处资源枯竭国有煤矿实施了政策性关闭破产。自1998年至2014年底，全省有计划、按步骤地整顿关闭小煤矿873处，有效关闭了一大批不具备安全生产条件和不符合产业政策的小煤矿。二是实施淘汰关闭。从促进行业转型发展和安全生产的角度，2011年省政府67号文件明确提出"凡是核定能力或生产规模达不到30万吨/年的煤矿，2015年底前一律予以关闭"。按照这一决策部署，近几年来山东省持续抓了年产30万吨以下小煤矿淘汰关闭工作，2015年全省计划关闭小煤矿35处，年底前全部取消年产30万吨以下煤矿。三是严格办矿标准。对发生较大及以上责任事故的年产30万吨以下煤矿、超层越界拒不退回和资源枯竭的煤矿以及拒不执行停产整顿指令仍然组织生产的煤矿立即关闭；对不能实现正规开采的煤矿，一律停产整顿，逾期仍未实现正规开采的，依法实施关闭；对达不到安全质量标准化三级标准的煤矿，限期停产整顿，逾期仍不能达标的，依法实施关闭。四是严把门槛准入。严格控制新增产能，按等量置换原则核准新增产能项目。对设计生产能力低于45万吨/年的新建矿井和低于90万吨/年的煤与瓦斯突出矿井，一律不予核准；新建、改扩建矿井不采用机械化开采的，一律不予核准；违法违规建设和越权审批的、项目负责人和总工程师不具备相应学历职称资格的工程，一律不准建设；采矿许可证、安全生产许可证等证照不全的矿井，一律不准投入生产。这些都科学有效地规范了产能，促进了安全生产。

（二）实施整合改造，优化潜在产能

按照国家提出的"整顿关闭、整合技改、管理强矿"总体要求，山东省着力推进技术改造工作，促进潜在产能优化升级。一是推进资源整合。省政府成立矿山资源秩序整顿领导小组，由副省长任组长。制定《山东省小型煤矿技术改造项目管理暂行办法》和《补充规定》，对小煤矿资源整合技术改造的条件和程序做出明确规定，扎实推进资源整合煤矿技术改造工作，先后将35处具备整合条件的小煤矿整合改造为14处。二是加强小煤矿技术改造。对有一定安全基础和资源条件的小煤矿，通过实施机械化改造、扩能改造等提高生产能力，对通过机械化改造而提升生产能力的，按生产能力核定办法予以认可。先后对36对矿井实施了技术改造，新增

生产能力317万吨；2015年拟对全省21处小煤矿进行技术改造，产能全部提升至30万吨/年以上。三是大力实施系统改造。制定实施《全省煤矿技术改造规划指导意见》和具体方案，大力推行"科技兴安"战略，推进"智慧化矿山"建设，全省煤矿采掘机械化、运输连续化、辅助自动化、监控数字化水平大幅度提升，一些煤矿在大倾角综采、薄煤层机采等方面取得突破，安全避险"六大系统"、井下无线可视、泵房远程集控等先进技术得到广泛应用，为产能优化升级和安全高效矿井建设提供了基础保障。全省煤矿采掘机械化程度分别由2005年的65.4%、67.5%提高到2014年的90.99%、97.41%。

（三）实施兼并重组，发展优势产能

坚持把加快推进煤矿企业兼并重组作为规范煤炭开发秩序、保护和集约开发资源、提升产能集中度的重要工作来抓。一是以整合关闭促兼并重组。济南章丘市率先在全国进行乡镇煤矿整合重组，通过实施"体制理顺、资源整合、技术改造、煤矿集约"策略，将56处煤矿整合关闭到12处，组成4个企业集团，创出了一条煤矿安全可持续发展的新路子。二是以区域管理促兼并重组。济宁市以济宁矿业集团为依托，通过产权纽带整合地方煤矿组建了济宁能源发展集团。泰安新泰市按照"区域相近、管理方便、强强联合"的思路，整合组建了4个市属矿业集团公司。淄博淄川区、枣庄薛城区、泰安宁阳县等小煤矿集中的地区也先后大力实施了整合重组，实现了地方煤矿集团化运作、规模化发展。三是以政企分开促兼并重组。2010年省监狱煤矿成立了齐鲁新航集团有限公司，对全省9处省属监狱煤矿实行集团化管理。四是以大集团建设促重组整合。2011年，新矿、淄矿、枣矿、肥矿、龙矿、临矿6家省属矿业集团重组整合为山东能源集团有限公司，该集团2014年列世界500强第305位。继续保留的省属煤炭企业兖矿集团，充分发挥上市公司融资优势，着力打造国际化企业集团。通过实施兼并重组，全省煤矿企业个数由2005年的249个减少到2014年的78个，综合竞争力明显增强。

（四）实施统筹布局，合理规划产能

立足山东能源安全保障和促进行业可持续发展角度，确立了全省煤炭资源开发"稳定中部、建设西部、准备北部"战略，以产区优化带动产能优化。一是稳定中部。新汶、枣庄、肥城、兖州等矿区坚持"安全开采、科学开采、经济开采"的思路，大力推广以矸石充填、膏体充填为主的绿色开采技术，实施保护性开采，最大限度延长矿井服务年限。二是建设西部。"十一五"以来，先后开工建设了巨野、济宁、菏泽、枣滕、兖州矿区等23对安全高效矿井，建设规模达2655万吨，基本确保了经济社会发展对煤炭能源需求。三是准备北部。做好黄河北矿区全面普查勘探工作，积极推进矿区总体规划和矿区前期开发准备工作，力争先期开发建设阳谷—茌平煤田。

（五）实施行业监管，依法规范产能

山东省在全国率先核定煤矿生产能力，具体工作中，坚持实行"一核定"、"两不准"、"两坚持"、"两监控"、"两必须"和"一推进"管理，有效控制和规范了产能产量。一是实行"一核定"。即：组织逐矿逐系统核定生产能力，2005年对全省煤矿要求核定生产能力，坚持动态管理，对确因技改等综合生产能力发生变化的，省煤炭局组织重新进行核定。"十一五"以来，先后对68处矿井生产能力重新进行了核定。2015年将组织对全省煤与瓦斯突出、冲击地压、采深超千米等灾害严重矿井生产能力重新进行核定，并抓好衰老矿井生产能力核定工作。二是实行"两不准"。即：不准向煤矿下达超核定能力的生产任务，不准向煤矿下达以超核定能力为基数的利润指标。三是实行"两坚持"。即在全国"两会"和个别煤矿发生事故等特殊时期，坚持全省煤矿正常的生产秩序不停产；在煤炭供不应求形势下，坚持按核定能力组织生产不松懈。四是实行"两监控"。即对全省煤矿生产情况实行一月一调度、一季一检查监控，组织审核煤矿月度采掘作业计划，监督监控计划执行情况，确保月度产量不超过月计划的10%，年度产量控制在登记生产能力之内。五是实行"两必须"。即必须逐矿对生

产能力进行登记和签订"承诺书",必须将生产能力相关信息进行公告。2014年底对全省181处矿井进行了生产能力登记、承诺和公告工作,接受社会监督。六是实行"一推进"。即推进行政执法,将超能力等非法违法行为作为行业监管的重点,加大行政处罚力度。先后对57处超能力生产的矿井实施了行政处罚。

五 面对的困难与政策诉求

(一)存在的问题与困难

2015年计划关闭的小煤矿涉及7个地市和1个矿业集团,能否按期安全平稳地关闭,关系行业能否健康发展,关系一方是否稳定平安。随着关闭期限的进一步临近,由此带来的各种积压性矛盾不断凸显,存在不少亟待解决的问题和困难。一是债务化解难度大。全省现有30万吨/年以下煤矿,大部分是通过整合技改后保留下来的,投入的资金大多是银行贷款和职工集资款,如新泰市高佐、建新、九龙山煤矿等负债均超过亿元,这些煤矿现在还处于集中还贷阶段。部分煤矿因历史欠账多、开办企业挂靠账目多,造成负债较高,短时期内难以偿清,如淄博市张店区沣水煤矿、临沂市罗庄区恒昌煤业负债分别达1.4亿元和4.4亿元。而煤矿关闭后,井上、井下设备几近报废,作为固定资产的井巷工程也失去了价值,且矿井大多地理位置偏远,土地利用价值较低,资产变现能力极弱。据统计,计划关闭的35处煤矿负债高达33.9亿元,债务化解问题十分突出。二是社会稳定压力大。计划关闭的煤矿多为县属煤矿,人员年龄结构偏大、劳动技能不高,职工安置难度大。如泰安新泰市需安置关闭煤矿职工5720人、济南章丘市4543人、枣庄薛城区3935人,这些人员多为国有煤矿职工,如不能妥善安置,特别是如果社会和职工集资款项得不到偿还,极有可能引发群体性事件。此外,35处煤矿欠发工资2.1亿元,欠缴社会保险4.1亿元。在当前煤炭市场形势下,单靠企业自身力量无法妥善解决。三是矿井转产难度大。目前关于煤矿整顿关闭和淘汰煤炭落后产能工作的硬性要求较多,而具体的支持政策较少,尤其是在支持关闭煤矿转型转产、人员安置等方面,尚未出台具体的政策措施。煤矿一旦关闭后,能够完成转产转型并生存下去的机会很小。

(二)有关建议

淘汰煤炭落后产能是优化煤炭产业结构的重要手段,是控制煤炭总量的重要举措,对转变煤炭发展方式、提高煤炭生产力水平具有重要意义。煤炭作为基础能源和高危行业,应得到大力加强和特殊对待。

一是建立煤炭落后产能退出长效机制。落后产能退出已经成为新常态。建议国家研究制定产能替代、财政奖励等政策措施,按关闭煤矿生产能力计量,由国家财政和地方财政配套补助;鼓励各地主动关闭资源枯竭、灾害严重、开采难度大,以及成本高、经济效益差且扭亏无望的煤矿。建议按照《煤炭法》规定尽快实施煤矿企业积累煤矿衰老期转产资金的制度,通过试点制定政策,允许煤矿在税前计提转产专项费用,用于衰老矿井关闭和转型转产,趁矿井"年轻"时预备"养老"的钱,帮助衰老矿井顺利实现转型转产。

二是落实淘汰落后产能专项扶持资金。关闭煤矿已交存的矿山地质环境治理保证金,待关闭时按不少于50%的比例返还,其中经主管部门核查确认,已完成地质环境治理的,应全额返还;关闭煤矿已缴纳的采矿权资源价款,应按剩余资源量返还采矿权价款。

三是制定职工安置配套办法。建议国家制定关闭地方国有小煤矿的职工安置办法,关闭煤矿有主体企业的,由主体企业负责安置职工,国家给予补助;无主体企业的,国家制定奖励政策,鼓励地方政府优先安置关闭煤矿职工。新建项目单位应优先考虑安置资源枯竭、衰老报废的煤矿职工。建议适当放宽退休年龄及其他退休条件,制定职工安置费标准和移交补助政策,离退休人员全部交由地方统一管理。可参照《中共中央办公厅 国务院办公厅关于进一步做好资源枯竭矿山关闭破产工作的通知》(中办发〔2000〕11号)相关规定执行,即"关闭破产矿山的全民所有制职工执行提前5年

（男55周岁，女45周岁）退休的政策。其中，从事井下、有毒、有害等特殊工种的职工，可提前10年（男50周岁，女40周岁）退休"。上述职工安置配套资金可由省级国有资本收益解决。

四是制定出台支持关闭煤矿转型转产的相关政策。在土地、税收、项目等方面，加大对煤矿产业转型的政策扶持力度，促进关闭煤矿顺利转产。山东、河南、安徽、河北等地是我国中东部主要产煤省，具有经济发展快、人口密度大、煤炭资源日益枯竭等共性特点，地上发展与地下开采矛盾十分突出。随着时间的推移，产能退出市场将成为必然选择。建议国家出台相关政策，鼓励和支持这些地区实施煤炭安全绿色开采和清洁高效利用，坚持地下绿色开采、地上资源综合治理与利用，找准行业发展与环境保护的平衡点，积极探索适应生态文明建设的煤炭生产方式，提升煤炭工业发展科学化水平。

五是统筹加强煤炭生产宏观调控。建议从促进全国煤炭工业科学发展的高度，遵循发展规律，优化产业布局，推进产煤大省（区）落后产能淘汰工作，控制重点地区、重点区域煤炭生产，坚决遏制盲目扩张和无序建设，深入开展"打非治违"专项行动，严格按照核定能力组织生产。建议实施煤炭产能规模等量控制，按等量置换原则核准煤炭新增产能项目，新增能力必须有核减能力替换。建议全面实施煤矿4班6小时工作制，将煤矿职工入井时间严格控制在8小时以内；全面落实煤矿职工定期疗养和正常休假制度，各类煤矿均要严格执行周六周日公休制；严格执行煤炭库存预警制度，凡煤矿库存量超过两天产量的，实行限产，超过5天产量的一律予以停产。

B.4 科学调整产量 为化解煤炭产能过剩做贡献

神华集团有限责任公司*

摘　要：	本文介绍并分析了神华集团煤炭产能的形成、发展和现状，针对煤炭产能过剩问题提出了产能退出的政策建议。
关键词：	神华集团　产能退出　企业转型

神华集团是1995年经国务院批准设立的国有独资公司，系中央直管的骨干企业，是以煤为基础，电力、铁路、港口、航运、煤制油与煤化工为一体，产运销一条龙经营的特大型能源企业，是目前中国规模最大、现代化程度最高的煤炭生产企业和世界上最大的煤炭经销商，在2014年度《财富》全球500强企业中排名第165位。截至2014年底，公司资产总额9286亿元，员工26万人，控股企业46家，拥有煤矿生产能力4.56亿吨、电厂装机容量6885万千瓦、自营铁路运营里程1885公里、自营码头吞吐能力2.63亿吨、投运煤制油及煤化工项目13个。

2014年，神华集团自产商品煤4.36亿吨，煤炭销售5.88亿吨，发电量3246亿度，铁路总运量4.12亿吨，港口装船量1.83亿吨，航运量1.31亿吨，各类油品化工品1255万吨，营业收入3286亿元，利润总额640亿

---

* 课题组组长：张玉卓，神华集团董事长、党组书记，中国工程院院士；凌文，神华集团总经理，党组成员，教授、博士生导师，中国工程院院士。副组长：韩建国，神华集团副总经理，党组成员，研究员。主执笔：张树屏，神华集团战略规划部主任师，教授，注册投资咨询师，北京市经济评标专家。

元。面向未来,神华集团将主动适应经济发展新常态,加快推进实施"1245"清洁能源发展战略,努力将公司建成"技术领先、管理先进、创新驱动、价值创造"的世界一流清洁能源供应商。

一 产能形成

1. 初始产能形成情况

(1) 开发神府东胜煤田

神华集团公司的前身是成立于1985年5月15日的华能精煤公司。华能精煤公司成立初期,根据国务院有关精神,负责对神府东胜煤田进行统一规划和开发,并建设配套的铁路和港口工程。1992年,华能精煤公司生产原煤379万吨,煤炭外运量完成379.01万吨,其中内销278.90万吨,出口40.01万吨,地销60.10万吨。

1995年10月,神华集团成立,公司已建成大柳塔煤矿、哈拉沟煤矿、郭家湾煤矿、乌兰木伦煤矿、马家塔露天煤矿5座生产矿;基建矿有石圪台煤矿、活鸡兔煤矿、补连塔煤矿、上湾煤矿、武家塔煤矿5座;神府-东胜矿区煤炭产量达到553.08万吨/年,选煤生产和集装能力达到1000万吨/年;建成铁路376.53公里。

2003年,神东矿区成为我国首个年产亿吨级煤炭生产基地,2011年该基地的商品煤产量又突破2亿吨,建成2亿吨级的大型商品煤基地。

(2) 探索高产高效矿井模式

神华集团从开发之初就十分重视借鉴国内外先进理念,确立了高起点、高技术、高质量、高效率、高效益的"五高"建设方针,通过技术和管理创新,创建了以生产规模化、队伍专业化、技术现代化、管理信息化"四化"为特征的安全高效矿井模式。大柳塔矿1999年405人生产原煤510万吨,全员工效达41.54吨/工;2000年333人生产原煤920万吨,全员工效达92.33吨/工。2014年,神华集团原煤生产百万吨死亡率仅为0.019,相当于全国平均水平的7.6%。

神华集团的露天煤矿在全国同行业也起到引领和带动作用，黑岱沟矿采用集采掘、运输与排土3项作业于一体的抛掷爆破—吊斗铲倒推开采工艺，填补了多项露天开采技术空白，生产经营多项指标创国内纪录，建成中国最大的露天煤矿。

（3）整合小矿、建设大矿

榆家梁煤矿原为陕西神木地方国营煤矿，井田面积约9平方公里，地质储量不足亿吨，由于经营不善，企业亏损严重。神华集团于1999年11月租赁当地政府矿井所有资产后，及时开展整合小矿、建设大矿的工作，先后关闭了周围18个地方小煤矿，井田扩大到56.66平方公里，地质储量5亿吨。随后通过优化布局、技术改造、扩建挖潜，在年产21万吨的小煤矿基础上，投资4.14亿元，用10个月的时间建成年产800万吨煤的现代化矿井，实现了当月投产当月达产。2005年矿井生产能力核定为1600万吨/年。榆家梁煤矿的吨煤投资、建井速度、机械化程度等各项技术指标均达到国际先进水平，是资源整合、关小建大、实现地企双赢的成功范例。

采取同样方式，神华集团对山西保德桥头煤矿、东关镇煤矿实施了两井联合布置，统一规划，优化了采煤工艺，建成年产千万吨的高产高效现代化矿井，并配套建成洗煤厂和矸石电厂，提高了资源利用率。此外，相继以直接收购方式，整合了神木县哈拉沟煤矿、绥德县前石畔煤矿、佳县瓷窑湾煤矿、内蒙古后补连露天煤矿等4个地方煤矿，形成年产千万吨的高产高效现代化矿井，为打造亿吨神东奠定了坚实的基础，也为全国整合小井建大矿、提高产业集中度、提升矿井机械化水平指明了方向，做出了示范，提供了借鉴。

（4）政策性接管西六局

神华集团在自身艰难发展的同时，根据党中央、国务院的调整决定，于1998年、1999年对地处内蒙古自治区的包头矿务局、乌达矿务局和海勃湾矿务局（统称西三局）、万利煤业（集团）有限责任公司（后改制为神华集团万利煤炭公司，简称万利煤炭公司）、准格尔煤炭工业公司（后改制为神华集团准格尔能源有限责任公司，简称准格尔能源公司）、北京军区联勤部呼和浩特企业管理局（后改制为神华集团金烽煤炭有限责任公司，简称金烽煤炭公司）进行了政策性接管。充分利用国家政策支持实施破产重组，处理老企业历史欠账和财务包袱，妥善安置下岗失业人员，精简了机构，稳定了大局。借鉴神东矿区的经验和模式，加大资金技术投入，对生产矿井实施技改，淘汰落后采煤工艺，优化生产布局，实现高产高效。以实现集团整体利益最大化为目标，协调一致共同面对市场，结束过去内部相互竞争的局面。针对长期以来困扰西三局发展的运输瓶颈问题，在神华北线古店口运力配置上实施倾斜政策，大大增加了西三局煤炭的出区量。

神华集团为接管企业不断注入强劲的发展动力，使处于极端困境的西三局老企业焕发出勃勃生机，逐步发展壮大，走上了现代企业的发展道路；使万利煤炭公司、金烽煤炭公司、准格尔能源公司步入神华发展的快车道。准格尔能源公司煤炭产量从1999年的408万吨增长到2010年的4800.31万吨，成为国内一流的现代化露天采煤企业。

（5）实施跨区域煤炭企业兼并重组

2005年以来，神华集团以培养核心竞争力为基点，为进一步建立煤、电、油、运一体化循环经济体系，打造世界级的综合性能源企业，实施了有计划、有步骤的战略性扩张。2005年8月，神华集团并购新疆乌鲁木齐矿业集团公司，重组为神华新疆能源公司。2005年底2006年初，神华集团先后并购内蒙古宝日希勒煤业公司和宁夏煤业集团公司，重组为神华宝日希勒能源有限责任公司和神华宁夏煤业集团有限责任公司。2006年底，神华集团资产总额为2464亿元，同比增长30.51%。2006年，神华集团原煤产量20299.23万吨，商品煤销量23727.47万吨，全集团从业人员达到159682人。2008年，神华集团煤炭产量跃居世界第一。

2012年，神华集团并购国网能源公司，其下属呼伦贝尔大雁矿业集团、三道沟煤矿、上榆泉煤矿等资产并入神华集团煤炭板块，新增煤矿设计产能3260万吨/年。

2013年，神华集团商品煤产量达到历史最高水平——4.98亿吨。

2. 落后产能退出情况

为推进神华集团煤炭产业结构调整，深化煤炭企业改革，实现资源枯竭矿山企业的扭亏脱困，申报并经国家批准立项，分别对以下资源枯竭矿山企业进行破产改制：

2003年依法实施了包头矿业公司五当沟煤矿、海勃湾矿业公司乌素煤矿、海勃湾矿业公司露天煤矿、乌达矿业公司黄白茨煤矿关闭破产；

2006年依法实施了新疆能源公司六道湾煤矿、包头矿业公司白狐沟煤矿和河滩沟煤矿、乌达矿业公司五虎山煤矿关闭破产；

2007年实施了神宁集团公司磁窑堡煤矿、石炭井二矿关闭破产。

通过对资源枯竭矿山企业进行破产改制，成功实现了扭亏脱困，使其整体扭亏为盈，同时解决了拖欠的职工工资、历史沉淀的债权债务关系、人员冗余等历史遗留问题，推进了产业结构调整，优化了产业结构，深化了企业改革，提高了企业经济效益和职工收入，进一步融洽了地企关系。

3. 现有煤矿产能基本情况

截至2014年底，神华集团已累计生产煤炭近50亿吨，为保障国家能源供给、稳定煤炭市场发挥了重要作用，为促进煤炭行业安全发展、科学发展做出了重要贡献。目前，神华集团62处生产矿井，全部是现代化矿井，符合国家安全政策和环保法规，其中44处被中国煤炭工业协会评为安全高效矿井，34处被评为特级安全高效矿井。

二 产能分析

1. 实际生产能力安全保障程度高

神华集团煤矿开采技术条件简单，资源赋存条件好，技术先进、装备优良，通过不断进行安全技术改造和产业升级，煤矿生产能力和安全保障程度得以快速提高，各生产系统（环节），安全监测监控、灾害防治能力齐备，加之先进和科学的管理，神华煤炭安全生产指标一直居于世界一流水平，煤炭产量也实现了跨越式增长。

2. 建设大型煤炭生产和储煤基地，保障国家能源供应

国家规划的 13 个亿吨煤炭生产基地中，神华集团负责建设的有神东、宁东和准格尔 3 个。通过新建、改扩建，基地产能得到快速提高，神东矿区产能达到 2 亿吨/年，宁东、准格尔矿区近 1 亿吨/年。神华集团通过大型煤炭基地建设，创新了安全高效生产模式，带动并促进了蒙陕晋及行业大型煤矿和基地建设，为保障国家煤炭能源需求做出了巨大贡献，得到了党中央、国务院的肯定和表扬。

2012 年以前的十多年，国家煤炭需求增长速度始终保持在 14%~15%，煤炭供不应求，各地频现电煤告急、电厂被迫停机的情况，很多省市连年遭遇严重电荒。自 2008 年以来，我国先后出现冰冻雨雪灾害、汶川地震、保奥运用电安全、部分地区电力供应短缺等重大事件，国家领导人多次做出重要批示，要求神华等央企和各产煤省、区在确保安全的前提下，加大生产组织和运输力度，努力增加煤炭产量。国家发改委连续 11 年召开"全国电力迎峰度夏会议"，要求各地和有关部门、企业努力增加煤炭供给和电力供应，全力保障居民生活等重点用电需求，顺利实现迎峰度夏。

神华集团所属煤矿以生产优质动力煤为主，神华煤用户主要为大型电力企业，在沿海动力煤市场份额占 30% 左右，在保障电煤供应方面具有举足轻重的作用。神华集团讲政治、顾大局，在历次国家能源供给紧张时段，都出色完成保障电煤供应任务，多次赢得各级政府和广大用户的赞誉。

3. 积极引进新技术，煤炭生产规模化、集约化水平不断提升

神华通过引进世界上最先进的采矿装备，吸收采用新技术、新工艺，创新设计理念，优化开拓布局，实现集中、集约、规模化生产。在矿井设计、开采、搬家倒面、快速掘进、通风、供电、洗装运等工艺技术和装备方面不断实施创新、升级优化，井工煤矿最大产能达到 2800 万吨/年。露天煤矿采用斗容 35m³ 以上的电铲、220 吨以上单斗卡车等大型采剥设备，准格尔能源公司还采用世界上最先进的抛掷爆破—吊斗铲倒堆开采工艺，露天煤矿生

产能力达到了3500万吨/年。

4. 煤矿证载生产能力提高需要较长的周期，导致部分煤矿实际生产超证载能力问题的形成

多年来，神华集团在为国家能源供应和国民经济发展做出贡献的同时，企业承担着经常被处罚、超能力违规生产的责任。近年来，神华集团逐步重视煤矿依法合规生产工作，积极向国家相关管理部门进行汇报并申请开展煤矿生产能力核定工作，现已取得较大进展。国家煤监局已分别于2014年1月和10月对黑岱沟、哈尔乌素、宝日希勒3处露天煤矿及大柳塔井、活鸡兔井的实际生产能力进行了核定和批复，共计核增产能6100万吨/年。2015年4月，锦界、石圪台等5处煤矿的生产能力核定报告经国家煤监局审查并顺利通过，共计核增产能3345万吨/年。全部批复后，共计核增产能9445万吨/年。

5. 主动限产、维护煤炭市场秩序

在经济放缓、库存高企、需求乏力、节能减排和新能源替代的交互作用下，近年来国内煤价持续下跌。2014年7月，神华集团积极响应国家发改委和煤炭工业协会"限产稳价"的号召，带头减少煤炭生产量和销售量。2014年，神华集团商品煤售量同比减少6836万吨。2015年公司继续主动限产减产，计划将2015年自产商品煤量再减少10%。

三 产能退出与政策建议

针对当前煤炭市场的新常态，神华集团制定了"以市场为导向，科学组织生产，优化产品结构，满足用户煤质需求"的工作方针。坚决贯彻国家减产限产政策，科学调整各煤矿产量，既要达到国家煤炭产量控制要求，又要确保集团效益最大化。2015年神华集团主动对资源条件差、煤质不好、亏损的矿井进行了停产和限产。2015年第一季度，全集团共有13处煤矿停产，有6处煤矿限产。对亏损严重的且近期难以扭亏的3个煤矿，实施停产退出。

（1）包头矿业公司所属的阿刀亥煤矿，所剩资源不多，急倾斜放顶煤，开采条件复杂，煤炭售价偏低，亏损严重。2015年2月10日，神华集团决定将阿刀亥煤矿停产关闭，原煤矿1000余人分流安置到其他矿井。退出合规产能90万吨/年。

（2）神东煤炭集团所属的唐公沟煤矿剩余煤炭资源量只有7200万吨，适合综采的正规区段不多，因煤质差，售价低，亏损严重，神华集团已于2013年将唐公沟煤矿停产至今，计划近期挂牌转让。退出合规产能150万吨/年。

（3）国华能源投资公司所属的柴家沟煤矿资源枯竭，远离神东矿区，托管不便应予退出，退出方式为市场整体转让。目前柴家沟煤矿已经完成转让手续，退出合规产能100万吨/年。

上述三个煤矿合计退出合规产能340万吨/年。

受严重产能过剩的影响，我国煤炭产业已经全面陷入发展困境，几乎全行业亏损。为尽早摆脱煤炭产业的这一困境，恢复产业健康发展的状态，化解煤炭产能过剩势在必行，这也是今后一段时期的艰巨任务。鉴于我国煤炭产能先进与落后并存的现状，按产能结构优化和产业转型升级的要求，有必要将落后产能退出作为化解产能过剩的重要突破口，加快推进。由于落后产能退出是一项复杂的系统性工作，在当前环境下存在较大的难度，为此，我们提出如下建议。

（1）建议政府应推进煤炭市场化改革，加快建立落后产能退出机制，引导资源枯竭、自然灾害严重、开采条件复杂、机械化程度低、不具备升级改造条件的矿井退出煤炭生产领域，协助退出企业转型。此外政府应加强对煤炭企业的监管，落实产能公示制度，限制劣质煤炭生产和进口。煤炭企业应倡导契约精神，树立规则意识，加强行业自律，避免恶意竞争，健康持续发展，确保生产安全。

（2）建议政府统筹安排煤炭落后产能退出，对停产矿井人员要妥善安置，确保社会和谐稳定。煤炭落后产能退出最大的问题是企业转产和富余人员安置。仅凭老煤炭企业一己之力，独木难支，建议政府给予适当补助，确保社会和谐稳定。

（3）建议政府进一步为煤炭企业减税，降低企业负担。建议参照交通运输业、建筑业和房地产业，将煤炭增值税税率由目前的17%调低至11%。并扩大当期进项税额抵扣范围，将资源税（按上年度计列）、城市建设附加费、教育费附加、核准批复的绿化费、借款利息进项税、建造及其附属设备及设施、青苗补偿、土地塌陷治理、搬迁安置、资源购置、运输等环节发生的费用纳入当期进项税额抵扣范围，减少重复征税。

B.5
资源枯竭老国有煤矿退出政策研究

大同煤矿集团有限责任公司*

摘　要： 本研究简要回顾了同煤集团发展的历史；介绍了该集团已实施政策性破产矿井和资源枯竭矿井的退出情况；建议研究出台资源枯竭老国有煤矿退出政策。

关键词： 同煤集团　资源枯竭矿井　退出政策

一　同煤集团历史沿革及发展情况

大同煤田的形成可追溯到几百万年前，煤田呈椭圆形盆地，长85公里，宽30公里，总面积1872平方公里，地跨大同、朔州等地。同煤集团作为大同煤田最大的煤炭开采企业，从1949年的艰辛起步发展成为今天的国有特大型能源企业，为共和国经济建设做出了巨大的贡献。

同煤集团的前身是大同矿务局，其成立于1949年8月30日。2000年7月，大同矿务局改制为大同煤矿集团有限责任公司（简称同煤集团）。2003年12月，山西省委、省政府将晋北煤炭生产和运销企业进行重组，成立了新的同煤集团。2005年12月实施债转股以后，该集团成为由7家股东共同

---

* 课题组组长：张有喜，同煤集团董事长、党委书记，高级工程师；郭金刚，同煤集团副董事长、总经理，高级工程师。副组长：陈旭忠，同煤集团董事、副总经理，高级工程师；李永平，同煤集团董事会秘书、董事长助理，高级经济师。
主执笔：荣君，同煤集团董事会秘书处处长，经济师。协助撰稿人：闫奇亮，同煤集团董事会秘书处副科长；闫建新，同煤集团董事会秘书处科员，助理经济师；王日杰，同煤集团董事会秘书处科员。

出资的国有股份制企业。

企业成立65年来，累计生产煤炭26亿吨，这些煤炭用火车皮装运，可以绕地球9圈。集团公司下属有73座矿井。现已发展成为拥有20万名员工、60万名家属，地跨山西、内蒙古、新疆3省区，大同、太原、鄂尔多斯、吐鲁番等12市，拥有165个二级单位，其中有12个直属子公司和大同煤业、漳泽电力2家上市公司和1家财务公司，形成了以煤炭、电力为主，煤化工、冶金、机械制造、建筑建材房地产、物流贸易、文化旅游八大产业并举的特大型国有现代化能源集团。

同煤集团作为新中国成立最早的工业企业之一，它的历史贡献体现在国民经济发展的每一个阶段。

1. 大同煤矿全面复产、快速攀升的重要时期（1949～1979年）

从建企之初的年产量8万吨，到1979年煤炭产量实现2400万吨，大同煤矿成为全行业增长最快、产量最高的企业，为社会主义经济建设做出了重要贡献。

2. 大同煤矿再出大力、创造辉煌的关键阶段（1980～1997年）

1985年，大同煤矿煤炭产量在全国首次突破3000万吨大关，成为继德国鲁尔、苏联顿巴斯之后的世界三大煤炭基地之一，并连续10年是全国煤炭工业产量最大的矿务局。这一时期，大同煤矿始终是全行业盈利大户，每年向煤炭部上缴盈利8亿元左右，成为弥补全行业亏损、支撑煤炭工业快速增长的主要力量。

3. 大同煤矿转型跨越、攻坚克难的又一重要时期（1998年至今）

从1998年"人人二百三，共同渡难关"的极度困境到2008年"抗风雪，保奥运"重任在肩，再到2012年以来这一轮煤炭市场的深度下滑等，同煤集团砥砺前行，攻坚克难，企业发生了历史性的大变化。

一是"两新"战略明确了总方向。同煤集团新班子制定实施"建设新同煤，打造新生活"的"两新"战略愿景，结合"十二五"发展规划的优化和调整，全方位、深层次地描绘了同煤集团发展蓝图，形成了广大干部群众应对困难、坚定转型的强大向心力。

煤炭蓝皮书

二是产业结构发生了大变革。实现了由过去传统粗放"一煤独大"的产业格局向电力、煤化工、冶金、机械制造、建筑建材房地产、物流贸易、文化旅游等八大产业并举发展的跨越提升。

三是培育形成了三大核心能力。11座千万吨安全高效矿井、深度融合的煤电一体化、高科技高品位循环经济园区，打造产业提质增效升级版，释放了老企业转型跨越强大动力。

四是国际影响力大提升。2014年，在煤炭市场持续低迷的形势下，同煤集团煤炭产量连续保持行业前三位；已建成和在建电力装机容量1401万千瓦，在运行电厂17座，是全省最大的发电企业；资产总额达到2210亿元，销售收入2138亿元，在2014年世界500强中排名第369位。

近年来，同煤集团先后获得中国工业大奖表彰奖、全国"五一劳动奖状"、全国文明单位、全国先进基层党组织、全国社会扶贫先进集体等众多国家级荣誉。

二 同煤集团已实施政策性破产矿井情况以及新的资源枯竭矿井情况

（一）同煤集团已实施政策性破产矿井情况

经过60多年的大规模、高强度开采，同煤集团为国家经济发展做出重大贡献的同时，也面临着资源型企业的一个共性问题——部分矿井的资源面临着萎缩和枯竭。

1."一局六矿"破产重组情况

按照中办发〔2000〕11号文件和全国企业兼并破产和职工再就业工作领导小组〔2000〕33号文件精神，2000年12月~2009年3月，同煤集团下属永定庄矿、白洞矿、王村矿、挖金湾矿、雁崖矿、大斗沟矿6个矿先后实施了破产关闭和重组工作，并且收购了原轩岗矿务局破产重组后的轩岗煤电公司（简称"一局六矿"）。

一局：原轩岗矿务局。2000年11月10日立项破产；2001年11月1日进入法律批准程序，2002年12月30日法院裁定破产程序终结。2002年6月，同煤集团收购原轩岗矿务局，组建了同煤集团轩岗煤电公司，其中集团持股52%，个人持股48%。2013年9月23日，通过增资扩股，目前股权结构为集团持股88%，个人持股12%。

六矿：分三批实施关闭破产。

第一批为白洞矿和永定庄矿。2000年12月11日两矿立项破产，2000年12月25日进入法律批准程序，2001年12月7日法院裁定破产程序终结。2001年11月，正式挂牌组建白洞煤业公司和永定庄煤业公司。白洞煤业公司股权结构为集团持股32%，职工持股68%；永定庄煤业公司股权结构为集团持股16%，职工持股84%。

第二批为王村矿和挖金湾矿。2001年8月14日两矿立项破产，2002年11月8日进入法律批准程序，2007年8月和12月法院裁定破产程序终结。2008年正式成立了王村煤业公司，其股权结构为集团持股20%，职工持股80%；2007年正式成立了挖金湾煤业公司，其股权结构为集团持股19%，职工持股81%。

第三批为雁崖矿和大斗沟矿。2004年12月30日两矿立项破产，2006年7月24日进入法律批准程序，2009年3月6日法院裁定破产程序终结。2011年4月，正式挂牌组建雁崖煤业公司和大斗沟煤业公司。雁崖煤业公司股权结构为集团持股20%，职工持股80%；大斗沟煤业公司股权结构为集团持股13%，职工持股87%。

2. 破产企业人员安置情况

根据《中共中央办公厅 国务院办公厅关于进一步做好资源枯竭矿山关闭破产工作的通知》（中办发〔2000〕11号）和《山西省省属国有企业关闭破产实施办法》（晋政办发〔2006〕33号）等文件要求，同煤集团对"一局六矿"申报破产的职工53453人进行了分流安置。

通过领取安置费或经济补偿金与企业解除劳动关系、提前退休退养、随办社会机构移交以及分流到集团内部其他单位的有21613人；通过参与企业重组，留在本单位的有 31840 人。

3. 破产矿费用核定及办社会支出情况

"一局六矿"破产后，国家财政核定费用总额为 297992 万元，核定费用已全部拨补到位。

按照破产政策，办社会职能先由企业托管，费用由中央财政补助 5 年，到期后，相关职能一并移交地方政府。截至目前，同煤集团"一局六矿"五年托管期已到，但由于地方财力有限，办社会职能一直由企业承担，费用也一直由企业垫付。2011 年底，国家财政 5 年累计拨补办社会资金 8.6 亿元，已全部到位。截至 2014 年底，破产矿办社会费用累计支出 33.2 亿元，同煤集团累计垫付 24.6 亿元。

（二）同煤集团新的资源枯竭矿井情况

从上一轮"一局六矿"政策性破产至今，随着时间的推移，特别是在计划经济时期建设的老国有煤矿，多数进入衰老期，资源濒临枯竭，而且煤矿开采成本高，经济效益差。按照市场化机制，这些煤矿应逐渐进入关闭破产退出程序，但由于没有相关退出政策扶持，靠企业自身很难解决煤矿退出后职工安置、矿区产业接续问题，甚至影响到区域经济发展与社会稳定。据中煤协会调查，因资源枯竭，全国面临退出关闭的原国有重点煤矿约有 130 处，涉及职工约 35 万人。

以同煤集团为例，从"一局六矿"政策性破产到目前，为了配合大同云冈矿山公园景区建设，晋华宫矿南山井口生产系统于 2012 年 6 月关闭。该矿井 2010 年核定生产能力为 110 万吨/年。

截至 2014 年底，同煤集团子公司所属新裕、姜家湾、程家沟等三级老矿井共 14 座煤矿资源濒临枯竭，涉及资产总额 92 亿元以上，在职员工 12086 人。其中，大一点的矿井人数有 4000 多人，负担很重。这些矿井历史遗留问题多，不同程度面临资源枯竭，开采年限少则半年，多则 5~10 年（见表1）。

表1 同煤集团资源枯竭矿井一览（截至2014年底）

序号	所属子公司	矿井名称	核定生产能力（万吨/年）	剩余可布面储量（万吨）	在职职工数量（人）	涉及资产（亿元）
1	朔州煤电	新 裕	30	0	125	2.1
2	同生公司	精通兴旺	60	500.7	534	6.4
3	临汾宏大	雪 坪	45	815	372	2.6
4		胜 利	60	953	225	4.8
5	轩岗煤电	虎 峰	60	285	457	12.7
6		万 杰	60	580	367	11.7
7		石 湖	210	610	795	—
8		程家沟	90	230	658	—
9	地煤公司	姜家湾	150	228	4150	9.9
10		东周窑	130	747	1287	7.4
11		马 口	130	221	1720	9.7
12		北杏庄	45	327	462	6.8
13		红沟梁	45	488	434	8.2
14		益 晟	60	611	500	9.7
总计	—	—	1175	—	12086	92

注：石湖、程家沟是阳方口矿业公司下属的两座矿井，没有进行单独资产核算。

三 同煤集团退出关闭矿井工作中的主要问题和困难

由于受20世纪八九十年代"有水快流"的政策的影响，同煤集团周边布满的上千座小煤矿大规模地吞食国有煤矿资源，造成国有煤矿的服务年限大幅度降低，资源枯竭。随着时间推移，因资源枯竭造成亏损的矿井逐渐增多，针对这一情况，同煤集团下一步工作目标及重点是：按照国家开发西部、限制东部、稳定中部的政策，将同煤集团因资源枯竭而关闭矿井的产能进行置换，寻找新的资源，使关闭的矿井能平稳过渡。

目前退出关闭矿井工作存在的问题：一是退出关闭矿井的人员安置，国家没有出台政策，将会给矿区的社会稳定带来很大的不稳定因素。同煤集团是典型的老国有煤炭企业，尽管生产技术处于行业先进水平，但是富余人员

多、办社会负担重等问题,严重削弱了企业的市场竞争力,无法公平地与其他现代化国有煤炭企业和私营煤炭企业同台竞技。特别是,很多井下工人一个人要负担全家人的生活,如果矿井关闭退出,而没有合理安置这些矿工,将会使众多这样的家庭失去生活来源,从而可能引发一系列社会问题。

二是产能置换问题。国家政策只讲产能置换,但没有具体的方案,企业获取新资源工作十分困难。突出表现在,矿井退出关闭后,产能置换工作能否及时地落实,这既影响到当地的财政收入,也影响到企业的健康稳定发展。当前我国经济正处于"三期叠加"阶段,矿井的退出关闭工作中要更加注重协调配合。

三是只注重煤矿的关闭工作,但没有建立煤矿正常的退出机制。煤矿的退出关闭要建立符合我国国情的退出机制,不能因为想"脱胎换骨"而"伤筋动骨"。要从加强财政支持和技术改造支持两个方面,为煤炭企业注入退出关闭的"强心针"。

四是淘汰落后产能的相关法律法规仍需进一步健全,要以法治推动落后产能退出机制的建立。现有与落后产能有关的法律法规条文相对分散,且没有形成一个系统的法律法规体系,难以对落后产能形成有效的强有力的法律保障和约束,需进一步修订完善。

四 推进退出关闭矿井工作的政策措施和建议

1. 实现资源枯竭老国有煤矿正常退出,要注重新老政策结合

一方面,一批资源枯竭、扭亏无望的老国有煤矿,在20世纪90年代后期完成了政策性破产,但是部分企业办社会职能还没有移交地方政府和社会管理,给企业造成了新的社会负担。据中煤协会调查,全国20个省份28家煤炭企业关闭破产原国有重点煤矿已垫付资金265亿元。以同煤集团为例,"一局六矿"实施政策性破产时,破产费用计算的基础很低,破产补助金存在一定缺口,实际发生的费用均已超过核定数,费用没有来源,企业只能依靠流动资金先行垫付。截至2014年底,同煤集团每年垫付4亿多元,累计

垫付24.6亿元。

另一方面，随着资源的逐渐衰减，新的资源枯竭矿井不断增多，这些煤矿给企业造成了巨大的经济负担。为了切实减轻国有老煤炭企业的负担，做到企业有进有退，人员合理安置，新老政策应当结合起来，使企业能够在深度下滑的煤炭市场中轻装上阵。

建议：

一是出台提前退休退养的有关政策。破产矿退出，关键是解决人员安置问题。比如国家可以出台政策，允许破产煤矿职工提前退休，或者一次性补贴退养。

二是中央财政足额核定资金给地方政府，由地方政府按相关政策规定，成建制接收政策性关闭破产煤矿办社会设施和职工。

三是对企业垫付的企业办社会资金，考虑到有的地方政府因财政困难执行不到位的实际情况，由中央财政一次性追加补助给企业。

2. 实现资源枯竭老国有煤矿正常退出，要注重为老企业减负

要解决资源枯竭老国有煤矿的正常退出问题，就要使老企业轻装上阵，成为真正的市场主体。老煤炭企业是中国煤炭工业的主体，与民营企业、国外企业和新型企业相比，有着沉重的办社会负担，研究老国有煤矿正常退出，必须要解决企业减负的问题。

建议：

一是加快解决老企业办社会包袱重等问题。以同煤集团为例：2014年企业办社会机构420个，从事社会职能的员工2.9万人，年净支出39.5亿元。彻底实现分离企业办社会功能，地方政府有困难。在这种情况下，由财政部核定企业年度办社会费用，先期给予企业三分之一的资金补贴，其他部分暂由企业自己继续承担，待到移交条件成熟时，彻底移交地方政府。

二是进一步减轻老企业税费负担。自2009年开始，煤价出现暂时性的暴涨，煤炭产品增值税税率由13%提高到17%，煤炭企业增值税税负进一步增加。2012年下半年开始煤炭市场下滑，煤价断崖式下跌，煤炭企业亏损达到80%以上，企业压力越来越大。因此应对资源枯竭，办社会负担重

的老企业，将增值税税率由 17% 恢复到 13%。

3. 实现资源枯竭老国有煤矿正常退出，要注重盘活老矿资产、扩充资源

由于大同矿区特殊的地质情况，赋存侏罗、石炭上下两系煤层资源，经过 60 多年的开采，大多数侏罗系矿井服务年限不足 10 年，原有的 15 座老矿井全部开采上组的侏罗系煤层，资源已濒临枯竭。且各矿剩余固定资产多，而延深到下水平继续开采的方法科学合理，一方面矿井在不超原生产能力的情况下，达到盈亏平衡点以上，服务年限可达到 20 年左右，这样可有效弥补老矿亏损，解决这些矿井职工家属的生产生活出路问题；另一方面可以使千万吨级矿井中的难采、弃采煤层得到有效开采。

建议：对煤炭大集团下放矿界划分权限，对于开采主体为同一个煤炭大集团及其下属企业的双系煤层（比如同一个二层小楼的一层和二层的关系管理），在确保安全合规的前提下，由煤炭大集团自己协调调整矿权边界，报省级地质矿产主管部门备案，以提高资源开采率和回收率，确保安全合法开采。

B.6 煤炭落后产能退出机制初探

陕西煤业化工集团有限责任公司*

摘　要： 本报告在分析落后产能退出后必然带来人员安置、经济缺口等问题的基础上，以陕西煤业化工集团为例，提出了通过产能置换、专业化运营、混合所有制改造等渠道淘汰落后生产能力的机制，并对煤炭落后产能退出中需要政府支持的政策进行了初步探讨。

关键词： 陕煤化集团　煤炭　落后产能　退出机制

一　基本情况

陕西煤业化工集团是2004年在原煤炭部下放陕西的四大统配矿务局和陕西煤炭建设公司、黄陵矿区开发建设指挥部，以及军转企业陕北矿业管理局、新组建企业陕西彬长矿区开发建设公司和陕西省煤炭运销集团等省属企业基础上发展起来的特大型国有能源化工企业集团。截至2014年底，集团资产总额3985亿元，在册职工13.7万人，各类劳务派遣用工4万余人。基本形成以"煤炭开发、煤化工"两大产业板块为主业，以"钢铁冶炼、燃煤发电、装备制造、建筑施工、铁路投资"五大关联产业板块为延伸，以

---

* 课题组组长：华炜，陕西煤业化工集团党委书记，高级经济师。副组长：孙喜民，陕西煤业化工集团副总经理，高级工程师。主执笔：时亚民，陕西煤业化工集团副总工程师，高级工程师。

"现代物流、科技研发、金融服务、生活后勤"四大服务产业为平台的多业并举产业格局。

2014年度,全集团主要产品产量完成情况如下:原煤12712万吨,化工品1313万吨,钢铁791万吨,水泥294万吨,发电量319亿千瓦时,全年实现销售收入1766亿元,实现利润10亿元。其中,煤炭产业实现销售收入487亿元、利润38亿元;煤化工产业实现销售收入225亿元、利润1.5亿元;钢铁产业实现销售收入510亿元、利润-13亿元;发电产业实现销售收入94亿元、利润0.2亿元;其他产业实现销售收入450亿元、利润-16.7亿元。

随着全社会煤炭、化工品、钢铁、水泥等主要产品价格的持续下跌,集团公司正面临巨大的经济下行压力。尤其是长期作为发展基础和龙头支柱的煤炭产业,在大潮退去之后,产品质量低劣、历史包袱沉重、落后产能成本倒挂等长期被掩盖起来的问题日益凸显,亟须加快推进产业布局优化和结构调整,因此,淘汰落后产能成为先决条件。

二 煤炭产能分析及近期淘汰落后产能安排

(一)煤炭产能及分布

截至2014年底,陕西煤业化工集团总计有40对生产矿井,总生产能力9894万吨/年,其中,11对矿井正在实施扩能改造且基本完成,全部建成后新增生产能力1316万吨/年。此外另有15对新建矿井正在建设,总设计产能7950万吨/年。以上总计55对矿井,总生产能力19160万吨/年。按照分布地域,分布在渭北石炭二叠纪煤田的25对矿井,总生产能力3447万吨/年;分布在黄陇侏罗纪煤田的16对矿井,总生产能力6135万吨/年;分布在陕北侏罗纪煤田的13对矿井,总生产能力9563万吨/年;分布在省外的1对矿井,生产能力为15万吨/年。

渭北石炭二叠纪煤田位于陕西省中东部,紧邻关中盆地,具有悠久的煤炭产业发展历史，也是新中国成立后重点发展起来的煤炭基地，煤田自东向西分为4大矿区。其中，最东部的韩城矿区以低硫、中灰的贫瘦煤和瘦煤为主，煤炭产品主要用途为发电、配焦、高炉喷吹等。在当前市场低迷的背景下，仍有较好的销售市场，但该矿区属于煤与瓦斯突出矿区，煤炭开采中治理瓦斯的费用较高，成本倒挂严重。靠西的蒲白、铜川两个矿区都以高硫、高灰贫瘦煤为主，在经历长期开采后，资源趋于枯竭，生产系统日益复杂。中部澄合矿区煤质与蒲白、铜川类似，且普遍存在底板承压水治理问题，但剩余资源相对丰富。这三个矿区当前均面临极大的销售困难和成本压力。煤田内的25对矿井中除5对为新建（成）矿井外，其余20对（总生产能力2337万吨/年）全部具有较长的开发历史。受复杂的地质条件和历史上落后的技术工艺影响，用工总数达5万之众，其中多数矿井的人工成本占比高达80%左右，是集团公司的主要亏损源。

黄陇侏罗纪煤田位于陕西省中北部和中西部，距离主要铁路线和关中城市群较近，总体上属于近年来发展起来的新矿区。该区域资源条件相对较好，煤质属于中低灰、低硫长焰煤，是优质动力用煤和化工用煤，黄陵矿区局部属气煤，可用于配焦。主要地质灾害是油气共生、易自燃发火，瓦斯含量较高，曾发生过恶性瓦斯安全事故。

陕北侏罗纪煤田位于陕西省北部，其煤炭蕴藏量占全省的80%以上，是全球有名的煤炭资源富集区，也是20世纪80年代中后期才逐渐发展起来的新矿区。从开采条件角度来看，该区域地质构造简单，基本不存在水、火、瓦斯、顶板等地质灾害现象，煤层赋存稳定、资源储量巨大，非常适宜建设特大型现代化高产高效矿井。从煤质角度来看，该区域主要为低硫、特低硫、低磷、高热值长焰煤和不黏煤，非常适合作为动力用煤和化工原料用煤。但该区域生态环境较为脆弱，煤炭开采容易对地下水环境产生严重影响。从成本效益角度来看，该区域已建成的7对生产矿井是集团公司当前最主要的利润点，正在建设的6对矿井是当前结构调整和脱困生存的重点依托，已经取得矿业权和开发权的195亿吨资源是未来优化产业布局、深化结构调整的重点支撑。

（二）产能落后因素分析

落后产能直观体现为经营亏损，间接体现为安全条件差、环境影响大。主要表现在两个方面。一是质量低劣、产品滞销，二是效率低下、成本倒挂。质量低劣是资源条件客观所限，产品滞销是在大气污染治理刚性要求下，低质煤限用、限运的结果。效率低下既有地质条件复杂的客观因素，也有历史包袱沉重的人为因素，深层次还有体制机制不适应市场经济的因素。成本倒挂除了效率低下还有安全投入较高的因素。作为企业，产品不能满足市场质量要求的矿井，资源濒临枯竭、投入产出倒挂的矿井，严重影响生态环境的矿井，长期亏损且扭亏无望的矿井，理论上都属于应予淘汰的落后产能。

从产品质量角度分析，分布在渭北的25对矿井中，除韩城矿区的4对矿井，其他总产能2802万吨/年的21对矿井都存在灰分高、硫分高，而且难以通过洗选提质的问题。

从资源枯竭角度分析，分布在渭北的8对矿井（总产能627万吨/年）及其他区域的3对矿井（总产能98万吨/年）剩余服务年限不足5年，此外渭北还有总产能765万吨/年的5对矿井剩余服务年限在10年左右。

从影响环境角度分析，陕北的榆阳煤矿（总产能300万吨/年）对城市生活水源地安全具有较大影响。

从经营亏损角度分析，分布在渭北的22对生产矿井中，除董东、西固2对混合所有制矿井（总产能150万吨/年）当前盈亏尚能基本持平外，其他20对矿井均持续亏损且扭亏无望，为老矿区接续正在实施的3对新建矿井（总产能900万吨/年）在市场下滑后预亏也很严重。其他区域资源濒临枯竭的3对矿井也持续亏损。

（三）落后产能淘汰规划与实践

基于煤炭产品已经完全国际化、市场化的事实，集团公司从提升市场竞争力出发，结合新区建设进度和落后产能实际情况，拟定了"三步走"的落后产能退出规划。第一步是2015年底前基本关停影响生态环境和资源濒临枯竭的11对矿井，划转2对剩余服务年限不长的亏损矿井，淘汰落后生产能力1280万吨。第二步是2018年前，通过项目缓建、承包运营、简化系统、减员提效等措施，收缩渭北其他亏损矿井产量，使总规模2565万吨的15对矿井年总产量控制在1500万吨以下。第三步是在2025年前，基本淘汰所有亏损产能。

2013年，集团公司首先关停了1处资源枯竭的军转煤矿，退出产能23万吨，继而关停了对水环境影响较大的榆阳煤矿，退出产能300万吨。2014年上半年，结合区位及产业特点，集团公司将铜川东区的2对矿井（总产能255万吨/年）划转给了参与投资的发电企业，下半年又启动关停8对资源濒临枯竭矿井（总产能630万吨/年），目前各项工作正在积极推进，计划于2015年9月关停到位。剩余2对濒临枯竭矿井由于是破产重组企业，将安排承包运营。渭北其他12对矿井正在探索承包运营、减员提效的措施。同时，对3对新建矿井已责令停工2处。

三　落后产能退出的难点分析

一是人员安置问题。落后产能的重要特征之一就是人员多、效率低，集团公司正在关停的8对矿井涉及职工6500多人，人均产能不到1000吨，而新型现代化高产高效矿井的职工人均产能高达4000~8000吨。企业自身的产能增量很难消化退下来的职工，同时煤矿职工普遍职业技能单一，转行就业的难度很大。同时，新建矿井所在地政府在项目审批时，普遍有安置当地劳动力的要求，大量挤占可安置空间。从劳动者本身角度来看，离开生活多年的基础设施条件较好的老矿区到相对偏远陌生的新矿区就业，家庭、住房、生活成本等因素引发的抵触情绪也普遍存在。对国有企业而言，还存在复杂的职级对口问题。原来担任一定职级的领导干部，再就业后其原有的职级很难保留，一切从头做起往往使这部分人群成为带头"闹事"的关键少数。这些问题处理不好就极易引起社会稳定问题。陕煤化集团推行落后矿井关停以来，群体性上访事件不断发生。

二是资产报废问题。煤矿有别于一般工业，矿产资源是其立身之本，装备是其安全保障，越到后期资源数量、质量都会大幅缩小变差，无效资产却会越积越多。老矿井受当时工艺技术水平所限，其综合机械化采掘水平都很低。集团成立时的27对矿井中，仅有2对为综采，全集团当时的综采产量占比仅为13%，综掘进尺占比不到10%。受集团公司成立后越来越大的安全压力和一路向好的煤炭市场环境影响，老矿井安全技术改造、产业升级改造和机械化改造，累计投入资金高达上百亿元。受资源条件所限，市场高峰时投入产出尚有一定收益，但从当前乃至未来趋势看，这些改造过的产能仍属落后产能。此外，前几年为了解决老矿区接续稳定问题投建的几对新矿井，现在看来问题也很大。向前进举步维艰，向后退又涉及巨额资产的报废或沉淀，已投入资金过多使许多项目难以自拔。对于国有企业而言，即便能下壮士断腕的决心，还需应对资产保值增值的压力。

三是地方保护问题。在煤矿区，煤矿一般都是当地经济支柱产业，一旦落后产能退出，对当地经济社会造成的影响是难以估量的。首先财税肯定会大幅下降，其次，随着主业的萎缩，其关联延伸产业也会受到较大影响。因此，煤炭产能退出必然会受到地方保护的干扰。从退出地来说，落后产能退出过程中，存续产业得到的支持会大幅减少，衍生的就业、稳定、社保等方面压力地方政府也很难负担得起。从迁入地来说，除了前述的就业诉求，还构成对当地较落后煤炭生产能力的压力。这些压力最终都会传递到企业由企业承担。

四是公共职能移交问题。国有煤炭企业大多都有历史欠账多、企业办社会负担重、分离移交难度大的问题，企业需要负担大量的离退休人员统筹外费用。上一轮煤炭行业困难时，为处理包括煤炭企业在内的国有企业分离办社会问题，国家曾出台了很多政策，为行业走出困境发挥了积极作用，但政策执行得并不彻底。地方财政中缺少相应的转移支付开支，地方政府客观上无力承担；企业移交缺乏统一的补偿标准，企业和政府间很难达成一致意见；基于短期稳定的考虑，企业移交的决心和力度打了折扣。同时，伴随前十年煤炭市场和企业效益的好转,解决历史遗留问题的压力和紧迫性一时降低,有些方面甚至走了回头路。现在看来,错失了良好的改革机遇期,在行业企业完全市场化、国际化的今天,具有老国有背景的煤炭企业依然很难成为健康的市场主体。

四 建立健全煤炭落后产能退出机制

(一)建立煤矿专业化运营机制,从根本上解决产能接续问题

当前煤炭行业从业人员只进不出、基数不断扩大,老矿区人员转移不了,新矿区不断进人,新矿区不断培训新人与老矿区人员转移安置困难矛盾并存。强制推行煤矿专业化运营机制,使煤矿所有权与经营权分离,以退出产能企业为载体成立专业化运营服务企业,承担相应的安全生产责任,其意义有三。一是新矿井投资人在合理继承老矿井累积的人力资源和管理优势、有效提升竞争力的同时,规避了当前法律框架下必须承担的投资安全风险,仅承担普通的投资风险、获取普通的投资收益,从而具有较高的接受度。二是老矿井职工尽管是异地工作,但企业归属、家庭后勤、经营税收等仍然留在当地,职工及原归属地的接受度也较高。三是符合依法治国的理念,由最有能力承担安全责任的人承担安全责任是提高行业准入门槛最切实际的举措,而且一劳永逸地理顺了特种行业的劳动力接续问题。唯一需要突破的是投资者安全责任的规定和新矿井当地用工的规定。

(二)建立落后产能国有资产处置机制,从源头上淘汰落后能力

一是要出台配套政策引导落后产能资产转移,通过职工持股、混合所有制改造等手段,消化一批边际落后的生产能力,缓解落后生产能力退出压力。二是建立健全矿业权政府回购制度,妥善解决退出产能有偿取得的剩余资源问题,最大限度地减轻企业负担。三是创造通道核销在建落后生产能力项目。落后生产能力项目的上马有其特定的历史因素,只有客观对

待相应的投资决策,才能打消关键少数人的顾虑,从而扎住出血点、流产畸形儿,避免新的、更大的包袱和损失。煤炭行业缴纳多年的价格调节基金,有能力为"决策失误"埋单。

(三)建立落后产能退出与新增产能挂钩机制,从发展上促进落后产能退出

作为国家主体能源,煤炭关系到国家能源战略安全,必须持续健康发展。但目前行业亏损面已达90%,亟须加快提升行业整体竞争力。存量产能布局不合理,落后产能总量大,退出人员安置难,决定了本轮产业结构调整任务重、周期长,只有通过发展和改革才能化解历史遗留问题。政府规划应在总量控制的基础上,将新增产能发展与落后产能退出结合起来。围绕人员分流转移,实现"增量化解存量矛盾,存量支持增量发展"良性互动。新增产能主要用于支持老煤炭企业人员转移,优先安排有落后产能退出、人员安置压力大的老煤炭企业,引导老煤炭企业向生产服务型转型。

(四)规范企业办社会职能,从体制上促进企业健康运行

加快分离企业办社会职能,严格落实国务院办公厅《关于促进煤炭行业平稳运行的意见》(国办发〔2013〕104号)再次明确要"着力解决老矿区、老企业历史遗留问题。原国有重点煤矿承担的办社会职能中,已分离转移至地方的学校、公安等机构的运转费用,按相关政策规定纳入当地财政预算;尚未分离的职能,地方政府要采取有效措施加快移交。落实相关政策,解决原国有重点企业破产煤矿遗留的离退休人员医疗保障及社会化管理、社会职能移交等问题"。目前的关键是要实现政策的具体化、标准化,提高可操作性,明确改革责任主体,限定改革最后期限。这一历史遗留问题解决了,中国煤炭企业就能真正成为市场化竞争主体。

五 结论与建议

煤炭落后产能的产生有其复杂的历史社会因素,也有市场化不彻底、法治化不健全的人为因素。从国家经济主体能源健康可持续发展的角度,只有紧抓当前宏观经济结构调整、煤炭产能严重过剩的改革机遇期,坚定不移地淘汰落后生产能力,才能使煤炭行业回归到科学发展的轨道上来。落后产能退不出,煤炭生产结构就优化不了,行业总体竞争力就得不到提升,对外依存度就会持续攀升,能源战略安全就会受到威胁。因此,及时推进落后生产能力退出势在必行。

实践证明,通过建立煤矿专业化运营机制,可以切实有效地实现传统煤炭生产企业向生产性服务业平稳转型。新汶矿业集团承包运营宁夏煤矿、淮北矿业集团承包运营陕西崔木煤矿已经取得了宝贵的成功经验。陕西煤业化工集团改造铜川东区关停矿井组建专业化煤矿运营公司,承包运营陕煤化集团在陕北的新建矿井,已经得到了有关方面的初步认可(新井尚未建成)。当前全国在建煤矿项目总规模达10亿吨,按人均产能5000吨计算,可解决2亿吨落后产能退出的20万人就业问题,可大大缓解人员安置压力。

落后产能退出影响面广,解决衍生问题的难度大,需要集聚各方面力量,综合施策才能实现既定目标。建议中央政府重点研究出台有关支持政策。

(1) 改革煤矿劳动用工制度,通过立法程序调整煤矿投资人安全责任,建立直接关停发生过重大安全、环境事故矿井的相关制度,夯实运营者安全责任,推进专业化运营改革;

(2) 建立落后产能国有资产处置机制、剩余矿产资源矿权回购机制和煤矿国有资产混合所有制改革方案,为国有煤炭企业减压、减负;

(3) 建立落后产能退出与新增产能挂钩机制,新增产能核准前必须落

实一定数量落后产能退出人员安置任务;

(4) 出台具体可操作的分离企业办社会职能政策,通过转移支付、专项督查,限时、限量解决历史遗留问题;

(5) 研究煤矿从业人员提前退休政策,井下工作每两年可提前一年办理退休手续。

B.7 近年来煤矿整顿关闭基本情况及政策建议

山西焦煤集团有限责任公司*

摘　要： 山西焦煤集团有限责任公司（以下简称山西焦煤）是国内最大的炼焦煤生产企业集团。本报告介绍了近年来该集团煤矿整顿关闭情况，下一步煤矿整顿关闭的工作目标、重点工作和主要任务规划安排，针对面临的困难提出了相关政策建议。

关键词： 山西焦煤　煤矿整顿关闭　产能置换

一　集团简介

山西焦煤是国内最大的炼焦煤生产企业和炼焦煤市场主供应商，是煤炭产量过亿吨、销售收入超2000亿元的特大型能源集团，资产总额2500亿元，职工总数23万人。2014年列世界企业500强第290位、中国企业500强第49位、中国煤炭企业100强第2位。

山西焦煤组建于2001年10月，属山西省国有独资企业，总部位于山西

---

* 课题组组长：武华太，山西焦煤集团有限责任公司董事长、党委书记，高级工程师。副组长：金智新，山西焦煤集团有限责任公司副董事长、总经理，高级工程师；曹晨明，山西焦煤集团有限责任公司副董事长，高级工程师；李建胜，山西焦煤集团有限责任公司副总经理，高级工程师。主执笔：贾长茂，山西焦煤集团有限责任公司政研室主任，高级政工师。协助撰稿人：席北明，山西焦煤集团有限责任公司党政办主任，高级政工师；王寿宾，山西焦煤集团有限责任公司计划部部长，高级工程师；杨文俊，山西焦煤集团有限责任公司企管部部长，高级工程师；杨风旺，山西焦煤集团有限责任公司生产部部长，高级工程师。

省会太原市,下有西山煤电、汾西矿业、霍州煤电、华晋焦煤、山西焦化、运城盐化、山西焦炭、机械电气公司、飞虹化工、金土地公司、销售总公司、国际发展公司、国际贸易公司、投资公司、财务公司、公共事业公司、公路物流公司、日照公司、交通能投公司、香港公司等21个子分公司和西山煤电股份公司、山西焦化股份公司、南风化工股份公司3个A股上市公司。

山西焦煤以煤炭、焦化、发电、物流贸易、装备制造为主业,兼营材料、民爆、建筑、煤层气、节能环保、投资金融、文化旅游、房地产等配套辅助产业。有六大主力生产和建设矿区,主要矿厂分布在太原、晋中、临汾、运城、吕梁、长治、忻州等7个地市的29个县区。现有104座煤矿,生产能力1.6亿吨/年;28座选煤厂,入洗能力1.1亿吨/年;5座焦化厂,焦炭产能1180万吨/年;8座燃煤电厂,装机容量3358MW;9座煤层气及余气余热电厂,装机容量153MW;盐化日化产能256万吨/年;制造业年产值100亿元以上。2014年,完成原煤产量1.07亿吨,精煤产量4904万吨,商品煤总销量1.46亿吨,焦炭产量1061万吨,发电量162亿度,销售收入2576亿元,煤炭生产百万吨死亡率为0,企业实现了平稳健康发展。

山西焦煤主导产品有焦煤、肥煤、1/3焦煤、瘦煤、气肥煤、贫煤等多个煤种,其中强黏焦煤和肥煤均为世界稀缺资源,具有低灰、低硫、低磷、黏结性强、结焦性好等特性,是大钢厂大高炉不可或缺的骨架炉料;化工产品主要有冶金焦、铸造焦、焦粉、甲醇、乙烯、丙烯、炭黑、硫黄、工业萘、洗油、沥青、元明粉、硫酸钡、镁盐、化妆洗涤用品等。产品市场涵盖国内20多个省市和国外部分地区。公司秉承"诚实守信、合作共赢"的营销理念,坚持为客户提供精准服务、针对性服务、大用户专职经理服务,与宝钢、河北钢、首钢、包钢、山东钢、鞍钢、本钢、太钢、马钢、安钢等多家大集团大公司结成了战略合作伙伴关系。被授予全国煤炭工业优秀企业、全国"守合同重信用"企业、全国模范职工之家等荣誉称号,荣获"全国五一劳动奖状"。

二 近年来煤矿整顿关闭情况

近年来山西焦煤政策性关闭破产矿井共7座,具体情况如下。

1. 西山煤电1座,为白家庄矿

2002~2005年白家庄矿进行破产重组,2005年2月,破产后的白家庄矿按照盘活有效资产,转换经营机制,实现投资主体多元化的要求,组建了山西西山白家庄矿业有限责任公司,对原破产企业的职工全部进行了妥善安置。

2. 汾西矿业6座,分别为两渡、张家庄、南关、水峪、高阳、柳湾矿

(1) 2002年8月9日,全国企业兼并破产和职工再就业工作领导小组(以下简称全国领导小组)下发〔2002〕18号文件,把两渡、张家庄、南关煤矿三个煤矿列为关闭破产项目,2003年7月29日全国领导小组下发〔2003〕12号文件,同意三个煤矿进入破产程序。9月1日,晋中市中级人民法院下达民事裁定书宣告三个煤矿破产,9月4日《人民法院报》进行了公告,12月25日破产终结。依靠破产资金,开发建设了紫金、曙光、中兴多元化投资的企业,机制得到转换,职工得到妥善安置。

(2) 2003年4月29日,全国领导小组以〔2003〕9号文件下达水峪煤矿破产立项通知。11月7日,全国领导小组以〔2003〕27号文件下达准予进入破产程序的通知。2004年4月1日,吕梁市中级人民法院下达民事裁定书宣告水峪煤矿破产,在《人民法院报》进行了公告,8月24日破产终结。水峪煤矿破产以后,已经组建成新峪煤业有限责任公司。

(3) 2005年12月25日,全国领导小组以〔2005〕8号文件下发了关于高阳煤矿关闭破产项目的通知,全国领导小组以〔2006〕7号文件下发了关于同意高阳煤矿进入破产程序的通知,2006年8月1日,吕梁市中级人民法院裁定高阳煤矿正式破产,8月14日召开了高阳煤矿关闭破产清算组会议,11月21日破产程序终结。高阳煤矿破产以后,已经组建成新阳煤业有限责任公司。

(4)柳湾矿于2004年被批准列入国家破产建议名单,2006年8月全国领导小组以〔2006〕16号文件正式批准柳湾煤矿实施关闭破产,2007年5月29日,全国领导小组以〔2007〕8号文件下发了关于同意柳湾煤矿进入破产程序的通知,6月12日,吕梁市中级人民法院裁定柳湾煤矿破产,9月19日召开了债权人会议,破产终结。柳湾煤矿破产工作完成以后,组建成新柳煤业有限责任公司。

三 下一步煤矿整顿关闭工作目标、工作重点、主要任务、规划安排

根据山西焦煤上一阶段对淘汰落后产能工作的梳理,5~10年内将淘汰关闭退出矿井47座(包括资源整合的停缓建矿井),涉及产能(包括规划产能)4325万吨/年。其中:因资源枯竭、服务年限短退出22座,产能1715万吨/年;因环保政策,相关手续办理困难退出6座,汾西宁武五矿(处于汾河源头)、正和煤业(位于洪山泉禁采区域),合计产能540万吨/年;因股份制企业民营合作方配合存在问题退出2座,为汾西矿业正太煤业、霍州煤电老窑头煤业,合计产能420万吨/年;因资源赋存差、安全保障程度低退出矿井13座,产能1230万吨/年;因预期经济效益差退出矿井4座,产能420万吨/年。

在上述47座淘汰关闭矿井中,涉及产能置换的矿井20座(西山7座,汾西3座,霍州煤电5座,投资公司5座);关闭退出矿井22座;暂时关闭矿井5座。

涉及产能置换矿井基本情况:

1. 白家庄矿业公司拟接替杨庄煤矿

杨庄煤矿位于太原古交市,井田面积97.8平方公里,资源储量约10亿吨,拟建规模500万吨/年,矿权申请已由山西省政府行文上报国土资源部,并按照国土资源部要求调整矿权坐标,目前已重新报至山西省政府。

2. 晟聚、亚辰、义城拟替换安泽唐城煤矿

安泽唐城煤矿位于临汾市安泽县，井田面积101.57平方公里，资源储量约62732万吨，拟建规模240万吨/年。山西省政府已召开专题会议同意唐城煤矿作为70万吨烯烃项目配套煤源，目前正在履行资源申请程序。

3. 圪堆、光道、庆兴拟接替安泽冀氏马寨煤矿

安泽冀氏马寨煤矿位于临汾市安泽县，井田面积59.68平方公里，资源储量约76424万吨，拟建规模500万吨/年。目前，该项目拟作为山西焦煤集团公司70万吨/年烯烃项目配套煤源，已由山西省政府常务会议同意将安泽冀氏腰庄马寨项目配置给西山集团。

4. 正通煤业置换为山西省中阳县吴家峁勘查区煤炭勘探探矿权

中泰煤业吴家峁井田是省政府重点项目，2014年由国家发改委批复了项目"路条"，建设规模300万吨/年。

5. 正和煤业产能置换河东煤田蒲县南勘查区煤矿详查探矿权

蒲县南探矿权项目山西省政府以晋政函〔2013〕28号文件致函国土资源部，同意以协议方式出让给山西汾西矿业集团公司。

6. 拟将正源煤业产能置换交城县山怀南煤矿勘探探矿权

国土资源部储量评审中心以国土资矿评储字〔2014〕46号文件评审通过《山西省西山煤田交城县山怀南煤矿勘探报告》，资源储量以国土资储备字〔2014〕258号文件予以备案，备案储量34406万吨。

7. 曹村、白龙拟接替谭坪矿、中峪矿

谭坪煤矿位于山西省西南部临汾市乡宁县昌宁镇下宽井村，井田面积162.23平方公里，资源储量17.2亿吨，井型规模800万吨/年，服务年限76.6年。2012年3月18日，经国家发改委《关于印发煤炭工业发展"十二五"规划的通知》（发改能源〔2012〕640号）文件批准，同意谭坪煤矿列入"十二五"规划备选项目；中峪井田位于山西省长治市沁源县和临汾市安泽县、古县三县交界处，井田面积160.84平方公里，可采煤层资源/储量7.8亿吨，资源储量12.4亿吨。2012年3月18日，经国家发改委《关于印发煤炭工业发展"十二五"规划的通知》（发改能源〔2012〕640号）文件

批准,同意中峪煤矿列入"十二五"规划备选项目。

8. 团柏、丰峪、沙坪三矿拟替换桑峨、泽新、顺义三个项目

桑峨井田位于山西晋中煤炭基地乡宁矿区中部,属山西省临汾市吉县,保有资源储量约71661万吨。2012年6月,在国土资源部完成了矿产资源储量备案工作;山西省发改委于2014年1月10日将其增列"十二五"规划请示文件上报国家能源局;目前探转采批复文件已通过山西省国土厅评审上报山西省政府,正等待山西省政府行文批复。

泽新井田位于安泽县冀氏矿区,井田面积90.94平方公里,各类资源量约13.8366亿吨,设计生产能力300万吨/年,服务年限67年。目前资源申请已报临汾市国土局。

顺义井田位于安泽县冀氏矿区,井田面积130.04平方公里,各类资源量约15.6546亿吨,设计生产能力400万吨/年,目前已报山西省国土厅。

9. 正兴煤业拟接替煤钢联正智煤化公司

山西煤钢联正智煤化公司设计产能120万吨/年。矿井保有资源储量9473万吨,可采储量6486.09万吨。拟作为正兴公司退出后接替矿井,现公司有探矿权,已向山西省政府、山西省国土资源厅申请采矿权。

10. 鑫建、罗幢拟合并至晟凯煤业,并进行扩界提能至500万吨/年

晟凯煤业矿区面积11.1894平方公里,批准开采9、10、11号煤层,生产规模30万吨/年,开采方式为露天开采,现保有资源储量3745万吨。

11. 正仁煤业置换岚县正利煤业扩界

正利井田周边有煤炭整装空白区域38.52平方公里,资源储量约9.5亿吨(其中包括正利煤业东部的曲立勘查区,该探矿权已纳入山西焦煤集团和山西焦炭集团双方合作范围,已缴纳了50%的资源价款)。目前扩界文件已报山西省国土资源厅及山西省政府,将生产能力扩大至500万吨/年。

12. 拟将介休正益产能置换至果子沟矿区

果子沟矿区面积约为67.5平方公里,预计资源量40386万吨。目前已报山西省国土资源厅及山西省政府。

四 煤矿整顿关闭面临的困难与政策建议

煤矿整顿关闭面临的主要困难有：

（1）实际操作过程中主要存在接替矿井项目和破产项目审批手续繁杂、周期长的问题，严重影响并制约着淘汰关闭矿井生产接替、人员安置等，推进较为困难。

（2）目前煤炭经济持续低迷，企业负担沉重，无力安置退出矿井众多人员，采取提前退出、解除劳动合同等方式解决需要政府相关政策支持。目前已经暴露出了很多职工因再就业上访、离退方面的问题，职工就业安置和维稳压力巨大。

（3）下一步整顿关闭矿井将涉及部分资源整合矿井，整合矿井大多是国有控股、民营参股的股份制企业，如关闭退出必须按照公司法、公司章程，履行决策程序。如何保障股东权益需进一步根据退出相关政策研究协商。

（4）截至目前，各资源整合矿井在资产并购、资源价款缴纳等方面投入了大量资金，形成了各种地面、井下资产，如果淘汰关闭将造成程度不同的资金和资产缺失，如何处置也是即将面临的困难和问题。

对煤矿整顿关闭工作的相关建议：

（1）建议政府有关部门在产能置换方面出台具体政策，对符合条件的产能置换项目予以简化审批程序。

（2）建议山西省政府在产能退出矿井的人员安置上，给予企业一定的财政补贴，做好人员的安置和分流工作，并出台提前退休等具体政策。

（3）建议山西省政府建立完善整合煤矿的退出机制，允许整合主体对外转让整合煤矿股权，以减少国企在整合煤矿中的损失。

（4）由于目前煤炭市场下滑严重，部分矿井欠交资源价款数额较大，短时间内无法交清。建议已交部分转为国有资本金；停缓建矿井未缴纳部分不再缴纳，对淘汰关闭矿井剩余资源已交价款予以返还，取消滞纳金和资金占用费。

（5）建议山西省政府相关部门在淘汰落后产能的同时，兼顾大型煤炭企业现役矿井手续完善、拟淘汰关闭矿井人员分流、资产处置、资产补偿等相关事宜，一方面确保大型煤炭企业依法依规合理组织生产经营，另一方面避免造成国有资产流失和带来相关社会稳定问题。

（6）建议根据山西煤炭救市"20条""17条"等清费立税规定，积极沟通协调相关部门，停止非省级以上人民政府批准的不合理项目收费。

B.8
煤炭产能发展面临的问题与政策建议

兖矿集团有限公司*

摘 要：	本研究报告客观介绍了兖矿集团煤炭产能形成历程，反映了该集团产能发展面临的问题，向政府提出了关于加大产能优化发展的政策建议。
关键词：	兖矿集团　产能优化　转型升级

兖矿集团有限公司（以下简称兖矿集团）是以煤炭生产销售及煤化工、电解铝及机电成套装备制造、金融投资为主导产业的山东省属特大型能源企业。截至2014年底，资产总额1997.72亿元，在职职工9.22万人。2014年，兖矿集团主要经济指标增幅居国内大型煤炭企业第一位。煤炭产量1.02亿吨，成为全国八个亿吨级煤炭企业集团之一；营业收入1200亿元，同比增长18.46%；在煤炭均价跌至8年来最低、90%煤炭企业陷入亏损困境的情况下，实现利润总额20亿元，同比增加盈利74.95亿元。

---

* 课题组组长：李希勇，兖矿集团董事长、党委书记，工程技术应用研究员；李伟，兖矿集团总经理、党委副书记，工程技术应用研究员。主执笔：孔光宇，兖矿集团安全技能培训中心教务部部长，经济师、讲师；协助撰稿人：牛克洪，兖矿集团战略研究院名誉院长，高级经济师；马金泉，兖矿集团战略研究院常务副院长，经济师；周剑波，兖矿集团战略研究院副院长，高级经济师。

一 产能形成历程

(一)建设国家大型煤炭基地的高端起点

1979年,时任国务院副总理邓小平批示,从国外引进100套综合采煤成套设备和挖掘设备。其中两套落户兖矿。作为当年规划的八大煤炭基地之一,将兖州矿区建设成为国家大型煤炭基地,缓解华东地区能源紧张的局面,即成为这一历史时期兖矿人的目标。

经过十余年建设,本部基地粗具规模:

1973年12月26日建成年设计能力为150万吨的南屯煤矿;

1976年12月26日建成年设计能力为45万吨的国内第一对全部锚喷化的北宿煤矿;

1981年12月21日建成年设计能力为300万吨的兴隆庄煤矿;

1985年12月25日建成年设计能力为300万吨的鲍店煤矿;

1988年12月建成年设计能力为60万吨的杨村煤矿;

1989年12月23日建成年设计能力为400万吨的东滩煤矿,标志着兖州矿区大规模开发建设结束,兖矿集团形成了1360万吨/年的生产能力。

截至1990年,兖州矿区已完成基建投资303521.13万元,建成6对矿井,改造1对矿井,在建2对矿井。

(二)煤炭建设投入持续增加,规模效益跃居国内一流

1. 产能发展过程

1990年到21世纪初的十余年间,兖矿集团煤炭建设投入不断增加。通过维持、扩大再生产及技术改造,对本部东部矿井投入企业资金45.49亿元,保障了兖州煤田高产高效的现代化生产水平;同时对济宁西部煤田开发建设,投入基本建设资金75.63亿元,相继建成投产了济宁二号、三号矿井,增加年设计能力900万吨。

1990~2002年13年间,对煤炭产业投入企业资金、基本建设资金总额达121.12亿元,使兖矿本部济宁东西两大煤田形成规模、相得益彰。煤炭生产水平从1990年的1017万吨,增加到2002年的4100万吨;平均发展速度为185%。经营规模、经济效益国内同行业领先,引起世界瞩目(见表1、表2、图1、图2)。

表1 1990~2002年煤炭产业投入

单位:万元

年度	煤炭产业总投入	基本建设资金	企业资金
1990	37998	28830	9168
1991	41076	29681	11395
1992	47010	36456	10554
1993	43790	31426	12364
1994	53886	38281	15605
1995	135449	108090	27359
1996	129034	98296	30738
1997	125512	90164	35348
1998	123134	102000	21134
1999	118866	105791	13075
2000	123513	70342	53171
2001	100535	16968	83567
2002	131390		131390
合 计	1211193	756325	454868

表2 1990~2002年煤炭生产水平

年度	煤炭生产量(吨)	工作面单产(吨)	工作面效率(吨/工)	原煤劳动效率(吨/工)
1990	10172090	40017	15.592	1.671
1991	10768886	42473	17.015	1.790
1992	10899038	48592	21.442	2.166
1993	12752354	60573	27.101	2.573
1994	15564698	81631	39.161	4.588
1995	16958340	95349	45.508	5.65
1996	19585043	106377	56.267	7.071
1997	20576929	118374	67.895	7.593
1998	22156367	157285	53.895	8.896

续表

年度	煤炭生产量(吨)	工作面单产(吨)	工作面效率(吨/工)	原煤劳动效率(吨/工)
1999	25615742	232438	100.466	10.35
2000	30402036	192200	143.013	14.787
2001	36378401	230381	140.02	15.813
2002	41000000	266148	140	13.707
合计	272829924			

2002年的生产技术水平与1990年的生产技术水平相比：

原煤年生产水平增加3000万吨，提高3倍。

工作面单产水平增加226131吨，提高近6倍。

工作面人工效率提高124吨/工，原煤人员劳动效率提高12吨/工，是全国平均水平的6倍。

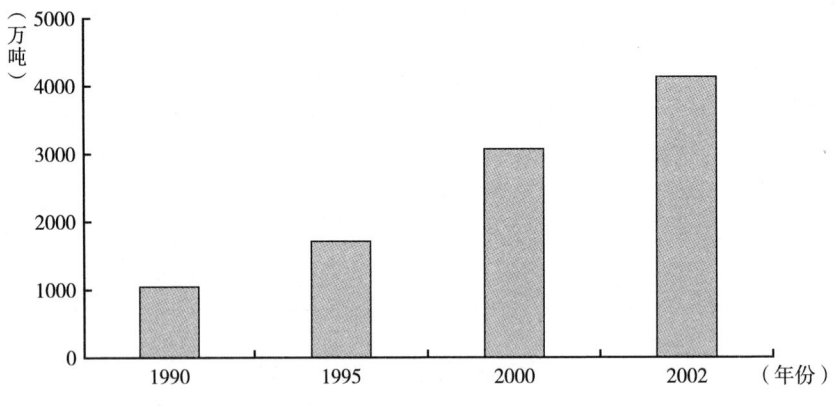

图1　原煤产量柱状图

2. 主导产业核心能力的持续培育和提升

煤炭主业是兖矿集团的核心竞争优势，是在激烈的市场竞争中求得长期生存和保持持续发展的基础和关键。在这十几年中，兖矿集团坚持"科技兴煤"的战略方针，瞄准国际先进水平，确立大型化、集约化、系统化的发展方向，组织力量，加大投入，通过"八五""九五"攻关，对矿井生产布局调整、系统改造、装备配套和技术工艺试验，克服瓦斯、煤尘、

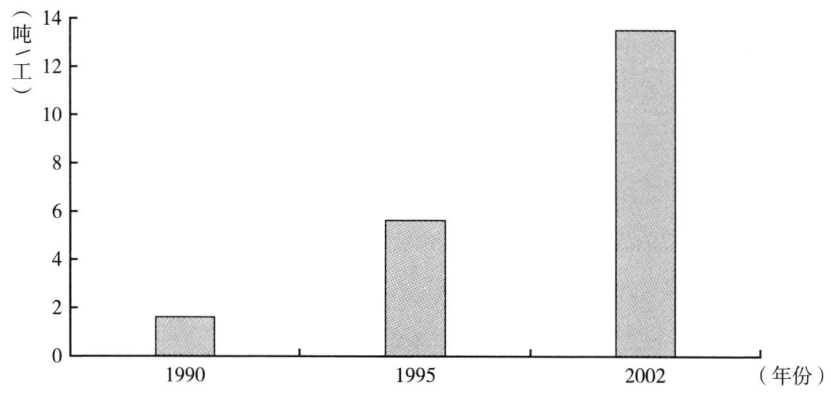

图 2　原煤劳动效率柱状图

自然发火以及"孤岛开采"等一系列难点,使综采放顶煤技术获得重大突破,极大地提高了集中生产能力和经济效益。厚煤层矿井由一矿多面多队改为一矿一面一队或一矿两面两队,南屯、兴隆庄、鲍店、东滩四个大矿由原来设计的 26 个工作面缩减为 7 个工作面,极大地释放了生产潜能。2001 年原煤劳动效率达到 15.813 吨/工,超过德国、波兰等发达产煤国家水平,是全国平均水平的 6 倍。矿井综采平均单产和最高单产达到国内外先进水平,使其在不到 20 年的时间里,走完了采煤发达国家近百年的发展历程。

3. 加大非煤产业投资力度,构建大企业集团战略框架

兖矿集团自 1993 年在全国煤炭行业率先提出"以煤为本,煤与非煤并重"的可持续发展战略,1994 年开始启动非煤项目资金的投入以来,到 2002 年 9 年时间投入非煤项目建设资金 33.53 亿元(见图 3)。按照煤路港航、煤化工、煤电铝"三大产业链"的发展方向,以构建煤化工、煤电铝、金融、第三产业"四大产业支柱"为标志,实施了战略支柱项目的建设,同时发展建设了以公司机厂的机械制造、开发公司的服装加工、新世纪的塑料制品、唐村的橡塑制品、东方公司的电子电器为主导的非煤项目群体,构建了以国际化、现代化和可持续发展为基本标志、具有国际竞争力的大企业集团的框架。

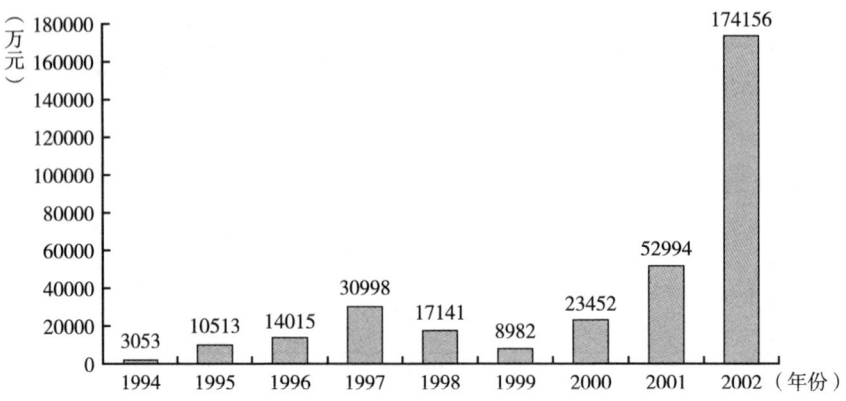

图3 非煤项目资金建设投入情况

经过多年的探索和不懈努力,坚持在持续发展中调整,在调整动态中优化的方针,通过实施"双十亿"工程和"4106"工程,不断加大投资力度,使非煤产业由小到大,由分散到集中,由支柱项目变成产业链条,一步步确立了非煤产业在企业发展中的主体地位,推动了非煤产业的快速发展。2001年,非煤产业销售收入达到44.12亿元,占企业销售总收入的40%,从业人员占兖矿集团在册职工总数的近50%,构筑了"半壁江山"。

(三)新时期产能不断调整优化

兖矿集团近年来煤炭产量逐年提高,煤炭生产机械化程度和煤炭生产全员效率连年保持较高水平,安全高效矿井建设稳步推进。严格按照国家有关规定,按照批准的核定(设计)能力科学组织生产。"十二五"期间,产煤44137万吨,其中:省内产煤18960万吨,占总产量的42.96%,2011年省内产煤3874万吨,2012年3675万吨,2013年3757万吨,2014年3669万吨,2015年3985万吨。

兖矿集团山东省内生产能力见表3。

表3 兖矿集团山东省内生产能力

矿井名称	矿井处数	核定矿井生产能力(万吨/年)
兖州煤业股份有限公司南屯煤矿	1	300
兖州煤业股份有限公司兴隆庄煤矿	1	660
兖州煤业股份有限公司鲍店煤矿	1	640
兖州煤业股份有限公司东滩煤矿	1	750
兖州煤业股份有限公司济宁二号煤矿	1	420
兖州煤业股份有限公司济宁三号煤矿	1	660
兖州煤业股份有限公司北宿煤矿	1	100
兖州煤业股份有限公司杨村煤矿	1	115
兖州煤业股份有限公司赵楼煤矿	1	420
合　计	9	4065

产业区域布局得到调整优化。兖矿集团"十二五"调整规划提出建设"四基地两新区"的战略布局，由原规划建设本部、贵州、陕西榆林、内蒙古鄂尔多斯、澳大利亚六大能化基地，调整为"四基地二新区"，即山东本部基地、陕蒙基地、贵州基地、澳大利亚基地和新疆新区、加拿大新区。借助国家确定在全国重点建设14个大型煤炭基地，并出台一系列鼓励煤炭企业兼并重组政策，利用掌握的安全高效开采和清洁利用技术，较早到贵州、陕西、新疆、内蒙古等地进行煤炭资源综合开发，目前四个基地建设已具雏形，初步形成"六位一体"区域发展格局。

拓展扩大国际化发展空间。兖矿集团是我国最早实施"走出去"战略的大型国有煤炭企业。近几年，兖矿集团把握机遇，以澳大利亚澳思达煤矿为平台，以资本运营为手段，以人才队伍为支撑，以风险防控为重点，采取内保外贷、内存外贷、合并交易等形式，集中在澳大利亚、加拿大等国实施煤炭、钾盐、铝土等资源开发。经过多年海外发展，已具有较为丰富的国内外战略资源和储备，拥有和控制后备煤炭资源达400亿吨，具有澳大利亚铝土资源2.4万平方公里70%的勘探及开采权。收购加拿大萨省19项钾矿探矿权，占有潜在资源量约397亿吨。

二 产能发展面临的问题

随着国内煤炭产业的不断发展，当前兖矿集团也面临诸多挑战。

（一）本部煤炭资源面临衰竭

经过40多年的高强度开采，本部煤炭资源逐步萎缩。按照现有产能可采年限仅有10年左右，其中4对矿井资源濒临衰竭。剩余煤炭资源中，城建、村庄、河下及公路压覆资源占61%，大部分工作面必须实施压煤村庄搬迁，开采成本高，搬迁难度大。

（二）外部产业环境变化带来巨大挑战

新能源成长迅猛，挤压煤炭生存空间。一是新能源快速成长。为保障全省经济持续快速发展，应对能源需求及破解能源结构调整压力，山东省未来将采取超常规措施大力发展新能源。加快核电建设。2020年之前，总规划在"三地"建设总装机容量近2000万千瓦的核电项目，相当于5000万吨原煤的发电量。加快风电场建设。据统计，山东省内风能资源总量为6700万千瓦，相当于3.68个三峡水电站的装机容量。大力推广太阳能光伏发电。特别是太阳能光伏分布式发电，在国家政策大力支持下发展势头迅猛。生物质能发电也在试点推广。二是"外电入鲁"带来新的冲击。未来省外有六条输电通道入鲁。预计到2020年，全省外电入鲁能力将由目前的750万千瓦提高到3200万千瓦，形成稳定可靠的外部电力供应渠道。这些输电通道建成后，将大大减少对省内煤炭的需求量，严重挤压煤炭行业的生存发展空间。

传统能源供需关系根本改变。全球煤炭、煤化工产能严重过剩，供大于求的风险日益凸显，国内能源消费年增速由8%以上降到3%以下，电力增速由11%以上降到8%以下，煤炭消费年增量由2亿吨降到不足1亿吨，呈现"低增速、低增量、低碳化"特点，市场步入深度调整周期，行业盈利能力提升乏力，顺应能源市场变化转型升级势在必行。

（三）市场环境恶化

受产能过剩、需求不足、进口增多等因素影响，煤炭及相关行业形势更加严峻，主导产品价格持续下滑。2015年1月，境内商品煤综合价格386.1元/吨，比2014年综合价格降低72.35元/吨；境外商品煤综合价格77.71澳元/吨，比2014年综合价格降低2.74澳元/吨。甲醇、醋酸、焦炭等价格比2014年综合价格分别降低596.78元/吨、715.51元/吨、52.85元/吨，降至历史最低位。同时，国际油价大幅下滑，加大了煤制油项目风险，也会带动煤炭、煤化工产品价格进一步下滑。

（四）区位竞争优势丧失

山东省境内运煤通道除原有的京沪、兖石等铁路线之外，近三年内将有"山西至日照"和"黄烨站至山东大家洼站"两条新建铁路线开通。"山西至日照"线是山西中南部铁路连接我国东西部的重要煤炭资源运输通道。项目建成后，初期进入山东省内的煤炭运输量年达9000万吨，远期扩大至3.5亿吨，将成为保障山东省沿线地区煤炭、矿石需求及产成品外运的主要运输通道。神华自建的"黄烨站至山东大家洼站"铁路，初期运力为2500万吨/年，远期为4200万吨/年。

晋豫鲁、新巴准、蒙华等西煤东运、北煤南运铁路建成通车后，随着大量境外、省外煤炭涌入，兖矿将失去传统的区位、煤种、质量优势，呈现省外市场空间逐步压缩、省内竞争日益白热化的态势。

（五）安全环保约束加大

新《安全生产法》和《环境保护法》的颁布实施，对煤炭行业安全和环保工作提出新的更高要求，安全、环保执法检查力度空前加大，安全生产和节能环保成为企业生存发展的底线保障。加强煤炭清洁高效利用、加大环保设施投入、改善矿区生态环境的任务异常艰巨。压煤村庄搬迁滞后，打乱了矿井采场接续和生产布局，加大了安全风险。

（六）历史遗留问题凸显

作为传统国有企业，兖矿不良资产、富余人员及企业办社会等负担异常沉重。发展方式过度依赖资金等要素投入，企业长期负债发展，财务费用高，融资和还款压力大。

（七）产业转型升级正处攻坚期

产业定位不科学、区域布局不合理等问题依然突出，业务板块多，产业集中度低，协同效应未能有效发挥。非煤产品大多处在产业链低端，附加值低，市场竞争力弱。多年形成的行政化业务分工模式，导致人、财、物等资源被人为分割，缺乏集团层面的统一调度和优化整合，资源配置效率不高。

三 政策建议

（一）关于对科技创新、产业升级项目给予资金支持的建议

兖矿集团规划中项目有许多科技创新、产业升级项目，是国家鼓励和重点扶持的项目，如兖矿集团煤制油项目、加拿大钾盐项目、澳大利亚UCC超洁净煤加工技术，这些项目为涉及国家能源安全和粮食安全的重大项目，具有重大战略意义。这些项目投资大，风险大。

建议：国家对煤制油项目和加拿大钾盐项目、超洁净煤加工技术给予注入国家资本金，增强兖矿集团对这些项目开发建设的能力，降低项目开发建设风险。

（二）针对山东现有煤炭储量较少且受村庄压煤制约严重实际，对山东省内煤炭资源开发统一规划有序推进

建议：在山东省委省政府统一领导下，从全省煤炭工业持续健康发展和保障山东能源供应战略高度，协调有关部门对省内煤炭资源统一规划，出台

指导意见,有序推进地方煤矿整合。同时,协调地方政府在城市扩容、公路规划和建设中少占压或不占压煤炭资源,结合新农村建设统筹规划和解决好压煤村庄搬迁问题。

(三)关于给予衰老矿井关闭退出转产政策的建议

截至目前,兖矿集团衰老矿井共5对,分别是北宿煤矿、南屯煤矿、济二煤矿、杨村煤矿、新疆吉新煤矿,这些矿井均属于煤质差、开采困难、开采成本高、亏损严重且扭亏无望或灾害严重、安全无保障的矿井,计划五年内全部关闭退出。衰老矿井的关闭退出存在职工安置、社会职能移交地方、转型发展等主要问题。

建议政府从以下几个方面完善相关政策并形成长效机制。

(1)完善职工安置政策。建议政府制定相关政策,采取企业安置和社会安置相结合的方式安置关闭退出矿井的职工,同时适当放宽退休年龄及其他退休条件,逐步减轻企业负担。

(2)离退休职工移交地方管理。建议政府有针对性地落实资金补助和移交政策,关闭退出矿井的离退休人员全部交由地方统一管理,离退休人员、20世纪60年代精简下放人员、供养遗属由社区管理机构管理,切实减轻企业负担。

(四)建立矿山转产发展基金,加大政策扶持力度

建议:(1)在成本项目中增设"关井准备金""弃置费"等项目,在税前计提部分固定费用,作为矿山转产发展基金,专门用于矿山进入枯竭期后的职工安置和发展接续替代产业。

(2)参照振兴东北老工业区的经济振兴政策,针对煤炭企业衰老矿井急需转产发展的实际,制定土地出让金返还、核销银行贷款等优惠政策,同时制定衰老矿井转型发展项目在土地、税收、财政支持等方面的优惠政策,支持衰老矿井转型发展。

B.9 完善煤炭落后产能退出机制的建议

内蒙古伊泰集团有限公司*

摘　要：	本文简要介绍了伊泰集团的发展情况，总结了"三年攻坚战"取得的成绩，提出了完善煤炭落后产能退出机制的建议。
关键词：	伊泰集团　"三年攻坚战"　煤炭落后产能退出机制

一　伊泰集团发展与历史沿革

内蒙古伊泰集团有限公司（以下简称伊泰集团）是以煤炭生产、经营为主业，以铁路运输、煤制油、房地产为延伸产业的大型现代化能源企业。截至2014年底，拥有总资产949亿元，员工7400余人；连续十年跻身中国500强企业，2014年居第317位；列中国煤炭企业100强第21位，中国煤炭产能第14位，居内蒙古自治区煤炭企业50强首位；其控股的内蒙古伊泰煤炭股份有限公司为B+H股上市公司。

伊泰集团前身为伊盟乡镇企业公司，成立于1988年3月3日。成立初期主业为煤炭销售。1992年投资兴建了年产15万吨的脑木图煤矿，1994年公司又投资6000万元，在准格尔旗建设了一座年产120万吨的纳林庙煤矿，

---

* 课题组组长：张双旺，内蒙古伊泰集团董事长、党委书记，高级经济师，全国劳动模范，享受政府特殊津贴。主执笔：翟德元，内蒙古伊泰集团投资公司副总经理，工学博士，教授，博士生导师，中国煤炭学会开采专业委员会副主任委员，中国煤炭教育学会产学研委员会副主任委员。

到 1997 年底,煤矿已发展到 10 座。1988～2000 年,全国煤炭市场极度低迷,伊泰集团抓住机遇,又收购了十余座煤矿,至 2005 年底,拥有 27 座煤矿,年产量达到 767 万吨。

1992～2004 年,伊泰集团矿井数量和年产量统计见表 1。

表 1 伊泰集团矿井数量及年产量统计(1992～2004 年)

年份	矿井数量	年产量
1992	6	90.6
1993	7	116.4
1996	8	40.0
1997	11	83.0
1998	12	210.0
1999	12	323.9
2000	18	308.2
2001	18	502.0
2002	25	554.0
2003	27	701.0
2004	27	767.0

2004 年前,集团公司所属 27 座矿井回采工艺全部为打眼放煤落煤,劳动强度大,效率低,全员工效不足 2 吨/日;爆破落煤靠人力装车、机动车外运,运输效率低,井下空气污染严重;采场及井下巷道几乎全部采用无支护方式,安全生产得不到保障;矿井全部靠自然通风,系统不稳定,通风质量差,直接危及工人的身体健康;井下工作面开采全部采用传统落后的房式开采方式,留下大量煤柱弃于井下支撑顶板,造成资源的严重浪费;矿井生产规模小,平均单产 28.4 万吨/年;地面贮煤全部采用井口落地堆放方式,煤尘四扬,既影响职工生活,也严重干扰居民,生态环境十分恶化。

2005 年,伊泰集团积极贯彻落实内蒙古自治区政府"矿井资源整合和矿井技术改造"及鄂尔多斯市政府"地方煤矿提高煤炭资源回收率三年攻坚战"的战略部署,主动淘汰落后产能,先后建成了 13 座具有高新技术装备的现代化矿井,开采方式由部分机械化到综合机械化,生产规模有了大幅

提升,实现了跨越式发展。

伊泰集团技改后矿井数量及年产量统计见表2。

表2 伊泰集团矿井数量及年产量统计(2005~2014年)

年份	矿井数量(座)	年产量(万吨)
2005	13	1010
2006	13	1183
2007	13	1768
2008	14	2568
2009	14	3667
2010	14	5125
2011	14	6011
2012	16	5991
2013	16	5398
2014	16	5079

二 借政策东风,主动淘汰落后产能,使企业步入发展快车道

2005年6月7日,国务院发布《关于促进煤炭工业健康发展的若干意见》(国发〔2005〕18号),该意见提出,"坚持发展先进生产能力和淘汰落后生产能力相结合的原则,一方面加快现代化大型煤炭基地建设,培育大型煤炭企业和企业集团,促进中小型煤矿重组联合改造,另一方面继续依法关闭布局不合理、不具备安全生产条件、浪费资源、破坏生态环境的小煤矿"。在进一步改造整顿和规范小煤矿方面,文件强调要"加快中小型煤矿的整顿、改造和提高,整合煤炭资源,实行集约化开发经营。积极推进中小型煤矿采煤工艺改革和技术改造",为淘汰落后产能明确了目标和方向。在国务院18号文件精神指导下,内蒙古自治区政府制定了"矿井资源整合和矿井技术改造"的指导意见,鄂尔多斯政府又提出了"地方煤矿提高煤炭资源回收率三年攻坚战"的具体实施方案。

为贯彻落实党中央、国务院以及内蒙古自治区、鄂尔多斯市政府关于淘汰煤炭落后产能的精神和战略部署，伊泰集团多次组织召开会议，统一思路，不断坚定淘汰落后产能的信心和决心，并明确提出淘汰落后产能的具体要求：一是高起点、高水平、高标准，通过落后产能退出和技术改造综合指标要达到国内领先水平；二是采用综采长壁工艺开采，实现矿井安全高效集约化生产；三是坚持高新技术装备，为安全、高效生产提供保障；四是监测监控装备达到一流水平。战略定位确定后，集团公司立说立行、上下发动、全面启动。集团先后从高等院校和企业招聘具有理论基础和实践经验的工程技术人员600余名，充实管理和生产一线；还采用了外委工程生产的方式，委托具有多年开采经验矿区整编制组织生产，让专业人员做专业的事。经过三年的攻坚战，取得了的显著成效。

（1）形成了一矿一面的矿井高效集约化模式。矿井数量由原来的32座整合为13座；矿井平均年产由原来的28.4万吨，提高到158万吨；全员平均工效由原来的不足2吨提高到58吨，达到国际先进水平。

（2）实现了矿井采运装备的现代化。彻底淘汰了传统落后的房式炮采工艺。工作面采用机电一体化高新技术装备，实现了全部综合机械化开采。矿井主运输、辅助运输和地面储运系统全部实现了机械化和自动化，不仅做到了安全可靠，高效快捷，环境保护也有了可靠保障。

（3）煤炭回收率有了大幅提升。采区回收率由原来的不足30%，提高到75%以上。

（4）为安全生产提供了可靠保障。实现了井下工序在线24小时监测和矿井生产地面总调度，达到国内一流水平。自2005年以来，连续8年创造了百万吨死亡率为零的安全生产纪录，达到世界先进水平。

三　淘汰落后产能的几点体会

一是要提高认识。落后产能的本质特征是高耗、低效、安全无保障、资源浪费严重、环境和生态受到严重破坏。只有淘汰落后产能才能使煤炭产业

实现可持续发展,才能使煤炭企业实现安全、高效和集约化生产。随着认识的提高,淘汰落后产能的自觉性不断得到增强。

二是借政策东风,顺势而为。产业政策是政府部门根据国民经济发展要求和一定时期内产业现状及发展趋势,为实现产业转型升级和协调发展,不断提高国际竞争力而提出的对产业经济加强管理和管制的建议主张和行为准则。伊泰集团淘汰落后产能取得的成效,充分证明了政府政策的重要性,如果没有国务院《关于促进煤炭工业健康发展的若干意见》(国发〔2005〕18号)、没有内蒙古自治区《资源整合和矿井技术改造》和鄂尔多斯《地方煤矿提高煤炭资源回收率三年攻坚战》政策支持,伊泰集团对淘汰落后产能的认识不会升华得那么高,决策不会那么快,下手不会那么果断。

三是加强组织,科学管理。落后产能退出是一项十分复杂的系统工程,既涉及到原来矿井开拓布局和开采体系,又关联到相邻矿井生产系统和资源禀赋,其复杂程度难于新井建设。因此,必须加强组织,科学管理。为加强对淘汰落后产能工作的领导,集团专门成立了领导小组,由董事长任组长,全面组织协调相关事宜。实践证明,淘汰落后产能这一复杂系统工程是"一把手"工程,必须由"一把手"亲自抓。

四是加大投入。落后产能的退出,无论是对矿井实施技术改造还是关闭矿井实施转产或员工分流,都需要大量的资金投入,如果没有足够的配套资金支持,是很难顺利完成的,甚至会带来难以预料的后果。伊泰集团在13对矿井改造中就花掉了27.8亿元。

五是政策支持。煤炭落后产能退出涉及很多有关资源整合、矿井改造、社会保障等方面的问题,需要国家提供有力的政策支持。伊泰集团的落后产能退出、矿井技术改造升级,始终得到了政府政策的有力支持,例如在资源配置方面,政策明确提出,在资源整合中可以优先将两井田之间的煤柱和边角煤配置给改造矿井,在财政支持方面,政府补助矿井技术改造实现综合机械采煤工作面每面200万元。这些政策的实施,对淘汰落后产能、提高煤炭资源回收率、实现矿井安全高效开采起到很大的推进作用。

四 完善煤炭落后产能退出机制的建议

基于伊泰集团落后产能退出的实践经验,提出关于完善煤炭落后产能退出机制的有关建议。

1. 加大宣传力度

煤炭落后产能退出是煤炭产业可持续发展的必然要求,其本质是为先进产能腾出发展空间,保护、促进和发展先进煤炭产能,推动煤炭产业转型升级。随着生产力的不断进步和我国煤炭供应宽松局面的形成,煤炭落后产能退出的要求越来越迫切;尤其是在当前产能过剩严重、先进与落后产能叠加的背景下,煤炭落后产能退出更显得刻不容缓。有关部门应加强宣传,让相关主体认识到煤炭落后产能退出的重大意义,在全社会形成推动煤炭落后产能退出的统一认识。

2. 加强政策引导

煤炭落后产能退出是一项涉及面广、影响大的复杂工程,仅凭煤炭企业自身的力量是很难完成的,必须在国家层面统筹兼顾、加强引导。国务院有关部门应就煤炭落后产能退出问题加强政策调研和研究,厘清落后产能退出工作中的权责利义等问题,有效提高政策的针对性和可操作性,尽快形成有关煤炭落后产能退出的指导性文件,加强顶层设计,更好地引导煤炭落后产能退出这项工作的有序开展。

3. 加强组织领导

煤炭落后产能退出是一项涉及多方利益和关系的系统工程,必须通过具有权威性和综合性、能代表多元利益主体的领导体系加以组织实施。有必要成立煤炭落后产能退出的部际领导小组全面组织实施该项工作,协调各管理部门间的关系,并在煤炭主产地(省、自治区、直辖市)设立主管领导负责的工作指导组对煤炭企业落后产能退出的具体工作加以指导,不断发现和解决新问题,协会等行业团体应充分发挥中介组织作用,协助有关部门的工作,煤炭企业应从大局出发,积极主动开展退出工作。

4. 加大政府投入

由于缺少后续保障措施，煤炭企业在煤炭落后产能退出过程中往往要付出很大的代价，尤其是在当前煤炭企业普遍经营困难的情况下，几乎没有能力有效地推动落后产能的退出。建议政府应建立健全合理的退出补偿机制，对煤炭落后产能退出给予财政支持，妥善解决职工安置和企业转产等问题，必要时应通过加大奖励以及税收、金融、投资等经济性杠杆的方式激励煤炭企业退出其落后产能。

5. 充分发挥企业自主性

煤炭落后产能退出离不开政府的号召、推动和支持，而煤炭企业作为煤炭落后产能的最终载体和落后产能退出的实施主体，也必须发挥积极性、主动性和创造性。煤炭企业要贯彻和落实好落后产能退出的有关政策和要求，有序开展落后产能退出过程中的技术改造、关井转产、职工安置等工作，不断总结和克服落后产能退出工作中的问题和困难，只有这样才能真正推动煤炭落后产能的顺利退出。

6. 建立长效退出机制

按生产力发展规律和社会进步要求，落后产能退出是煤炭产业发展过程中一种常态化的必然选择，是一项长期的任务。为持续推进煤炭产业结构优化和转型升级，应建立健全煤炭落后产能退出的长效机制，严格防止落后产能重新进入煤炭生产领域，要与时俱进地提高落后产能的标准，而且，当落后产能一经界定就要果断退出，防止累积。

B.10
提高认识 统筹兼顾
推进煤炭落后产能有序退出

四川省煤炭产业集团有限责任公司*

摘　要： 本报告介绍分析了川煤集团的煤炭产能情况，总结了集团落后产能退出的经验、教训和进一步推进面对的困难，提出了煤炭落后产能退出必须要提高认识、统一思想、统筹兼顾、有序推进，建议政府要建立健全煤炭落后产能退出的新体制和新机制。

关键词： 川煤集团　煤炭落后产能　退出机制

一　川煤集团总体概况

四川省煤炭产业集团公司（以下简称川煤集团）是四川省委、省政府为了提高全省煤炭资源控制力，保障全省能源安全，促进煤炭产业健康发展，于2005年8月以原煤炭部部属管理的五个矿务局、煤炭工业供销总公司和省属威远煤矿为基础，组建成立的大型国有煤炭企业集团。截至2014年底，川煤集团下辖四川川煤华荣能源股份有限公司、攀枝花煤业公司、芙蓉公司、华蓥山广能公司、达竹公司、广旺公司、威达公司、鼎能建设公司、恒升公司、金升公司、川煤贸易公司、川煤华荣物资贸易公司、米易益

---

* 课题组组长：刘万波，四川省煤炭产业集团公司总经理、副董事长、党委委员，硕士研究生、教授级高级工程师，国务院政府特殊津贴享受者。课题组成员：何江，四川省煤炭产业集团企业管理部，硕士研究生，工程师，政工师。

康投资公司等13家子公司；生产矿井23对，核定生产能力1568万吨/年，基建矿井8对，设计能力660万吨/年，企业资产总额369亿元，员工5.7万人，其中专业技术人员8100多人。2014年生产原煤1279万吨，生产焦炭27.06万吨，发电13.11亿度，实现营业总收入105亿元。在全国煤炭行业中，产量排第45位、营业收入排第49位。

川煤集团通过近十年的发展，企业资产总额由成立时的66亿元增长到2014年的369亿元，有效实现了国有资产的保值增值；原煤产量由成立时的970万吨增长到1279万吨，不断增强了国有煤炭工业的区域控制力，全力保障了全省电煤供应。安全生产形势稳定好转，矿井机械化水平不断提高，全集团2014年机采率、综采率和综掘率分别实现87.2%、82.5%和29.5%。高度重视民生和矿区和谐建设，积极推进棚户区改造，完成了沉陷区治理等民生工程，认真履行了国企社会责任。

二　川煤集团煤炭产能形成情况

1. 初始产能情况

川煤集团2005年8月成立之初，含古叙煤田在内，共有生产矿井22对，设计能力1598万吨/年，实际生产能力970万吨/年；基建矿进4对，设计能力285万吨/年。生产和基建矿井合计产能1895万吨/年。2008年，按照四川省国资委统一安排，将鲁班山南矿、鲁班山北矿、石屏一矿和宏达煤业4对基建矿井，合计285万吨/年产能划转给了独立的古叙煤电公司。

2. 产能发展过程

按照四川省委、省政府当初对川煤确立的"大战略、大基地、大集团"的战略规划和"突出发展煤炭主业、提高产业集中度、增强资源控制力、提高电煤供应保障度"的总体要求，川煤集团在全面分析企业现状、产业政策、竞争能力、内外环境、市场需求等因素的基础上，确定通过对现有矿井技改扩能和对中小煤矿进行资源整合，力争到"十二五"末的2015年，煤炭产量达到2300万吨，争取2600万吨；生产焦炭150万吨，争取200万吨；发电27.7亿kWh。实现营业收入200亿元，争取220亿元。新建矿井竣工规模705万吨，矿井在建规模达到540万吨，形成"三千万吨煤炭、二百万吨焦炭"的产业格局。川煤集团从2006年开始，启动了较大规模的新的矿井建设和资源整合工作，走上了产能扩张之路。通过全资新建、合作共建、全资收购、股份合作等形式，共建设煤矿项目15个，新增产能1155万吨/年，核定投资207.11亿元；已完成投资87.68亿元，建成投产5对矿井，产能321万吨/年；全资收购矿井1对，产能30万吨/年；同省监狱局实施股份合作矿井1对，产能30万吨/年；整合矿井12对，设计产能720万吨/年。截至2015年4月，川煤集团规划产能2961万吨/年，设计产能2691万吨/年，核准产能1740万吨/年，实际产能1434万吨/年。

3. 产能发展的意义和效果

通过实施规模扩张，提高了川煤集团在区域煤炭资源上的控制力和影响力，主要表现在：一是四川煤矿的开采水平、治灾能力得到了普遍提高，国有煤炭企业的安全事故率大幅下降，社会效益显著提升；二是先进生产工艺得到了普遍推广，矿井机械化水平全面提高，资源回收率和全员工效大幅上升，回收率由55%左右提高到80%；全员工效由成立之初的1.56吨/工提高到目前的1.85吨/工；三是通过对矿井的技术改造，单井生产规模由成立初的44.1万吨/年提高到了目前的55.6万吨/年。

由于对国际国内经济形势的变化和技术进步引起的能源消费方式改变对煤炭行业产生的影响认识不够，研判不深，估计不足，使煤炭产能超速发展，导致产能严重过剩，行业整体陷入低谷。川煤集团经营已到了难以为继的地步，去产能，减包袱，求转型，已迫在眉睫。

三 川煤集团煤炭产能分析

1. 四川煤炭总量和生产、消费情况分析

四川省保有煤炭资源储量约130亿吨，占全国煤炭保有储量的1%。煤种以无烟煤为主，烟煤多为贫煤，其中炼焦煤约为10%。煤炭资源赋存条

件整体较差,地质构造复杂,灾害严重。煤矿单井规模小、分布散、技术水平比较落后。目前,四川煤炭产业的发展还不适应地区经济社会发展速度和发展质量要求。按当前能源消费结构和水平,全省工业经济所需煤炭总量应保持在7000万~9000万吨标准煤/年,而实际原煤产能为9000万~12000万吨/年。小煤矿安全整治期间,实际生产原煤在6000万吨/年左右。要满足经济发展,还要依赖部分外省煤。

从四川历年的煤炭生产和消纳情况看,2010年全省生产原煤10836万吨,大于30万吨/年的矿井产能和产量分别占22%和28%,单井平均产量7.6万吨,矿井平均规模9.1万吨,采煤机械化率38%,实际消耗原煤约1.3亿吨,折算标准煤为9266万吨,占总能源消耗的50.7%,外省调入原煤2000万吨;"十二五"能源规划煤炭消耗年均增长3%,到2015年消耗原煤15000万吨,折算标准煤10700万吨,外省调入2400万吨,占能源消耗的40.7%。实际上,2011年生产原煤12263万吨,2012年生产原煤11329万吨,2013年泸州"5·11"桃子沟煤矿发生瓦斯爆炸事故后大部分小煤矿停产,当年生产原煤6300万吨,2014年生产原煤4319万吨。2013年以来,消耗不足部分全部由省外煤炭弥补。相比而言,省外煤炭具有质优、价廉的优势,川内企业煤炭自然禀赋差、灾害重、规模小、成本高、煤质差,在全国煤炭产能过剩的形势下,省外煤炭逐渐扩大了在川市场份额,而川内煤炭在省内市场逐渐萎缩。在川外的一些传统市场份额也逐渐被取代。

2. 川煤集团矿井规模及分布

川煤集团2005年8月组建,2014年在产煤矿26座(其中贵州1座),生产能力1826万吨/年;配套选煤厂11座,入选能力1390万吨/年;在建煤矿8座,规模615万吨/年;拟规划建设4座,规模450万吨/年。

川煤集团在产矿井中,以薄煤层开采为主,少数有中厚煤层开采,极少数有厚煤层开采,约40%矿井有大量极薄煤层开采;大型、中型、小型矿井数量分别占31%、46%、23%,生产能力分别占62%、31%、7%;瓦斯、高瓦斯、煤与瓦斯突出矿井数量分别占23%、35%、42%;生产能力分别占27%、27%、46%。

2010~2014年，川煤集团生产原煤基本稳定在1300万~1350万吨/年，占全省总产量的11%~31%。2014年生产原煤1350万吨、入选985万吨，生产精煤362万吨。原煤产量中，无烟煤、炼焦烟煤、贫瘦煤产量分别占19.2%、57.8%、23.0%；含硫量大于3%的产量约450万吨，其中芙蓉无烟煤215万吨，华蓥山瘦煤235万吨，占总量的33.3%；大型、中型、小型矿井产量分别占59.4%、32.0%、8.6%；瓦斯、高瓦斯、煤与瓦斯突出矿井产量分别占29.8%、28.1%、42.1%；采煤机械化率85.3%、综采率79.5%。

3. 川煤集团资源结构分析

总体上，川煤集团所占煤炭资源均具有煤层薄、倾角大、低煤质占比大、地质构造较复杂、灾害较重的特点。矿井规模偏小，系统较为复杂，开采效率偏低，成本偏高，效益较差。受省外煤炭入川巨大冲击，部分产能相对落后。其产能现存状况如下。

（1）资源条件差的产能。一是开采煤层薄，主采煤层厚度0.4~1.0m的有叙永、威鑫、小河嘴、团坝、唐家河、代池坝等6对矿井，能力201万吨/年，占在产能力的11%；开采煤层厚度0.4~1.0m的有李子垭、金刚、柏林、白腊坪、赵家坝等5对矿井，能力192万吨/年，占在产能力的11%。二是开采煤层倾角大，以极倾斜煤层为主的有太平、绿水洞、李子垭南、金刚、铁山南、赵家坝等6对矿井，能力411万吨/年，占在产能力的23%。三是地质构造复杂，影响采区合理划分，对采煤工作面正常推进有较大影响的有花山、大宝顶、白皎、珙泉、叙永、威鑫、绿水洞、李子垭南、金刚、铁山南、代池坝等11对矿井，能力900万吨/年，占在产能力的49%。

（2）受环境制约的产能。主采煤层含硫高，白皎、珙泉、杉木树、李子垭、李子垭南、龙滩、李子垭南二井等7对矿井生产能力为615万吨/年，占在产能力的34%；新维、船景、龙门峡南、龙门峡北等4对建设矿井能力为435万吨/年，占在建能力的71%。

（3）灾害严重的产能。一是煤与瓦斯突出矿井22对，能力1881万吨/

年,其中在产矿井11对,能力846万吨/年,占在产能力的44.98%;建设和规划建设矿井11对,能力1035万吨/年。二是煤层容易自燃的矿井6对,能力885万吨/年,占在产能力的47%。三是水文地质类型复杂、极复杂矿井11对,能力975万吨/年,其中在产4对,能力510万吨/年,占在产能力的52%;建设7对,能力465万吨/年,占在建能力的44.9%。四是矿压严重的矿井4对,能力261万吨/年,占在产和在建能力的13.9%。

(4)产品市场差的产能。一是主采高硫煤矿井11对,能力1050万吨(同环境制约分布)。二是煤质差的矿井3对,产能120万吨/年,占在产能力的7%。

(5)规模较小的产能。小型矿井6对,能力138万吨/年,占在产能力的8%。中型矿井19对,能力998万吨/年,其中,生产矿井12对,能力563万吨/年;建设和规划矿井7对,能力435万吨/年。

(6)效益差的产能。一是亏损严重或长期亏损矿井2对,能力75万吨/年;年人均产量低于300吨的矿井5对,能力126万吨/年,占在产能力的7%;年人均产量低于400吨的矿井14对,能力795万吨/年,占在产能力的44%。

(7)产业政策限制产能。一是采煤面多于3个的矿井3对,能力396万吨/年,占在产能力的22%。二是采煤机械化落后的矿井6对,能力243万吨/年,占在产能力的13%。

四 川煤集团落后产能退出原因、规模

1. 退出原因

(1)资源枯竭。2014年末矿井保有储量服务年限小于5年,且周边(含深部)无潜力资源或预测潜力资源,开采的技术经济性差。

(2)资源条件差。包括:①主采极薄煤层且煤质较差;②地质构造复杂,主采煤层被破坏严重、不适宜机采。

(3)产业政策限制。高硫高灰,受环保限制,无市场前景。

（4）矿区灾害严重。包括：①煤与瓦斯突出威胁严重，且吨煤瓦斯治理成本畸高；②水患威胁严重，现有技术治理困难。

（5）矿井规模较小。小型矿井。

（6）矿井经济效益差。长期亏损或亏损严重。

2. 产能退出规模

拟退出产能 486 万吨/年，涉及从业人员 1.8 万余人。退出产能中，在产规模 396 万吨/年，在建规模 90 万吨/年。其中：

（1）服务年限小于 5 年，深部资源技术经济性差和无潜力的资源枯竭产能 39 万吨/年。

（2）资源条件差的产能 111 万吨/年。

（3）受政策限制产能 45 万吨/年。

（4）灾害严重的产能 120 万吨/年。

（5）规模较小、经济效益差的产能 30 万吨/年。

（6）无经济效益产能 141 万吨/年。

退出生产矿井有李子垭南、白腊坪、小河嘴、珙泉、巡场和威远煤矿；退出的基建矿井有龙门峡北和西华煤矿。退出产能均为合法产能。

目前，川煤集团拟前期退出珙泉、红卫、白腊坪、李子垭、威远等 5 对矿井，退出产能 135 万吨，从业人员 3841 人。

五　产能退出的经验教训和面对的困难

1. 产能退出的经验教训

川煤集团成立前和成立后，1999~2008 年，先后实施了两轮政策性关闭破产，分别为原煤炭部下放四川的五户国有重点煤矿和川煤成立后所属的攀煤公司、芙蓉公司、广能公司、达竹公司、广旺公司，实施项目共 8 个，涉及破产人数 75728 人，其中在职 44023 人，退休 31606 人（其中：抚恤人员 5531 人），离休 99 人，破产资产总额 12.80 亿元，负债总额 15.51 亿元，净资产 -2.71 亿元，资产变现总额 0.69 亿元，核销国有金融机构债权 4.69

亿元,先后使用补助经费24.74亿元(其中:中央财政补助24.56亿元,本企业集团补助0.18亿元),安置职工人数38065人。移交企业办社会机构50个,移交人员3450人。

在两次关闭破产中,虽然为企业解决了诸多历史遗留问题,甩掉了一些历史包袱,但由于政策不到位,各种后续配套措施未跟上,导致关闭破产工作不彻底,一些企业自身无法解决的问题依然存在,包袱也愈背愈重,主要表现在:

(1)集体企业的职工安置问题没有得到解决

川煤集团下属子公司共有集体企业28个,资产总额1.82亿元,负债1.76亿元,从业人员4601人,其中:依附于关闭破产矿井的集体企业6个,从业人员1372人。这些企业面临诸多困难,一是规模小,生产领域狭窄,品种单一,技术含量低,企业因缺乏支柱产业支撑而扭亏无望。二是资产总量少,效率低,固定资产受损严重,变现程度不高。很多企业资不抵债,流动资金严重匮乏,融资困难。三是历史遗留问题多,各种矛盾错综复杂,且长期得不到解决,突出表现在因原集体企业大部分人员未参加医疗保险和养老保险,多年来因要求解决相关问题经常发生上访事件。特别是依附于企业生存的集体所有制企业未纳入关破范围,企业关破后,这些集体企业失去了赖以生存的条件,绝大多数集体企业处于完全停产状态,集体企业职工完全失业,失去收入,社会保险停保,给地方及矿区的稳定带来了极大的隐患。

(2)工伤人员费用问题没有得到有效落实

①关破矿井退休职工工伤及职业病费用缺口较大。中央财政对政策性关闭破产矿井1~6级工伤及职业病按当时的医疗标准给予了10年补助(即经常性费用),由于各种正常医疗费用的提高,缺口逐年增大。

②原政策对破产前已退休职工中7~10级工伤及职业病破产时未纳入工伤保险范围,未给医疗、康复费用,现仍由原主管企业负担。

③关闭破产结束后,退休职工中新鉴定出的职业病人员其医疗费用和一次性补偿均无来源,给当地社保部门带来巨大压力,这些问题影响到关闭破产矿井退休职工工伤及职业病的治疗与康复。

(3) 关破企业离退休人员仍由存续企业负担和管理，难以完成全面移交

由于移交所需费用与关破时中央补助费用数额相差太大，远远超过了企业的承受能力，地方政府也无力承担，致使离退休管理机构及管理范围人员移交工作得不到落实，企业不堪重负。川煤集团及其子公司实施的关破项目，应移交离退休管理机构22个，实际仅移交9个，其余13个机构仍在现存续企业。

(4) 受地方财政影响，破产企业社会化职能移交实施难度大，社区不能与企业分离

实施关破以来，川煤集团及其子公司实施的关破项目，共有企业办社会机构84个，其中已移交地方管理机构50个，还有34个机构未移交；生活后勤及供水、供电、供气等社会化职能现仍为原主管企业管理，维修、维护、损坏恢复无资金来源，均由原主管企业承担，费用缺口大，负担重。

(5) 资源枯竭矿山尾矿（煤矸石）处理极其困难

由于煤矿的特殊性，长期开采导致资源枯竭，形成了大量采空区及尾矿（煤矸石）需要治理，关破政策中未涉及此项内容，导致治理责任主体和治理费用无法得到落实。川煤集团及其子公司实施的关破项目，涉及资源枯竭煤矿需治理的矸石山8个，涉及资源枯竭其他矿需治理的尾矿5个，均没有费用来源和相应政策，无法明确责任和落实费用。

面对以上存在的矛盾和问题，为化解过剩产能，对落后产能实施新一轮淘汰，必须从解决企业实际问题出发，深入调查和研究企业面对的困难和问题，制定完善的政策和措施，明确各级的责任和义务，只有这样才能实施过剩产能和落后产能的平稳有序退出。

2. 落后产能退出面临的困难

(1) 人员安置工作难度大

煤炭企业的属性和我国当前煤炭资源开采的技术水平决定了煤炭企业劳动的高强度，劳动力用工的高密集度，这在我国西南地区和东南部沿海地区尤为突出。以川煤为例，年产量仅1200多万吨，用工人数则达6万人。而且企业地处偏远，多为独立矿区，职工文化程度普遍很低，技能单一，实质

上是人员相对集中的弱势群体,谋生能力弱,绝大多数是举家以煤为主要生活来源,一人失业全家没饭吃现象较为普遍,矿井关停后,没有新的产业衔接,职工就得外出重新找工作,大多数职工面临举家迁离矿区的困境。这给人员的分流安置带来了极大困难,一旦处理不当,就会引起社会的不稳定,发生社会冲突,甚至造成区域性社会动荡。

(2) 退出机制未建立,退出企业社会职能移交缺乏有力的政策保障

受企业所处地域限制和历史因素影响,国有煤炭企业存在的大而全、小而全现象极其普遍,企业承担和履行的社会职能较多,社会包袱沉重,所在地政府由于财力有限,对接纳退出煤炭企业的社会职能持拒绝态度,即使受上级部门强力推动,也是采取能拖则拖的办法,由此引发的后果仍是退出企业的母企业承担。

(3) 资产处置困难

由于煤矿本身的特殊性,决定了其资产形态的特殊性、唯一性和不可移动性。一旦退出,其资产不仅不能创造价值,而且资产本身的价值也会立即严重缩水,其资产损失若由企业自行承担,势必让企业背上新的重大包袱,这对当前处于极度困难的煤炭企业来说更是雪上加霜。

(4) 企业转产转型困难

产业退出,在实现人员的转型转产分流安置方面,一是目前正处于经济低迷期,适合较大规模人员安置的项目极难寻找,缺乏生存和突围出路。二是煤炭企业经过近几年产业整体下滑造成持续亏损,企业积累用于保稳定、保吃饭、保生存已基本耗尽,负债率快速上升,企业融资难度加大,即使有新的项目,也难以获得金融机构的大额度借贷资金支持。

(5) 退出企业债务负担的处置缺乏政策支持

退出企业一般是经营非常困难,严重资不抵债,个别矿井为了保职工就业、保稳定、保吃饭,长期负债经营,其资产负债率甚至高达数倍之多。对这类矿井,其背负的银行借款,对内债务(欠发工资等)和对外债务(货款、工程款等)以何种方式进行处置,政府没有明确的政策支持,这也会导致债务承接困难。

提高认识 统筹兼顾 推进煤炭落后产能有序退出

六 对落后产能退出的认知和应把握的关系与原则

1. 提高对落后产能退出的认知是统一各级思想的首要条件

煤炭产业发展到当前阶段，反映出的产能过剩的突出矛盾，不能单纯地归结为经济问题，还有其政治动因。若不及时采取措施，调控煤炭生产总量，使煤炭产业因大量过剩而导致其产品长期在低价位行走，严重背离其资源属性的实际价值，煤炭企业的负债将不断推高，企业安全和装备投入大幅减少，开采水平难以提高，安全事故发生率极有可能急速上升；企业员工收入大幅降低，生活保障受到威胁，稳定风险会不断加大；多种因素叠加，对社会、对政治都会产生严重的负面影响。这一局面的形成，不仅仅是市场问题，也不仅仅是企业自身问题，在很大程度上，是政府宏观管理失控和决策导向问题。煤炭十年黄金期的到来，根本原因是政府为拉动内需，提高GDP增速，盲目加大基础设施投入力度，引起的能源需求旺盛。为满足能源需求，煤炭项目大量上马，致使煤炭产业大跃进势如长虹，飞跃发展；大量资金投放市场，引起流动性过剩，造成煤炭价格猛涨，企业作为经济组织，为追逐高额回报，引发大规模冲动型投资热潮，纷纷扩能技改，大量释放产能，导致市场严重失灵，产能严重过剩。要有效化解过剩产能，促进落后产能的有序退出，必须从认知上加以提高。一是把化解过剩产能和落后产能退出上升到国家宏观调控的高度认真对待。任何一个产业的形成，都有其发展规律和生命周期。煤炭产业虽然是国民经济发展中最重要的基础，但随着社会的发展和技术进步，使用效率不断提高，必定出现需求总量的减少和供给能力的不断上升，在一定的时间内不可避免地会出现过剩。要化解这一矛盾，企业自身无法实现，只能由国家采取宏观调控措施，对市场进行强制性干预，才能产生积极效果。二是要把化解过剩产能和落后产能退出上升到促进煤炭产业多元发展、科学发展的高度来加深认识。煤炭产业长期以来，从生产到管理到消费环节，都是粗放型和不可持续。劳动生产繁重、生产工艺落后、管理方式简单、能源消耗高、环境影响大、浪费严重等给煤炭产

打上了深刻印记,傻、大、粗是对煤炭职工的形象概括。要改变这一现象,就必须从化解过剩、退出落后入手,降低供应总量,实现价值回归,增加企业积累,创新发展方式,促进多元发展和科学发展。三是要把化解过剩产能和落后产能退出上升到500万煤炭产业工人的生存发展奔小康的高度来予以关注,切实解决实际问题。煤炭企业所处地理环境和煤炭职工自身能力素质决定了煤炭职工一旦退出所从事的行业,谋生存是他们必须面对的最大难题。对退出煤炭产业的职工,应由政府、主管企业通过各种渠道实施就业安置,尽可能让他们不失业、能生存。四是要把化解过剩产能和落后产能退出上升到煤炭产业协调发展和优化布局的高度来科学实施和有序推进。在国家层面,要充分利用新一轮化解过剩产能和落后产能退出的契机,一盘棋思维,调整产业规划,优化产业布局,促进煤炭产业的健康、协调、可持续发展。同时,在推进产能退出过程中,对计划经济时期所上项目和国家批准项目,不能简单地推向企业,要由政府安排专项资金作为退出费用补偿,对退出企业的善后工作,也应由政府为主体妥善处理。

2. 注重要素结合是实现煤炭产业健康发展的重要保障

一是要注重新增产能与落后产能退出相结合。落后产能退出,势必腾出部分市场空间让渡给优质能源项目,对于新增的优质项目,必须把握有市场、能发展的原则,充分发挥政府和市场"两只手"的作用,一方面由市场自发调节,另一方面实施政府政策干预,在稳定总量的基础上,采取退一进一方式,严控产能规模,防止报复性膨胀而形成新的产能过剩。二是要注重产能退出与企业办社会移交相结合。产能退出企业的社会化职能,国家必须要有明确的态度,采取强制性手段和措施,落实主体责任,全部彻底移交,使企业不再背新的包袱。同时要消化旧矛盾,解决好历史遗留问题,让企业向经济组织回归,真正成为市场主体。三是要注重落后产能退出与产业升级相结合。落后产能退出的最终落脚点应当是促进产业升级发展,提高行业经济质量和水平。在实施落后产能退出过程中,要从行业可持续发展的高度,制定相关政策和措施,对煤炭企业发展路径和条件实行硬约束,坚决制止低水平发展。四是要注重落后产能退出与企业转机建制相结合。落后产能的退出,会给企业减掉负担和包袱，使企业处于资源优质、财务健康、员工精干的一种状态。要保持这种状态的连续性，必须建立符合市场经济要求、管理效率和效能得以充分发挥的管理体制和运行机制，激发企业活力，增强企业的创新动力。五是要注重落后产能退出与区域能源安全相结合。保障区域能源安全，是实现地区经济持续稳定发展的重要条件。在界定落后产能和确定退出规模时，要充分考虑区域能源供给水平和资源的优化有效配置，认真区分绝对落后和相对落后，处理好两者关系，做到退出彻底保留有效。六是要注重落后产能退出与化解产能过剩相结合，正确把握落后退出与化解过剩的关系。化解产能过剩是落后产能退出的前提，落后产能退出是化解过剩矛盾的基础，两者相辅相成但又存在差别。满足落后产能基本要素条件的产能，虽然分布较广，但开采量占比较低，即使全部关闭退出，也难以完全化解当前的过剩状态，同时带来产业布局失衡。所以必须从产业布局和控制区域总量入手，应将处于资源条件好的区域中的相对落后部分纳入退出范围，对处于资源条件差的区域中相对较好的应当保留发展，只有这样才能从根本上化解产能过剩，实现产业的优化布局。

3. 合理安排退出产能是实现落后产能有序退出的根本保证

产能退出要根据煤炭产能分布状况、形成原因、能源保障、能源消纳能力、未来能源结构出发，从国家和区域能源供给能力方面进行综合评估和总体布局，合理安排，分步实施。西南地区和东部沿海地区的煤炭资源具有资源条件差、环境影响大、矿井灾害重、开采环境恶劣、开采成本高、经济和利用价值低、富含高硫高灰的普遍特点，从严格意义上界定这些产能，均为落后产能范畴。但这些地区的经济发展，又离不开煤炭资源的支持，当前和今后相当一段时期，清洁能源和可再生能源又不足以支撑社会经济发展需要，煤炭远距离运输仍会对环境造成一定程度的污染。同时，若遇特大灾害和重大事件，势必危及区域能源安全和快速保障供给。鉴于此，对这些地区的煤炭资源开发，应从国家政策层面和制定国家规划方面，根据区域能源需求，核定一定的保有开采量，合理布局能源，实施计划开采，严控开采范围，允许具有先进技术、具备较高治灾水平和技术装备水平的企业进行开采，对技术和装备落后、治灾能力差的企业实行强制退出,防止破坏性开采和无序开采,从而达到控制产能的效果。从长远发展来看,还可减轻今后清洁能源和可再生能源足够替代化石能源时的关矿关井压力,同时还可减轻今后社会稳定压力。

4. 建立合理的补偿机制是完善落后产能退出长效机制的重要内容和必要前提

中国的能源分布特点是北方化石能源相对丰富且资源赋存条件较好,埋深浅,开采成本低,资源集中度和利用率高,新能源和可再生能源相对匮乏;南方和西北地区化石能源资源赋存条件差,灾害重,开采难度大,成本高,而新能源和可再生能源储量却相对丰富,占全国的80%左右。化石能源和新能源、可再生能源南北差异大。由于这一差异特点,南部和西部地区的煤炭产业必定率先受到巨大冲击,在国家能源结构调整中,南部和西部地区的煤炭产业即将成为退出的重点。而实施煤炭产业的落后产能退出,既是化解煤炭过剩产能,促进煤炭资源价值回归的有效措施,也是为大力发展清洁和可再生能源创造条件。要建立和完善落后产能退出的长效机制,促进煤炭产业的健康有序发展,就必须在国家层面建立煤炭产业退出的补偿机制。一是按清洁能源和可再生能源替代补充量,按一定比例提留部分资金作为财政预算单列,用于煤炭产业退出企业补偿,这方面,电力行业实行的水火互补已有先例;二是对北方煤炭开采条件较好的煤炭企业提取吨煤费用作为基金或由国家在北方煤炭企业的税收中提取部分资金以国家财政转移支付形式,补偿给退出煤炭企业。两种渠道聚集的资金,作为专项资金集中监管和调度,用于退出煤炭企业转型、转产发展的资金补贴和人员安置;为能源战略性布局并承担区域资源补给和调剂任务而存续保留矿井的环保改造升级和灾害治理等。这种补偿机制的建立,既能缩小南北差距,又能使落后产能退出的长效机制得到完善,有利于落后产能的顺利有序退出和有效化解退出矛盾。

七 对落后产能退出的政策建议

实施落后产能退出,有效化解过剩产能,是国家经济发展到一定时期的必经之路，也是为今后清洁和可再生等先进、优质、环保、可持续发展能源的开发利用赢得时间和空间。为顺利实现新一轮的产业调整，保持国家经济的稳定快速发展，从某种意义上来讲，落后产能退出是煤炭企业以牺牲自身利益，为推动国家经济的整体、快速转型提供支持和保障，同时是在国家宏观经济调控下煤炭企业和广大煤炭职工站在服从国家利益的高度做出的艰难选择。煤炭企业在国家长期的经济发展和建设中，做出的贡献是无可替代的，今后和相当长的时期仍然会是国家重要基础能源的主要提供者。中央和各级地方政府，必须树立退出也是贡献的意识。转型需要成本，退出同样需要成本。这种成本的付出，利在长远。当前国家具备的实力也完全能够承受该部分成本。为此，提出如下政策建议。

1. 关于落后产能退出的制度安排

合理制度安排是保证落后产能有序退出的政策保障。一是要完善煤炭落后产能标准。煤炭行业管理部门要会同有关部门研究制定反映资源、技术、安全、环保等方面要求的煤炭行业落后产能标准，明确关闭破产煤矿基本条件和国家支持范围，为落后产能退出提供依据。在对落后产能的界定方面，不能以规模确定产能性质，要按安全和环境影响程度、经济和利用价值确定，具体地讲，应当从安全和环境是否能达标、资源结构是否合理、开采成本是否高并且是否扭亏无望、开采工艺是否落后等方面进行考量。二是根据国家产业政策，量化落后产能指标，确定退出数量。按照区域清洁能源（核能、生物质能、地热）、可再生能源（光能、风能、太阳能、水能、海洋能）等能够替代煤炭等化石能源的增量来确定年退出量，逐步推动资源枯竭、灾害严重、扭亏无望、煤质差的国有煤矿有序退出和淘汰，并严格督查，使产业退出常态化。同时要优化煤炭开发布局，推动煤炭结构调整，提高生产集中度。三是要建立落后产能退出长效机制。既要认真解决原政策性破产煤矿历史遗留问题，又要深入研究制定新时期煤矿退出机制和配套政策措施，为落后产能退出提供政策保障。

2. 退出方式选择

由各地区、各企业根据矿井资产属性、产权状况、自然环境条件，分别采取关闭、破产、资产转让、资产重组、政策性退出和整体转型等方式实现产能有序退出。

（1）国有独资的资源枯竭矿井，可采取关闭方式退出。

（2）属于股份合作制形式的资源枯竭矿井，可采取破产清算方式退出。

（3）对有剩余资源，且现存资产有较好利用价值的矿井，可实施产权转让方式退出。

（4）对有剩余资源，但经营亏损严重且退出相对集中，具有区域管理优势的矿井，可实行国有资本退出，引导和鼓励民营资本对其进行资产重组或实施混合所有制改造。

（5）对有剩余资源，但经营亏损严重、资不抵债的矿井，可采取破产方式退出。

（6）政策性退出。对资源条件差、环境影响大、矿井灾害重、开采环境恶劣、开采成本高、经济和利用价值低、富含高硫高灰的矿井实施政策性关闭退出。

（7）整体转型。对离中心城市和经济发达城市较近的退出矿井，由政府提供项目或支持、鼓励企业自寻项目，实施整体转型。

3. 关于退出产能的人员安置

（1）实施社会统筹。对男年满50周岁，女年满45周岁或工龄男满30年，女满25年的实行提前退休，进入社会保障体系。同时要求退出企业的母公司，对纳入社会保障的人员，不得再安排就业岗位，以减轻人员安置压力。

（2）转岗安置。对地处偏远地区经济条件落后的退出矿井人员，实行政府帮扶，提供再就业培训和分散就业岗位。对因各种原因，实在无法进行二次就业的人员予以失业救济，提供最低生活保障。

（3）依法解除劳动合同。对不符合纳入社保体系条件，又不服从政府和企业安置的人员，严格按照劳动合同法相关规定，依法解除劳动合同，按照为企业服务年限，给予经济补偿和清算。

（4）鼓励自谋职业和自寻出路。对有意愿自谋职业、自寻出路的人员，要给予大力支持,并由政府和企业在对其进行清算补偿的同时,共同为其在技术、资金、项目等方面提供援助,鼓励自主创业。

4. 关于退出产能的资产处置

(1) 对有效资产处置。可采取协议或挂牌出让、无偿划转等方式进行处置,其处置所得一是用于职工经济补偿,二是划归母体企业作为经营性资产。

(2) 对债权债务处理。退出的非独立法人矿井,其资产和负债由主体企业承接;退出的独立法人矿井,其负债由政府协调银行实行挂账停息处理或为其主体企业提供贴息贷款,等额换关闭退出煤矿的银行贷款。两类性质企业若负债过高,超过主体企业承受能力部分的债务,由政府予以适当补贴或做核销处理。

(3) 对非经营性资产的处置。"四供一业"(水、电、气、暖,物业管理)可通过市场化改革方式进行分离;无法通过社会化改革方式处置的企业办社会资产,可以无偿划转方式和人随资产走的原则整体移交地方政府或社会服务机构管理。

5. 建立退出矿井的政府援助和补偿机制

一是通过政府投入、企业积累、多方筹资等方式和吸收社会资金建立援助资金,用于对退出企业沉没成本处置,企业转产,员工再就业培训和失业救济;二是根据煤炭企业员工构成的实际情况,充分发动社会力量,给予特殊的政策支持。如对录用煤炭企业因退出导致失业的职工达到一定数量的企业给予政府补贴、减免税收或提供贷款优惠,鼓励各类企业优先安排退出矿山的失业人员;三是对由政府出资的公共工程优先考虑具备相应条件的煤炭退出企业承担建设,拓宽就业渠道;同时要促进关闭退出矿井所在地政府提供人员分流保障和产业转移项目支持;四是建立受益企业对退出企业的补偿机制。通过对因煤炭企业退出而受益的相关企业、行业以增加税收或上交基金的方式转移支付给退出企业,作为费用补偿,用于退出企业人员安置和实施产业转移。

6. 关于退出产能的社会化职能移交

按照国办发〔2013〕104号文件关于"落实相关政策,解决原国有重点

企业破产煤矿遗留的离退休人员医疗保障及社会化管理、社会职能移交等问题"的要求,一是将已退休人员和工伤人员管理,全部移交地方,实行社会化管理;二是将矿区社会化服务和管理机构按属地管理原则,移交当地政府,剥离企业办社会职能。

7. 关于退出产能的生产接续

产能退出需要一个较长的时间过程。在这个过程中,产能退出企业的主管单位、所在地政府相关部门不仅要严格履行监管职能,还应对其生产经营进行指导帮助,对经营困难的企业,提供必要的资金支持,做到生产不断,管理不乱,队伍不散,安全有保障,不发生大的灾害事故,从而保持正常的生产秩序。

8. 关于退出产能的矿区生活秩序

退出矿井一般来说,普遍面临经营困难,职工收入偏低,群众的生活相对较差。一旦将其纳入关、停项目,从未来前途着想,不可避免会出现思想波动,对矿区正常的生产生活秩序产生一定影响。为保持矿区生活秩序正常、稳定,一方面要向职工群众讲清落后产能退出对企业发展的作用和意义,争取理解支持。另一方面,由政府和企业共同设立扶贫基金,对生活困难的职工家庭在日常生活、子女就学就业和重大疾病等方面提供帮助,增强其对生活和对企业未来的信心,同时也使之能真实感受到政府的温暖;建议由中央、省、市三级按比例分担,作为财政预算支出,设立退出企业转产资金,并协调安排转产项目,由企业组织实施,逐步分流转移和消化退出企业人员。通过这些实实在在的工作,让他们明确知道主管企业和政府在为他们积极寻找出路,虽然现在的企业关停了,但不会抛弃自己,丢掉自己,自己仍是社会和企业的主人,能看到美好前景和希望。从而保证退出企业在退出期间的生产生活秩序的正常化。

9. 关于退出产能的矿区社会稳定

煤矿生产矿区通过几十年的发展,均已形成了独有的社会体系。数代人在此繁衍生息,各种关系盘根错节,情况各异,问题复杂。退出工作一经启动,各种社会矛盾和问题、各类诉求都会集中爆发,单靠企业力量根本无法解决。政府是各种社会资源的拥有者和支配调度者，在保持退出工作顺利开展和维护矿区社会稳定、突发事件的处置方面，应当作为主体，并落实其主体责任，同时应担负引导、指导督促企业退出工作的有序开展，确保平稳退出。

10. 关于退出产能的经济补偿

前轮政策性关闭破产，国家出台了有相关经济补偿政策。但随着社会的进步和职工收入、消费水平的提高，这些政策已无法在这一轮产能退出关闭中继续适用。国家在出台新的补偿政策和标准时，要充分考虑社会经济发展，物价和地区消费水平，合理确定经济补偿标准。对退出企业的奖励和补偿，按照财政部、工业和信息化部、国家能源局《关于印发〈淘汰落后产能中央财政奖励资金管理办法〉的通知》（财建〔2011〕180号）、小煤矿关闭相关经济补偿和各省市淘汰落后产能相关政策执行。同时将关闭退出矿井分流人员经济补偿金、伤残人员就业补助金、退休人员医疗保险补偿金等费用纳入财政专项补助范围。

11. 关于退出产能的存续企业处置

煤炭企业在存续期间，为了安排职工子女、家属就业和企业本身的发展需要，办了一些内部企业，这类企业在性质上，既有全民所有制，又有集体性质企业，一部分企业是直接为煤炭主业服务，另一部分企业所从事的业务又与主业无关，但绝大多数均是依靠主业输血生存。对这类企业的处理可从两个方面分别对待。对煤炭主业依附性强的企业，可与主业一起，进行捆绑关退；对与主业关联程度不高，但需依靠主业输血的企业，一是可由国家和地方政府拨付专项资金，支持其转产；二是实施企业改制，包括租赁经营、承包经营和管理层持股等形式，转换经营方式。对退出矿井所属的大集体等附属单位资产、人员等，应从尊重历史的角度，统筹考虑一次性解决，特别是该部分职工欠缴的"五险一金"，应制定明确的减免政策，彻底甩掉历史包袱。

12. 关于退出企业相关后续问题的处理

根据以往关破经验，企业退出，不可能将所有的问题因关停而全部解

决,仍然会有很多难以预见的因素和问题,包括退出煤矿环境恢复治理、废弃土地复垦、公共设施设备改造建设等。国家在制定退出政策和指导企业实施过程中,特别是在做关退费用预算时,应提留部分后续问题处理准备金,用于后续问题处理的费用支出。中央财政和地方政府,按照事权与财权对等原则,进行合理费用分担。同时要明确后续问题处理的责任主体,并实施问责,防止因各类问题处置不当引发新的问题。

B.11
附录：有关煤炭落后产能退出的国家政策

编者按 1997年亚洲金融危机爆发，国内经济萎缩，煤炭产能出现过剩。自1998年底开始，国家出台了一系列有关煤炭落后产能的退出政策。在这里，我们摘编了自1998年以来国家发布的有关煤炭落后产能退出的政策，旨在于系统了解和把握煤炭落后产能退出政策的演进、发展趋势，以利于更好推进这一具有重大战略意义的实践。

《国务院关于关闭非法和布局不合理煤矿有关问题的通知》
（国发〔1998〕43号）

各省、自治区、直辖市人民政府，国务院各部委、各直属机构：

煤炭是我国的主要能源，煤炭工业作为基础产业，在国民经济发展中占有重要的地位。改革开放以来，国有、集体、个体等各类煤矿发展很快，煤炭产量迅速增长，从根本上扭转了长期以来供不应求的局面，为缓解我国能源紧张、保证工农业生产和人民生活需要，做出了很大贡献。但是，小煤矿盲目发展、低水平重复建设、非法生产、乱采滥挖、破坏和浪费资源以及伤亡事故多等问题相当严重，已经成为制约煤炭工业发展的主要矛盾。为合理开发利用煤炭资源，调整和优化煤炭工业结构，规范煤炭生产经营秩序，实现煤炭产需基本平衡，搞好安全生产，促进煤炭工业健康发展，国务院决定，关闭非法和布局不合理煤矿，压减煤炭产量（以下简称关井压产）。现就有关问题通知如下：

一、依照《中华人民共和国矿产资源法》和《中华人民共和国煤炭法》的有关规定，凡没有采矿许可证和煤炭生产许可证（以下简称"两证"）以及1997年1月1日后在国有煤矿矿区范围内开办的各类小煤矿，一律依法取缔。

1997年1月1日前在国有煤矿矿区范围内开办的各类小煤矿，凡"两证"不全的，一律予以关闭；国有煤矿矿区范围以外的各类小煤矿凡"两证"不全的，要全部停产整顿，到1999年2月底仍达不到发证条件的要予以关闭；开采高硫高灰煤，又未采取有效降硫降灰措施的各类煤矿要予以关闭。

1997年1月1日以前在国有煤矿矿区范围内开办的各类小煤矿，虽"两证"俱全且合法生产，但因布局不合理，影响国有煤矿长远发展，也要予以关闭。

按照规划，关井压产任务到1999年底前完成，关闭非法和布局不合理煤矿2.58万处，压减产量2.5亿吨。

二、关井压产期间，各省、自治区、直辖市一律停止审批新开煤矿。对应予取缔和关闭的各类煤矿，有关部门不得换发、补发采矿许可证、煤炭生产许可证和营业执照；铁路、交通部门不得提供运输；有关部门和商业单位不得购销其煤炭；供电部门不得供电，其他单位不得转供电；银行不得为其开设账户和提供贷款；民爆器材供应部门不得提供火工产品。

三、关于关闭合法开办小煤矿适当补偿问题，要区别情况，统筹算账。具体补偿办法由省、自治区、直辖市人民政府制定并实施。切实关闭小煤矿后，对财政收入影响较大且地方财政比较困难的地区，由中央财政酌情予以补贴。补贴办法由国家经贸委商财政部、国家煤炭工业局制定。

四、关井压产工作由国家经贸委牵头、协调，各省、自治区、直辖市人民政府负责组织实施，国家煤炭工业局负责监督检查。国家经贸委会同国家煤炭工业局、国土资源部、国家工商行政管理局和财政部、国家计委、监察部、公安部、环保总局成立煤炭行业关井压产工作领导小组，下达全国关井压产规划和分省（自治区、直辖市）目标。领导小组办公室设在国家煤炭工业局。

五、各产煤省、自治区、直辖市也应成立以政府主管领导为组长的关井压产领导小组，加强对本省（自治区、直辖市）关井压产工作的组织领导。同时，组建由煤炭、地矿、工商、监察、公安、环保、电力等部门和单位参加的关井压产执法监察队伍，进行联合执法监察和检查验收。各有关部门要积极配合，大力协同，做好工作。

关井压产工作涉及面广，政策性强，各地区、各有关部门一定要加强领导，明确责任，搞好宣传教育，加强舆论监督，加大行政执法力度，把这项工作抓紧抓实，抓出成效。

1998 年 12 月 5 日

《淘汰落后生产能力、工艺和产品的目录》（第一批）（摘录）

（中华人民共和国国家经济贸易委员会令第 6 号）

《淘汰落后生产能力、工艺和产品的目录》（第一批）已经国务院批准，现予发布，自 1999 年 2 月 1 日起施行。

国家经济贸易委员会主任　盛华仁
一九九九年一月二十二日

为制止低水平重复建设，加快结构调整步伐，促进生产工艺、装备、和产品的升级换代，根据国家有关法律、法规，制定本目录。

一、本目录淘汰的是违反国家法律法规、生产方式落后、产品质量低劣、环境污染严重、原材料和能源消耗高的落后生产能力、工艺和产品。

二、本目录公布的第一批涉及 10 个行业，共 114 个项目。其中有些项目，有关部门已采取各种方式发布过，为进一步加大淘汰的力度，这次予以重申。国家经贸委将在研究制定产业政策的过程中，针对国内外市场变化和产业发展的情况，陆续分批颁布淘汰、限制落后生产能力、工艺和产品的目录。

三、各地区、各部门和有关企业要制定规划，采取有力措施，限期坚决淘汰本目录所列的生产能力、工艺和产品，一律不得新上、转移、生产和采用本目录所列的生产能力、工艺和产品。各地经贸委（经委、计经委）要将规划上报国家经贸委。

四、本目录涉及到依法批准设立的外商投资企业的，由国家经贸委会同国务院有关部门商地方人民政府处理。

五、各地人民政府要督促本地工商企业执行本目录。对拒不执行淘汰目录的企业，工商行政管理部门要依法吊销营业执照、各有关部门要取消生产许可证、各商业银行要停止贷款。对情节严重者，要依法追究直接负责的主管人员和其他直接负责人员的法律责任。

六、本目录由国家经贸委负责解释。

1999 年 1 月 22 日

附件：淘汰落后生产能力、工艺和产品的目录（第一批）

一、落后生产能力		
序号	名称	淘汰期限
1	没有采矿许可证和煤炭生产许可证（以下简称"两证"）的各类小煤矿	1999 年
2	在国有煤矿矿区范围内,1997 年 1 月 1 日后开办的各类小煤矿	1999 年
3	在国有煤矿矿区范围内,1997 年 1 月 1 日前开办的、"两证"不全的各类小煤矿	1999 年
4	在国有煤矿矿区范围内,1997 年 1 月 1 日前开办的、"两证"俱全且经批准生产，但因布局不合理，影响国有煤矿长远发展的各类小煤矿	1999 年
5	国有煤矿矿区范围以外，凡"两证"不全，经整顿到 1999 年 2 月底仍达不到发证条件的各类小煤矿	1999 年
6	开采高硫高灰煤，又未采取有效降硫降灰措施的各类煤矿	1999 年
二、落后生产工艺装备		
序号	名称	淘汰期限
21	PB2、PB3、PB4 型矿用隔爆高压开关	2000 年
22	6AM、φM－2.5、PA－3 型煤用浮选机	2000 年
23	PG－27 型真空过滤机	2000 年
24	X－1 型箱式压滤机	2000 年
25	ZYZ、ZY3 型液压支架	2000 年

注：淘汰期限 1999 年是指应于 1999 年底前淘汰；
淘汰期限 2000 年是指应于 2000 年底前淘汰。

《国务院办公厅关于进一步做好关闭整顿小煤矿和煤矿安全生产工作的通知》

（国办发〔2001〕68号）

各省、自治区、直辖市人民政府，国务院各部委、各直属机构：

《国务院办公厅关于关闭国有煤矿矿办小井和乡镇煤矿停产整顿的紧急通知》（国办发明电〔2001〕25号，以下简称《紧急通知》）下发后，各地区、各有关部门认真贯彻落实，关闭整顿小煤矿（含国有煤矿矿办小井、国有煤矿以外的各类小煤矿，下同）和煤矿安全生产工作取得了一定成绩。但是，由于一些地区、部门和单位认识不足，监管不力、执法不严，关闭整顿小煤矿工作仍存在不少问题，突出表现在：部分地区国有煤矿矿办小井并没有全部关闭，乡镇煤矿停产整顿流于形式，以停代整；一些已关闭小煤矿擅自恢复生产的现象比较严重；一些地区整顿验收标准不够严格，小煤矿重大、特大伤亡事故仍时有发生，不但给国家和人民群众生命财产造成严重损失，而且造成极坏的社会影响。为进一步做好关闭整顿小煤矿和煤矿安全生产工作，促进煤炭工业形势的根本好转，经国务院同意，现就有关事项通知如下：

一、加快小煤矿关闭工作进度

（一）凡属"四个一律关闭"的小煤矿，即国有煤矿矿办小井、国有煤矿矿区范围（即国有煤矿采矿登记确认的范围）内的小煤矿、不具备基本安全生产条件的各类小煤矿、"四证"（即采矿许可证、煤炭生产许可证、营业执照和矿长资格证书）不全以及生产高灰高硫煤炭（灰分超过40%、含硫超过3%）的小煤矿，必须按照《紧急通知》有关规定全部予以关闭。未按《紧急通知》要求时限完成关闭任务的地区，必须采取有效措施，尽快实现关闭目标；关闭任务重的地区也要加快进度，确保在2001年10月底前全部关闭。

（二）小煤矿的关闭工作必须达到以下要求：凡属应予关闭的小煤矿，

政府有关部门要限期注销或吊销证照,炸毁井筒,填平场地,发布公告,并按要求恢复地表植被或复垦。

(三)对已关闭而又擅自恢复生产的小煤矿,一律按无证开采论处,由省级人民政府组织煤炭管理、国土资源、工商行政管理、公安、监察、环保等部门和煤矿安全监察机构,依法予以关闭。同时,要严肃追究有关直接责任人和当地政府负责人的责任;构成犯罪的,要依法移送司法机关,追究刑事责任。

(四)妥善处理关闭小煤矿工作中的有关问题。

1. 地方政府要根据国家有关法律、法规和政策规定,妥善安置被关闭小煤矿的职工,属于城市居民并已参加失业保险的,要按规定发放经济补偿金并享受失业保险待遇;符合享受城市居民最低生活保障条件的,按规定享受城市居民最低生活保障待遇。对农民合同制工人,发给经济补偿金;本单位已缴纳了失业保险费的,按规定支付一次性生活补助费。对国有煤矿矿办小井中与国有煤矿签订劳动用工合同且合同期未满的职工,由所在煤矿重新安置。对已被所在煤矿安置或失业后重新就业的职工,要接续社会保险关系,继续缴纳社会保险费。

2. 关闭小煤矿过程中发生的费用,原则上由地方承担。关闭小煤矿和职工安置任务重、地方财政确有困难的地区,由中央财政予以适当补助。

二、加大小煤矿整顿工作力度

(一)《紧急通知》规定应予关闭之外的所有小煤矿,均列入此次整顿的范围。小煤矿的整顿工作要坚持高标准、严要求,整顿的重点是:煤矿矿井通风,以及防瓦斯、防尘、防火(以下简称"一通三防")等安全设施的建设是否符合规定要求;安全生产是否符合煤矿安全规程和技术规范;煤矿矿长是否具备安全专业知识,特殊工种作业人员是否有职业资格证书;煤矿开采是否符合环保要求,排放污染物是否达到环保标准;资源利用是否合理,矿业秩序是否良好。

(二)小煤矿整顿工作原则上于2001年年底前结束,经整顿后仍不符合有关规定的,一律依法关闭。经整顿后保留的小煤矿必须符合以下条件:

具备安全生产条件和事故防范能力；布局合理，规模适度，符合环保要求；矿长和特殊工种作业人员取得职业资格证书，持证上岗。

（三）整顿后保留的小煤矿，经验收合格后方可恢复生产。验收工作由省级人民政府统一领导，并负责组织实施。小煤矿验收标准由各省级人民政府按照《中华人民共和国矿产资源法》、《中华人民共和国煤炭法》、《中华人民共和国大气污染防治法》、《中华人民共和国矿山安全法》及煤矿安全规程等相关规定和要求组织制定。验收合格的小煤矿，由验收人员及乡（镇）、县（市、区）、市（地）政府负责人逐级签字，经省级人民政府批准，并由省级人民政府有关部门核发"四证"后，方可恢复生产。对在验收中失职渎职、弄虚作假的单位和个人，要依据有关规定，严肃追究有关责任人的责任。

（四）各级监督、执法部门要严格执行《中华人民共和国矿产资源法》和相关法律法规，严禁采矿权人以承包、转包和租赁等方式，将部分和全部采矿权转给他人开采。对已有的以承包、转包等方式开采矿产资源的，要认真清理，并依法严肃处理。

三、加强监管，加大执法力度

（一）严格新建煤矿的审批程序和标准，防止重复建设。"十五"期间新建煤矿要严格按照基本建设程序报批。新建煤矿必须符合国家环保法规、矿产资源规划、产业政策、煤矿建设布局和"三同时"（即矿山建设工程的安全设施必须和主体工程同时设计、同时施工、同时投入生产和使用）的要求；具有一定的生产规模；达到有关法律、法规等规定的各项安全条件；实行正规开采，资源回收率达到50%以上。在关闭整顿小煤矿期间，暂不批准新建小煤矿项目。

（二）严格"四证"的审核发放，自本通知下发之日起，将"四证"的审核发放权力一律上收到省级人民政府有关部门。采矿许可证由省级国土资源管理部门负责审核发放；煤炭生产许可证由省级煤炭管理部门负责审核发放；煤炭企业取得采矿许可证、煤炭生产许可证后，向省级工商行政管理部门申请登记注册；矿长资格证书由省级煤炭管理部门审核发放。

（三）负责审核发放"四证"的省级人民政府有关部门，必须严格按有关规定办理。对本通知下发前发放的证照进行全面清理。凡是予以关闭的小煤矿持有的各种证照，有关部门要在2001年10月底前全部依法予以注销或吊销；凡属停产整顿的小煤矿持有的证照，经验收合格并由省级人民政府批准恢复生产的，再重新核发各种证照；经整顿实行关闭的，有关证照要在2001年年底前全部注销或吊销。在小煤矿关闭整顿期间，暂停对小煤矿审核发放新的"四证"。对有关部门及其工作人员徇私舞弊、滥发证照的，要严肃查处；导致发生特大责任事故的，要依照有关规定追究行政责任；构成犯罪的，移送司法机关依法追究刑事责任。

（四）严格劳动用工管理。小煤矿用工必须报当地劳动保障、公安部门备案。劳动保障和公安部门应对小煤矿用工依法进行监管。小煤矿从业人员必须与企业签订劳动用工合同，严禁女工从事井下劳动。煤矿井下作业作为特殊工种，其作业人员必须接受国家认定的培训机构所组织的安全和操作技能培训，并取得相应的职业资格证书，未取得职业资格证书的人员，不得擅自上岗。

（五）各煤矿企业都要依据《中华人民共和国煤炭法》的规定，为煤矿井下作业人员办理意外伤害保险，支付保险费，切实保障从业人员的权益。

（六）加大煤矿安全监察执法和煤矿伤亡事故查处力度，继续深入开展煤矿安全专项整治，加强煤矿安全执法监察。对煤矿发生的重大、特大事故，要按照"四不放过"（即事故原因没查清不放过、责任人员没受到处理不放过、整改措施没落实不放过、有关人员没受到教育不放过）原则严厉查处；涉及重大责任事故罪和重大劳动安全事故罪的，公安机关要加大侦查力度，及时移送司法机关，依法追究有关责任人的刑事责任。要及时清理收缴关闭的小煤矿存放的易燃易爆物品，防止散落流失。要依法打击暴力抗拒关闭整顿小煤矿的行为，为关闭整顿小煤矿提供执法保障。

四、切实做好煤矿安全生产工作

各地区、各有关部门要在现有工作基础上，进一步加强煤矿安全生产工作。地方各级煤矿安全监察机构要加强日常安全监督检查，堵塞漏洞，减少事故隐患，进一步落实特大安全事故行政责任追究制。重点产煤地区要把煤矿安全生产作为重点，进一步落实安全生产责任制。对于小煤矿集中的地区，县、乡两级政府主要领导要切实负起煤矿安全生产的责任。要引导煤矿企业加大对安全生产的投入，搞好煤矿"一通三防"等安全生产设施的建设和改造，完善各项保障措施，提高煤矿企业防御事故的能力，遏制重大、特大事故的发生。

五、加强领导，落实责任

（一）关闭整顿小煤矿和煤矿安全生产工作由省级人民政府统一负责。省级人民政府要加强组织领导，把关闭整顿小煤矿和煤矿安全生产工作列入重要议事日程。地方各级政府，特别是县、乡两级政府要层层建立责任制，并落实到人。

（二）各级煤矿安全监察部门要切实加强执法队伍建设，严格煤矿安全执法和监督检查。凡加挂煤炭工业局牌子的省级煤矿安全监察局，2001年年底前都要完成机构、职能和人员的分离工作，使煤矿安全监察机构的工作重心真正转到安全监察执法上来。对煤矿安全监察人员滥用职权、失职渎职、徇私舞弊的行为，要按《煤矿安全监察条例》的规定从严查处。

（三）要严厉查处关闭整顿小煤矿中暴露出的腐败问题。对各级政府工作人员利用职权参股办矿，收受贿赂，公开或暗地包庇袒护，使应关闭小煤矿迟迟未能关闭的，要一查到底，严肃处理。

（四）要充分发挥新闻舆论和社会各界对关闭整顿小煤矿的监督作用。各新闻单位要积极配合关闭整顿小煤矿和煤矿安全生产工作，加强舆论监督，电视台、报纸要开辟专题、专栏，明察暗访，搞好追踪报道。各地要设立关闭整顿小煤矿和煤矿安全生产举报电话或电子信箱，方便群众举报。对举报有功人员要予以奖励，并切实保护举报人。

关闭整顿小煤矿和加强煤矿安全生产工作是国务院针对当前煤炭工业生产形势作出的一项重要部署，各地区、各部门要认真贯彻落实。国家经贸委、国家煤矿安全监察局要会同有关部门，督促检查本通知的贯彻执行情况,并将检查结果及时向国务院报告。

2001年9月16日

《国务院关于促进煤炭工业健康发展的若干意见》
(摘录)

(国发〔2005〕18号)

各省、自治区、直辖市人民政府,国务院各部委、各直属机构:

煤炭是我国重要的基础能源和原料,在国民经济中具有重要的战略地位。在我国一次能源结构中,煤炭将长期是我国的主要能源。改革开放以来,煤炭工业取得了长足发展,煤炭产量持续增长,生产技术水平逐步提高,煤矿安全生产条件有所改善,对国民经济和社会发展发挥了重要的作用。但煤炭工业发展过程中还存在结构不合理、增长方式粗放、科技水平低、安全事故多发、资源浪费严重、环境治理滞后、历史遗留问题较多等突出问题。随着国民经济的发展,煤炭需求总量不断增加,资源、环境和安全压力进一步加大。为促进煤炭工业持续稳定健康发展,保障国民经济发展需要,提出以下意见:

一、指导思想、发展目标和基本原则

(三)基本原则。坚持发展先进生产能力和淘汰落后生产能力相结合的原则,一方面加快现代化大型煤炭基地建设,培育大型煤炭企业和企业集团,促进中小型煤矿重组联合改造;另一方面继续依法关闭布局不合理、不具备安全生产条件、浪费资源、破坏生态环境的小煤矿……

二、强化规划和管理,完善煤炭资源开发监管体系

(八)保护节约和合理利用煤炭资源。修订煤炭生产矿井资源回采率标准和管理办法,凡设计回采率达不到国家规定标准的煤炭开发建设项目,一律不予核准,不予颁发采矿许可证。建立严格的煤炭资源利用监管制度,对煤炭资源回采率实行年度核查、动态监管,达不到回采率标准的煤矿,要责

令限期整改；逾期仍达不到回采率标准的，依法予以处罚，直至吊销采矿许可证和煤炭生产许可证。加快完善煤炭资源税费计征办法，研究将煤炭资源税费以产量和销售收入为基数计征，改为以资源储量为基数计征的方案，并在条件成熟时实施；同时，要积极探索多种激励约束机制，促使煤炭生产企业节约煤炭资源。健全煤炭生产企业资源储量管理机构，落实储量管理责任，完善煤炭储量管理档案和制度，严格执行生产技术和管理规程。

三、加快结构调整，加强煤炭供应体系

（十二）进一步改造整顿和规范小煤矿。各产煤地区要充分发挥市场机制的作用，加快中小型煤矿的整顿、改造和提高，整合煤炭资源，实行集约化开发经营。鼓励大型煤炭企业兼并改造中小型煤矿，鼓励资源储量可靠的中小型煤矿，通过资产重组实行联合改造。积极推进中小型煤矿采煤工艺改革和技术改造，规模以上煤矿必须尽快做到壁式正规化开采。继续淘汰布局不合理、不符合安全标准、不符合环保要求和浪费资源的小煤矿，坚决取缔违法经营的小煤矿。

（十三）加快提升煤炭生产和设备制造技术水平。采用高新技术和先进适用技术，加快高产高效矿井建设，提高煤矿装备现代化、系统自动化、管理信息化水平，淘汰落后的技术装备与工艺，推动煤炭工业科技进步。大力推进中小型煤矿机械化，加快培育和发展面向小型煤矿的综合服务机构，形成完善的技术服务体系。通过关键技术引进、技贸结合、合作制造、市场换技术等多种方式，提高煤炭重大技术装备研发和制造能力，促进重大装备制造国产化。加强企业、科研机构和各类院校的联合，推进技术创新体系建设。

2005 年 6 月 7 日

《国务院办公厅关于坚决整顿关闭不具备安全生产条件和非法煤矿的紧急通知》

（国办发明电〔2005〕21 号）

各省、自治区、直辖市人民政府，国务院各部委、各直属机构：

7月份以来，全国煤矿安全生产形势严峻，山西、陕西、新疆、河南、河北、贵州、广东等地相继发生停产整顿煤矿和不具备安全生产条件煤矿非法生产造成的特大、特别重大事故，给人民群众生命财产造成严重损失，其中，8月7日，广东省梅州市兴宁市大兴煤矿发生的特别重大透水事故，造成123名矿工涉难。为坚决整顿关闭不具备安全生产条件和非法煤矿，遏制煤矿事故频发多发的势头，现就有关事项紧急通知如下：

一、立即停产整顿不具备安全生产条件的煤矿

凡属逾期没有提出办理煤矿安全生产许可证申请、煤矿安全监管监察机构已责令停产整顿的矿井，已提交申请，但经审查认定不具备安全生产条件、责令限期整顿的矿井，证照不全矿井，超能力生产矿井，没有按规定建立瓦斯监测和瓦斯抽放系统的矿井，没有采取防突措施的矿井，没有经过安全生产"三同时"竣工验收而投产的基建和改扩建井等，必须立即停止煤矿生产，认真进行整改。

对应当停产整顿的矿井，国家煤矿安全监察机构和地方政府煤矿安全监管部门要下达停产整顿指令，并分别抄送同级地方人民政府和国土资源、工商、煤炭行业管理等部门，依法暂扣其采矿许可证、煤炭生产许可证、矿长资格证、工商营业执照和安全生产许可证。

地方各级人民政府要制订煤矿停产整顿工作方案。对列入整顿名单的煤矿，要依据其安全生产状况和整顿工作难易程度，分批次规定整顿期限。鼓励有条件的煤矿早整顿、早达标，尽快恢复正常生产。所有不合格的煤矿，只能给予一次停产整顿的机会，届时达不到安全生产许可证颁证标准的，一律依法予以关闭。停产整顿最后期限不得超过今年年底。有关地方人民政府要向停产整顿煤矿派出监督员，坚决防止明停暗开，日停夜开，假整顿真生产。

停产整顿的煤矿要认真按照有关规定查证照，查隐患，查安全管理，查劳动组织，确定整改项目，制订整改方案及停产整顿期间保障安全的有关措施，报当地政府煤矿安全监管部门和煤矿安全监察机构。

二、坚决关闭取缔"停而不整"、经整顿仍不达标以及非法生产的矿井

凡属于证照不全拒不停产或无证生产的矿井,已被关闭又非法生产的矿井,明停暗开或"停而不整"的矿井,经整顿仍然达不到安全生产条件的矿井,必须立即依法予以关闭取缔。关闭取缔工作由地方人民政府组织实施。对确定关闭取缔的矿井,地方人民政府要发布关闭矿井公告并采取有效措施,相关部门要吊销其所有证照,停止供电、供水、供火工品,拆除电源和地面设施,炸毁井筒,填平场地,恢复地貌,遣散从业人员。

三、实行联合执法,依法查处违法违规单位和人员

各地区要认真贯彻安全监管总局等五部门联合下发的《关于严厉打击煤矿违法生产活动的通知》,在地方人民政府统一领导下,落实联合执法牵头部门,组织煤矿安全监管监察、国土资源管理、煤炭行业管理、工商行政管理、公安、环保、电力等部门和单位,开展联合执法。地方各级行政监察、司法等部门,也要积极做好配合工作。

对拒不执行停产整顿指令、非法生产的,按妨碍执行公务处理。要依法没收其非法所得,按规定处以罚款,并严格查处直接责任者和有关人员的责任。触犯刑律的,要移送司法机关依法追究刑事责任。严格安全生产行政问责制,认真查处煤矿安全生产和煤矿事故背后的失职渎职、官商勾结和腐败现象。国家机关工作人员、国有企业负责人参与投资入股办矿、接受贿赂、公开或暗中包庇袒护,致使煤矿未能停产整顿或关闭取缔,甚至酿成事故的,要一查到底,依法严肃处理;凡已经投资入股煤矿(依法购买上市公司股票的除外)的国家机关工作人员、国有企业负责人,自本通知下达之日起1个月内撤出投资,逾期不撤出投资的,依照有关规定给予处罚。

四、加强领导,建立和落实煤矿整顿关闭工作责任制

整顿关闭不具备安全生产条件和非法煤矿工作,由省级人民政府统一负责。各省、自治区、直辖市人民政府要从实践"三个代表"重要思想、落实科学发展观、构建社会主义和谐社会的高度,充分认识安全生产工作的重要性,牢固树立"安全第一、预防为主"和"以人为本"的理念,把整顿

关闭不具备安全生产条件和非法煤矿工作摆上重要日程,切实加强领导,把责任层层落实到市(地)、县、乡人民政府。对列为停产整顿和关闭对象的煤矿,要严整关死,并加强督促检查,不留后患。要把整顿关闭工作和强化地方政府煤矿安全监管结合起来,健全完善煤矿安全监管各项规章制度。各省、自治区、直辖市人民政府要将本地区煤矿整顿关闭工作方案报国家安全监管总局,并接受监督监察。

各级煤矿安全监察机构要坚持从严执法,落实监察执法责任制,通过重点监察、定期监察和专项监察,切实加强对煤矿整顿关闭工作的监督。发现该停不停、该关不关或明停暗开的,要立即采取有力的监察执法措施。要严格煤矿安全生产许可证的审核发放,建立许可证年审制度,经审核不再具备安全生产许可证标准的,要依法进行停产整顿或关闭。

煤矿企业要全面落实安全生产主体责任,深刻吸取事故教训,深入开展隐患排查。企业负责人要全面掌握本单位的安全隐患,积极组织采取整改措施,并报当地人民政府及煤矿安全监管部门、煤矿安全监察机构。凡属被责令停产整顿、关闭取缔的煤矿,必须严格自觉执行地方政府和煤矿安全监管监察机构的指令。

五、加强对整顿关闭工作的社会监督和舆论监督

地方各级人民政府和煤矿安全监管部门、煤矿安全监察机构对停产整顿和关闭取缔的矿井,要及时向社会公布。对已被责令停产整顿而明停暗开、非法生产造成重特大事故的案例,要公开查处情况,接受社会和舆论的监督。建立举报奖励制度,公开举报电话、举报信箱,鼓励广大职工和人民群众积极举报非法生产和存在重大安全隐患的煤矿。各新闻单位要积极配合,做好舆论监督工作。

各省(区、市)、各有关部门年底前要将本通知贯彻落实情况报国务院。

2005 年 8 月 22 日

《国务院关于预防煤矿生产安全事故的特别规定》

（国务院令第446号）

《国务院关于预防煤矿生产安全事故的特别规定》已经2005年8月31日国务院第104次常务会议通过，现予公布，自公布之日起施行。

总理　温家宝

国务院关于预防煤矿生产安全事故的特别规定

第一条　为了及时发现并排除煤矿安全生产隐患，落实煤矿安全生产责任，预防煤矿生产安全事故发生，保障职工的生命安全和煤矿安全生产，制定本规定。

第二条　煤矿企业是预防煤矿生产安全事故的责任主体。煤矿企业负责人（包括一些煤矿企业的实际控制人，下同）对预防煤矿生产安全事故负主要责任。

第三条　国务院有关部门和地方各级人民政府应当建立并落实预防煤矿生产安全事故的责任制，监督检查煤矿企业预防煤矿生产安全事故的情况，及时解决煤矿生产安全事故预防工作中的重大问题。

第四条　县级以上地方人民政府负责煤矿安全生产监督管理的部门、国家煤矿安全监察机构设在省、自治区、直辖市的煤矿安全监察机构（以下简称煤矿安全监察机构），对所辖区域的煤矿重大安全生产隐患和违法行为负有检查和依法查处的职责。

县级以上地方人民政府负责煤矿安全生产监督管理的部门、煤矿安全监察机构不依法履行职责，不及时查处所辖区域的煤矿重大安全生产隐患和违法行为的，对直接责任人和主要负责人，根据情节轻重，给予记过、记大过、降级、撤职或者开除的行政处分；构成犯罪的，依法追究刑事责任。

第五条 煤矿未依法取得采矿许可证、安全生产许可证、煤炭生产许可证、营业执照和矿长未依法取得矿长资格证、矿长安全资格证的，煤矿不得从事生产。擅自从事生产的，属非法煤矿。

负责颁发前款规定证照的部门，一经发现煤矿无证照或者证照不全从事生产的，应当责令该煤矿立即停止生产，没收违法所得和开采出的煤炭以及采掘设备，并处违法所得1倍以上5倍以下的罚款；构成犯罪的，依法追究刑事责任；同时于2日内提请当地县级以上地方人民政府予以关闭，并可以向上一级地方人民政府报告。

负责颁发采矿许可证、安全生产许可证、煤炭生产许可证、营业执照和矿长资格证、矿长安全资格证的部门，向不符合法定条件的煤矿或者矿长颁发有关证照的，对直接责任人，根据情节轻重，给予降级、撤职或者开除的行政处分；对主要负责人，根据情节轻重，给予记大过、降级、撤职或者开除的行政处分；构成犯罪的，依法追究刑事责任。

前款规定颁发证照的部门，应当加强对取得证照煤矿的日常监督管理，促使煤矿持续符合取得证照应当具备的条件。不依法履行日常监督管理职责的，对主要负责人，根据情节轻重，给予记过、记大过、降级、撤职或者开除的行政处分；构成犯罪的，依法追究刑事责任。

第六条 略

第七条 在乡、镇人民政府所辖区域内发现有非法煤矿并且没有采取有效制止措施的，对乡、镇人民政府的主要负责人以及负有责任的相关负责人，根据情节轻重，给予降级、撤职或者开除的行政处分；在县级人民政府所辖区域内1个月内发现有2处或者2处以上非法煤矿并且没有采取有效制止措施的，对县级人民政府的主要负责人以及负有责任的相关负责人，根据情节轻重，给予降级、撤职或者开除的行政处分；构成犯罪的，依法追究刑事责任。

其他有关机关和部门对存在非法煤矿负有责任的，对主要负责人，属于行政机关工作人员的，根据情节轻重，给予记过、记大过、降级或者撤职的行政处分；不属于行政机关工作人员的，建议有关机关和部门给予相应的处分。

第八条 煤矿的通风、防瓦斯、防水、防火、防煤尘、防冒顶等安全设备、设施和条件应当符合国家标准、行业标准,并有防范生产安全事故发生的措施和完善的应急处理预案。

煤矿有下列重大安全生产隐患和行为的,应当立即停止生产,排除隐患:

(一)超能力、超强度或者超定员组织生产的;

(二)瓦斯超限作业的;

(三)煤与瓦斯突出矿井,未依照规定实施防突出措施的;

(四)高瓦斯矿井未建立瓦斯抽放系统和监控系统,或者瓦斯监控系统不能正常运行的;

(五)通风系统不完善、不可靠的;

(六)有严重水患,未采取有效措施的;

(七)超层越界开采的;

(八)有冲击地压危险,未采取有效措施的;

(九)自然发火严重,未采取有效措施的;

(十)使用明令禁止使用或者淘汰的设备、工艺的;

(十一)年产6万吨以上的煤矿没有双回路供电系统的;

(十二)新建煤矿边建设边生产,煤矿改扩建期间,在改扩建的区域生产,或者在其他区域的生产超出安全设计规定的范围和规模的;

(十三)煤矿实行整体承包生产经营后,未重新取得安全生产许可证和煤炭生产许可证,从事生产的,或者承包方再次转包的,以及煤矿将井下采掘工作面和井巷维修作业进行劳务承包的;

(十四)煤矿改制期间,未明确安全生产责任人和安全管理机构的,或者在完成改制后,未重新取得或者变更采矿许可证、安全生产许可证、煤炭生产许可证和营业执照的;

(十五)有其他重大安全生产隐患的。

第九条 煤矿企业应当建立健全安全生产隐患排查、治理和报告制度。煤矿企业应当对本规定第八条第二款所列情形定期组织排查,并将排查情况

每季度向县级以上地方人民政府负责煤矿安全生产监督管理的部门、煤矿安全监察机构写出书面报告。报告应当经煤矿企业负责人签字。

煤矿企业未依照前款规定排查和报告的，由县级以上地方人民政府负责煤矿安全生产监督管理的部门或者煤矿安全监察机构责令限期改正；逾期未改正的，责令停产整顿，并对煤矿企业负责人处3万元以上15万元以下的罚款。

第十条 煤矿有本规定第八条第二款所列情形之一，仍然进行生产的，由县级以上地方人民政府负责煤矿安全生产监督管理的部门或者煤矿安全监察机构责令停产整顿，提出整顿的内容、时间等具体要求，处50万元以上200万元以下的罚款；对煤矿企业负责人处3万元以上15万元以下的罚款。

对3个月内2次或者2次以上发现有重大安全生产隐患，仍然进行生产的煤矿，县级以上地方人民政府负责煤矿安全生产监督管理的部门、煤矿安全监察机构应当提请有关地方人民政府关闭该煤矿，并由颁发证照的部门立即吊销矿长资格证和矿长安全资格证，该煤矿的法定代表人和矿长5年内不得再担任任何煤矿的法定代表人或者矿长。

第十一条 对被责令停产整顿的煤矿，颁发证照的部门应当暂扣采矿许可证、安全生产许可证、煤炭生产许可证、营业执照和矿长资格证、矿长安全资格证。

被责令停产整顿的煤矿应当制定整改方案，落实整改措施和安全技术规定；整改结束后要求恢复生产的，应当由县级以上地方人民政府负责煤矿安全生产监督管理的部门自收到恢复生产申请之日起60日内组织验收完毕；验收合格的，经组织验收的地方人民政府负责煤矿安全生产监督管理的部门的主要负责人签字，并经有关煤矿安全监察机构审核同意，报请有关地方人民政府主要负责人签字批准，颁发证照的部门发还证照，煤矿方可恢复生产；验收不合格的，由有关地方人民政府予以关闭。

被责令停产整顿的煤矿擅自从事生产的，县级以上地方人民政府负责煤矿安全生产监督管理的部门、煤矿安全监察机构应当提请有关地方人民政府予以关闭，没收违法所得，并处违法所得1倍以上5倍以下的罚款；构成犯罪的，依法追究刑事责任。

第十二条 对被责令停产整顿的煤矿，在停产整顿期间，由有关地方人民政府采取有效措施进行监督检查。因监督检查不力，煤矿在停产整顿期间继续生产的，对直接责任人，根据情节轻重，给予降级、撤职或者开除的行政处分；对有关负责人，根据情节轻重，给予记大过、降级、撤职或者开除的行政处分；构成犯罪的，依法追究刑事责任。

第十三条 对提请关闭的煤矿，县级以上地方人民政府负责煤矿安全生产监督管理的部门或者煤矿安全监察机构应当责令立即停止生产；有关地方人民政府应当在7日内作出关闭或者不予关闭的决定，并由其主要负责人签字存档。对决定关闭的，有关地方人民政府应当立即组织实施。

关闭煤矿应当达到下列要求：

（一）吊销相关证照；

（二）停止供应并处理火工用品；

（三）停止供电，拆除矿井生产设备、供电、通信线路；

（四）封闭、填实矿井井筒，平整井口场地，恢复地貌；

（五）妥善遣散从业人员。

关闭煤矿未达到前款规定要求的，对组织实施关闭的地方人民政府及其有关部门的负责人和直接责任人给予记过、记大过、降级、撤职或者开除的行政处分；构成犯罪的，依法追究刑事责任。

依照本条第一款规定决定关闭的煤矿，仍有开采价值的，经依法批准可以进行拍卖。

关闭的煤矿擅自恢复生产的，依照本规定第五条第二款规定予以处罚；构成犯罪的，依法追究刑事责任。

县级以上地方人民政府负责煤矿安全生产监督管理的部门或者煤矿安全监察机构，发现煤矿有本规定第八条第二款所列情形之一的，应当将情况报送有关地方人民政府。

煤矿存在瓦斯突出、自然发火、冲击地压、水害威胁等重大安全生产隐患，该煤矿在现有技术条件下难以有效防治的，县级以上地方人民政府负责

煤矿安全生产监督管理的部门、煤矿安全监察机构应当责令其立即停止生产，并提请有关地方人民政府组织专家进行论证。专家论证应当客观、公正、科学。有关地方人民政府应当根据论证结论，作出是否关闭煤矿的决定，并组织实施。

第十四条、第十五条　略

第十六条　煤矿企业应当依照国家有关规定对井下作业人员进行安全生产教育和培训，保证井下作业人员具有必要的安全生产知识，熟悉有关安全生产规章制度和安全操作规程，掌握本岗位的安全操作技能，并建立培训档案。未进行安全生产教育和培训或者经教育和培训不合格的人员不得下井作业。

县级以上地方人民政府负责煤矿安全生产监督管理的部门应当对煤矿井下作业人员的安全生产教育和培训情况进行监督检查；煤矿安全监察机构应当对煤矿特种作业人员持证上岗情况进行监督检查。发现煤矿企业未依照国家有关规定对井下作业人员进行安全生产教育和培训或者特种作业人员无证上岗的，应当责令限期改正，处10万元以上50万元以下的罚款；逾期未改正的，责令停产整顿。

县级以上地方人民政府负责煤矿安全生产监督管理的部门、煤矿安全监察机构未履行前款规定的监督检查职责的，对主要负责人，根据情节轻重，给予警告、记过或者记大过的行政处分。

第十七条　县级以上地方人民政府负责煤矿安全生产监督管理的部门、煤矿安全监察机构在监督检查中，1个月内3次或者3次以上发现煤矿企业未依照国家有关规定对井下作业人员进行安全生产教育和培训或者特种作业人员无证上岗的，应当提请有关地方人民政府对该煤矿予以关闭。

第十八条　煤矿拒不执行县级以上地方人民政府负责煤矿安全生产监督管理的部门或者煤矿安全监察机构依法下达的执法指令的，由颁发证照的部门吊销矿长资格证和矿长安全资格证；构成违反治安管理行为的，由公安机关依照治安管理的法律、行政法规的规定处罚；构成犯罪的，依法追究刑事责任。

第十九条　县级以上地方人民政府负责煤矿安全生产监督管理的部门、

煤矿安全监察机构对被责令停产整顿或者关闭的煤矿,应当自煤矿被责令停产整顿或者关闭之日起3日内在当地主要媒体公告。

被责令停产整顿的煤矿经验收合格恢复生产的,县级以上地方人民政府负责煤矿安全生产监督管理的部门、煤矿安全监察机构应当自煤矿验收合格恢复生产之日起3日内在同一媒体公告。

县级以上地方人民政府负责煤矿安全生产监督管理的部门、煤矿安全监察机构未依照本条第一款、第二款规定进行公告的,对有关负责人,根据情节轻重,给予警告、记过、记大过或者降级的行政处分。

公告所需费用由同级财政列支。

第二十条 国家机关工作人员和国有企业负责人不得违反国家规定投资入股煤矿(依法取得上市公司股票的除外),不得对煤矿的违法行为予以纵容、包庇。

国家行政机关工作人员和国有企业负责人违反前款规定的,根据情节轻重,给予降级、撤职或者开除的处分;构成犯罪的,依法追究刑事责任。

第二十一条 煤矿企业负责人和生产经营管理人员应当按照国家规定轮流带班下井,并建立下井登记档案。

县级以上地方人民政府负责煤矿安全生产监督管理的部门或者煤矿安全监察机构发现煤矿企业在生产过程中,1周内其负责人或者生产经营管理人员没有按照国家规定带班下井,或者下井登记档案虚假的,责令改正,并对该煤矿企业处3万元以上15万元以下的罚款。

第二十二条 煤矿企业应当免费为每位职工发放煤矿职工安全手册。

煤矿职工安全手册应当载明职工的权利、义务,煤矿重大安全生产隐患的情形和应急保护措施、方法以及安全生产隐患和违法行为的举报电话、受理部门。

煤矿企业没有为每位职工发放符合要求的职工安全手册的,由县级以上地方人民政府负责煤矿安全生产监督管理的部门或者煤矿安全监察机构责令限期改正;逾期未改正的,处5万元以下的罚款。

第二十三条 任何单位和个人发现煤矿有本规定第五条第一款和第八条

第二款所列情形之一的,都有权向县级以上地方人民政府负责煤矿安全生产监督管理的部门或者煤矿安全监察机构举报。

受理的举报经调查属实的,受理举报的部门或者机构应当给予最先举报人1000元至1万元的奖励,所需费用由同级财政列支。

县级以上地方人民政府负责煤矿安全生产监督管理的部门或者煤矿安全监察机构接到举报后,应当及时调查处理;不及时调查处理的,对有关责任人,根据情节轻重,给予警告、记过、记大过或者降级的行政处分。

第二十四条 煤矿有违反本规定的违法行为,法律规定由有关部门查处的,有关部门应当依法进行查处。但是,对同一违法行为不得给予两次以上罚款的行政处罚。

第二十五条 国家行政机关工作人员、国有企业负责人有违反本规定的行为,依照本规定应当给予处分的,由监察机关或者任免机关依法作出处分决定。

国家行政机关工作人员、国有企业负责人对处分决定不服的,可以依法提出申诉。

第二十六条 当事人对行政处罚决定不服的,可以依法申请行政复议,或者依法直接向人民法院提起行政诉讼。

第二十七条 省、自治区、直辖市人民政府可以依据本规定制定具体实施办法。

第二十八条 本规定自公布之日起施行。

2005年9月3日

《产业结构调整指导目录(2005年本)》
(摘录)

(国家发改委第40号令)

第一类 鼓励类

1. 煤田地质及地球物理勘探

2. 120万吨/年及以上的高产高效煤矿（含矿井、露天）、高效选煤厂建设

3. 矿井灾害（瓦斯、煤尘、矿井水、火、围岩等）防治

4. 工业及生活用环保型煤开发及生产

5. 水煤浆技术开发及应用

6. 煤炭气化、液化技术开发及应用

7. 煤层气勘探、开发和矿井瓦斯利用

8. 低热值燃料（含煤矸石）及煤矿伴生资源开发利用及设备制造

9. 管道输煤

10. 煤炭高效洗选脱硫技术开发及应用

11. 节水型选煤工程技术开发及应用

12. 地面沉陷区治理、矿井水资源保护及利用

13. 煤电、煤焦化（焦炉煤气、煤焦油深加工）一体化建设

14. 提高资源回收率的采煤方法、工艺开发应用及装备制造

第二类　限制类

1. 单井井型低于以下规模的煤矿项目：山西、陕西、内蒙古30万吨/年；新疆、甘肃、宁夏、青海、北京、河北、东北及华东地区15万吨/年；西南和中南地区9万吨/年；开采极薄煤层3万吨/年

2. 采用非机械化开采工艺的煤矿项目

3. 设计的煤炭资源回收率达不到国家规定要求的煤矿项目

4. 未经国家或省（区、市）煤炭行业管理部门批准矿区总体规划的煤矿项目

第三类　淘汰类

1. 未按批准的矿区规划确定的井田范围和井型而建设的煤矿

2. 没有采矿许可证、安全生产许可证、营业执照、矿长资格证、煤炭生产许可证的煤矿

3. 国有煤矿矿区范围（国有煤矿采矿登记确认的范围）内的各类小煤矿

4. 单井井型低于3万吨/年规模的矿井（极薄煤层除外）(2007年)

5. 既无降硫措施，又无达标排放用户的高硫煤炭（含硫高于3%）生产矿井

6. 不能就地使用的高灰煤炭（灰分高于40%）生产矿井

7. 6AM、φM-2.5、PA-3型煤用浮选机

8. PB2、PB3、PB4型矿用隔爆高压开关

9. PG-27型真空过滤机

10. X-1型箱式压滤机

11. ZYZ、ZY3型液压支架

12. 木支架

2005年12月2日

《促进产业结构调整暂行规定》（摘录）

（国发〔2005〕40号）

第一章 总 则

第五条 加强能源、交通、水利和信息等基础设施建设，增强对经济社会发展的保障能力。

坚持节约优先、立足国内、煤为基础、多元发展，优化能源结构，构筑稳定、经济、清洁的能源供应体系。以大型高效机组为重点优化发展煤电，在生态保护基础上有序开发水电，积极发展核电，加强电网建设，优化电网结构，扩大西电东送规模。建设大型煤炭基地，调整改造中小煤矿，坚决淘汰不具备安全生产条件和浪费破坏资源的小煤矿，加快实施煤矸石、煤层气、矿井水等资源综合利用，鼓励煤电联营。实行油气并举，加大石油、天然气资源勘探和开发利用力度，扩大境外合作开发，加快油气领域基础设施建设。积极扶持和发展新能源和可再生能源产业，鼓励石油替代资源和清洁能源的开发利用,积极推进洁净煤技术产业化,加快发展风能、太阳能、生物质能等。

第九条 大力发展循环经济,建设资源节约和环境友好型社会,实现经济增长与人口资源环境相协调。坚持开发与节约并重、节约优先的方针,按照减量化、再利用、资源化原则,大力推进节能节水节地节材,加强资源综合利用,全面推行清洁生产,完善再生资源回收利用体系,形成低投入、低消耗、低排放和高效率的节约型增长方式。积极开发推广资源节约、替代和循环利用技术和产品,重点推进钢铁、有色、电力、石化、建筑、煤炭、建材、造纸等行业节能降耗技术改造,发展节能省地型建筑,对消耗高、污染重、危及安全生产、技术落后的工艺和产品实施强制淘汰制度,依法关闭破坏环境和不具备安全生产条件的企业。调整高耗能、高污染产业规模,降低高耗能、高污染产业比重。鼓励生产和使用节约性能好的各类消费品,形成节约资源的消费模式。大力发展环保产业,以控制不合理的资源开发为重点,强化对水资源、土地、森林、草原、海洋等的生态保护。

2005 年 12 月 21 日

《关于加强煤矿安全生产工作规范煤炭资源整合的若干意见》

(安监总煤矿〔2006〕48 号)

各省、自治区、直辖市及新疆生产建设兵团安全生产监督管理局、煤矿安全监管部门、发展改革委(经贸委)、煤炭局(办)、公安厅(局)、监察厅(局、委)、财政厅、国土资源厅(局)、国资委、工商局、电力部门、总工会,各省级煤矿安全监察机构:

为有效遏制煤矿重特大事故多发的势头,国务院于 2005 年 9 月颁布实施了《国务院关于预防煤矿生产安全事故的特别规定》(国务院令第 446 号,以下简称《特别规定》)。地方各级人民政府、各有关部门按照国务院

的工作部署,加大整顿关闭不具备安全生产条件和非法煤矿的工作力度,取得了一定成效。但随着整顿关闭工作的不断深入,也暴露出一些亟待解决和规范的问题。根据《国务院关于促进煤炭工业健康发展的若干意见》(国发〔2005〕18号)和《国务院关于全面整顿和规范矿产资源开发秩序的通知》(国发〔2005〕28号)的要求,为了规范煤炭资源整合工作,加强安全生产,进一步推进煤炭整顿关闭工作的整体进度和质量,现提出以下意见:

一、充分认识煤炭资源整合对煤炭工业安全发展的重大意义

煤炭资源整合是指合法矿井之间对煤炭资源、资金、资产、技术、管理、人才等生产要素的优化重组,以及合法矿井对已关闭煤矿尚有开采价值资源的整合。

煤炭资源整合是淘汰落后、优化布局,提高产业集中度的重要手段;是提高矿井安全保障能力的有效途径;是落实全国人大常委会安全生产法执法检查提出、国务院确定的"争取用三年左右的时间完成小煤矿的整顿工作"目标任务的重要举措;是提高小煤矿本质安全水平、确保煤炭资源合理开发的必然选择;是煤炭工业节约发展、安全发展、实现可持续发展的重大举措。通过资源整合,可大幅度减少小煤矿数量,提高办矿规模和安全、装备、技术管理水平,从源头上减少和控制煤矿事故。各地要充分认识搞好煤炭资源整合工作的重要性,将煤炭资源整合工作纳入重要日程,统一部署,规范动作,积极推进。

二、切实加强对煤炭资源整合工作的领导

煤炭资源整合工作由省级人民政府统一组织和领导,成立专门的工作机构,健全工作机制,采取法律、经济和必要的行政手段,组织国土资源、煤炭行业管理、煤矿安全监管、国有资产监管、工商行政管理、公安、电力等部门和工会组织及煤矿安全监察机构制定煤炭资源整合的规划,明确煤炭资源整合的范围、规模和操作程序,落实各部门在资源整合工作中的职责,明确煤炭资源整合工作的牵头部门。各部门要在地方人民政府的统一领导下,认真履行职责,齐抓共管、形成合力。各市(地)、县(市、区)人民政府要按照省级人民政府的统一部署和要求,切实加强对煤炭资源整合工作的领

导,结合本地实际,统筹规划,合理布局,制定煤炭资源整合实施方案,落实各部门在煤炭资源整合工作中的职责,确保煤矿资源整合工作规范、有序进行。

三、明确煤炭资源整合的目标、范围和原则

(一)煤炭资源整合的目标

1. 坚决依法关闭不具备安全生产条件、非法和破坏浪费资源的煤矿。

2. 淘汰落后生产力。2007年末淘汰年生产能力在3万吨以下的矿井;各省(区、市)规定淘汰生产能力在3万吨以上的,从其规定。

3. 提升煤矿安全生产条件,提高煤矿本质安全程度。矿井必须采用正规采煤方法。

4. 压减小煤矿数量,提高矿井单井规模。经整合形成的矿井的规模不得低于以下要求:山西、内蒙古、陕西30万吨/年,新疆、甘肃、青海、宁夏、北京、河北、东北及华东地区15万吨/年,西南和中南地区9万吨/年。

5. 合理开发和保护煤炭资源,符合已经批准的矿区总体规划和矿业权设置方案,回采率符合国家有关规定。

(二)煤炭资源整合的范围

1. 纳入煤炭资源整合的矿井必须是合法的生产矿井或建设(新建、改扩建)矿井。

2. 已关闭煤矿原则上不得纳入资源整合范围,经省级国土资源部门认定尚有开采价值的资源可以纳入整合范围。

3. 煤炭资源接近枯竭且2007年年底前采矿许可证到期的煤矿,一律不得纳入资源整合范围,采矿许可证到期后应注销其各种证照,一律予以关闭。

4. 年生产能力3万吨以下的煤与瓦斯突出矿井,一律不得纳入资源整合范围,不符合安全生产条件的,应按照《特别规定》依法予以关闭。

(三)煤炭资源整合的原则

1. 煤炭资源整合工作应按照经省级人民政府批准的整合方案有计划、分步骤地进行。煤炭国家规划矿区的资源整合工作应遵循已批复的矿业权设置方案。

2. 必须先关闭后整合。对于不具备安全生产条件、非法开采的煤矿，由地方人民政府作出关闭决定后，相关部门必须吊（注）销其所有证照，停止供电，地方人民政府组织实施关闭。

3. 必须坚持以大并小、以优并差。合法矿井参与煤炭资源整合，应以规模大、技术、管理和装备水平高的矿井作为主体整合其他矿井。鼓励大型煤矿企业采取兼并、收购等方式整合小煤矿。

4. 坚持一个法人主体。煤炭资源整合只能由一个法人主体实施，必须是一个有资质、有资金、有技术的法人主体整合其他矿井。整合后形成的矿井只能有一套生产系统，选用先进开采技术和先进装备，杜绝一矿多井或一矿多坑。

5. 整合后形成的矿井的生产能力、服务年限应符合国家有关规定，其资源（储量）要与生产规模、服务年限相匹配。

6. 对实施整合的矿井，要按建设项目进行管理。矿井必须依法取得（变更）采矿权，履行煤矿建设项目相关核准手续和"三同时"审核批准程序；有关部门按照建设项目对其实施监督管理。

四、严格遵循煤炭资源整合程序

（一）县级（含，下同）以上地方人民政府确定纳入资源整合范围的矿井，并责令停止一切生产活动，暂扣采矿许可证，吊（注）销安全生产许可证、煤炭生产许可证和工商营业执照；供电部门限制供电，公安部门依法注销民用炸物品使用、储存许可证，并监督煤矿企业妥善处理剩余民用爆炸物品。

（二）县级以上人民政府制定资源整合方案，经省级人民政府批准后实施，对方案中明确直接关闭的矿井要立即实施关闭。

（三）拟设立的法人企业由工商行政管理部门对企业名称进行预核准。

（四）国土资源主管部门对整合后的资源依法划定矿区范围，对整合后的资源开发利用方案进行审查，并颁发（变更）采矿许可证。

（五）由整合矿井的法人主体委托有相应资质的设计单位进行矿井设计、

安全设施设计，并按项目建设程序规定报批。经批准的设计中明确不予利用的井筒要立即封闭。矿井设计必须坚持高标准，采用先进技术、先进装备。

（六）矿井设计和安全设施设计经批准后，由整合矿井的法人主体委托有相应资质的施工单位按照批准的设计进行施工，并在规定的建设工期内完成施工。同时，委托有相应资质的监理单位进行施工监理。

（七）资源整合矿井建设项目完工后，由矿井法人主体向设计批准部门或机构提出竣工验收申请，有关部门或机构要在规定的时限内组织验收并审批。

（八）验收合格的矿井依法向有关证照颁发管理机关提出办证申请，取得各种证照后，方可投入生产。

五、认真做好对煤炭资源整合的监督管理

各地要明确对资源整合矿井的监管职责，行业管理、国土资源、煤矿安全监管等部门和煤矿安全监察机构要加强对资源整合矿井的监督管理和监察。为确保煤炭资源整合期间的安全，县级以上地方人民政府要向纳入资源整合范围的矿井派驻监督人员，专人盯守，防止违法生产。整合过程中必须做到"四个严防"，即严防借整合之名拖延或逃避关闭、严防整合期间突击生产、严防边施工边生产、严防验收走过场。

各地要加强对资源整合矿井施工期间的安全监管，督促施工单位制定施工方案，按照设计核准的建设工期组织施工，确保施工期间的安全。要督促整合矿井的法人主体建立安全管理机构，制定安全生产工作制度，落实安全生产责任制，完善劳动组织定员，强化安全培训，制订应急预案，为竣工投入生产奠定基础。

煤矿整顿关闭工作部际联席会议各成员单位将加强对煤炭资源整合工作的领导和监督检查，及时研究解决煤炭资源整合过程中出现的新情况、新问题。各地要及时将煤炭资源整合过程中出现的新情况、新问题及时报告煤矿整顿关闭工作部际联席会议办公室（设在国家安全监管总局）。

2006 年 3 月 15 日

《国务院办公厅转发安全监管总局等部门关于进一步做好煤矿整顿关闭工作意见的通知》

(国办发〔2006〕82号)

各省、自治区、直辖市人民政府,国务院各部委、各直属机构:

安全监管总局、煤矿安监局、发展改革委、公安部、监察部、财政部、劳动保障部、国土资源部、国资委、工商总局、电监会、全国总工会《关于进一步做好煤矿整顿关闭工作的意见》已经国务院同意,现转发给你们,请认真贯彻执行。

整顿关闭非法和不具备安全生产条件以及不符合国家煤炭产业政策、布局不合理、破坏资源、污染环境的煤矿,淘汰落后的生产能力,是贯彻落实"十一五"规划纲要,调整和优化煤炭产业结构,提高煤炭生产力发展水平,保障煤炭工业节约发展、清洁发展、安全发展,实现可持续发展的重要举措;是减少煤矿事故、保护人民群众生命财产安全,促进安全生产形势稳定好转的迫切需要。各有关地区和部门要认真贯彻《国务院关于预防煤矿生产安全事故的特别规定》(国务院令第446号)、《国务院办公厅关于坚决整顿关闭不具备安全生产条件和非法煤矿的紧急通知》(国办发明电〔2005〕21号)等有关要求,进一步提高对煤矿整顿关闭工作重要性的认识,把思想统一到党中央、国务院的相关决策部署上来,坚定信心,加大力度,切实抓好煤矿整顿关闭工作。

各产煤省(区、市)人民政府要加强对煤矿整顿关闭工作的统一领导,组织研究制订本地区煤矿整顿关闭的工作目标和主要任务,提出到2010年允许保留的小煤矿数量限制目标。要按照调整和优化煤炭产业结构、实现煤炭工业可持续发展的要求,根据国家法律、法规和政策规定,结合实际研究建立小煤矿退出的有效机制,并制定相关的经济政策和配套措施。要综合采取法律、经济和必要的行政手段,认真组织落实煤矿整顿关闭的有关规定,加强和规范煤炭资源整合,从严控制新建项目,推进煤矿整顿关闭工作顺利进行。

各有关地区要把煤矿整顿关闭工作作为实现安全生产的一项重要举措列入地方各级人民政府工作目标，纳入政绩考核内容，把关闭煤矿的任务逐级分解，层层落实到市（地）、县（市）、乡（镇）人民政府，建立健全政府统一领导、相关部门共同参与的联合执法机制，制定并执行规范的工作程序和实施细则，积极稳妥地推进煤矿整顿关闭工作。要注意研究新情况，解决新问题，做好有关应急预案，确保安全生产和社会稳定。要及时向社会公布关闭的矿井名单，建立群众监督机制，鼓励并认真核实群众举报，充分发挥社会舆论监督作用，严肃查处违法违纪和失职渎职行为，依法追究事故责任。

安全监管总局、煤矿安监局、发展改革委、公安部、监察部、财政部、劳动保障部、国土资源部、国资委、工商总局、电监会以及全国总工会等有关部门和单位要加强协调配合，充分发挥煤矿整顿关闭工作部际联席会议制度的作用，组织开展重点督查，研究提出有关政策措施，协调解决存在的问题，指导和推进全国煤矿整顿关闭工作。

关于进一步做好煤矿整顿关闭工作的意见

去年以来，为实现国务院确定的"争取用三年左右时间，解决小煤矿问题"的目标，各有关地区和部门按照国务院部署，集中开展对非法和不具备安全生产条件煤矿的整顿关闭工作，共取缔非法采煤矿点1万余处（次），关闭不具备安全生产条件和非法煤矿5900多处，取得了重要成果。但是，小煤矿数量多、规模小、布局不合理、破坏资源和环境的状况尚未得到根本改善；一些煤矿非法开采和超层越界开采行为仍然屡禁不止；一些地方煤炭资源整合不规范、煤矿建设项目违法违规等问题还比较突出，煤矿安全生产形势依然严峻。为进一步做好煤矿整顿关闭工作，现提出以下意见：

一、煤矿整顿关闭工作的目标和任务

煤矿整顿关闭工作的目标是：到2008年，煤炭开采秩序明显好转，无证开采和超层越界开采等违法行为得到有效制止，小煤矿事故有较大幅度下降,特别重大事故得到有效遏制,小煤矿百万吨死亡率力争控制在 4 以下;小煤矿基本实现正规开采,安全设施得到较大改善,煤矿安全管理水平和从业人员技术素质有较大提高;小煤矿数量大幅度减少,到 2010 年力争控制在 1 万处左右。

煤矿整顿关闭工作的主要任务是:依法取缔无证开采,关闭不具备安全生产条件、严重超层越界开采的煤矿;限期淘汰不符合产业政策、布局不合理、破坏资源、污染环境的煤矿;清理纠正违规越权核准和不符合安全标准的新建、改扩建煤矿项目。

二、关闭煤矿的类型

按照《国务院关于预防煤矿生产安全事故的特别规定》等有关法律法规以及煤炭产业政策的有关要求,有下列情形之一的小煤矿,要予以关闭:

(一)不符合矿产资源规划和矿业权设置方案的;

(二)不符合经批准的煤炭工业发展规划和矿区总体规划的;

(三)未依法取得采矿许可证、安全生产许可证、煤炭生产许可证、营业执照和矿长资格证、矿长安全资格证,擅自从事生产的;

(四)超层越界开采拒不退回的;

(五)3 个月内 2 次或者 2 次以上发现有重大安全生产隐患,仍然组织生产的;

(六)被依法责令停产整顿的矿井擅自组织生产或经整顿验收不合格的;

(七)存在煤与瓦斯突出、自然发火、冲击地压、水害威胁等重大安全生产隐患,经论证在现有技术条件下难以有效防治的;

(八)1 个月内 3 次或者 3 次以上发现未对井下作业人员进行安全生产教育和培训或者特种作业人员无证上岗的;

(九)不同采矿权人,其被许可的采矿范围在垂直方向上相互重叠且影响安全生产的,只保留一个矿井,其他关闭;

(十)在大型煤炭矿区范围内开采的;

(十一)年生产能力在 3 万吨及以下的矿井,其中属于煤与瓦斯突出、

水害威胁严重的必须在 2006 年年底前关闭,其他矿井必须在 2007 年年底前关闭;

(十二)资源接近枯竭的矿井,采矿许可证到期后一律予以关闭;

(十三)纳入资源整合范围的矿井,未履行煤矿建设项目相关核准手续和"三同时"(安全设施与主体工程同时设计、同时施工、同时投入生产和使用)审批程序、违规越权核准,未重新取得采矿许可证、安全生产许可证和煤炭生产许可证擅自组织生产的;

(十四)擅自进行"三下"(建筑物下、水体下、铁路下)开采和在自然风景名胜区、文物保护区、重要水源地、重要设施等区域内开采的;

(十五)国家和地方产业政策明令淘汰的;

(十六)地方人民政府规定应予关闭的。

三、加强和规范煤炭资源整合,从严控制新开工建设项目

各有关地区和部门要严格按照安全监管总局、发展改革委等 11 个部(委、局)联合下发的《关于加强煤矿安全生产工作规范煤炭资源整合的若干意见》(安监总煤矿〔2006〕48 号)的规定,由县级以上地方人民政府制订本地区煤炭资源整合方案,经省级人民政府批准后组织实施。

(一)煤炭资源整合必须是合法矿井对有开采价值的资源进行整合,已关闭或者属于上述 16 种关闭范围的矿井原则上不得纳入资源整合范围,经省级国土资源部门会同有关部门认定确有开采价值的资源经重新规划后可纳入整合。

(二)在国家划定的 24 个煤与瓦斯严重突出矿区和 34 个煤与瓦斯突出矿区内的小煤矿要列入资源整合的重点,但已关闭的煤与瓦斯突出、水害威胁严重矿井的资源不得纳入整合范围。

(三)所有纳入资源整合的矿井必须按照先关闭后整合、以大并小、以优并劣的原则进行整合,整合后形成的新矿井只能有一套生产系统,防止一证多井或多井拼凑,并按照建设项目审批(核准)和管理。

(四)煤炭资源整合后的矿井规模,山西、内蒙古、陕西不得低于 30 万吨/年,新疆、甘肃、青海、宁夏、北京、河北、东北及华东地区不得低

于 15 万吨/年，西南和中南地区不得低于 9 万吨/年。

（五）地方各级人民政府及有关部门要加强对资源整合矿井的监管，严防小煤矿以整合名义逃避关闭，严防以矿井整合代替资源整合，严防整合期间组织生产。严禁采矿权人以承包、转包和租赁等方式，将部分或全部采矿权转给他人开采；对现有以承包、转包等方式开采矿产资源的，要认真清理，并依法严肃处理。

（六）要加强新建煤矿的监管，抑制低水平盲目建设。已批准（核准）规模在 3 万吨/年及以下的建设项目要立即停止建设，符合规定的可纳入煤炭资源整合范围。"十一五"期间，各地区一律停止审批（核准）30 万吨/年以下的煤矿新建项目。对所有在建煤矿项目要按照发展改革委等 5 部门《关于印发新开工项目清理工作指导意见的通知》（发改投资〔2006〕1538号）规定，抓紧进行清理，凡属违法、违规或者越权审批的，一律责令停止施工。

四、完善煤矿整顿关闭工作联合执法机制

各有关地区要建立健全政府统一领导、相关部门共同参与的联合执法工作机制，明确并落实各相关部门在煤矿整顿关闭工作中的职责，及时研究解决存在的重大问题。各有关部门按照职责分工提出需要关闭的矿井名单，由安全生产监督管理部门会同各相关部门汇总后，提请地方人民政府依法予以关闭，并通报证照颁发管理机关，依法吊（注）销相关证照。

国土资源部门要加强对煤炭资源勘查、开采的监督管理，加大对无采矿许可证非法开采、超层越界开采等滥采乱挖煤炭资源违法行为的查处力度，负责组织认定资源接近枯竭矿井，清理不符合矿产资源规划和矿业权设置方案、大型煤炭矿区内及采矿许可范围相互重叠的矿井，提出有关关闭矿井名单。

发展改革部门负责清理纠正不符合经批准的煤炭工业发展规划和矿区总体规划、违规越权核准的新建和改扩建煤矿建设项目，负责控制煤矿建设矿井规模，提出有关关闭矿井名单。

煤炭行业管理部门要加强对煤矿生产的监督管理，加大对无煤炭生产许可证非法生产的查处力度，负责提出小煤矿数量控制规划目标，会同有关部门认定不符合产业政策、布局不合理和非法挂靠、一证多井或多井拼凑的矿井，提出有关关闭矿井名单。

煤矿安全监管部门和煤矿安全监察机构要加强煤矿安全生产的监督检查，对存在重大隐患矿井依法做出停产整顿、停止施工的监管监察指令，监督煤矿停产整顿情况，提出关闭不具备安全生产条件矿井名单。

工商行政管理部门负责取缔无照经营煤矿。

公安部门负责依法注销关闭煤矿的爆炸物品许可证件，监督关闭煤矿妥善处置剩余的爆炸物品，配合有关部门做好行政执法工作。

供电部门负责切断关闭矿井的供电电源，拆除供电设施，查处向非法煤矿供电的行为。

劳动保障部门负责依法查处煤矿非法用工，监督煤矿按照规定参加社会保险并缴纳社会保险费，指导和督促煤矿企业与劳动者签订劳动合同，加强劳动用工管理。

行政监察部门负责对参与煤矿整顿关闭工作的有关地方政府及部门履行职责情况实施监察。

国有资产监管机构会同有关部门针对存在重大安全生产隐患并经论证在现有技术条件下难以有效防治的国有煤矿，提出破产关闭的政策意见，建立正常退出机制。

2006年9月28日

《国家发展改革委、国家能源局、国家安全监管总局、国家煤矿安监局关于下达"十一五"后三年关闭小煤矿计划的通知》

（发改能源〔2008〕2624号）

各有关产煤省、自治区、直辖市发改委，煤炭行业管理部门，煤矿安全监管部门，有关省级煤矿安全监察机构：

近年来,按照党中央、国务院对小煤矿治理整顿工作的统一部署,各地继续深化煤矿整顿关闭工作,煤炭资源整合工作全面开展,大集团整合改造小煤矿工作取得新的进展,煤炭产业结构调整步伐明显加快,煤矿安全生产形势持续稳定好转。根据各地煤矿整顿关闭工作规划,经研究,现将"十一五"后三年关闭小煤矿最低控制目标,扩能改造和大矿托管矿井最低控制目标和2010年底最多允许保留小煤矿数量目标下达给你们,并就有关事项通知如下:

一、各地要在省级人民政府统一领导下,按照"提高门槛、严格准入,打击非法、淘汰落后,资源整合、提高档次,大矿托管、提升水平,明确责任、加强监管"的总体要求,将本地区现有小煤矿通过淘汰落后关闭一批,扩能改造提高一批,大矿托管(包括兼并、收购、租赁)提升一批,到2010年底确保完成保留小煤矿数量目标。

二、关闭矿井目标是"十一五"后三年关闭矿井的最低控制目标,各地要尽快制定深化煤矿整顿关闭工作措施,坚持分类指导,细化落实工作任务;要多关、早关,力争提前超额实现关闭矿井目标。关闭矿井名单要在当地主流媒体公告,同时将名单报国家发改委、国家能源局、国家安全监管总局、国家煤矿安监局备案。

三、扩能改造、大矿托管目标是"十一五"后三年最低控制目标,各地要发挥部门协调工作机制作用,创新工作方式,简化工作程序,提高办事效率,研究制定加快煤炭资源整合工作进度和鼓励大型企业集团整合改造小煤矿的政策和措施,鼓励煤矿企业发展先进生产能力,提升安全保障水平。

四、从2008年10月起,各地要每月向国家发改委、国家能源局、国家安全监管总局、国家煤矿安监局报送关闭、扩能改造、大矿托管小煤矿进度情况,并于2009年1月、2010年1月、2011年1月分别向国家发改委、国家能源局、国家安全监管总局、国家煤矿安监局报送截止到上年底保留的小煤矿具体名单、煤炭产量、剩余资源量、核定或设计生产能力情况。

2008年10月7日

附录：有关煤炭落后产能退出的国家政策

附件：有关省（区、市）"十一五"后三年关闭小煤矿计划

省（区、市）	现有小煤矿	关闭小煤矿	扩建改造或大矿托管小煤矿	2010年底保留小煤矿	备注
全　国	14069	2501	1616	9952	
北　京	33	17	16		
河　北	463	190		273	
山　西	1702	500	102	1100	
内蒙古	40	70			关闭矿井中含生产能力30万吨/年及以上能力矿井30处
辽　宁	547	50	100	397	
吉　林	299	111		188	
黑龙江	1116	390	80	646	
江　苏	0	0		0	
浙　江	1	1		0	
安　徽	146	26	10	110	
福　建	312	40		272	
江　西	606	80	66	460	
山　东	21	39			关闭矿井中含国有地方煤矿或生产能力30万吨/年及以上矿井18处
河　南	516	59		457	
湖　北	484	59	25	400	
湖　南	966			966	
广　西	136	40	60	36	
重　庆	1009	53	150	806	
四　川	1437	156		1281	
贵　州	1449	149	288	1012	
云　南	1420	187	400	833	
陕　西	608	100	258	250	
甘　肃	313	84	29	200	
青　海	34	11		23	
宁　夏	67	27		40	
新　疆	344	62	32	250	含兵团

注：小煤矿是指生产能力在30万吨/年以下的乡镇煤矿。

251

《国务院关于进一步加强淘汰落后产能工作的通知》
（摘录）

（国发〔2010〕7号）

二、总体要求和目标任务

（二）目标任务。

以电力、煤炭、钢铁、水泥、有色金属、焦炭、造纸、制革、印染等行业为重点，按照《国务院关于发布实施〈促进产业结构调整暂行规定〉的决定》（国发〔2005〕40号）、《国务院关于印发节能减排综合性工作方案的通知》（国发〔2007〕15号）、《国务院批转发展改革委等部门关于抑制部分行业产能过剩和重复建设引导产业健康发展若干意见的通知》（国发〔2009〕38号）、《产业结构调整指导目录》以及国务院制订的钢铁、有色金属、轻工、纺织等产业调整和振兴规划等文件规定的淘汰落后产能的范围和要求，按期淘汰落后产能。各地区可根据当地产业发展实际，制定范围更宽、标准更高的淘汰落后产能目标任务。

近期重点行业淘汰落后产能的具体目标任务：

煤炭行业：2010年底前关闭不具备安全生产条件、不符合产业政策、浪费资源、污染环境的小煤矿8000处，淘汰产能2亿吨。

2010年2月6日

《关于进一步淘汰落后产能推进煤矿整顿关闭工作的通知》

（发改能源〔2010〕1118号）

各产煤省、自治区、直辖市煤炭行业管理部门、发展改革委、能源局、煤矿安全监管部门，各省级煤矿安全监察机构：

附录：有关煤炭落后产能退出的国家政策

为贯彻落实《国务院关于进一步加强淘汰落后产能工作的通知》（国发〔2010〕7号）、《国务院关于进一步加大工作力度确保实现"十一五"节能减排目标的通知》（国发〔2010〕12号）和《国务院办公厅关于继续深入开展"安全生产年"活动的通知》（国办发〔2010〕15号）等文件精神，进一步加快煤炭行业结构调整，转变煤炭发展方式，确保实现"十一五"节能减排目标，继续深入推进煤矿整顿关闭、淘汰煤炭落后产能工作，现将有关事项通知如下：

一、进一步提高认识，增强做好淘汰落后产能工作的紧迫感和责任感。加快淘汰落后产能，是转变经济发展方式、推进经济结构调整、提高经济发展质量和效益的有效途径，也是实现节能减排目标的重要措施。当前，我国煤炭工业长期粗放发展积累的矛盾仍很突出，小煤矿数量多，生产力水平低，安全事故频发，资源浪费和环境污染严重。各地区、各单位要把淘汰煤炭落后产能作为贯彻落实科学发展观、加快转变煤炭发展方式和推进节能减排的一项重要任务，把思想统一到国发〔2010〕7号、国发〔2010〕12号和国办发〔2010〕15号等文件精神上来，进一步增强做好淘汰落后产能工作的紧迫感和责任感，坚定信心，扎实工作，坚决关闭不具备安全生产条件、不符合产业政策、破坏和浪费资源、污染环境的小煤矿。

二、加大工作力度，确保完成煤矿整顿关闭、淘汰落后产能任务。近年来，各产煤地区按照国家发展改革委等4部门《关于下达"十一五"后三年关闭小煤矿计划的通知》（发改能源〔2008〕2624号）要求，较好地完成了2008年、2009年煤矿整顿关闭任务，为实现"十一五"期间关闭不具备安全生产条件、不符合产业政策、浪费资源、污染环境的小煤矿8000处、淘汰落后产能2亿吨的目标奠定了良好基础。完成"十一五"末全国小煤矿保留1万处以内的目标，2010年是关键的一年。各产煤地区和有关部门要进一步加大工作力度，根据国家下达的煤矿整顿关闭、淘汰落后产能目标任务，抓紧研究制定实施方案，将目标任务分解到有关市、县，落实到具体企业，确定2010年煤矿关闭名单和淘汰落后产能规模，于6月底前在地方主流媒体上向社会公告，并报送国家能源局、国家煤矿安监局。各产煤省

(区、市)2010年煤矿整顿关闭淘汰落后产能目标任务分解见附件。

三、研究政策措施,积极推进"以大管小"和小煤矿扩能改造工作。各产煤地区要按照国家安全监管总局等14部门《关于深化煤矿整顿关闭工作的指导意见》(安监总煤监〔2009〕157号)的要求,抓紧制定和完善各项配套政策措施,鼓励大型煤矿企业通过兼并、收购、重组、控股等多种方式整合小煤矿。对于大型煤矿整合小煤矿后进行的"一通三防"、水害治理等安全改造项目,地方政府要给予支持。允许有条件的小煤矿实施产业升级、技术改造,提高安全生产技术管理水平。

四、运用经济手段,加大对煤矿整顿关闭、淘汰落后产能重点地区的支持力度。充分发挥中央财政专项资金在淘汰落后产能、整顿关闭小煤矿等方面的引导作用,管好、用好"以奖代补"资金,重点用于关闭小煤矿的职工安置、消除安全隐患、补助地方关闭小煤矿财政支出等。对煤矿整顿关闭、淘汰落后产能任务较重且完成较好的地区,国家在安排技术改造等资金时给予倾斜。产煤地区要研究制定配套措施,建立完善小煤矿正常退出机制。对被关闭煤矿企业缴纳的安全风险抵押金等资金,经有关部门核准后,及时返还。应关闭的煤矿已经缴纳采矿权价款的,地方可从分成的采矿权价款中安排资金支持解决遗留问题。

五、加强监督检查,严厉打击非法违法生产行为。地方各级煤炭行业管理部门、煤矿安全监管部门和驻地煤矿安全监察机构要认真落实《国务院关于预防煤矿生产安全事故的特别规定》(国务院令第446号)和国办发〔2010〕15号等文件要求,加大对当非法违法生产行为的打击力度,坚决取缔无证开采行为;要加大对停产整顿和整合技改煤矿的监督检查工作力度,督促煤矿企业落实安全生产主体责任,切实加强施工过程安全管理,在规定期限内未实施改造、故意拖延工期、在整合区域或以技改名义违规组织生产的,应取消其技改资格,提请地方政府依法予以关闭;要加大宣传力度,发挥社会及媒体的监督作用,对于群众举报的各类非法违法生产问题要及时查处,严厉打击。

各产煤地区要按月向国家能源局、国家煤矿安监局报送煤矿整顿关闭、淘汰落后产能工作进展情况，及时研究解决本地区在煤矿整顿关闭、淘汰落后产能工作中出现的新情况、新问题，切实加强组织领导，采取过硬的措施，确保按期完成煤矿整顿关闭、淘汰落后产能工作任务。

2010 年 5 月 24 日

《关于印发淘汰落后产能工作考核实施方案的通知》

（工信部联产业〔2011〕46 号）

各省、自治区、直辖市人民政府，新疆生产建设兵团：

工业和信息化部、发展改革委、监察部、财政部、人力资源和社会保障部、国土资源部、环境保护部、农业部、商务部、人民银行、国资委、税务总局、工商总局、质检总局、安全监管总局、银监会、电监会、能源局联合制定的《淘汰落后产能工作考核实施方案》（以下简称《实施方案》）已经国务院同意，现印发给你们，请认真贯彻执行。

加强淘汰落后产能工作检查考核，是确保完成淘汰落后产能目标任务的重要措施。各地区、各有关部门要站在深入贯彻落实科学发展观，加快转变经济发展方式、促进国民经济又好又快发展的高度，充分认识淘汰落后产能工作的重要意义，切实按照国家有关政策规定和《实施方案》要求，认真制订和落实淘汰落后产能目标任务，落实完善相关政策措施，加强监督检查和考核。2011 年 2 月底前，各地区要将本地区 2011 年度淘汰落后产能目标任务和计划淘汰落后产能的企业名单（申请中央财政奖励资金企业必须为列入该计划名单的企业），一并报工业和信息化部、财政部、能源局。2011 年 3 月底前，各地区要按照《实施方案》的要求，完成本地区 2010 年淘汰落后产能企业的检查验收和完成任务企业名单公告工作，并将 2010 年淘汰落后产能目标任务完成情况报工业和信息化部、能源局。2011 年 4 月底前，淘汰落后产能工作部际协调小组将完成对各地 2010 年淘汰落后产能工作情况的检查考核。

淘汰落后产能工作考核实施方案

一、总体思路

淘汰落后产能是转变发展方式、调整经济结构、推进节能减排的重要方面，要充分发挥市场机制的作用，综合运用多种手段推进淘汰落后产能。同时，要按照目标清晰、组织健全、责任到位、措施到位、监管到位、逐级考核的总体要求，建立健全淘汰落后产能工作目标责任评价、考核和奖惩制度，落实地方各级人民政府和企业责任，确保顺利完成淘汰落后产能目标任务。

二、考核对象、内容

（一）考核对象。各省、自治区、直辖市人民政府和新疆生产建设兵团（以下简称省级人民政府）。

（二）考核内容。主要包括落实相关政策措施、完成淘汰落后产能目标任务等情况。（具体考核内容及要求见附件1）

三、工作程序

（一）每年2月底前，各省级人民政府按照国家确定的重点行业淘汰落后产能标准及要求，提出本地区重点行业淘汰落后产能年度目标任务和计划淘汰落后产能的企业名单，与企业落后产能情况一并报工业和信息化部、能源局。

（二）3月底前，工业和信息化部、能源局商有关部门向各省级人民政府审核下达淘汰落后产能年度目标任务。

（三）4月底前，各省级人民政府将工业和信息化部、能源局下达的目标任务分解到市、县，落实到企业，并在省级人民政府门户网站以及当地主流媒体向社会公告相关企业名单，同时报工业和信息化部、能源局。（公告格式见附件2）

（四）12月底前，列入各地区本年度淘汰计划的落后产能全部拆除主体设备、生产线，使其不能恢复生产；各省级人民政府组织完成对所有淘汰落后产能企业的现场检查和验收，出具书面验收意见（意见格式见附件3）；

在省级人民政府门户网站以及当地主流媒体向社会公告本地区已完成淘汰落后产能任务企业名单。

（五）次年1月底前，各省级人民政府将上年度淘汰落后产能工作进展情况和年度目标任务完成情况自查报告报工业和信息化部、能源局。

（六）次年3月底前，工业和信息化部、能源局会同发展改革委、监察部、财政部、人力资源和社会保障部、国土资源部、环境保护部、农业部、商务部、人民银行、国资委、税务总局、工商总局、质检总局、安全监管总局、银监会、电监会组成考核工作组，通过现场核查和重点抽查等方式，对各地区上年度淘汰落后产能工作情况进行检查考核。

（七）工业和信息化部、能源局向社会公告各地区淘汰落后产能年度目标任务完成情况。

四、奖惩措施

（一）对未完成淘汰落后产能目标任务的省（区、市），省级人民政府应在公告后一个月内，向工业和信息化部、能源局书面提出整改措施，限期整改。整改措施落实到位前，发展改革委、工业和信息化部、环境保护部、能源局等部门严格控制该地区的国家投资项目，暂停对该地区项目的核准和审批。

（二）对完成淘汰落后产能任务的企业，在符合国家土地管理政策的前提下，国土资源管理部门会同相关部门对其土地开发利用优先予以支持；相关部门对企业技术改造、新建项目、生产许可、资产处置、职工安置等方面优先予以支持。

（三）对未按期淘汰落后产能的企业，环境保护行政主管部门要暂停该企业新增主要污染物排放建设项目的环评审批并吊销排污许可证，银行业金融机构要暂停提供任何形式的新增授信支持并采取措施依法保护金融债权安全，投资管理部门不予审批、核准和备案新的投资项目，国土资源管理部门不予批准新增用地，相关管理部门和监督机构不予办理生产许可证、安全生产许可证，已颁发生产许可证、安全生产许可证的要依法撤回。对未按规定淘汰落后产能、被地方政府责令关闭或撤销的企业，当地政府要及时通告工

商行政管理部门，限期办理工商注销登记，或依法吊销工商营业执照。必要时，由当地政府或其授权部门对有关企业做出停电决定，电力监管机构监督供电企业依法停止对有关企业供电。

（四）对将本地区已经淘汰的落后产能作为本年度计划淘汰任务上报，或虚报落后产能数量，以及未将应淘汰的落后产能列入淘汰计划的，均视为瞒报、谎报行为。对存在瞒报、谎报行为，以及未完成淘汰落后产能年度目标任务且未按期整改到位的地区实行问责，由监察机关依法依纪追究有关责任人员的责任。

2011 年 1 月 26 日

《国务院关于印发"十二五"节能减排综合性工作方案的通知》（摘录）

（国发〔2011〕26 号）

五、加强节能减排管理

（十七）加强工业节能减排。重点推进电力、煤炭、钢铁、有色金属、石油石化、化工、建材、造纸、纺织、印染、食品加工等行业节能减排，明确目标任务，加强行业指导，推动技术进步，强化监督管理。发展热电联产，推广分布式能源。开展智能电网试点。推广煤炭清洁利用，提高原煤入洗比例，加快煤层气开发利用。实施工业和信息产业能效提升计划。推动信息数据中心、通信机房和基站节能改造。实行电力、钢铁、造纸、印染等行业主要污染物排放总量控制。新建燃煤机组全部安装脱硫脱硝设施，现役燃煤机组必须安装脱硫设施，不能稳定达标排放的要进行更新改造，烟气脱硫设施要按照规定取消烟气旁路。单机容量 30 万千瓦及以上燃煤机组全部加装脱硝设施。钢铁行业全面实施烧结机烟气脱硫，新建烧结机配套安装脱硫脱硝设施。石油石化、有色金属、建材等重点行业实施脱硫改造。新型干法水泥窑实施低氮燃烧技术改造，配套建设脱硝设施。加强重点区域、重点行业和重点企业重金属污染防治，以湘江流域为重点开展重金属污染治理与修复试点示范。

（二十五）推进资源综合利用。加强共伴生矿产资源及尾矿综合利用，建设绿色矿山。推动煤矸石、粉煤灰、工业副产石膏、冶炼和化工废渣、建筑和道路废弃物以及农作物秸秆综合利用、农林废物资源化利用，大力发展利废新型建筑材料。废弃物实现就地消化，减少转移。到2015年，工业固体废物综合利用率达到72%以上。

2011年8月31日

《关于"十二五"期间进一步推进煤炭行业淘汰落后产能工作的通知》

（发改能源〔2012〕2091号）

北京市发展改革委、河北省煤炭工业安全管理局、山西省煤炭工业厅、内蒙古自治区煤炭工业局、辽宁省煤炭工业管理局、吉林省安全生产监督管理局、黑龙江省煤炭生产安全管理局、江苏省经济和信息化委、安徽省经济和信息化委、福建省经贸委、江西省煤炭行业管理办公室、山东省煤炭工业局、河南省工业和信息化厅、湖北省经济和信息化委、湖南省煤炭工业局、广西壮族自治区工业和信息化委、重庆市煤炭工业管理局、四川省经济和信息化委、贵州省能源局、云南省工业和信息化委、陕西省煤炭生产安全监督管理局、甘肃省安全生产监督管理局、青海省经委、宁夏回族自治区经济和信息化委、新疆维吾尔自治区煤炭工业管理局，各产煤省（区、市）发展改革委、能源局、煤矿安全监管部门，省级煤矿安全监察机构：

为贯彻落实《国务院关于进一步加强淘汰落后产能工作的通知》（国发〔2010〕7号）精神，切实做好"十二五"期间淘汰煤炭落后产能工作，积极调整煤炭产业结构，加快转变煤炭发展方式，提高煤炭工业生产力水平，现将有关事项通知如下：

一、统一思想认识，明确目标任务

"十一五"期间，在各级政府高度重视、各有关部门通力协作和煤矿企业积极参与下，全国淘汰煤炭落后产能工作取得较大成效，共关闭小煤矿9574处，淘汰落后产能5.3亿吨，有力促进了煤炭产业结构的持续优化，提高了煤矿生产力水平和安全保障能力。但目前全国仍有近1万处小煤矿，其中一批小煤矿生产技术和装备落后，安全基础不牢，安全投入不足，人员素质和管理水平较低，安全事故时有发生，矿区环境恢复治理乏力，违法违规生产现象屡禁不止，资源浪费和环境污染问题突出。为提升小煤矿发展水平，促进煤炭工业健康发展，需要通过产业升级、兼并重组、合理退出等途径，进一步淘汰煤炭落后产能。

各地要把淘汰煤炭落后产能作为深入贯彻落实科学发展观、实现煤炭工业战略性结构调整、加快转变发展方式、保障矿工生命财产安全、建设和谐矿区的一项重要任务，进一步统一思想，提高认识，增强责任感和紧迫感，坚定信心，迎难而上。到"十二五"末，煤炭落后产能基本淘汰，小煤矿数量降至7000处以内；小煤矿技术装备水平明显提升，采煤机械化程度达到55%以上，掘进装载机械化程度达到80%以上；安全保障能力进一步增强，重特大事故得到遏制，安全生产形势明显好转；资源回收率进一步提高，矿区环境明显改善。

二、制定相关标准，界定落后产能

根据煤炭产业政策和《国务院关于预防煤矿生产安全事故的特别规定》（国务院令第446号）等有关规定，下列煤矿为落后产能煤矿，应予以淘汰：

（一）不符合煤炭产业政策、矿产资源规划和矿区总体规划的煤矿；

（二）单井井型低于3万吨/年的煤矿；

（三）乱采滥挖，资源浪费严重，采区回采率连续3年平均低于50%的煤矿；

（四）采煤工作面采用人力或畜力运输煤炭、掘进工作面采用手镐掘进及人力装岩的煤矿；

（五）存在煤与瓦斯突出、自然发火、冲击地压、水害威胁等重大安全生产隐患，经论证在现有技术条件下难以有效防治的煤矿；

（六）煤矿生产安全相关法律、法规、规章、规程、标准和技术规范等明令禁止或要求淘汰的其他类型煤矿。

各地可制定不低于上述标准且切实可行的淘汰煤炭落后产能标准，对达不到标准的小煤矿，限期（一般不超过1年）整改；整改后仍达不到要求的，要坚决关闭。各地应将制定的淘汰煤炭落后产能标准抄报国家发展改革委、国家能源局、国家安全监管总局、国家煤矿安监局。

三、采取有效措施，提高办矿水平

按照《国务院办公厅转发发展改革委关于加快推进煤矿企业兼并重组若干意见的通知》（国办发〔2010〕46号）要求，坚持政府推动和市场引导相结合，鼓励大型煤矿企业兼并重组小煤矿，充分发挥大型煤矿企业的资金、技术和管理优势，提升小煤矿生产力水平。

煤矿企业要遵照国家有关规定，足额提取和规范使用煤矿生产安全费用和维简费，更新改造和完善生产系统。

按照《国务院办公厅转发发展改革委安全监管总局关于进一步加强煤矿瓦斯防治工作若干意见的通知》（国办发〔2011〕26号）要求，"十二五"期间，停止新建30万吨/年以下高瓦斯矿井和45万吨/年以下煤与瓦斯突出矿井。

制定煤炭生产技术与装备政策，明确不同条件下应予鼓励、推广、限制和禁止使用的技术及装备，为提高煤矿生产力水平、淘汰落后产能提供科学依据。

四、完善激励机制，保障工作有序进行

国家对淘汰煤炭落后产能任务较重且进展较快地区以及实施采煤机械化改造、兼并重组后的小煤矿，在产业升级、安全改造等方面给予资金支持。各地对合理退出煤矿缴纳的安全风险抵押金等，经有关部门核实后及时全额返还；对合理退出并已缴纳采矿权价款的煤矿，可从采矿权价款中安排资金支持其解决遗留问题，对未开采的资源应退还相应采矿权价款。

鼓励企业吸纳安置合理退出煤矿企业职工，督促兼并重组主体企业依法留用被兼并重组煤矿企业职工。将被淘汰落后产能企业失业人员纳入就业再就业扶持政策体系，加强就业指导，落实鼓励自主创业的各项政策；指导被淘汰落后产能企业按照有关法律法规及政策规定，妥善处理职工劳动关系、职工社会保险的转移和接续以及企业拖欠职工工资等事宜。

合理安排煤炭资源匮乏且调入困难的边远地区落后产能退出时序，积极发展新能源和可再生能源，保障当地能源供应。

五、加强组织领导，强化监督检查

各地要建立和完善淘汰煤炭落后产能工作协调机制，明确相关部门工作职责，淘汰煤炭落后产能牵头部门要会同有关部门加强组织领导和协调配合，形成工作合力。加强对小煤矿兼并重组、技术改造等工作指导，对改造提升后达到相关标准的小煤矿，及时办理相关证照。

各地要尽快研究确定2011年淘汰落后产能煤矿名单，及时在地方主流媒体上向社会公告，并报送国家发展改革委、国家能源局、国家安全监管总局、国家煤矿安监局。要建立健全已关闭煤矿定期巡查制度和监控网络，加大对非法违法生产行为的打击力度，坚决取缔无证开采行为，防止已关闭煤矿死灰复燃。要加强舆论引导，开展形式多样的宣传活动，营造淘汰煤炭落后产能的工作氛围。充分发挥社会及媒体的监督作用，对群众举报、媒体曝光的非法违法生产建设等行为，要及时查处。

各地牵头部门每半年向国家发展改革委、国家能源局、国家安全监管总局、国家煤矿安监局报送本地区淘汰煤炭落后产能工作进展情况。

附件："十二五"期间煤炭行业淘汰落后产能计划

国家发展改革委　国家能源局

国家安全监管总局　国家煤矿安监局

二〇一一年九月二十六日

主题词：能源　煤炭　淘汰　落后产能　通知

附录：有关煤炭落后产能退出的国家政策

附件："十二五"期间煤炭行业淘汰落后产能计划

单位：处，万吨/年

序号	省别	"十二五"淘汰落后产能计划		其中:2011年淘汰落后产能计划	
		煤矿数量	落后产能	煤矿数量	落后产能
	全 国	2917	9718	307	1590
1	河 北	166	845	130660	
2	辽 宁	333	595	14	26
3	吉 林	50	400	5	45
4	黑龙江	99	297	4	12
5	安 徽	8	45	8	45
6	福 建	12	54	2	6
7	江 西	254	610	4	9
8	山 东	10	157	3	45
9	河 南	37	560	3	45
10	湖 北	192	576	3	9
11	湖 南	50	193	10	33
12	广 西	19	57	2	6
13	重 庆	394	881	5	20
14	四 川	621	1845	5	20
15	贵 州	100	870	75	490
16	云 南	352	1041	8	30
17	陕 西	87	292	12	12
18	甘 肃	89	200	7	35
19	青 海	15	81	3	9
20	宁 夏	3	52	1	25
21	新 疆	26	67	3	8

注：北京、山西、内蒙古、江苏、浙江等省（区、市）小煤矿已全部退出。

《国家能源局关于做好2012年煤炭行业淘汰落后产能工作的通知》

（国能煤炭〔2012〕107号）

各省、自治区、直辖市人民政府，新疆生产建设兵团

根据《国务院关于进一步加强淘汰落后产能工作的通知》（国发

263

〔2010〕7号）和《工信部 国家发展改革委 国家能源局等部门关于印发淘汰落后产能工作考核实施方案的通知》（工信部联产业〔2011〕46号）要求，经研究，现将2012年煤炭行业淘汰落后产能工作有关事项通知如下：

一、淘汰煤炭落后产能作为调整优化煤炭产业结构的重要手段，对转变煤炭发展方式、提高煤炭生产力水平、促进煤炭工业健康发展具有重要意义。各地要充分认识此项工作的重要性，加强组织领导，加大监督检查力度，采取有效措施，加快淘汰煤炭落后产能，确保实现2012年淘汰落后产能计划（附后）。

二、请按照《关于"十二五"期间进一步推进煤炭行业淘汰落后产能工作的通知》（发改能源〔2011〕2091号）要求，坚持分类指导，通过改造升级、兼并重组、关闭退出等途径淘汰煤炭落后产能。对非法违法开采的煤矿，坚决予以关闭；对安全基础条件差且难以改造的小煤矿，要加强监管，积极引导其退出煤炭生产领域；对具备资源优势和改造提升条件的小煤矿，鼓励其参与煤矿企业兼并重组，实施改造升级。各地方有关部门要大力支持大中型煤矿企业发挥资金、技术和管理优势，参与对小煤矿企业的兼并重组，提高小煤矿的技术、装备及管理水平。

三、请各地方有关部门认真组织改造升级煤矿的检查验收，及时在地方主流媒体公告关闭煤矿名单和产能规模。改造升级后的煤矿规模必须符合国家有关政策要求；公告关闭的煤矿须在2012年12月底前，按照吊销所有证照，停止供电、供水、供火工品，拆除电源和地面设施，炸毁井筒，填平场地，恢复地貌，遣散从业人员的标准关闭到位。

附：2012年煤炭行业淘汰落后产能计划

二〇一二年四月十四日

主题词：煤炭　淘汰　落后　产能　通知

抄送：国家发展改革委、工业和信息化部、国家煤矿安监局，北京市发展改革委、河北省煤炭工业安全管理局、山西省煤炭工业厅、内蒙古自治区煤炭工业局、辽宁省煤炭工业管理局、吉林省安全生产监督管理局、黑龙江省煤炭生产安全管理局、江苏省经济和信息化委、安徽省经济和信息化委、福建省经贸委、江西省煤炭行业管理办公室、山东省煤炭工业局、河南省工业和信息化厅、湖北省经济和信息化委、湖南省煤炭工业局、广西壮族自治区工业和信息化委、重庆市煤炭工业管理局、四川省经济和信息化委、贵州省能源局、云南省工业和信息化委、陕西省煤炭生产安全监督管理局、青海省经委、宁夏回族自治区经济和信息化委、新疆维吾尔自治区煤炭工业管理局

附：2012年煤炭行业淘汰落后产能计划

单位：处，万吨/年

序号	省别	淘汰煤矿数量	淘汰落后产能规模
	全国	625	2347
1	北京	0	0
2	河北	10	60
3	山西	0	0
4	内蒙古	0	0
5	辽宁	100	152
6	吉林	10	50
7	黑龙江	7	21
8	江苏	0	0
9	浙江	0	0
10	安徽	5	30
11	福建	2	8
12	江西	50	109
13	山东	1	10
14	河南	5	75
15	湖北	45	130
16	湖南	10	50
17	广西	4	10
18	重庆	83	130
19	四川	120	366
20	贵州	100	900
21	云南	50	155
22	陕西	5	20
23	甘肃	10	30
24	青海	1	6
25	宁夏	1	15
26	新疆	6	20

注：北京、山西、内蒙古、江苏、浙江等省（区、市）小煤矿已全部退出。

煤炭蓝皮书

《关于支持煤炭行业淘汰落后产能的通知》

(财建〔2012〕818号)

有关省、自治区、直辖市、计划单列市财政厅(局)、淘汰煤炭落后产能牵头部门、煤矿安全监察局:

　　为加快推进煤炭行业淘汰落后产能,积极调整煤炭产业结构,提高煤炭工业生产力水平,根据《国务院关于印发"十二五"节能减排综合性工作方案的通知》(国发〔2011〕26号)、《国务院关于进一步加强淘汰落后产能工作的通知》(国发〔2010〕7号)等文件要求,"十二五"期间,中央财政将安排专项资金对经济欠发达地区淘汰煤炭落后产能工作给予奖励。现将有关事项通知如下:

　　一、奖励条件。奖励资金支持的煤炭行业淘汰落后产能项目必须具备以下条件:

　　(一)符合《关于"十二五"期间进一步推进煤炭行业淘汰落后产能工作的通知》(发改能源〔2011〕2091号)等相关文件规定。

　　(二)相关生产线和设备型号与项目批复等有效证明材料相一致,必须在当年拆除或废毁,不得转移。

　　(三)所属企业相关情况与项目批复、安全生产许可证、煤炭生产许可证等有效证明材料相一致。

　　(四)未享受与淘汰落后产能相关的其他中央财政资金支持。

　　二、奖励标准。中央财政根据年度预算安排、地方上年度煤炭淘汰落后产能目标任务实际完成和资金安排使用情况等因素安排奖励资金。对具体项目的奖励条件、标准和金额,由地方根据本办法要求和当地实际情况确定。

　　三、组织淘汰。每年1月底,省级淘汰煤炭落后产能牵头部门、财政部门会同煤矿安全监察机构,按照"十二五"煤炭行业淘汰落后产能工作安排,以及相关标准及要求,提出本地区本年度淘汰煤炭落后产能工作计划和具体淘汰途径等,联合上报国家能源局、财政部、国家煤矿安监局。

每年 12 月底前，省级淘汰煤炭落后产能牵头部门要会同煤矿安全监察机构，按照《关于印发淘汰落后产能工作考核实施方案的通知》要求，对煤炭行业落后产能实际淘汰情况进行现场检查和验收，出具书面验收意见，并在省级人民政府网站或当地主流媒体上向社会公告本地区已完成淘汰落后产能任务的煤矿名单。

四、资金申报。次年 2 月底前，省级财政、淘汰煤炭落后产能牵头部门会同煤矿安全监察机构，根据上年度淘汰煤炭落后产能检查验收情况，提出已完成淘汰且符合奖励条件的煤矿个数、规模及具体名单等，联合上报财政部、国家能源局、国家煤矿安监局。

五、资金安排。国家能源局会同财政部、国家煤矿安监局对各地区上报申请奖励的煤矿个数和规模进行审核，财政部审核下达奖励资金预算。各地区要积极安排资金支持煤炭行业淘汰落后产能，与中央奖励资金一并使用。

省级财政部门、淘汰煤炭落后产能牵头部门会同煤矿安全监察机构，根据中央财政下达的奖励资金预算，制定切实可行的资金分配方案，按规定审核下达和拨付奖励资金。

六、资金使用。奖励资金必须专项用于淘汰落后产能企业职工安置、化解债务、设备设施更新等淘汰落后产能相关支出，不得用于平衡地方财力。奖励资金由地方统筹安排使用，但必须坚持以下原则：

（一）优先支持关闭退出的煤矿。

（二）优先支持淘汰高瓦斯和煤与瓦斯突出的煤矿。

（三）优先支持淘汰落后产能任务重、职工安置数量多和困难大的企业。

（四）优先支持淘汰落后产能企业职工安置，妥善安置职工后，剩余资金再用于化解债务、设备设施更新等相关支出。

七、资金管理。每年 2 月底前，省级财政、淘汰煤炭落后产能牵头部门要会同煤矿安全监察机构，对上年度奖励资金安排和使用情况（详见附件）进行追踪问效，并将有关情况联合上报财政部、国家能源局、国家煤矿安监局。同时，要将使用中央财政奖励资金的煤矿基本情况、影像等相关资料整

理成卷,以备检查。

八、各省(区、市)要依据本办法和当地实际情况制订实施细则,明确奖励资金安排原则、支持重点、支持标准等,报财政部、国家能源局、国家煤矿安监局备案。

九、请各省(区、市)财政部门、淘汰煤炭落后产能牵头部门会同煤矿安全监察机构,按照上述要求于11月5日前上报2011年度已完成淘汰且符合奖励条件的煤矿个数、规模及具体名单等材料。

财政部　国家能源局　国家煤矿安全监察局
2012年10月22日

《关于进一步做好煤炭行业淘汰落后产能检查验收工作的通知》

(国能煤炭〔2013〕87号)

有关省(区、市)淘汰煤炭落后产能牵头部门、财政厅(局),驻地煤矿安全监察局:

为贯彻落实《国务院关于进一步加强淘汰落后产能工作的通知》(国发〔2010〕7号)精神,做好煤炭行业淘汰落后产能检查验收等工作,现将有关事项通知如下:

1. 各省(区、市)淘汰煤炭落后产能牵头部门要会同驻地煤矿安全监察局,于每年12月底前对本地区煤炭落后产能淘汰工作进行现场检查和验收,出具书面验收意见,并将淘汰煤炭落后产能完成情况在省级人民政府网站向社会公告(公告格式见附件),公告文件分别抄送国家能源局、财政部和国家煤矿安全监察局。公告中煤炭生产许可证或安全生产许可证编号,以及淘汰完成时间等内容必须据实填写,并与淘汰煤矿一一对应。

2. 国家能源局会同财政部、国家煤矿安全监察局根据各地公告的淘汰煤炭落后产能任务完成情况,对各地上报申请中央奖励资金的煤矿个数和规模进行审核。

3. 各省（区、市）淘汰煤炭落后产能牵头部门会同有关部门，抓紧对本地区2011年、2012年淘汰煤炭落后产能完成情况进行公告。各省（区、市）财政部门、淘汰煤炭落后产能牵头部门会同驻地煤矿安全监察局，尽快将2012年度中央财政奖励资金申请，上报财政部、国家能源局和国家煤矿安全监察局。未完成煤炭行业淘汰落后产能目标任务的省（区、市），应及时整改。整改措施落实到位前，国家能源局等部门将严格控制该地区的国家投资和项目的核准和审批。

2013年2月6日

《产业结构调整指导目录（2011年本）（2013修正）》（摘录）

中华人民共和国国家发展和改革委员会令第21号

第一类 鼓励类

三、煤炭

1. 煤田地质及地球物理勘探

2. 120万吨/年及以上高产高效煤矿（含矿井、露天）、高效选煤厂建设

3. 矿井灾害（瓦斯、煤尘、矿井水、火、围岩、地温、冲击地压等）防治

4. 型煤及水煤浆技术开发与应用

5. 煤炭共伴生资源加工与综合利用

6. 煤层气勘探、开发、利用和煤矿瓦斯抽采、利用

7. 煤矸石、煤泥、洗中煤等低热值燃料综合利用

8. 管道输煤

9. 煤炭高效洗选脱硫技术开发与应用

10. 选煤工程技术开发与应用

11. 地面沉陷区治理、矿井水资源保护与利用

12. 煤电一体化建设

13. 提高资源回收率的采煤方法、工艺开发与应用

14. 矿井采空区矸石回填技术开发与应用

15. 井下救援技术及特种装备开发与应用

16. 煤矿生产过程综合监控技术、装备开发与应用

17. 大型煤炭储运中心、煤炭交易市场建设

18. 矿井进出人员自动监控记录系统开发与应用

19. 新型矿工避险自救器材开发与应用

20. 建筑物下、铁路等基础设施下、水体下采用煤矸石等物质充填采煤技术开发与应用

第二类 限制类

二、煤炭

1. 单井井型低于以下规模的煤矿项目：山西、内蒙古、陕西120万吨/年；重庆、四川、贵州、云南15万吨/年；福建、江西、湖北、湖南、广西9万吨/年；其他地区30万吨/年

2. 采用非机械化开采工艺的煤矿项目

3. 设计的煤炭资源回收率达不到国家规定要求的煤矿项目

4. 未按国家规定程序报批矿区总体规划的煤矿项目

5. 井下回采工作面超过2个的新建煤矿项目

第三类 淘汰类

注：条目后括号内年份为淘汰期限，淘汰期限为2011年是指应于2011年底前淘汰，其余类推；有淘汰计划的条目，根据计划进行淘汰；未标淘汰期限或淘汰计划的条目为国家产业政策已明令淘汰或立即淘汰。

（二）煤炭

1. 国有煤矿矿区范围（国有煤矿采矿登记确认的范围）内的各类小煤矿

2. 单井井型低于3万吨/年规模的矿井

3. 既无降硫措施，又无达标排放用户的高硫煤炭（含硫高于3%）生

产矿井

4. 不能就地使用的高灰煤炭（灰分高于40%）生产矿井

5. 6AM、φM-2.5、PA-3型煤用浮选机

6. PB2、PB3、PB4型矿用隔爆高压开关

7. PG-27型真空过滤机

8. X-1型箱式压滤机

9. ZYZ、ZY3型液压支架

10. 木支架

11. 不能实现洗煤废水闭路循环的选煤工艺、不能实现粉尘达标排放的干法选煤设备

2013年2月16日

《国家能源局、国家煤矿安全监察局关于做好2013年煤炭行业淘汰落后产能工作的通知》

（国能煤炭〔2013〕145号）

有关省、自治区、直辖市人民政府，新疆生产建设兵团：

根据《国务院关于进一步加强淘汰落后产能工作的通知》（国发〔2010〕7号）和《工信部　国家发展改革委　国家能源局等部门关于印发淘汰落后产能工作考核实施方案的通知》（工信部联产业〔2011〕46号）要求，经研究，现将2013年煤炭行业淘汰落后产能工作有关事项通知如下：

一、淘汰煤炭落后产能作为调整优化煤炭产业结构的重要手段，对转变煤炭发展方式、提高煤炭生产力水平、促进煤炭工业健康发展具有重要意义。各地要充分认识此项工作的重要性，加强组织领导，采取切实有效措施，加大监督检查力度，加快淘汰煤炭落后产能，确保完成2013年淘汰落后产能计划（附后）。

二、请按照《关于"十二五"期间进一步推进煤炭行业淘汰落后产能

工作的通知》（发改能源〔2011〕2091号）要求，坚持分类指导，通过改造升级、兼并重组、关闭退出等途径淘汰煤炭落后产能。对非法违法开采的煤矿，坚决予以关闭；对安全基础条件差且难以改造的小煤矿，要加强监管，积极引导其退出煤炭生产领域；对具备资源优势和改造提升条件的小煤矿，鼓励其参与煤矿企业兼并重组，实施改造升级。各地方有关部门要大力支持大中型煤矿企业发挥资金、技术和管理优势，兼并重组小型煤矿企业，提高小煤矿的技术、装备及管理水平。

三、请认真组织淘汰落后产能煤矿的检查验收，并将淘汰煤炭落后产能完成情况在省级人民政府网站向社会公告。公告中煤炭生产许可证或安全生产许可证编号，以及淘汰完成时间等内容应据实填写，并与淘汰煤矿一一对应。

2013年3月18日

附件：2013年煤炭行业淘汰落后产能计划

单位：处，万吨/年

序号	省别	淘汰煤矿数量	淘汰落后产能	关闭退出		改造升级		兼并重组	
				数量	产能	数量	产能	数量	产能
	全国	1256	6418	509	2669	479	1674	268	2075
1	北京	0	0	0	0	0	0	0	0
2	河北	5	30	5	30	0	0	0	0
3	山西	0	0	0	0	0	0	0	0
4	内蒙古	0	0	0	0	0	0	0	0
5	辽宁	110	145	60	72	50	73	0	0
6	吉林	10	50	10	50	0	0	0	0
7	黑龙江	55	165	30	90	25	75	0	0
8	江苏	0	0	0	0	0	0	0	0
9	安徽	16	126	16	126	0	0	0	0
10	福建	20	75	13	49	7	26	0	0
11	江西	22	53	12	25	10	28	0	0
12	山东	2	24	2	24	0	0	0	0
13	河南	10	150	10	150	0	0	0	0

续表

序号	省别	淘汰煤矿数量	淘汰落后产能	关闭退出		改造升级		兼并重组	
				数量	产能	数量	产能	数量	产能
14	湖北	42	126	8	24	34	102	0	0
15	湖南	35	180	25	120	10	60	0	0
16	广西	4	12	4	12	0	0	0	0
17	重庆	180	430	40	120	95	220	45	90
18	四川	270	1103	120	700	150	403	0	0
19	贵州	321	2880	101	900	20	180	200	1800
20	云南	80	300	30	100	50	200	0	0
21	陕西	22	261	5	20	17	241	0	0
22	甘肃	44	278	11	33	10	60	23	185
23	青海	2	12	1	6	1	6	0	0
24	宁夏	0	0	0	0	0	0	0	0
25	新疆	6	18	6	18	0	0	0	0

注：北京、山西、内蒙古、浙江、江苏落后小煤矿基本淘汰。

《国务院办公厅关于进一步加强煤矿安全生产工作的意见》

（国办发〔2013〕99号）

各省、自治区、直辖市人民政府，国务院各部委、各直属机构：

煤炭是我国的主体能源，煤矿安全生产关系煤炭工业持续发展和国家能源安全，关系数百万矿工生命财产安全。近年来，通过各方面共同努力，煤矿安全生产形势持续稳定好转。但事故总量仍然偏大，重特大事故时有发生，暴露出煤矿安全管理中仍存在一些突出问题。党中央、国务院对此高度重视，要求深刻汲取事故教训，坚守发展决不能以牺牲人的生命为代价的红线，始终把矿工生命安全放在首位，大力推进煤矿安全治本攻坚，建立健全煤矿安全长效机制，坚决遏制煤矿重特大事故发生。为进一步加强煤矿安全生产工作，经国务院同意，现提出以下意见：

一、加快落后小煤矿关闭退出

（一）明确关闭对象。重点关闭9万吨/年及以下不具备安全生产条件

的煤矿，加快关闭9万吨/年及以下煤与瓦斯突出等灾害严重的煤矿，坚决关闭发生较大及以上责任事故的9万吨/年及以下的煤矿。关闭超层越界拒不退回和资源枯竭的煤矿；关闭拒不执行停产整顿指令仍然组织生产的煤矿。不能实现正规开采的煤矿，一律停产整顿；逾期仍未实现正规开采的，依法实施关闭。没有达到安全质量标准化三级标准的煤矿，限期停产整顿；逾期仍不达标的，依法实施关闭。

（二）加大政策支持力度。通过现有资金渠道加大支持淘汰落后产能力度，地方人民政府应安排配套资金，并向早关、多关的地区倾斜。研究制定信贷、财政优惠政策，鼓励优势煤矿企业兼并重组小煤矿。修订煤炭产业政策，提高煤矿准入标准。国家支持小煤矿集中关闭地区发展替代产业，加强基础设施建设，加快缺煤地区能源输送通道建设，优先保障缺煤地区的铁路运力。

（三）落实关闭目标和责任。到2015年底全国关闭2000处以上小煤矿。各省级人民政府负责小煤矿关闭工作，要制定关闭规划，明确关闭目标并确保按期完成。

二、严格煤矿安全准入

（四）严格煤矿建设项目核准和生产能力核定。一律停止核准新建生产能力低于30万吨/年的煤矿，一律停止核准新建生产能力低于90万吨/年的煤与瓦斯突出矿井。现有煤与瓦斯突出、冲击地压等灾害严重的生产矿井，原则上不再扩大生产能力；2015年底前，重新核定上述矿井的生产能力，核减不具备安全保障能力的生产能力。

（五）严格煤矿生产工艺和技术设备准入。建立完善煤炭生产技术与装备、井下合理生产布局以及能力核定等方面的政策、规范和标准，严禁使用国家明令禁止或淘汰的设备和工艺。煤矿使用的设备必须按规定取得煤矿矿用产品安全标志。

（六）严格煤矿企业和管理人员准入。规范煤矿建设项目安全核准、项目核准和资源配置的程序。未通过安全核准的，不得通过项目核准；未通过项目核准的，不得颁发采矿许可证。不具备相应灾害防治能力的企业申请开采高瓦斯、冲击地压、煤层易自燃、水文地质情况和条件复杂等煤炭资源的，不得通过安全核准。从事煤炭生产的企业必须有相关专业和实践经历的管理团队。煤矿必须配备矿长、总工程师和分管安全、生产、机电的副矿长，以及负责采煤、掘进、机电运输、通风、地质测量工作的专业技术人员。矿长、总工程师和分管安全、生产、机电的副矿长必须具有安全资格证，且严禁在其他煤矿兼职；专业技术人员必须具备煤矿相关专业中专以上学历或注册安全工程师资格，且有3年以上井下工作经历。鼓励专业化的安全管理团队以托管、入股等方式管理小煤矿，提高小煤矿技术、装备和管理水平。建立煤炭安全生产信用报告制度，完善安全生产承诺和安全生产信用分类管理制度，健全安全生产准入和退出信用评价机制。

三、深化煤矿瓦斯综合治理

（七）加强瓦斯管理。认真落实国家关于促进煤层气（煤矿瓦斯）抽采利用的各项政策。高瓦斯、煤与瓦斯突出矿井必须严格执行先抽后采、不抽不采、抽采达标。煤与瓦斯突出矿井必须按规定落实区域防突措施，开采保护层或实施区域性预抽，消除突出危险性，做到不采突出面、不掘突出头。发现瓦斯超限仍然作业的，一律按照事故查处，依法依规处理责任人。

（八）严格煤矿企业瓦斯防治能力评估。完善煤矿企业瓦斯防治能力评估制度，提高评估标准，增加必备性指标。加强评估结果执行情况监督检查，经评估不具备瓦斯防治能力的煤矿企业，所属高瓦斯和煤与瓦斯突出矿井必须停产整顿、兼并重组，直至依法关闭。加强评估机构建设，充实评估人员，落实评估责任，对弄虚作假的单位和个人要严肃追究责任。

四、全面普查煤矿隐蔽致灾因素

（九）强制查明隐蔽致灾因素。加强煤炭地质勘查管理，勘查程度达不到规范要求的，不得为其划定矿区范围。煤矿企业要加强建设、生产期间的地质勘查，查明井田范围内的瓦斯、水、火等隐蔽致灾因素，未查明的必须综合运用物探、钻探等勘查技术进行补充勘查；否则，一律不得继续建设和生产。

（十）建立隐蔽致灾因素普查治理机制。小煤矿集中的矿区，由地方人民政府组织进行区域性水害普查治理，对每个煤矿的老空区积水划定警戒线和禁采线，落实和完善预防性保障措施。国家从中央有关专项资金中予以支持。

五、大力推进煤矿"四化"建设

（十一）加快推进小煤矿机械化建设。国家鼓励和扶持30万吨/年以下的小煤矿机械化改造，对机械化改造提升的符合产业政策规定的最低规模的产能，按生产能力核定办法予以认可。新建、改扩建的煤矿，不采用机械化开采的一律不得核准。

（十二）大力推进煤矿安全质量标准化和自动化、信息化建设。深入推进煤矿安全质量标准化建设工作，强化动态达标和岗位达标。煤矿必须确保安全监控、人员定位、通信联络系统正常运转，并大力推进信息化、物联网技术应用，充分利用和整合现有的生产调度、监测监控、办公自动化等信息化系统，建设完善安全生产综合调度信息平台，做到视频监视、实时监测、远程控制。县级煤矿安全监管部门要与煤矿企业安全生产综合调度信息平台实现联网，随机抽查煤矿安全监控运行情况。地方人民政府要培育发展或建立区域性技术服务机构，为煤矿特别是小煤矿提供技术服务。

六、强化煤矿矿长责任和劳动用工管理

（十三）严格落实煤矿矿长责任制度。煤矿矿长要落实安全生产责任，切实保护矿工生命安全，确保煤矿必须证照齐全，严禁无证照或者证照失效非法生产；必须在批准区域正规开采，严禁超层越界或者巷道式采煤、空顶作业；必须做到通风系统可靠，严禁无风、微风、循环风冒险作业；必须做到瓦斯抽采达标，防突措施到位，监控系统有效，瓦斯超限立即撤人，严禁违规作业；必须落实井下探放水规定，严禁开采防隔水煤柱；必须保证井下机电和所有提升设备完好，严禁非阻燃、非防爆设备违规入井；必须坚持矿领导下井带班，确保员工培训合格、持证上岗，严禁违章指挥。达不到要求的煤矿，一律停产整顿。

（十四）规范煤矿劳动用工管理。在一定区域内，加强煤矿企业招工信息服务，统一组织报名和资格审查、统一考核、统一签订劳动合同和办理用工备案、统一参加社会保险、统一依法使用劳务派遣用工,并加强监管。严格实施工伤保险实名制;严厉打击无证上岗、持假证上岗。

(十五)保护煤矿工人权益。开展行业性工资集体协商,研究确定煤矿工人小时最低工资标准,提高下井补贴标准,提高煤矿工人收入。严格执行国家法定工时制度。停产整顿煤矿必须按期发放工人工资。煤矿必须依法配备劳动保护用品,定期组织职业健康检查,加强尘肺病防治工作,建设标准化的食堂、澡堂和宿舍。

(十六)提高煤矿工人素质。加强煤矿班组安全建设,加快变"招工"为"招生",强化矿工实际操作技能培训与考核。所有煤矿从业人员必须经考试合格后持证上岗,严格教考分离、建立统一题库、制定考核办法、对考核合格人员免费颁发上岗证书。健全考务管理体系,建立考试档案,切实做到考试不合格不发证。将煤矿农民工培训纳入各地促进就业规划和职业培训扶持政策范围。

七、提升煤矿安全监管和应急救援科学化水平

(十七)落实地方政府分级属地监管责任。地方各级人民政府要切实履行分级属地监管责任,强化"一岗双责",严格执行"一票否决"。强化责任追究,对不履行或履行监管职责不力的,要依纪依法严肃追究相关人员的责任。各地区要按管理权限落实停产整顿煤矿的监管责任人和验收部门,省属煤矿和中央企业煤矿由省级煤矿安全监管部门组织验收,局长签字;市属煤矿由市(地)级煤矿安全监管部门组织验收,市(地)级人民政府主要负责人签字;其他煤矿由县级煤矿安全监管部门组织验收,县级人民政府主要负责人签字。中央企业煤矿必须由市(地)级以上煤矿安全监管部门负责安全监管,不得交由县、乡级人民政府及其部门负责。

(十八)明确部门安全监管职责。按照管行业必须管安全、管业务必须管安全、谁主管谁负责的原则,进一步明确各部门监管职责,切实加强基层煤炭行业管理和煤矿安全监管部门能力建设。创新监管监察方式方法,开展突击暗查、交叉执法、联合执法,提高监督管理的针对性和有效性。煤矿安全监管监察部门发现煤矿存在超能力生产等重大安全生产隐患和行为的,要依法责令停产整顿；发现违规建设的，要责令停止施工并依法查处；发现停产整顿期间仍然组织生产的煤矿，要依法提请地方政府关闭。煤矿安全监察机构要严格安全准入，严格煤矿建设工程安全设施的设计审查和竣工验收；依法加强对地方政府煤矿安全生产监管工作的监督检查；对停产整顿煤矿要依法暂扣其安全生产许可证。国土资源部门要严格执行矿产资源规划、煤炭国家规划矿区和矿业权设置方案制度，严厉打击煤矿无证勘查开采、以煤田灭火或地质灾害治理等名义实施露天采煤、以硐探坑探为名实施井下开采、超越批准的矿区范围采矿等违法违规行为。公安部门要停止审批停产整顿煤矿购买民用爆炸物品。电力部门要对停产整顿煤矿限制供电。建设主管部门要加强煤矿施工企业安全生产许可证管理，组织及时修订煤矿设计相应标准规范，会同煤炭行业管理部门强化对煤矿设计、施工和监理单位的资质监管。投资主管部门要提高煤矿安全技术改造资金分配使用的针对性和实效性。

（十九）加快煤矿应急救援能力建设。加强国家（区域）矿山应急救援基地建设，其运行维护费用由中央财政和所在地省级财政给予支持。加强地方矿山救护队伍建设，其运行维护费用由地方财政给予支持。煤矿企业按照相关规定建立专职应急救援队伍。没有建立专职救援队伍的，必须建设兼职辅助救护队。煤矿企业要统一生产、通风、安全监控调度，建立快速有效的应急处置机制；每年至少组织一次全员应急演练。加强煤矿事故应急救援指挥，发生重大及以上事故，省级人民政府主要负责人或分管负责人要及时赶赴事故现场。在煤矿抢险救灾中牺牲的救援人员，应当按照国家有关规定申报烈士。

（二十）加强煤矿应急救援装备建设。煤矿要按规定建设完善紧急避险、压风自救、供水施救系统，配备井下应急广播系统，储备自救互救器材。煤矿或煤矿集中的矿区，要配备适用的排水设备和应急救援物资。加快研制并配备能够快速打通"生命通道"的先进设备。支持重点开发煤矿应急指挥、通信联络、应急供电等设备和移动平台，以及遇险人员生命探测与搜索定位、灾害现场大型破拆、救援人员特种防护用品和器材等救援装备。

国务院各有关部门要按照职责分工研究制定具体的政策措施，落实工作责任，加强监管监察并认真组织实施。各省级人民政府要结合本地实际制定实施办法，加强组织领导，强化煤矿安全生产责任体系建设，强化监督检查，加强宣传教育，强化社会监督，严格追究责任，确保各项要求得到有效执行。

国务院办公厅
2013 年 10 月 2 日

《国务院办公厅关于促进煤炭行业平稳运行的意见》

（国办发〔2013〕104 号）

各省、自治区、直辖市人民政府，国务院各部委、各直属机构：

2012 年以来，受市场需求下降、煤炭工业转型升级滞后以及税费负担与历史包袱较重等因素影响，煤炭行业出现结构性产能过剩、价格下跌、企业亏损等问题，运行困难加大。为促进煤炭行业平稳运行和持续健康发展，经国务院同意，现提出以下意见：

一、坚决遏制煤炭产量无序增长

全面贯彻党中央、国务院关于化解产能严重过剩矛盾的总体要求，完善法规政策，科学调控煤炭总量。严格新建煤矿准入标准，停止核准新建低于 30 万吨/年的煤矿、低于 90 万吨/年的煤与瓦斯突出矿井。新建煤矿必须严格履行基本建设程序，严厉查处未批先建、批小建大等违规行为。要从完善安全生产管理入手，逐步淘汰 9 万吨/年及以下煤矿，重点关闭不具备安全生产条件的煤矿，加快关闭煤与瓦斯突出等灾害隐患严重的煤矿。煤炭企业必须严格按照核准的煤矿建设规模和生产能力组织生产，严禁违规建设和超能力生产。建立煤矿产能登记及公告制度，提高超能力生产处罚标准，加大处罚力度，定期公布处罚结果。有效整合资源，鼓励煤炭企业兼并重组，以大型企业为主体，在大型煤炭基地内有序建设大型现代化煤矿，促进煤炭集

约化生产。(能源局、煤矿安监局、发展改革委按职责分工负责)

二、切实减轻煤炭企业税费负担

2013年年底前,财政部、发展改革委要对重点产煤省份煤炭行业收费情况进行集中清理整顿,坚决取缔各种乱收费、乱集资、乱摊派,切实减轻煤炭企业负担。在清理整顿涉煤收费基金的同时,加快推进煤炭资源税从价计征改革。请财政部、发展改革委抓紧组织落实有关工作,并向国务院作出汇报。(财政部、发展改革委、税务总局、国土资源部、能源局、工业和信息化部按职责分工负责)

三、加强煤炭进出口环节管理

按照节能减排和环境保护要求,研究制订商品煤质量国家标准。加强对进口煤炭商品的质量检验,将褐煤纳入法定检验目录。研究完善差别化煤炭进口关税政策,鼓励优质煤炭进口,禁止高灰分、高硫分劣质煤炭的生产、使用和进口。进一步做好煤炭进出口总量、结构、趋势等的监测分析,根据国内外市场变化适时调整煤炭出口相关政策措施。(发展改革委、环境保护部、商务部、财政部、税务总局、海关总署、质检总局、能源局按职责分工负责)

四、提高煤炭企业生产经营水平

引导煤炭企业加强市场供需分析,优化生产布局,科学确定采掘关系,依法有序组织生产,严禁私采乱挖和超层越界开采;加强煤矿补充地质勘探和资源储备,摸清老矿区外围资源储量,延长矿区服务年限。加强企业内部精细化管理,压缩非生产性支出,合理控制生产经营成本,提高内控管理和安全生产水平,增加企业效益。要保持矿区和谐稳定与煤矿安全运转,进一步加大安全生产投入,保障一线职工人身安全及合法权益。充分发挥行业协会在自律管理、统计监测、信息发布、推广先进技术和管理经验、研究制订标准等方面的重要作用,引导行业健康发展。(能源局、煤矿安监局、发展改革委、国土资源部、国资委按职责分工负责)

五、营造煤炭企业良好发展环境

着力解决老矿区、老企业历史遗留问题。原国有重点煤矿承担的办社会职能中,已分离转移至地方的学校、公安等机构的运转费用,按相关政策规定纳入当地财政预算;尚未分离的职能,地方政府要采取有效措施加快移交。落实相关政策,解决原国有重点企业破产煤矿遗留的离退休人员医疗保障及社会化管理、社会职能移交等问题。建立完善退出机制,对资不抵债且扭亏无望的煤矿,要依法及时关闭破产。支持煤炭企业发展矿区循环经济,加快建设一批煤电一体化项目。研究出台有效措施,推动煤炭企业与用户签订中长期煤炭合同。加强煤炭行业与制造业规划及生产运行的配套衔接,促进煤炭供应侧与需求侧协调均衡发展。地方各级政府及其有关部门要根据煤炭市场变化情况,及时调整完善企业考核机制。树立煤炭市场全国一盘棋的思想,不得出台限制煤炭正常流通的地方保护性措施。(财政部、人力资源和社会保障部、国资委、发展改革委、能源局、铁路局,中国铁路总公司,省级人民政府按职责分工负责)

促进煤炭行业平稳运行任务紧迫,责任重大。各地区、各部门要按照本意见的要求,结合实际,扎实做好各项工作。国务院有关部门、各产煤省(区、市)人民政府要按照职能定位,明确分工,落实责任,密切配合,加强统筹领导和监督检查,确保各项政策措施落到实处,见到实效。

国务院办公厅
2013 年 11 月 18 日

《国家能源局关于印发2014年能源工作指导意见的通知》(摘录)

(国能规划〔2014〕38号)

各省(自治区、直辖市)发展改革委(能源局),各派出机构,有关企业:

为做好 2014 年能源工作,推动能源创新与可持续发展,打造中国能源"升级版",为经济社会发展提供坚实的能源保障,现将我局制定的《2014

年能源工作指导意见》印发你们，请认真组织实施。

附件：2014年能源工作指导意见

国家能源局
2014年1月20日

2014年能源工作指导意见

三、重点任务

（二）认真落实大气污染防治措施，促进能源结构优化

以大气污染防治为契机，加快淘汰能源行业落后产能，着力降低煤炭消费比重，提高天然气和非化石能源比重。2014年，京津冀鲁分别削减原煤消费300万吨、200万吨、800万吨和400万吨，合计1700万吨；全国淘汰煤炭落后产能3000万吨，关停小火电机组200万千瓦；力争实现煤电脱硫比重接近100%，火电脱硝比重达到70%。

7. 加大淘汰落后产能和节能减排工作力度。停止核准新建低于30万吨/年的煤矿和低于90万吨/年的煤与瓦斯突出矿井。逐步淘汰9万吨/年及以下煤矿，加快关闭其中煤与瓦斯突出等灾害隐患严重的煤矿，继续推进煤矿企业兼并重组。完善火电淘汰落后产能和"上大压小"后续政策，更多运用市场手段，促进落后火电机组自然淘汰。科学安排电力行业脱硫、脱硝、除尘改造工程，加大节能减排监管力度，确保相关设施稳定、达标运行。2015年前，完成京津冀、长三角、珠三角区域燃煤电厂污染治理设施建设和改造。

（九）推进体制机制改革，强化能源市场监管

全面贯彻党的十八届三中全会精神，研究拟订全面深化能源领域体制机制改革方案，推进能源领域体制机制创新，为能源科学发展提供保障。

4. 加快煤炭改革。以清费立税为主线，清理整顿涉煤收费基金，加快推进煤炭资源税从价计征改革。实施煤矿生产能力登记和公告制度，促进煤炭产业平稳运行。推进煤炭市场建设，探索创新煤炭市场监管机制，推动电

煤运输市场化改革。

2014 年 1 月 20 日

《国家能源局 国家煤矿安全监察局关于做好2014年煤炭行业淘汰落后产能工作的通知》

(国能煤炭〔2014〕135 号)

有关省、自治区、直辖市人民政府、新疆生产建设兵团：

根据《国务院关于进一步加强淘汰落后产能工作的通知》（国发〔2010〕7 号）和《工信部 国家发展改革委 国家能源局等部门关于印发淘汰落后产能工作考核实施方案的通知》（工信部联产业〔2011〕46 号）要求，经研究，现将 2014 年煤炭行业淘汰落后产能工作有关事项通知如下：

一、淘汰煤炭落后产能作为调整优化煤炭产业结构的重要手段，对转变煤炭发展方式、提高煤炭生产力水平、促进煤炭工业健康发展具有重要意义。各地要充分认识此项工作的重要性，加强组织领导，采取切实有效措施，加大监督检查力度，加快淘汰煤炭落后产能，确保完成 2014 年淘汰落后产能计划（附后）。

二、请按照《国务院办公厅关于进一步加强煤矿安全生产工作的意见》（国办发〔2013〕99 号）和《国务院办公厅关于促进煤炭行业平稳运行的意见》（国办发〔2013〕104 号）要求，逐步淘汰 9 万吨/年及以下煤矿；对非法违法开采和不具备安全生产条件的煤矿，坚决予以关闭；对安全基础条件差且难以改造，以及煤与瓦斯突出等灾害严重的小煤矿，要加强监管，加快引导其退出煤炭生产领域；对具备资源优势和改造提升条件的小煤矿，鼓励其参与煤矿企业兼并重组，实施改造升级。

三、请认真组织淘汰落后产能煤矿的检查验收，并将淘汰煤炭落后产能完成情况在省级人民政府网站向社会公告。公告中安全生产许可证编号，以及淘汰完成时间等内容应据实填写，并与淘汰煤矿一一对应。

四、各地方有关部门要大力支持大中型煤矿企业发挥资金、技术和管理优势，兼并重组小型煤矿企业，提高小煤矿的技术、装备及管理水平。要积极研究出台煤炭行业淘汰落后产能相关政策，充分发挥财政资金引导作用，强化环境保护、安全生产、职业健康等对落后产能的约束，推进淘汰煤炭落后产能工作落实。

2014年煤炭行业淘汰落后产能计划

单位：处，万吨/年

序号	省别	淘汰煤矿数量	淘汰落后产能	关闭退出 数量	关闭退出 产能	改造升级 数量	改造升级 产能	兼并重组 数量	兼并重组 产能
	全国	1725	11748	800	4070	402	1766	523	5912
1	北京	0	0	0	0	0	0	0	0
2	河北	12	50	6	30	6	20	0	0
3	山西	0	0	0	0	0	0	0	0
4	内蒙古	0	0	0	0	0	0	0	0
5	辽宁	61	100	36	65	25	35	0	0
6	吉林	13	55	13	55	0	0	0	0
7	黑龙江	75	210	75	210	0	0	0	0
8	江苏	0	0	0	0	0	0	0	0
9	安徽	10	60	10	60	0	0	0	0
10	福建	15	111	15	111	0	0	0	0
11	江西	80	192	23	50	57	142	0	0
12	山东	28	444	7	87	21	357	0	0
13	河南	0	0	0	0	0	0	0	0
14	湖北	45	135	15	45	30	90	0	0
15	湖南	170	850	156	779	14	71	0	0
16	广西	1	3	1	3	0	0	0	0
17	重庆	390	1270	30	90	80	200	280	980
18	四川	250	1050	100	600	150	450	0	0
19	贵州	400	6540	170	1440	10	300	220	4800
20	云南	120	360	120	360	0	0	0	0
21	陕西	8	85	5	20	3	65	0	0
22	甘肃	40	180	15	45	5	30	20	105
23	青海	2	12	1	6	1	6	0	0
24	宁夏	0	0	0	0	0	0	0	0
25	新疆	5	41	2	14	0	0	3	27

注：北京、山西、内蒙古、江苏、河南、宁夏基本完成淘汰落后小煤矿任务。

2014年3月27日

附录：有关煤炭落后产能退出的国家政策

《国家安全监管总局等十二部门关于加快落后小煤矿关闭退出工作的通知》

（安监总煤监〔2014〕44号）

各产煤省、自治区、直辖市及新疆生产建设兵团安全监管局、煤炭行业管理部门、煤矿安全监管部门、发展改革委、公安厅（局）、财政厅（局）、人力资源和社会保障厅（局）、国土资源厅（局）、环境保护厅（局）、国资委、工商局、总工会，各省级煤矿安监局：

为深入贯彻落实《国务院办公厅关于进一步加强煤矿安全生产工作的意见》（国办发〔2013〕99号，以下简称《意见》）精神，深入开展煤炭行业淘汰落后产能工作，促进煤矿安全生产形势持续稳定好转，现就加快落后小煤矿关闭退出工作通知如下：

一、**总体思路**

深入贯彻科学发展观，牢固树立安全发展理念，以法律法规为依据，以产业政策为引导，以市场机制为基础，综合运用法律、经济、技术、行政等手段，建立健全小煤矿关闭退出机制，减少小煤矿数量，淘汰煤炭落后产能，提高保留小煤矿的办矿水平，推进小煤矿向生产集约化、采掘机械化、安全质量标准化、管理信息化方向发展，进一步调整优化煤炭工业结构，提高煤炭清洁化水平，加快转变煤炭工业发展方式，提升煤炭工业整体安全保障能力。

二、**工作目标**

统筹考虑现有小煤矿数量、地区分布、开采条件、煤炭供需和对煤矿安全生产的影响程度等因素，按照突出重点、稳步推进原则，到2015年底全国关闭2000处以上小煤矿。

三、**工作重点**

以辽宁、黑龙江、江西、湖北、湖南、重庆、四川、云南、贵州等省（市）为重点地区，逐步淘汰9万吨/年及以下煤矿，重点关闭不具备安全

生产条件的煤矿,加快关闭 9 万吨/年及以下煤与瓦斯突出等灾害严重的煤矿,坚决关闭发生较大及以上责任事故的 9 万吨/年及以下的煤矿。

四、关闭对象

按照《意见》及有关法律法规规定,对下列 13 类小煤矿依法实施关闭或淘汰退出:

(一)核定生产能力在 3 万吨/年及以下煤矿。

(二)核定生产能力在 9 万吨/年及以下煤与瓦斯突出煤矿(按照各地已制定的工作规划或计划逐步关闭或淘汰退出)。

(三)超层越界拒不退回的生产或建设煤矿。

(四)资源枯竭的煤矿。

(五)停而不整或整顿后仍达不到安全生产条件的煤矿。

(六)拒不执行停产整顿指令仍然组织生产的煤矿。

(七)瓦斯防治能力没有通过评估,且拒不停产整顿的煤矿企业所属的高瓦斯和煤与瓦斯突出煤矿。

(八)与大型煤矿井田平面投影重叠的煤矿。

(九)经停产整顿,在限定时间内仍未实现正规开采的煤矿。

(十)经停产整顿,在限定时间内没有达到安全质量标准化三级标准的煤矿。

(十一)发生较大及以上责任事故的 9 万吨/年及以下的煤矿。

(十二)灾害严重,且经县级以上地方人民政府组织专家进行论证,在现有技术条件下难以有效防治的煤矿。

(十三)县级以上地方人民政府规定应依法予以关闭的煤矿。

五、关闭到位标准

(一)县级以上地方人民政府依法作出关闭煤矿决定。关闭煤矿应由县级以上人民政府有关部门进行现场检查和验收,出具书面验收意见,关闭完成情况在省级人民政府网站向社会公告。公告中安全生产许可证编号、完成关闭时间等内容必须据实填写,并与关闭煤矿一一对应。

(二)依法注销或吊销关闭矿井的相关证照,注(吊)销时间要在颁证部门政府网站上公告。

（三）停止供水、供电、供民用爆炸物品。

（四）拆除设备，炸毁或封闭填实井筒，填平场地（为确保相邻矿井安全予以保留的井筒和整合后技改矿井需要再利用的井筒除外）。

（五）矿山环境治理与周边生态环境相协调。

（六）煤矿所有从业人员劳动关系得到依法妥善处理。

县级人民政府要完善关闭煤矿的档案资料，要将关闭煤矿基本情况、反映矿井关闭前井下采掘活动的有关图纸、关闭煤矿影像等相关资料逐矿整理成卷，存档备查。

六、主要工作措施

（一）细化落后小煤矿关闭退出的目标和任务。各产煤省（区、市）煤矿整顿关闭工作牵头部门要按照省级人民政府制定的煤矿关闭工作规划，会同有关部门抓紧起草"十二五"后2年及煤矿整顿关闭工作5年计划，并分别提出到2015年底、2018年底允许保留的小煤矿数量控制目标。

（二）完善煤炭落后产能标准。煤炭行业管理部门要会同有关部门研究制定反映资源、技术、安全、环保等方面要求的煤炭行业落后产能标准，界定落后产能，量化落后产能指标，为淘汰落后产能提供依据。

（三）严格煤矿准入。整合技改和改造升级煤矿最低规模、服务年限应符合《煤炭产业政策》和设计规范要求，生产布局和技术装备符合国家规定，并实现正规开采，具备相应的灾害治理能力。9万吨/年及以下的煤与瓦斯突出煤矿、冲击地压煤矿和水文地质条件极复杂等灾害严重煤矿原则上不参加资源整合。

（四）加强煤炭资源管理。支持技术、资金、管理实力强且具备安全保障能力的大中型煤矿企业或优势企业整合、兼并小煤矿；新增煤炭资源、周围零星资源优先配置给整合兼并后需扩能改造的煤矿，支持大型煤炭基地和大型现代化煤矿建设；政府决定限期关闭的小煤矿采矿许可证到期后不再延续；在小煤矿多的地区应统筹安排新井建设与淘汰落后产能工作，整合、兼并及新建煤矿要同步建设煤炭洗选设施，大力推进煤炭清洁利用。

（五）加大灾害严重矿井关闭退出力度。各地区要以瓦斯防治能力评估为抓手，经评估不具备瓦斯防治能力的煤矿企业，其所属的高瓦斯和煤与瓦斯突出矿井要立即停产、限期整改，或由具备瓦斯防治能力的煤矿企业兼并重组；整改后仍不具备瓦斯防治能力的煤矿企业，其所属高瓦斯和煤与瓦斯突出矿井未被兼并重组的，提请地方人民政府依法予以关闭。到2015年底基本淘汰9万吨/年及以下煤与瓦斯突出煤矿，对于2015年底前不能全部淘汰9万吨/年及以下煤与瓦斯突出煤矿的省（区、市），要制定出逐步退出的工作规划和保障措施，明确保留矿井名单及限采时间，报国家能源局、国家煤矿安监局备案，并将明确保留的煤与瓦斯突出矿井名单及淘汰时间在主流媒体上公告。

（六）利用现有资金渠道积极支持煤矿关闭退出。支持地方人民政府通过市场机制推进优势企业以收购、控股、参股等方式兼并重组、整合技改小煤矿。切实保障参与兼并重组、整合和关闭煤矿矿业权人合法权益。对于行政性关闭且符合中央财政关闭小企业专项补助资金管理办法有关要求的小煤矿，中央财政关闭小企业补助资金予以支持。对于煤炭行业淘汰落后产能工作，中央财政淘汰落后产能专项资金对地方政府予以支持。

（七）完善煤矿退出扶持政策措施。各地区要制定煤矿关闭的地质灾害治理、矿区土地特别是耕地复垦等政策措施和职工就业安置、转产扶持、工伤职工处置、困难补助等配套政策，稳步推进小煤矿关闭退出；要研究制定信贷、财政优惠政策，鼓励优势煤矿企业兼并重组小煤矿；积极引导重点产煤市、县发展替代产业，在征地、融资、职业培训等方面给予政策支持；要加快缺煤地区能源输送通道建设，优先保障缺煤地区的铁路运力。

（八）进一步简化整合技改审批程序。各有关产煤省（区、市）要落实煤矿整顿关闭工作牵头部门，明确相关部门工作职责，进一步完善煤矿整顿关闭工作部门联席会议等制度，完善部门联动或联合执法机制；简化和规范整合技改煤矿审批和有关证照办理流程，提高办事效率，进一步加快煤炭资源整合进度。

（九）加强对落后小煤矿关闭退出工作落实情况的监督检查。各地区要认真落实落后小煤矿关闭退出工作规划或计划确定的目标和任务,国务院安委会办公室将定期对有关省(区、市)落后小煤矿关闭退出进展情况进行通报。各有关部门要密切配合,对工作进展缓慢、责任不落实的地区要进行约谈;对未完成工作任务的地区,严格限制该地区煤矿建设项目的核准和审批;对工作完成好的地区,要总结推广其经验和做法。

国家安全监管总局　国家煤矿安监局　国家发展改革委

公安部　财政部　人力资源和社会保障部　国土资源部

环境保护部　国务院国资委　国家工商总局　国家能源局　全国总工会

2014年5月12日

《国家能源局综合司　国家煤矿安监局办公室关于加大煤矿关闭退出工作力度的通知》

(国能综煤炭〔2014〕746号)

各产煤省(自治区、直辖市)淘汰煤炭落后产能工作牵头部门:

近期,国务院召开了关于缓解煤炭行业困难有关工作会议,国务院安委会召开了重点地区煤矿整顿关闭工作座谈会,要求进一步加快淘汰煤炭落后产能,加大落后煤矿关闭力度,明确提出2014年要确保关闭煤矿800处、力争关闭1000处的奋斗目标。为贯彻落实国务院决策部署,现就加大煤矿关闭退出工作力度有关事项通知如下:

一、请结合《国家能源局 国家煤矿安监局关于做好2014年煤炭行业淘汰落后产能工作的通知》(国能煤炭〔2014〕135号)确定的煤矿关闭退出目标任务,研究确定本地区2014年关闭煤矿数量的奋斗目标,并将奋斗目标分解到具体市、县,落实责任,力争完成奋斗目标。

二、各地要加快煤矿关闭退出工作进度,尽快确定拟关闭煤矿名单。对已确定关闭的煤矿,要督促立即停止生产,并做好停产后的监管工作,做到早关、快关、关实、关死,防止死灰复燃、非法生产。请各单位于2014年

10月10日、2014年12月20日前,分两阶段将2014年煤炭行业淘汰落后产能工作进展情况报送国家能源局、国家煤矿安监局。报送材料时附送2014年煤矿关闭退出统计表和关闭(拟关闭)煤矿名单。

三、各地要认真落实《国家安全监管总局等十二部门关于加快落后小煤矿关闭退出工作的通知》(安监总煤监〔2014〕44号)要求,进一步加大对灾害严重煤矿的关闭退出力度,引导安全基础条件差和煤与瓦斯突出等灾害严重的小煤矿尽早关闭。

四、各地要积极研究煤炭行业淘汰落后产能相关政策,充分发挥财政资金引导作用,强化资源管理、环境保护、安全生产、职业健康等约束,确保煤矿关闭退出目标任务的顺利完成。

2014年9月18日

《国家能源局、国家煤矿安全监察局关于做好 2015年煤炭行业淘汰落后产能工作的通知》

(国能煤炭〔2015〕95号)

有关省、自治区、直辖市人民政府,新疆生产建设兵团:

根据《国务院关于进一步加强淘汰落后产能工作的通知》(国发〔2010〕7号)和《工信部 国家发展改革委 国家能源局等部门关于印发淘汰落后产能工作考核实施方案的通知》(工信部联产业〔2011〕46号)要求,经研究,现将2015年煤炭行业淘汰落后产能工作有关事项通知如下:

一、淘汰煤炭落后产能是优化煤炭产业结构的重要手段,是控制煤炭总量的重要举措,对转变煤炭发展方式、提高煤炭生产力水平具有重要意义。各地要充分认识此项工作的重要性,加强组织领导,采取切实有效措施,加大监督检查力度,加快工作进度,确保完成2015年淘汰落后产能计划(附后)。

二、请按照《国务院办公厅关于进一步加强煤矿安全生产工作的意见》

（国办发〔2013〕99号）和《国务院办公厅关于促进煤炭行业平稳运行的意见》（国办发〔2013〕104号）等文件要求，逐步淘汰9万吨/年及以下煤矿；对非法违法开采和不具备安全生产条件的煤矿，坚决予以关闭；对安全基础条件差且难以改造，以及煤与瓦斯突出等灾害严重的小煤矿，要加强监管，加快引导其退出煤炭生产领域；支持具备条件的地区淘汰30万吨/年以下煤矿；对具备资源优势和改造提升条件的小煤矿，鼓励其参与煤矿企业兼并重组，实施改造升级。

三、请认真组织淘汰落后产能煤矿的检查验收，并将淘汰煤炭落后产能完成情况通过省级人民政府网站向社会公告。公告中安全生产许可证编号、淘汰完成时间等内容应据实填写。

四、各地方有关部门要继续完善煤炭行业淘汰落后产能相关政策，强化环境保护、安全生产、职业健康等对落后产能的约束，推进淘汰煤炭落后产能工作落实。要加强对拟退出煤矿和长期停产停建煤矿的日常监管，防止非法违法生产。

附件：2015年煤炭行业淘汰落后产能计划

序号	省别	淘汰煤矿数量	淘汰落后产能	关闭退出		改造升级	
				数量	产能	数量	产能
	全国	1254	7779	1052	6391	202	1388
1	北京	0	0	0	0	0	0
2	河北	5	30	0	0	5	30
3	山西	0	0	0	0	0	0
4	内蒙古	0	0	0	0	0	0
5	辽宁	30	75	20	60	10	15
6	吉林	5	35	5	35	0	0
7	黑龙江	233	1270	233	1270	0	0
8	江苏	0	0	0	0	0	0
9	安徽	5	76	5	76	0	0
10	福建	54	225	54	225	0	0
11	江西	50	110	50	110	0	0
12	山东	56	834	35	483	21	351

续表

序号	省别	淘汰煤矿数量	淘汰落后产能	关闭退出		改造升级	
				数量	产能	数量	产能
13	河南	23	320	23	320	0	0
14	湖北	65	195	50	150	15	45
15	湖南	150	900	100	600	50	300
16	广西	37	340	37	340	0	0
17	重庆	80	240	80	240	0	0
18	四川	60	180	0	0	60	180
19	贵州	220	2100	200	1800	20	300
20	云南	131	416	115	345	16	71
21	陕西	25	216	20	120	5	96
22	甘肃	11	105	11	105	0	0
23	青海	2	12	2	12	0	0
24	宁夏	0	0	0	0	0	0
25	新疆	12	100	12	100	0	0

注：北京、山西、内蒙古、江苏、宁夏基本完成淘汰落后小煤矿任务。

2015年3月26日

参考文献

1. 中共中央马克思恩格斯列宁斯大林著作编译局：《马克思恩格斯全集》，人民出版社，1985。
2. 毛泽东：《毛泽东选集》，人民出版社，1991。
3. 中共中央文献编辑委员会：《邓小平文选（全三卷）》，人民出版社，1995。
4. 江泽民：《对中国能源问题的思考》，《上海交通大学学报》2008年第3期。
5. 胡锦涛：《在中国共产党第十八次全国代表大会上的报告》，2012年11月8日。
6. 习近平：《推动能源生产和消费革命——在中央财经领导小组第六次会议上的讲话》，2014年6月13日。
7. 《国务院关于关闭非法和布局不合理煤矿有关问题的通知》（国发〔1998〕43号），1998年12月5日。
8. 《淘汰落后生产能力、工艺和产品的目录（第一批）》（国家经济贸易委员会令第6号），1999年1月22日。
9. 《煤炭工业"十五"规划》，国家经济贸易委员会，2001年1月。
10. 《国民经济和社会发展第十个五年计划纲要》（第九届全国人民代表大会第四次会议批准），2001年3月。
11. 《国民经济和社会发展第十个五年计划能源发展重点专项规划》，（计规划〔2001〕711号），2001年5月。
12. 《国务院办公厅关于进一步做好关闭整顿小煤矿和煤矿安全生产工作的通知》（国办发〔2001〕68号），2001年9月16日。

13.《关于发布〈"十五"工业结构调整规划纲要〉的通知》,(国经贸行业〔2001〕1125号),2001年11月。

14.《能源中长期发展规划纲要(2004~2020)(草案)》,2004年6月。

15.《国务院关于煤炭工业健康发展的若干意见》(国发〔2005〕18号),2005年6月7日。

16.《国务院办公厅关于坚决整顿关闭不具备安全生产条件和非法煤矿的紧急通知》(国办发明电〔2005〕21号),2005年8月22日。

17.《国务院关于预防煤矿生产安全事故的特别规定》(国务院令第446号),2005年9月3日。

18.《产业结构调整指导目录(2005年本)》(国家发改委第40号令),2005年12月2日。

19.《国务院关于发布实施〈促进产业结构调整暂行规定〉的决定》(国发〔2005〕40号),2005年12月21日。

20.《国民经济和社会发展第十一个五年规划纲要》(十届全国人大四次会议表决通过),2006年3月。

21.《国家安监总局等十一部(委、局)关于加强煤矿安全生产工作规范煤炭资源整合的若干意见》(安监总煤矿〔2006〕48号),2006年3月15日。

22.《国务院办公厅转发安全监管总局等部门关于进一步做好煤矿整顿关闭工作意见的通知》(国办发〔2006〕82号),2006年9月28日。

23.《煤炭工业发展"十一五"规划》,国家发展改革委,2007年1月。

24.《能源发展"十一五"规划》,国家发展改革委,2007年4月。

25.《煤炭产业政策》(国家发展和改革委员会公告2007年第80号),2007年11月。

26.《国家发展改革委、国家能源局、国家安全监管总局、国家煤矿安监局关于下达"十一五"后三年关闭小煤矿计划的通知》(发改能源〔2008〕2624号),2008年。

27.《国务院批转发展改革委等部门关于抑制部分行业产能过剩和重复建设

引导产业健康发展若干意见的通知》，(国发〔2009〕38号)，2009年9月26日。

28. 《国务院关于进一步加强淘汰落后产能工作的通知》(国发〔2010〕7号)，2010年2月6日。

29. 《国家发展改革委、国家能源局、国家安监总局、国家煤监局关于进一步淘汰落后产能推进煤矿整顿关闭工作的通知》(发改能源〔2010〕1118号)，2010年5月24日。

30. 工信部：《部分工业行业淘汰落后生产工艺装备和产品指导目录(2010年本)》(工产业〔2010〕122号)，2010年10月13日。

31. 工业和信息化部等18部门：《关于印发淘汰落后产能工作考核实施方案的通知》(工信部联产业〔2011〕46号)，2011年1月26日。

32. 《国民经济和社会发展第十二个五年规划纲要》(第十一届全国人民代表大会第四次会议通过)，2011年3月。

33. 《国务院关于印发"十二五"节能减排综合性工作方案的通知》(国发〔2011〕26号)，2011年8月31日。

34. 《国家发展改革委、能源局、安监总局、煤监局关于"十二五"期间进一步推进煤炭行业淘汰落后产能工作的通知》(发改能源〔2011〕2091号)，2011年11月。

35. 《国家能源局关于做好2012年煤炭行业淘汰落后产能工作的通知》(国能煤炭〔2012〕107号)，2012年。

36. 财政部、国家能源局、国家煤矿安全监察局三部门：《关于支持煤炭行业淘汰落后产能的通知》(财建〔2012〕818号)，2012年10月22日。

37. 《能源发展"十二五"规划》，国务院，2013年1月。

38. 财政部、国家能源局和国家煤矿安全监察局三部门：《关于进一步做好煤炭行业淘汰落后产能检查验收工作的通知》(国能煤炭〔2013〕87号)，2013年2月6日。

39. 《产业结构调整指导目录(2011年本)(2013修正)》(国家发改委第21号令)，2013年2月16日。

40. 《国家能源局、国家煤矿安全监察局关于做好2013年煤炭行业淘汰落后产能工作的通知》（国能煤炭〔2013〕145号），2013年3月18日。

41. 《国务院办公厅关于进一步加强煤矿安全生产工作的意见》（国办发〔2013〕99号），2013年10月2日。

42. 《国务院办公厅关于促进煤炭行业平稳运行的意见》（国办发〔2013〕104号），2013年11月18日。

43. 《国家能源局关于印发2014年能源工作指导意见的通知》（国能规划〔2014〕38号），2014年1月20日。

44. 《国家能源局、国家煤矿安全监察局关于做好2014年煤炭行业淘汰落后产能工作的通知》（国能煤炭〔2014〕135号），2014年3月27日。

45. 国家安全监管总局等十二部门：《关于加快落后小煤矿关闭退出工作的通知》（安监总煤监〔2014〕44号），2014年5月12日。

46. 国家安全监管总局、国家煤矿安监局、国家发展改革委、国家能源局：《煤矿生产能力管理办法》（安监总煤行〔2014〕61号），2014年6月30日。

47. 《国家能源局综合司、国家煤矿安监局办公室关于加大煤矿关闭退出工作力度的通知》（国能综煤炭〔2014〕746号），2014年9月18日。

48. 《国家能源局、国家煤矿安全监察局关于做好2015年煤炭行业淘汰落后产能工作的通知》（国能煤炭〔2015〕95号），2015年3月26日。

49. 李鸿章：《请减出口煤税片》，载《李文忠公奏稿》，卷四十。

50. 《中国古代煤炭开发史》编写组：《中国古代煤炭开发史》，煤炭工业出版社，1986。

51. 《中国近代煤矿史》编写组：《中国近代煤矿史》，煤炭工业出版社，1990。

52. 《中国煤炭志》编纂委员会：《中国煤炭志综合卷》，煤炭工业出版社，1999。

53. 董志凯：《关于"156项"的确立》，《中国经济史研究》1999年第4期。

54. 潘克西：《煤炭产业组织研究》，复旦大学博士学位论文，2002。
55. 吴吟：《关于我国能源管理体制的思考》，《中国能源》2002年第10期。
56. 中国煤炭经济研究会：《煤炭产业经济政策研究报告》，2004。
57. 濮洪九等：《中国电力与煤炭》，煤炭工业出版社，2004。
58. 吴吟：《加强煤炭资源管理刻不容缓》，《中国煤炭》2005年第4期。
59. 岳福斌：《煤炭管理体制创新研究报告》，《中国特色社会主义研究》2006年第3期。
60. 王甫勤：《我国小煤矿发展问题及政策分析》，《中国地质大学学报》（社会科学版）2006年11月。
61. 《新中国煤炭工业》编辑委员会：《新中国煤炭工业》，海洋出版社，2007。
62. 王兴艳：《产能过剩评价指标体系研究初探》，《技术经济与管理研究》2007年第4期。
63. 刘晔：《行业产能过剩评估体系理论回顾与综述》，《经济问题》2007年第7期。
64. 李荣建：《完善淘汰落后产能法律制度的若干思考》，《宏观经济管理》2007年第9期。
65. 赵铁锤就《关于下达"十一五"后三年关闭小煤矿计划的通知》答记者问，2008年10月。
66. 岳福斌：《中国煤炭工业发展报告：加快推进煤炭企业并购重组（2009）》，社会科学文献出版社，2009。
67. 国家煤矿安全监察局：《中国煤炭工业发展概要》，煤炭工业出版社，2010。
68. 国家煤矿安全监察局：《中国煤炭工业发展概要》，煤炭工业出版社，2010。
69. 王志伟：《产品过剩、产能过剩与经济结构调整》，《广东商学院学报》2010年第5期。
70. 岳福斌等：《中国煤炭工业发展报告（2010）：全面提升煤炭企业综合竞

争力》，社会科学文献出版社，2010。

71. 中共中央组织部、中共中央宣传部、中共中央编译局：《马列主义经典著作选编（党员干部读本）》，党建读物出版社，2011。

72. 周劲：《产能过剩的内涵、评价及表现特征》，《中国投资》2011年第9期。

73. 管清友：《能源革命的核心》，《中国金融》2011年第17期。

74. 谢和平、钱鸣高、彭苏萍等：《煤炭科学产能及发展战略初探》，《中国工程科学》2011年第13（6）期。

75. 耿强、江飞涛、傅坦：《政策性补贴、产能过剩与中国的经济波动——引入产能利用率RBC模型的实证检验》，《中国工业经济》2011年第5期。

76. 赵颖：《产能过剩的定量测算及其与宏观经济的相关性研究》，安徽大学硕士学位论文，2011。

77. 李静、杨海生：《产能过剩的微观形成机制及其治理》，《中山大学学报》（社会科学版）2011年第51（2）期。

78. 徐水师、彭苏萍、程爱国：《中国煤炭科学产能与资源保障程度分析》，《中国煤炭地质》2011年第23（8）期。

79. 李瑞峰：《煤炭科学产能影响因素和实现机制研究》，《煤炭经济研究》2012年第1期。

80. 安淑新：《"十二五"时期我国淘汰落后产能政策建议研究》，《当代经济管理》2012年第4期。

81. 潘仁飞、陈柳钦：《中国煤炭生产总量控制问题研究》，《调研世界》2012年第4期。

82. 江飞涛、耿强、吕大国、李晓萍：《地区竞争、体制扭曲与产能过剩的形成机理》，《中国工业经济》2012年第6期。

83. 刘良平：《工业革命时期英国煤炭工业的发展及安全机制》，湖南科技大学硕士学位论文，2012。

84. 《神华集团志（1985~2010）》，煤炭工业出版社，2012。

85. 谢和平、王金华、申宝宏等：《煤炭开采新理念——科学开采与科学产能》，《煤炭学报》2012年第37（7）期。

86. 肖兴志：《产业经济学》，中国人民大学出版社，2012。

87. 吴吟：《推动能源生产和消费革命》，《煤炭经济研究》2012年第11期。

88. 袁捷敏：《工业产能利用率估算方法实证研究》，《商业时代》2012年第19期。

89. 王迪：《中国煤炭产能综合评价与调控政策研究》，中国矿业大学博士学位论文，2013。

90. 姜凤珍：《我国煤炭产业产能过剩原因及其变动趋势分析》，《时代金融》2013年第3期。

91. 国土资源部：《中国矿产资源报告（2013）》，地质出版社，2013。

92. 岳福斌等：《中国煤炭工业发展报告（2013）：完善煤炭产业政策》，社会科学文献出版社，2013。

93. 神华集团战略规划部：《神华集团2014~2016年滚动发展规划》，2014年4月。

94. 神华集团煤炭生产部：《神华集团煤炭生产矿井动态数据》，2014年4月。

95. 韩建国：《煤炭清洁发电是破解我国能源困局的有效途径》，《科技日报》2014年12月22日。

96. 申宝宏等：《煤炭机械装备国内外技术现状及发展展望》，《煤矿开采》2015年第1期。

97. 贺佑国等：《关于煤炭工业"十三五"规划的思考》，《煤炭经济研究》2015年第1期。

98. 凌文：《从煤炭生产商到清洁能源供应商——神华的探索》，《基石》2015年第1期。

99. 李兴：《煤炭利用革命之思考——专访中国工程院岑可法院士》，《基石》2015年第1期。

100. 孙喜民等：《新常态下我国煤炭产业的转型之路》，《煤炭经济研究》

2015 年第 1 期。

101. 张玉卓:《绿色发展已不是理论,而是实践》,《宁夏能源》2015 年第 2 期。

102. 中国煤炭工业协会:《煤炭工业信息》,2015 年 3 月。

103. 煤炭工业通信信息中心:《煤炭经济运行信息资料》,2015 年 3 月。

104. 《世界能源中国展望》课题组:《世界能源中国展望(2014~2015)》,社会科学文献出版社,2015。

105. 王树民:《煤电"近零排放"的创新实践》,《神华集团管理视野》,2015 年 4 月。

106. 神华科学技术研究院:《煤炭、电力、煤制油化工发展形势分析报告》,2015 年 4 月。

107. 王震:《新常态下煤炭产业发展思考》,《神华能源报》2015 年 5 月 12 日。

108. 中国煤炭网:《困境之下煤炭企业该如何应对》,《神华能源报》2015 年 5 月 14 日。

109. 中国煤炭经济 30 人论坛秘书处:《中国煤炭经济 30 人论坛(CCEF-30)快报》(第十一期),2015 年 6 月。

110. 〔美〕哈罗德·孔茨、海因茨·韦里克:《管理学》,郝国华等译,经济科学出版社,1993。

111. 〔法〕克里斯汀·蒙特、丹尼尔·塞拉:《博弈论与经济学》,经济管理出版社,2005。

112. 〔美〕阿尔弗雷德·克劳士比:《人类能源史——危机与希望》,王正林、王权译,中国青年出版社,2009。

113. Nelson R. On the measurement of capacity utilization [J]. Journal of Industrial Economics, 1989,(36).

114. Andrews-Speed P., Yang M., Shen L., et al. The regulation of China's township and village coal mines: A study of complexity and ineffectiveness [J]. Journal of Cleaner Production, 2003, 11 (2).

115. Philip A. S., Guo Ma, Bingjia Shao, Chenglin Liao. Economic responses to the closure of small-scale coal mines in Chongqing, China [J]. *Resources Policy*, 2005, (30).
116. Rodríguez X. A., Arias C. The effects of resource depletion on coal mining productivity [J]. *Energy Economics*, 2008, 30 (2).
117. Kavouridis K., Koukouzas N. Coal and sustainable energy supply challenges and barriers [J]. *Energy Policy*, 2008, 36 (2).
118. Mohr S. H., Evans G. M. Forecasting coal production until 2100 [J]. *Fuel*, 2009, 88 (11).
119. Wrigley, E., A (2010). *Energy and the English Industrial Revolution*. Cambridge: Cambridge University Press.
120. Zhang J. J., Fu M. C., Geng Y. H., et al. Energy saving and emission reduction: A project of coal-resource integration in Shanxi Province, China [J]. *Energy Policy*, 2011, 39 (6).
121. He X.-Q., Li S. Status and future tasks of coal mining safety in China [J]. *Safety Science*, 2012, 50 (4).
122. MacCleery, Brian (2012). *The Digital Energy Revolution*. Instrumentation Newsletter.
123. *IEA coal information 2013*, International Energy Agency.
124. *World Energy Outlook 2014*, International Energy Agency.
125. *BP Statistical Review of World Energy* (2003-2015), Beyond Petroleum.

Abstract

This Book was compiled by the China Blue Book of Coal Industry Compilation Committee, established and headed by the China Research Institute of Coal Economics of the Central University of Finance and Economics, and completed jointly by leaders, experts and scholars from research institutes, universities, local coal industry administration agencies and key coal enterprises.

Overcapacity has become the new normal of China's coal industry, which has negatively affected the healthy development of the industry. Currently, China's coal industry has landed in a predicament and imperiled the steady development of China's economy and society. Research has shown the increasing demand for coal will continue to slow down in the 13th Five-Year Plan, making overcapacity a serious problem. A solution to this problem is crucial for China's coal industry revolution and its healthy, steady and sustainable development. China's coal industry has both advanced and backward aspects. To solve the problem of overcapacity, a breakthrough must be made in eliminating outdated coal production facilities, which is an inevitable law in developing social productivity and optimizing coal production structure. This is a choice that has to be made in the process of coal industry development.

The main strand of this research report focuses on the new normal of China's coal production capacity and the mechanism for eliminating outdated coal production facilities. The report consists of four parts: a preface, a principal report, several supplemental reports and an appendix. The preface was written by Mr. WU Yin. The principal report was written by the China Institute for Coal Economic Research and consists of two parts. The first part introduces basic knowledge of production capacity, analyzes objectively the new normal of overcapacity of China's coal industry, and offers possible solutions on the basis of in-depth studies of the causes for excessive coal production capacity. Focusing on outdated coal production facilities, the second part expounds the fundamental causes of outdated coal production facilities and their characteristics, discusses the ways to implement the relevant policies and the difficulties to be overcome in eliminating outdated coal production facilities, and proposes plans for establishing and promoting a normal mechanism of closing down outdated coal production facilities so as to eliminate outdated coal production facilities in a stable and orderly way. The supplemental reports were written by the administrative departments of major coal producing provinces such as the Department of Coal Industry of Shanxi Province, the Bureau of Coal Industry of Shandong Province etc., and coal enterprises such as Shenhua Group, Shanxi Coking Coal Group, Yankuang Group, Datong Coal Mine Group, Shaanxi Coal and Chemistry Industry Group, Inner Mongolia Yitai Group and Sichuan Coal Industry Group, etc. The reports introduce the coal production capacity of the enterprises and the local coal industry and their overall production and structure, summarize the experience they obtained and the lessons they learned in the process of eliminating outdated production facilities and promoting production capacity, analyze the difficulties they met in eliminating outdated production facilities, and propose plans for further work and the policies needed. The book's appendix was produced by the China Coal Blue Book Compilation Committee with government policies and regulations regarding closing down outdated facilities established since the end of 20th century.

The research report distinguishes itself by pragmatism and innovation. It makes, in a realistic and objective way, an analysis and evaluation of the development of the coal production capacity, the current situation of over-capacity, the formation and features of backward production capacity, and the policies and implementation on closing down outdated production facilities. Aiming at establishing and perfecting the mechanism of closing down outdated facilities to meet the demand of market economy, it proposes a normal mode of closing down outdated facilities under the guidance of governmental policies. This research will be of theoretical and practical significance to facilitate the elimination of outdated production facilities in an orderly way, the solution to

excess production capacity, and promotion of healthy, steady and sustainable development of China's coal industry. The book has great reference value for government administration, planning and decision-making; coal enterprises; departments of economic theories and policies; and for teachers and researchers.

Contents

Ⅰ General Report

B.1 New Normal of China's Coal Production and New Mechanism
for Closing Down Outdated Production Facilities
Research Group of the Institute of Coal Economy of China / 001

Abstract: Since China entered the 12th Five-Year Plan, overcapacity has become a new normal of China's coal industry. Although overcapacity may help to meet the high demand for coal and lower the production cost of thermal power enterprises, it has negative effects on coal industry. Therefore, a solution to this problem is crucial for the coal industry revolution and its healthy, steady and sustainable development. Currently, China is drafting the 13th Five-Year Plan, so a profound study on the new normal of overcapacity and a new mechanism for eliminating outdated coal production facilities is of strategic importance to the scientific planning and the regulation of production capacity and its utilization, which will facilitate the stagnant coal industry to extricate itself of difficulties with renewed vitality. The report consists of two parts. The first part introduces the basic knowledge of production capacity, analyzes objectively the new normal of overcapacity of China's coal industry, and offers possible solutions laid forth in the profound study regarding the causes for excessive coal production capacity. Focusing on outdated coal production facilities, the second part expounds the fundamental causes of outdated coal production facilities and their characteristics, discusses the ways to implement the relevant policies and the difficulties to be overcome in eliminating outdated coal production facilities, and proposes plans for establishing and promoting a normal mechanism for closing down outdated coal

production facilities so as to eliminate outdated coal production facilities in a steady and orderly way.

Keywords: Coal; Overcapacity; Outdated Production Facilities; Mechanism for Closing Down Outdated Production Facilities; Industry Development Report

B Ⅱ Empirical Report

B.2 An Overview of Closing Down Outdated Coal Production Facilities in Shanxi Province and Suggestions

Department of Coal Industry of Shanxi Province / 116

Abstract: The report introduces and analyzes the current situation of coal production capacity in Shanxi Province, discusses the problems and difficulties encountered in the process of closing outdated production facilities, calls for a proper solution to the problems left by policy-mandated bankrupt mines, and puts forward various proposals for establishing a normal mechanism for eliminating outdated coal production facilities.

Keywords: Shanxi; Outdated Production Facility; A Normal Mechanism for Eliminating Outdated Production Facilities

B.3 A Research Report on the New Normal of China's Coal Production Capacity and the New Mechanism for Closing Down Outdated Coal Production Facilities

Bureau of Coal Industry of Shandong Province / 127

Abstract: The research shows that a series of measures should be taken to facilitate closing down minor coal mines and eliminating outdated production facilities, including adhering to the guidance of scientific developments, implementing government industry policies, abiding by the law, and improving the management and production of those unclosed minor coal mines and their mining mechanization, safety standardization and information-oriented management. In this way, the structure of the industry can be optimized and safety production improved, which will contribute to the healthy development of the coal industry in Shandong Province.

Keywords: Shandong; Coal Industry; Elimination of Outdated Production Facilities

B. 4 Adjusting Output Scientifically to Cope with Excessive Coal Production Capacity *Shenhua Group* / 141

Abstract: The report introduces and analyzes the development and current situation of Shenhua Group's production capacity and puts forward some policy recommendations for eliminating outdated coal production facilities.

Keywords: Shenhua Group; Eliminating Outdated Facilities; Business Transformation

B. 5 Policy Research in Closing Down Old State-Owned Coal Mines with Exhausted Resources *Datong Coal Mine Group* / 150

Abstract: The research briefly reviews the history of Datong Coal Mine Group, introduces their work in closing some coal mines because of the policy mandated bankruptcy, and exhaustion of resources; and puts forth a proposal for studying the policy needed on closing down old state-owned coal mines with exhausted resources.

Keywords: Datong Coal Mine Group; Coal Mines with Exhausted Resources; Policy on Closing Down Coal Mines

煤炭蓝皮书

B.6　Study on the Mechanism for Closing Outdated Coal Production Facilities

Shaanxi Coal and Chemical Industry Group / 159

Abstract: Based on the analysis of the problems such as personnel replacement and financial shortages incurred by closing down outdated mines, the paper, with the background of Shaanxi Coal and Chemical Industry Group, puts forward a proposal for a new mechanism to eliminate outdated production facilities by means of capacity replacement, specialized operation and reform of diversified ownership, and proposes the government-support policies needed to close down outdated coal production facilities.

Keywords: Shaanxi Coal and Chemical Industry Group; Mechanism for Closing down Outdated Coal production Facilities

B.7　An Overview of Rectification and Closing Down of Coal Mines in Recent Years and the Policies Proposed

Shanxi Coking Coal Group / 169

Abstract: The report introduces the measures taken by Shanxi Coking Coal Group, China's largest coking coal producer, in rectifying and closing down some coal mines in recent years; illustrates the objective of coal mine rectification and close-down, main tasks and arrangements for the next step; and puts forward policy recommendations for coping with the difficulties they have met.

Keywords: Shanxi Coking Coal Group; Closing Down Coal Mines; Capacity Replacement

B. 8　Problems to Be Solved in Production Capacity Development and Policy Recommendations　*Yankuang Group / 177*

Abstract: The report objectively introduces the development of the coal production capacity of Yankuang Group, illustrates the problems they have encountered in production capacity development, and puts forward policy recommendations for promoting optimization of production capacity.

Keywords: Yankuang Group; Optimization of Production Capacity; Transformation and Upgrading

B. 9　Proposals for Perfecting the Mechanism for Closing Down Outdated Coal Production Facilities　*Inner Mongolia Yitai Group / 188*

Abstract: The article briefly introduces the development of Yitai Group, summarizes their achievements in the "three-year campaign", and puts forward some proposals for improving the mechanism for closing down outdated coal production facilities.

Keywords: Yitai Group; Three-year Campaign; Mechanism for Closing down Outdated Coal Production Facilities

B. 10　Enhancing Awareness, Making Overall Plans and Taking All Factors into Considerations to Facilitate Closing Down Outdated Coal Production Facilities　*Sichuan Coal Industry Group / 195*

Abstract: The report objectively introduces and analyzes the coal production capacity of Sichuan Coal Industry Group; summarizes the experience and lessons learnt and the difficulties to overcome in the process of closing down outdated coal production facilities; draws a conclusion from their experience that closing down of outdated production facilities should be carried out in a steady and orderly way, with enhanced and unified awareness, taking all factors into consideration; and puts forward proposals to the government for establishing a new mechanism for closing down outdated production facilities.

Keywords: Sichuan Coal Industry Group; Outdated Coal Production Facilities; A Mechanism for Closing down Outdated Production Facilities

社会科学文献出版社　皮书系列

❖ 皮书起源 ❖

"皮书"起源于十七、十八世纪的英国,主要指官方或社会组织正式发表的重要文件或报告,多以"白皮书"命名。在中国,"皮书"这一概念被社会广泛接受,并被成功运作、发展成为一种全新的出版形态,则源于中国社会科学院社会科学文献出版社。

❖ 皮书定义 ❖

皮书是对中国与世界发展状况和热点问题进行年度监测,以专业的角度、专家的视野和实证研究方法,针对某一领域或区域现状与发展态势展开分析和预测,具备原创性、实证性、专业性、连续性、前沿性、时效性等特点的公开出版物,由一系列权威研究报告组成。

❖ 皮书作者 ❖

皮书系列的作者以中国社会科学院、著名高校、地方社会科学院的研究人员为主,多为国内一流研究机构的权威专家学者,他们的看法和观点代表了学界对中国与世界的现实和未来最高水平的解读与分析。

❖ 皮书荣誉 ❖

皮书系列已成为社会科学文献出版社的著名图书品牌和中国社会科学院的知名学术品牌。2011年,皮书系列正式列入"十二五"国家重点出版规划项目;2012~2015年,重点皮书列入中国社会科学院承担的国家哲学社会科学创新工程项目;2016年,46种院外皮书使用"中国社会科学院创新工程学术出版项目"标识。

中国皮书网

www.pishu.cn

发布皮书研创资讯,传播皮书精彩内容
引领皮书出版潮流,打造皮书服务平台

栏目设置:

- **资讯**:皮书动态、皮书观点、皮书数据、皮书报道、皮书发布、电子期刊
- **标准**:皮书评价、皮书研究、皮书规范
- **服务**:最新皮书、皮书书目、重点推荐、在线购书
- **链接**:皮书数据库、皮书博客、皮书微博、在线书城
- **搜索**:资讯、图书、研究动态、皮书专家、研创团队

中国皮书网依托皮书系列"权威、前沿、原创"的优质内容资源,通过文字、图片、音频、视频等多种元素,在皮书研创者、使用者之间搭建了一个成果展示、资源共享的互动平台。

自2005年12月正式上线以来,中国皮书网的IP访问量、PV浏览量与日俱增,受到海内外研究者、公务人员、商务人士以及专业读者的广泛关注。

2008年、2011年中国皮书网均在全国新闻出版业网站荣誉评选中获得"最具商业价值网站"称号;2012年,获得"出版业网站百强"称号。

2014年,中国皮书网与皮书数据库实现资源共享,端口合一,将提供更丰富的内容,更全面的服务。

法律声明

"皮书系列"(含蓝皮书、绿皮书、黄皮书)之品牌由社会科学文献出版社最早使用并持续至今,现已被中国图书市场所熟知。"皮书系列"的 LOGO(⬚)与"经济蓝皮书""社会蓝皮书"均已在中华人民共和国国家工商行政管理总局商标局登记注册。"皮书系列"图书的注册商标专用权及封面设计、版式设计的著作权均为社会科学文献出版社所有。未经社会科学文献出版社书面授权许可,任何使用与"皮书系列"图书注册商标、封面设计、版式设计相同或者近似的文字、图形或其组合的行为均系侵权行为。

经作者授权,本书的专有出版权及信息网络传播权为社会科学文献出版社享有。未经社会科学文献出版社书面授权许可,任何就本书内容的复制、发行或以数字形式进行网络传播的行为均系侵权行为。

社会科学文献出版社将通过法律途径追究上述侵权行为的法律责任,维护自身合法权益。

欢迎社会各界人士对侵犯社会科学文献出版社上述权利的侵权行为进行举报。电话:010-59367121,电子邮箱:fawubu@ssap.cn。

社会科学文献出版社

皮书俱乐部会员服务指南

1. 谁能成为皮书俱乐部成员？
- 皮书作者自动成为俱乐部会员
- 购买了皮书产品（纸质书/电子书）的个人用户

2. 会员可以享受的增值服务
- 免费获赠皮书数据库100元充值卡
- 加入皮书俱乐部，免费获赠该纸质图书的电子书
- 免费定期获赠皮书电子期刊
- 优先参与各类皮书学术活动
- 优先享受皮书产品的最新优惠

3. 如何享受增值服务？

（1）免费获赠100元皮书数据库体验卡

第1步 刮开附赠充值的涂层（右下）；

第2步 登录皮书数据库网站（www.pishu.com.cn），注册账号；

第3步 登录并进入"会员中心"—"在线充值"—"充值卡充值"，充值成功后即可使用。

（2）加入皮书俱乐部，凭数据库体验卡获赠该书的电子书

第1步 登录社会科学文献出版社官网（www.ssap.com.cn），注册账号；

第2步 登录并进入"会员中心"—"皮书俱乐部"，提交加入皮书俱乐部申请；

第3步 审核通过后，再次进入皮书俱乐部，填写页面所需图书、体验卡信息即可自动兑换相应电子书。

4. 声明

解释权归社会科学文献出版社所有

权威报告·热点资讯·特色资源

皮书数据库
ANNUAL REPORT(YEARBOOK) DATABASE

当代中国与世界发展高端智库平台

www.pishu.com.cn

皮书俱乐部会员可享受社会科学文献出版社其他相关免费增值服务，有任何疑问，均可与我们联系。

图书销售热线：010-59367070/7028
图书服务QQ：800045692
图书服务邮箱：duzhe@ssap.cn

数据库服务热线：400-008-6695
数据库服务邮箱：database@ssap.cn
兑换电子书服务热线：010-59367204

欢迎登录社会科学文献出版社官网
（www.ssap.com.cn）
和中国皮书网（www.pishu.cn）
了解更多信息

社会科学文献出版社 皮书系列
SOCIAL SCIENCES ACADEMIC PRESS (CHINA)

卡号：484381632872
密码：

子库介绍
Sub-Database Introduction

中国经济发展数据库

涵盖宏观经济、农业经济、工业经济、产业经济、财政金融、交通旅游、商业贸易、劳动经济、企业经济、房地产经济、城市经济、区域经济等领域，为用户实时了解经济运行态势、把握经济发展规律、洞察经济形势、做出经济决策提供参考和依据。

中国社会发展数据库

全面整合国内外有关中国社会发展的统计数据、深度分析报告、专家解读和热点资讯构建而成的专业学术数据库。涉及宗教、社会、人口、政治、外交、法律、文化、教育、体育、文学艺术、医药卫生、资源环境等多个领域。

中国行业发展数据库

以中国国民经济行业分类为依据，跟踪分析国民经济各行业市场运行状况和政策导向，提供行业发展最前沿的资讯，为用户投资、从业及各种经济决策提供理论基础和实践指导。内容涵盖农业，能源与矿产业，交通运输业，制造业，金融业，房地产，租赁和商务服务业，科学研究环境和公共设施管理，居民服务业，教育，卫生和社会保障，文化、体育和娱乐业等 100 余个行业。

中国区域发展数据库

以特定区域内的经济、社会、文化、法治、资源环境等领域的现状与发展情况进行分析和预测。涵盖中部、西部、东北、西北等地区，长三角、珠三角、黄三角、京津冀、环渤海、合肥经济圈、长株潭城市群、关中一天水经济区、海峡经济区等区域经济体和城市圈，北京、上海、浙江、河南、陕西等 34 个省份。

中国文化传媒数据库

包括文化事业、文化产业、宗教、群众文化、图书馆事业、博物馆事业、档案事业、语言文字、文学、历史地理、新闻传播、广播电视、出版事业、艺术、电影、娱乐等多个子库。

世界经济与国际政治数据库

以皮书系列中涉及世界经济与国际政治的研究成果为基础，全面整合国内外有关世界经济与国际政治的统计数据、深度分析报告、专家解读和热点资讯构建而成的专业学术数据库。包括世界经济、世界政治、世界文化、国际社会、国际关系、国际组织、区域发展、国别发展等多个子库。

社长致辞

我们是图书出版者，更是人文社会科学内容资源供应商；

我们背靠中国社会科学院，面向中国与世界人文社会科学界，坚持为人文社会科学的繁荣与发展服务；

我们精心打造权威信息资源整合平台，坚持为中国经济与社会的繁荣与发展提供决策咨询服务；

我们以读者定位自身，立志让爱书人读到好书，让求知者获得知识；

我们精心编辑、设计每一本好书以形成品牌张力，以优秀的品牌形象服务读者，开拓市场；

我们始终坚持"创社科经典，出传世文献"的经营理念，坚持"权威、前沿、原创"的产品特色；

我们"以人为本"，提倡阳光下创业，员工与企业共享发展之成果；

我们立足于现实，认真对待我们的优势、劣势，我们更着眼于未来，以不断的学习与创新适应不断变化的世界，以不断的努力提升自己的实力；

我们愿与社会各界友好合作，共享人文社会科学发展之成果，共同推动中国学术出版乃至内容产业的繁荣与发展。

社会科学文献出版社社长
中国社会学会秘书长

2016 年 1 月

社会科学文献出版社
SOCIAL SCIENCES ACADEMIC PRESS (CHINA)

社会科学文献出版社成立于1985年，是直属于中国社会科学院的人文社会科学专业学术出版机构。

成立以来，特别是1998年实施第二次创业以来，依托于中国社会科学院丰厚的学术出版和专家学者两大资源，坚持"创社科经典，出传世文献"的出版理念和"权威、前沿、原创"的产品定位，社科文献立足内涵式发展道路，从战略层面推动学术出版五大能力建设，逐步走上了智库产品与专业学术成果系列化、规模化、数字化、国际化、市场化发展的经营道路。

先后策划出版了著名的图书品牌和学术品牌"皮书"系列、"列国志"、"社科文献精品译库"、"全球化译丛"、"全面深化改革研究书系"、"近世中国"、"甲骨文"、"中国史话"等一大批既有学术影响又有市场价值的系列图书，形成了较强的学术出版能力和资源整合能力。2015年社科文献出版社发稿5.5亿字，出版图书约2000种，承印发行中国社科院院属期刊74种，在多项指标上都实现了较大幅度的增长。

凭借着雄厚的出版资源整合能力，社科文献出版社长期以来一直致力于从内容资源和数字平台两个方面实现传统出版的再造，并先后推出了皮书数据库、列国志数据库、"一带一路"数据库、中国田野调查数据库、台湾大陆同乡会数据库等一系列数字产品。数字出版已经初步形成了产品设计、内容开发、编辑标引、产品运营、技术支持、营销推广等全流程体系。

在国内原创著作、国外名家经典著作大量出版，数字出版突飞猛进的同时，社科文献出版社从构建国际话语体系的角度推动学术出版国际化。先后与斯普林格、博睿、牛津、剑桥等十余家国际出版机构合作面向海外推出了"皮书系列"、"改革开放30年研究书系""中国梦与中国发展道路研究丛书""全面深化改革研究书系"等一系列在世界范围内引起强烈反响的作品；并持续致力于中国学术出版走出去，组织学者和编辑参加国际书展，筹办国际性学术研讨会，向世界展示中国学者的学术水平和研究成果。

此外，社科文献出版社充分利用网络媒体平台，积极与中央和地方各类媒体合作，并联合大型书店、学术书店、机场书店、网络书店、图书馆，逐步构建起了强大的学术图书内容传播平台。学术图书的媒体曝光率居全国之首，图书馆藏率居于全国出版机构前十位。

上述诸多成绩的取得，有赖于一支以年轻的博士、硕士为主体，一批从中国社科院刚退出科研一线的各学科专家为支撑的300多位高素质的编辑、出版和营销队伍，为我们实现学术立社，以学术品位、学术价值来实现经济效益和社会效益这样一个目标的共同努力。

作为已经开启第三次创业梦想的人文社会科学学术出版机构，我们将以改革发展为动力，以学术资源建设为中心，以构建智慧型出版社为主线，以"整合、专业、分类、协同、持续"为各项工作指导原则，全力推进出版社数字化转型，坚定不移地走专业化、数字化、国际化发展道路，全面提升出版社核心竞争力，为实现"社科文献梦"奠定坚实基础。

经济类

经 济 类

经济类皮书涵盖宏观经济、城市经济、大区域经济，提供权威、前沿的分析与预测

经济蓝皮书

2016年中国经济形势分析与预测

李 扬 / 主编　　2015年12月出版　　定价:79.00元

◆ 本书为总理基金项目，由著名经济学家李扬领衔，联合中国社会科学院等数十家科研机构、国家部委和高等院校的专家共同撰写，系统分析了2015年的中国经济形势并预测2016年我国经济运行情况。

世界经济黄皮书

2016年世界经济形势分析与预测

王洛林　张宇燕 / 主编　　2015年12月出版　　定价:79.00元

◆ 本书由中国社会科学院世界经济与政治研究所的研究团队撰写，2015年世界经济增长继续放缓，增长格局也继续分化，发达经济体与新兴经济体之间的增长差距进一步收窄。2016年世界经济增长形势不容乐观。

产业蓝皮书

中国产业竞争力报告（2016）NO.6

张其仔 / 主编　　2016年12月出版　　估价:98.00元

◆ 本书由中国社会科学院工业经济研究所研究团队在深入实际、调查研究的基础上完成。通过运用丰富的数据资料和最新的测评指标，从学术性、系统性、预测性上分析了2015年中国产业竞争力，并对未来发展趋势进行了预测。

3

经济类

G20国家创新竞争力黄皮书
二十国集团（G20）国家创新竞争力发展报告（2016）

李建平　李闽榕　赵新力/主编　　2016年11月出版　　估价:138.00元

◆ 本报告在充分借鉴国内外研究者的相关研究成果的基础上，紧密跟踪技术经济学、竞争力经济学、计量经济学等学科的最新研究动态，深入分析G20国家创新竞争力的发展水平、变化特征、内在动因及未来趋势，同时构建了G20国家创新竞争力指标体系及数学模型。

国际城市蓝皮书
国际城市发展报告（2016）

屠启宇/主编　　2016年1月出版　　估价:79.00元

◆ 本书作者以上海社会科学院从事国际城市研究的学者团队为核心，汇集同济大学、华东师范大学、复旦大学、上海交通大学、南京大学、浙江大学相关城市研究专业学者。立足动态跟踪介绍国际城市发展实践中，最新出现的重大战略、重大理念、重大项目、重大报告和最佳案例。

金融蓝皮书
中国金融发展报告（2016）

李　扬　王国刚/主编　　2015年12月出版　　定价:79.00元

◆ 本书由中国社会科学院金融研究所组织编写，概括和分析了2015年中国金融发展和运行中的各方面情况，研讨和评论了2015年发生的主要金融事件。本书由业内专家和青年精英联合编著，有利于读者了解掌握2015年中国的金融状况，把握2016年中国金融的走势。

农村绿皮书
中国农村经济形势分析与预测（2015~2016）

中国社会科学院农村发展研究所　国家统计局农村社会经济调查司/著
2016年4月出版　　估价:69.00元

◆ 本书描述了2015年中国农业农村经济发展的一些主要指标和变化，以及对2016年中国农业农村经济形势的一些展望和预测。

经济类　　皮书系列 重点推荐

西部蓝皮书

中国西部发展报告（2016）

姚慧琴　徐璋勇 / 主编　　2016 年 7 月出版　　估价 :89.00 元

◆ 本书由西北大学中国西部经济发展研究中心主编，汇集了源自西部本土以及国内研究西部问题的权威专家的第一手资料，对国家实施西部大开发战略进行年度动态跟踪，并对 2016 年西部经济、社会发展态势进行预测和展望。

民营经济蓝皮书

中国民营经济发展报告 No.12（2015 ～ 2016）

王钦敏 / 主编　　2016 年 1 月出版　　估价 :75.00 元

◆ 改革开放以来，民营经济从无到有、从小到大，是最具活力的增长极。本书是中国工商联课题组的研究成果，对 2015 年度中国民营经济的发展现状、趋势进行了详细的论述，并提出了合理的建议。是广大民营企业进行政策咨询、科学决策和理论创新的重要参考资料，也是理论工作者进行理论研究的重要参考资料。

经济蓝皮书夏季号

中国经济增长报告（2015 ～ 2016）

李　扬 / 主编　　2016 年 8 月出版　　估价 :69.00 元

◆ 中国经济增长报告主要探讨 2015~2016 年中国经济增长问题，以专业视角解读中国经济增长，力求将其打造成一个研究中国经济增长、服务宏微观各级决策的周期性、权威性读物。

中三角蓝皮书

长江中游城市群发展报告（2016）

秦尊文 / 主编　　2016 年 10 月出版　　估价 :69.00 元

◆ 本书是湘鄂赣皖四省专家学者共同研究的成果，从不同角度、不同方位记录和研究长江中游城市群一体化，提出对策措施，以期为将"中三角"打造成为继珠三角、长三角、京津冀之后中国经济增长第四极奉献学术界的聪明才智。

皮书系列 重点推荐　社会政法类

社会政法类

社会政法类皮书聚焦社会发展领域的热点、难点问题，提供权威、原创的资讯与视点

社会蓝皮书

2016年中国社会形势分析与预测

李培林　陈光金　张　翼/主编　2015年12月出版　定价:79.00元

◆ 本书由中国社会科学院社会学研究所组织研究机构专家、高校学者和政府研究人员撰写，聚焦当下社会热点，对2015年中国社会发展的各个方面内容进行了权威解读，同时对2016年社会形势发展趋势进行了预测。

法治蓝皮书

中国法治发展报告No.14（2016）

李　林　田　禾/主编　　2016年3月出版　估价:105.00元

◆ 本年度法治蓝皮书回顾总结了2015年度中国法治发展取得的成就和存在的不足，并对2016年中国法治发展形势进行了预测和展望。

反腐倡廉蓝皮书

中国反腐倡廉建设报告No.6

李秋芳　张英伟/主编　2017年1月出版　　估价:79.00元

◆ 本书抓住了若干社会热点和焦点问题，全面反映了新时期新阶段中国反腐倡廉面对的严峻局面，以及中国共产党反腐倡廉建设的新实践新成果。根据实地调研、问卷调查和舆情分析，梳理了当下社会普遍关注的与反腐败密切相关的热点问题。

社会政法类　　皮书系列 重点推荐

生态城市绿皮书
中国生态城市建设发展报告（2016）

刘举科　孙伟平　胡文臻／主编　　2016年6月出版　　估价：98.00元

◆ 报告以绿色发展、循环经济、低碳生活、民生宜居为理念，以更新民众观念、提供决策咨询、指导工程实践、引领绿色发展为宗旨，试图探索一条具有中国特色的城市生态文明建设新路。

公共服务蓝皮书
中国城市基本公共服务力评价（2016）

钟　君　吴正杲／主编　　2016年12月出版　　估价：79.00元

◆ 中国社会科学院经济与社会建设研究室与华图政信调查组成联合课题组，从2010年开始对基本公共服务力进行研究，研创了基本公共服务力评价指标体系，为政府考核公共服务与社会管理工作提供了理论工具。

教育蓝皮书
中国教育发展报告（2016）

杨东平／主编　　2016年5月出版　　估价：79.00元

◆ 本书由国内的中青年教育专家合作研究撰写。深度剖析2015年中国教育的热点话题，并对当下中国教育中出现的问题提出对策建议。

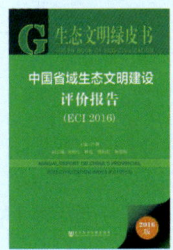

生态文明绿皮书
中国省域生态文明建设评价报告（ECI 2016）

严耕／主编　　2016年12月出版　　估价：85.00元

◆ 本书基于国家最新发布的权威数据，对我国的生态文明建设状况进行科学评价，并开展相应的深度分析，结合中央的政策方针和各省的具体情况，为生态文明建设推进，提出针对性的政策建议。

皮书系列 重点推荐

行业报告类

行业报告类

行业报告类皮书立足重点行业、新兴行业领域，提供及时、前瞻的数据与信息

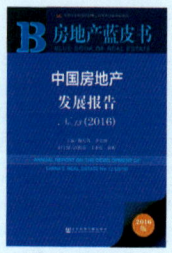

房地产蓝皮书

中国房地产发展报告 No.13（2016）

魏后凯　李景国/主编　　2016年5月出版　　估价：79.00元

◆ 蓝皮书秉承客观公正、科学中立的宗旨和原则，追踪2015年我国房地产市场最新资讯，深度分析，剖析因果，谋划对策，并对2016年房地产发展趋势进行了展望。

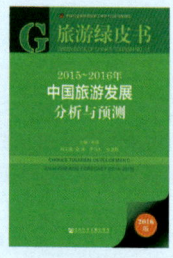

旅游绿皮书

2015～2016年中国旅游发展分析与预测

宋瑞/主编　　2016年1出版　　估价：98.00元

◆ 本书中国社会科学院旅游研究中心组织相关专家编写的年度研究报告，对2015年旅游行业的热点问题进行了全面的综述并提出专业性建议，并对2016年中国旅游的发展趋势进行展望。

互联网金融蓝皮书

中国互联网金融发展报告（2016）

李东荣/主编　　2016年8月出版　　估价：79.00元

◆ 近年来，许多基于互联网的金融服务模式应运而生并对传统金融业产生了深刻的影响和巨大的冲击，"互联网金融"成为社会各界关注的焦点。本书探析了2015年互联网金融的特点和2016年互联网金融的发展方向和亮点。

行业报告类 — 皮书系列重点推荐

资产管理蓝皮书
中国资产管理行业发展报告（2016）

智信资产管理研究院 / 编著　　2016 年 6 月出版　　估价：89.00 元

◆　中国资产管理行业刚刚兴起，未来将中国金融市场最有看点的行业，也会成为快速发展壮大的行业。本书主要分析了 2015 年度资产管理行业的发展情况，同时对资产管理行业的未来发展做出科学的预测。

老龄蓝皮书
中国老龄产业发展报告（2016）

吴玉韶　党俊武 / 编著
2016 年 9 月出版　　估价：79.00 元

◆　本书着眼于对中国老龄产业的发展给予系统介绍，深入解析，并对未来发展趋势进行预测和展望，力求从不同视角、不同层面全面剖析中国老龄产业发展的现状、取得的成绩、存在的问题以及重点、难点等。

金融蓝皮书
中国金融中心发展报告（2016）

王　力　黄育华 / 编著　　2017 年 11 月出版　　估价：75.00 元

◆　本报告将提升中国金融中心城市的金融竞争力作为研究主线，全面、系统、连续地反映和研究中国金融中心城市发展和改革的最新进展，展示金融中心理论研究的最新成果。

流通蓝皮书
中国商业发展报告（2016）

荆林波 / 编著　　2016 年 5 月出版　　估价：89.00 元

◆　本书是中国社会科学院财经院与利丰研究中心合作的成果，从关注中国宏观经济出发，突出了中国流通业的宏观背景，详细分析了批发业、零售业、物流业、餐饮产业与电子商务等产业发展状况。

国别与地区类

国别与地区类

国别与地区类皮书关注全球重点国家与地区，提供全面、独特的解读与研究

美国蓝皮书
美国研究报告（2016）

黄平　郑秉文/主编　2016年7月出版　估价:89.00元

◆ 本书是由中国社会科学院美国所主持完成的研究成果，它回顾了美国2015年的经济、政治形势与外交战略，对2016年以来美国内政外交发生的重大事件以及重要政策进行了较为全面的回顾和梳理。

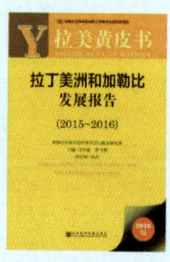

拉美黄皮书
拉丁美洲和加勒比发展报告（2015~2016）

吴白乙/主编　2016年5月出版　估价:89.00元

◆ 本书对2015年拉丁美洲和加勒比地区诸国的政治、经济、社会、外交等方面的发展情况做了系统介绍，对该地区相关国家的热点及焦点问题进行了总结和分析，并在此基础上对该地区各国2016年的发展前景做出预测。

日本经济蓝皮书
日本经济与中日经贸关系研究报告（2016）

王洛林　张季风/编著　2016年5月出版　估价:79.00元

◆ 本书系统、详细地介绍了2015年日本经济以及中日经贸关系发展情况，在进行了大量数据分析的基础上，对2016年日本经济以及中日经贸关系的大致发展趋势进行了分析与预测。

国别与地区类 皮书系列重点推荐

俄罗斯黄皮书
俄罗斯发展报告（2016）
李永全 / 编著　2016年7月出版　估价：79.00元

◆ 本书系统介绍了2015年俄罗斯经济政治情况，并对2015年该地区发生的焦点、热点问题进行了分析与回顾；在此基础上，对该地区2016年的发展前景进行了预测。

国际形势黄皮书
全球政治与安全报告（2016）
李慎明　张宇燕 / 主编　2015年12月出版　定价：69.00元

◆ 本书旨在对本年度全球政治及安全形势的总体情况、热点问题及变化趋势进行回顾与分析，并提出一定的预测及对策建议。作者通过事实梳理、数据分析、政策分析等途径，阐释了本年度国际关系及全球安全形势的基本特点，并在此基础上提出了具有启示意义的前瞻性结论。

德国蓝皮书
德国发展报告（2016）
郑春荣　伍慧萍 / 主编　2016年6月出版　估价：69.00元

◆ 本报告由同济大学德国研究所组织编撰，由该领域的专家学者对德国的政治、经济、社会文化、外交等方面的形势发展情况，进行全面的阐述与分析。

中欧关系蓝皮书
中欧关系研究报告（2016）
周弘 / 编著　2016年12月出版　估价：98.00元

◆ 本书由欧洲所暨欧洲学会推出，旨在分析、评估和预测年度中欧关系发展态势。本报告的作者均为欧洲方面的专家，他们对欧洲与中国在各个领域的发展情况进行了深入地分析和研究，对读者了解和把握中欧关系是非常有益的参考。

皮书系列
重点推荐

地方发展类

地方发展类

地方发展类皮书关注中国各省份、经济区域，提供科学、多元的预判与资政信息

北京蓝皮书

北京公共服务发展报告（2015~2016）

施昌奎/主编　2016年1月出版　估价：69.00元

◆ 本书是由北京市政府职能部门的领导、首都著名高校的教授、知名研究机构的专家共同完成的关于北京市公共服务发展与创新的研究成果。

河南蓝皮书

河南经济发展报告（2016）

河南省社会科学院/编著　2016年12月出版　估价：79.00元

◆ 本书以国内外经济发展环境和走向为背景，主要分析当前河南经济形势，预测未来发展趋势，全面反映河南经济发展的最新动态、热点和问题，为地方经济发展和领导决策提供参考。

京津冀蓝皮书

京津冀发展报告（2016）

文　魁　祝尔娟/编著　2016年4月出版　估价：89.00元

◆ 京津冀协同发展作为重大的国家战略，已进入顶层设计、制度创新和全面推进的新阶段。本书以问题为导向，围绕京津冀发展中的重要领域和重大问题，研究如何推进京津冀协同发展。

 文化传媒类　　皮书系列 重点推荐

文 化 传 媒 类

文化传媒类皮书透视文化领域、文化产业，
探索文化大繁荣、大发展的路径

新媒体蓝皮书

中国新媒体发展报告 No.7（2016）

唐绪军 / 主编　　2016 年 6 月出版　　估价：79.00 元

◆ 本书是由中国社会科学院新闻与传播研究所组织编写的关于新媒体发展的最新年度报告，旨在全面分析中国新媒体的发展现状，解读新媒体的发展趋势，探析新媒体的深刻影响。

移动互联网蓝皮书

中国移动互联网发展报告（2016）

官建文 / 编著　　2016 年 6 月出版　　估价：79.00 元

◆ 本书着眼于对中国移动互联网 2015 年度的发展情况做深入解析，对未来发展趋势进行预测，力求从不同视角、不同层面全面剖析中国移动互联网发展的现状、年度突破以及热点趋势等。

文化蓝皮书

中国文化产业发展报告（2016）

张晓明　王家新　章建刚 / 主编　　2016 年 4 月出版　　估价：79.00 元

◆ 本书由中国社会科学院文化研究中心编写。从 2012 年开始，中国社会科学院文化研究中心设立了国内首个文化产业的研究类专项资金——"文化产业重大课题研究计划"，开始在全国范围内组织多学科专家学者对我国文化产业发展重大战略问题进行联合攻关研究。本书集中反映了该计划的研究成果。

经济类

G20国家创新竞争力黄皮书
二十国集团(G20)国家创新竞争力发展报告(2016)
著(编)者:李建平 李闽榕 赵新力
2016年11月出版 / 估价:138.00元

产业蓝皮书
中国产业竞争力报告(2016)NO.6
著(编)者:张其仔 2016年12月出版 / 估价:98.00元

城市创新蓝皮书
中国城市创新报告(2016)
著(编)者:周天勇 旷建伟 2016年8月出版 / 估价:69.00元

城市蓝皮书
中国城市发展报告NO.9
著(编)者:潘家华 魏后凯 2016年9月出版 / 估价:69.00元

城市群蓝皮书
中国城市群发展指数报告(2016)
著(编)者:刘士林 刘新静 2016年10月出版 / 估价:69.00元

城乡一体化蓝皮书
中国城乡一体化发展报告(2015~2016)
著(编)者:汝信 付崇兰 2016年7月出版 / 估价:85.00元

城镇化蓝皮书
中国新型城镇化健康发展报告(2016)
著(编)者:张占斌 2016年5月出版 / 估价:79.00元

创新蓝皮书
创新型国家建设报告(2015~2016)
著(编)者:詹正茂 2016年11月出版 / 估价:69.00元

低碳发展蓝皮书
中国低碳发展报告(2016)
著(编)者:齐晔 2016年3月出版 / 估价:89.00元

低碳经济蓝皮书
中国低碳经济发展报告(2016)
著(编)者:薛进军 赵忠秀 2016年6月出版 / 估价:85.00元

东北蓝皮书
中国东北地区发展报告(2016)
著(编)者:马克 黄文艺 2016年8月出版 / 估价:79.00元

工业化蓝皮书
中国工业化进程报告(2016)
著(编)者:黄群慧 吕铁 李晓华 等
2016年11月出版 / 估价:89.00元

管理蓝皮书
中国管理发展报告(2016)
著(编)者:张晓东 2016年9月出版 / 估价:98.00元

国际城市蓝皮书
国际城市发展报告(2016)
著(编)者:屠启宇 2016年1月出版 / 估价:79.00元

国家创新蓝皮书
中国创新发展报告(2016)
著(编)者:陈劲 2016年9月出版 / 估价:69.00元

金融蓝皮书
中国金融发展报告(2016)
著(编)者:李扬 王国刚 2015年12月出版 / 定价:79.00元

京津冀产业蓝皮书
京津冀产业协同发展报告(2016)
著(编)者:中智科博(北京)产业经济发展研究院
2016年6月出版 / 估价:69.00元

京津冀蓝皮书
京津冀发展报告(2016)
著(编)者:文魁 祝尔娟 2016年4月出版 / 估价:89.00元

经济蓝皮书
2016年中国经济形势分析与预测
著(编)者:李扬 2015年12月出版 / 定价:79.00元

经济蓝皮书·春季号
2016年中国经济前景分析
著(编)者:李扬 2016年5月出版 / 估价:79.00元

经济蓝皮书·夏季号
中国经济增长报告(2015~2016)
著(编)者:李扬 2016年8月出版 / 估价:99.00元

经济信息绿皮书
中国与世界经济发展报告(2016)
著(编)者:杜平 2015年12月出版 / 定价:89.00元

就业蓝皮书
2016年中国本科生就业报告
著(编)者:麦可思研究院 2016年6月出版 / 估价:98.00元

就业蓝皮书
2016年中国高职高专生就业报告
著(编)者:麦可思研究院 2016年6月出版 / 估价:98.00元

临空经济蓝皮书
中国临空经济发展报告(2016)
著(编)者:连玉明 2016年11月出版 / 估价:79.00元

民营经济蓝皮书
中国民营经济发展报告NO.12(2015~2016)
著(编)者:王钦敏 2016年1月出版 / 估价:75.00元

农村绿皮书
中国农村经济形势分析与预测(2015~2016)
著(编)者:中国社会科学院农村发展研究所
　　　国家统计局农村社会经济调查司
2016年4月出版 / 估价:69.00元

农业应对气候变化蓝皮书
气候变化对中国农业影响评估报告No.2
著(编)者:矫梅燕 2016年8月出版 / 估价:98.00元

经济类・社会政法类 | **皮书系列 2016全品种**

企业公民蓝皮书
中国企业公民报告 NO.4
著(编)者:邹东涛 2016年1月出版 / 估价:79.00元

气候变化绿皮书
应对气候变化报告(2016)
著(编)者:王伟光 郑国光 2016年11月出版 / 估价:98.00元

区域蓝皮书
中国区域经济发展报告(2015~2016)
著(编)者:梁昊光 2016年5月出版 / 估价:79.00元

全球环境竞争力绿皮书
全球环境竞争力报告(2016)
著(编)者:李建平 李闽榕 王金南
2016年12月出版 / 估价:198.00元

人口与劳动绿皮书
中国人口与劳动问题报告 NO.17
著(编)者:蔡昉 张车伟 2016年11月出版 / 估价:69.00元

商务中心区蓝皮书
中国商务中心区发展报告 NO.2(2016)
著(编)者:魏后凯 李国红 2016年1月出版 / 估价:89.00元

世界经济黄皮书
2016年世界经济形势分析与预测
著(编)者:王洛林 张宇燕 2015年12月出版 / 定价:79.00元

世界旅游城市绿皮书
世界旅游城市发展报告(2016)
著(编)者:鲁勇 周正宇 宋宇 2016年6月出版 / 估价:88.00元

西北蓝皮书
中国西北发展报告(2016)
著(编)者:孙发平 苏海红 鲁顺元
2015年12月出版 / 估价:79.00元

西部蓝皮书
中国西部发展报告(2016)
著(编)者:姚慧琴 徐璋勇 2016年7月出版 / 估价:89.00元

县域发展蓝皮书
中国县域经济增长能力评估报告(2016)
著(编)者:王力 2016年10月出版 / 估价:69.00元

新型城镇化蓝皮书
新型城镇化发展报告(2016)
著(编)者:李伟 宋敏 沈体雁 2016年11月出版 / 估价:98.00元

新兴经济体蓝皮书
金砖国家发展报告(2016)
著(编)者:林跃勤 周文 2016年7月出版 / 估价:79.00元

长三角蓝皮书
2016年全面深化改革中的长三角
著(编)者:张伟斌 2016年10月出版 / 估价:69.00元

中部竞争力蓝皮书
中国中部经济社会竞争力报告(2016)
著(编)者:教育部人文社会科学重点研究基地
南昌大学中国中部经济社会发展研究中心
2016年10月出版 / 估价:79.00元

中部蓝皮书
中国中部地区发展报告(2016)
著(编)者:宋亚平 2016年12月出版 / 估价:78.00元

中国省域竞争力蓝皮书
中国省域经济综合竞争力发展报告(2015~2016)
著(编)者:李建平 李闽榕 高燕京
2016年2月出版 / 估价:198.00元

中三角蓝皮书
长江中游城市群发展报告(2016)
著(编)者:秦尊文 2016年10月出版 / 估价:69.00元

中小城市绿皮书
中国中小城市发展报告(2016)
著(编)者:中国城市经济学会中小城市经济发展委员会
中国城镇化促进会中小城市发展委员会
《中国中小城市发展报告》编纂委员会
中小城市发展战略研究院
2016年10月出版 / 估价:98.00元

中原蓝皮书
中原经济区发展报告(2016)
著(编)者:李英杰 2016年6月出版 / 估价:88.00元

自贸区蓝皮书
中国自贸区发展报告(2016)
著(编)者:王力 王吉培 2016年10月出版 / 估价:69.00元

社会政法类

北京蓝皮书
中国社区发展报告(2016)
著(编)者:于燕燕 2017年2月出版 / 估价:79.00元

殡葬绿皮书
中国殡葬事业发展报告(2016)
著(编)者:李伯森 2016年4月出版 / 估价:158.00元

城市管理蓝皮书
中国城市管理报告(2016)
著(编)者:谭维克 刘林 2017年2月出版 / 估价:118.00元

城市生活质量蓝皮书
中国城市生活质量报告(2016)
著(编)者:张连城 张平 杨春学 郎丽华
2016年7月出版 / 估价:89.00元

皮书系列 2016全品种 — 社会政法类

城市政府能力蓝皮书
中国城市政府公共服务能力评估报告（2016）
著(编)者：何艳玲　2016年7月出版 / 估价：69.00元

创新蓝皮书
中国创业环境发展报告（2016）
著(编)者：姚凯　曹祎遐　2016年1月出版 / 估价：69.00元

慈善蓝皮书
中国慈善发展报告（2016）
著(编)者：杨团　2016年6月出版 / 估价：79.00元

地方法治蓝皮书
中国地方法治发展报告 NO.2（2016）
著(编)者：李林　田禾　2016年1月出版 / 估价：98.00元

法治蓝皮书
中国法治发展报告 NO.14（2016）
著(编)者：李林　田禾　2016年3月出版 / 估价：105.00元

反腐倡廉蓝皮书
中国反腐倡廉建设报告 NO.6
著(编)者：李秋芳　张英伟　2017年1月出版 / 估价：79.00元

非传统安全蓝皮书
中国非传统安全研究报告（2015～2016）
著(编)者：余潇枫　魏志江　2016年5月出版 / 估价：79.00元

妇女发展蓝皮书
中国妇女发展报告 NO.6
著(编)者：王金玲　2016年9月出版 / 估价：148.00元

妇女教育蓝皮书
中国妇女教育发展报告 NO.3
著(编)者：张李玺　2016年10月出版 / 估价：78.00元

妇女绿皮书
中国性别平等与妇女发展报告（2016）
著(编)者：谭琳　2016年12月出版 / 估价：99.00元

公共服务蓝皮书
中国城市基本公共服务力评价（2016）
著(编)者：钟君　吴正杲　2016年12月出版 / 估价：79.00元

公共管理蓝皮书
中国公共管理发展报告（2016）
著(编)者：贡森　李国强　杨维宫
2016年4月出版 / 估价：69.00元

公共外交蓝皮书
中国公共外交发展报告（2016）
著(编)者：赵启正　雷蔚真　2016年4月出版 / 估价：89.00元

公民科学素质蓝皮书
中国公民科学素质报告（2016）
著(编)者：李群　许佳军　2016年3月出版 / 估价：79.00元

公益蓝皮书
中国公益发展报告（2016）
著(编)者：朱健刚　2016年5月出版 / 估价：78.00元

国际人才蓝皮书
海外华侨华人专业人士报告（2016）
著(编)者：王辉耀　苗绿　2016年8月出版 / 估价：69.00元

国际人才蓝皮书
中国国际移民报告（2016）
著(编)者：王辉耀　2016年2月出版 / 估价：79.00元

国际人才蓝皮书
中国海归发展报告（2016）NO.3
著(编)者：王辉耀　苗绿　2016年10月出版 / 估价：69.00元

国际人才蓝皮书
中国留学发展报告（2016）NO.5
著(编)者：王辉耀　苗绿　2016年10月出版 / 估价：79.00元

国家公园蓝皮书
中国国家公园体制建设报告（2016）
著(编)者：苏杨　张玉钧　石金莲　刘锋 等
2016年10月出版 / 估价：69.00元

海洋社会蓝皮书
中国海洋社会发展报告（2016）
著(编)者：崔凤　宋宁而　2016年7月出版 / 估价：89.00元

行政改革蓝皮书
中国行政体制改革报告（2016）NO.5
著(编)者：魏礼群　2016年4月出版 / 估价：98.00元

华侨华人蓝皮书
华侨华人研究报告（2016）
著(编)者：贾益民　2016年12月出版 / 估价：98.00元

环境竞争力绿皮书
中国省域环境竞争力发展报告（2016）
著(编)者：李建平　李闽榕　王金南
2016年11月出版 / 估价：198.00元

环境绿皮书
中国环境发展报告（2016）
著(编)者：刘鉴强　2016年5月出版 / 估价：79.00元

基金会蓝皮书
中国基金会发展报告（2016）
著(编)者：刘忠祥　2016年4月出版 / 估价：69.00元

基金会绿皮书
中国基金会发展独立研究报告（2016）
著(编)者：基金会中心网　中央民族大学基金会研究中心
2016年6月出版 / 估价：88.00元

基金会透明度蓝皮书
中国基金会透明度发展研究报告（2016）
著(编)者：基金会中心网　清华大学廉政与治理研究中心
2016年9月出版 / 估价：85.00元

教师蓝皮书
中国中小学教师发展报告（2016）
著(编)者：曾晓东　鱼霞　2016年6月出版 / 估价：69.00元

社会政法类 皮书系列 2016全品种

教育蓝皮书
中国教育发展报告（2016）
著(编)者：杨东平　2016年5月出版 / 估价：79.00元

科普蓝皮书
中国科普基础设施发展报告（2016）
著(编)者：任福君　2016年6月出版 / 估价：69.00元

科学教育蓝皮书
中国科学教育发展报告（2016）
著(编)者：罗晖　王康友　2016年10月出版 / 估价：79.00元

劳动保障蓝皮书
中国劳动保障发展报告（2016）
著(编)者：刘燕斌　2016年8月出版 / 估价：158.00元

连片特困区蓝皮书
中国连片特困区发展报告（2016）
著(编)者：游俊　冷志明　丁建军
2016年3月出版 / 估价：98.00元

民间组织蓝皮书
中国民间组织报告（2016）
著(编)者：黄晓勇　2016年12月出版 / 估价：79.00元

民调蓝皮书
中国民生调查报告（2016）
著(编)者：谢耘耕　2016年5月出版 / 估价：128.00元

民族发展蓝皮书
中国民族发展报告（2016）
著(编)者：郝时远　王延中　王希恩
2016年4月出版 / 估价：98.00元

女性生活蓝皮书
中国女性生活状况报告 NO.10（2016）
著(编)者：韩湘景　2016年4月出版 / 估价：79.00元

汽车社会蓝皮书
中国汽车社会发展报告（2016）
著(编)者：王俊秀　2016年1月出版 / 估价：69.00元

青年蓝皮书
中国青年发展报告（2016）NO.4
著(编)者：廉思　等　2016年4月出版 / 估价：69.00元

青少年蓝皮书
中国未成年人互联网运用报告（2016）
著(编)者：李文革　沈杰　季为民
2016年11月出版 / 估价：89.00元

青少年体育蓝皮书
中国青少年体育发展报告（2016）
著(编)者：郭建军　杨桦　2016年9月出版 / 估价：69.00元

区域人才蓝皮书
中国区域人才竞争力报告 NO.2
著(编)者：桂昭明　王辉耀
2016年6月出版 / 估价：69.00元

群众体育蓝皮书
中国群众体育发展报告（2016）
著(编)者：刘国永　杨桦　2016年10月出版 / 估价：69.00元

人才蓝皮书
中国人才发展报告（2016）
著(编)者：潘晨光　2016年9月出版 / 估价：85.00元

人权蓝皮书
中国人权事业发展报告 NO.6（2016）
著(编)者：李君如　2016年9月出版 / 估价：128.00元

社会保障绿皮书
中国社会保障发展报告（2016）NO.8
著(编)者：王延中　2016年4月出版 / 估价：99.00元

社会工作蓝皮书
中国社会工作发展报告（2016）
著(编)者：民政部社会工作研究中心
2016年8月出版 / 估价：79.00元

社会管理蓝皮书
中国社会管理创新报告 NO.4
著(编)者：连玉明　2016年11月出版 / 估价：89.00元

社会蓝皮书
2016年中国社会形势分析与预测
著(编)者：李培林　陈光金　张翼
2015年12月出版 / 定价：79.00元

社会体制蓝皮书
中国社会体制改革报告（2016）NO.4
著(编)者：龚维斌　2016年4月出版 / 估价：79.00元

社会心态蓝皮书
中国社会心态研究报告（2016）
著(编)者：王俊秀　杨宜音　2016年10月出版 / 估价：69.00元

社会组织蓝皮书
中国社会组织评估发展报告（2016）
著(编)者：徐家良　廖鸿　2016年12月出版 / 估价：69.00元

生态城市绿皮书
中国生态城市建设发展报告（2016）
著(编)者：刘举科　孙伟平　胡文臻
2016年9月出版 / 估价：148.00元

生态文明绿皮书
中国省域生态文明建设评价报告（ECI 2016）
著(编)者：严耕　2016年12月出版 / 估价：85.00元

世界社会主义黄皮书
世界社会主义跟踪研究报告（2015～2016）
著(编)者：李慎明　2016年4月出版 / 估价：258.00元

水与发展蓝皮书
中国水风险评估报告（2016）
著(编)者：王浩　2016年9月出版 / 估价：69.00元

皮书系列 2016全品种 社会政法类·行业报告类

体育蓝皮书
长三角地区体育产业发展报告（2016）
著(编)者：张林　2016年4月出版　估价：79.00元

体育蓝皮书
中国公共体育服务发展报告（2016）
著(编)者：戴健　2016年12月出版　估价：79.00元

土地整治蓝皮书
中国土地整治发展研究报告 NO.3
著(编)者：国土资源部土地整治中心
2016年5月出版　估价：89.00元

土地政策蓝皮书
中国土地政策发展报告（2016）
著(编)者：高延利　李宪文　任健
2016年12月出版　估价：69.00元

危机管理蓝皮书
中国危机管理报告（2016）
著(编)者：文学国　范正青　2016年8月出版　估价：89.00元

形象危机应对蓝皮书
形象危机应对研究报告（2016）
著(编)者：唐钧　2016年6月出版　估价：149.00元

医改蓝皮书
中国医药卫生体制改革报告（2016）
著(编)者：文学国　房志武　2016年11月出版　估价：98.00元

医疗卫生绿皮书
中国医疗卫生发展报告 NO.7（2016）
著(编)者：申宝忠　韩玉珍　2016年4月出版　估价：75.00元

政治参与蓝皮书
中国政治参与报告（2016）
著(编)者：房宁　2016年7月出版　估价：108.00元

政治发展蓝皮书
中国政治发展报告（2016）
著(编)者：房宁　杨海蛟　2016年5月出版　估价：88.00元

智慧社区蓝皮书
中国智慧社区发展报告（2016）
著(编)者：罗昌智　张辉德　2016年7月出版　估价：69.00元

中国农村妇女发展蓝皮书
农村流动女性城市生活发展报告（2016）
著(编)者：谢丽华　2016年12月出版　估价：79.00元

宗教蓝皮书
中国宗教报告（2016）
著(编)者：邱永辉　2016年5月出版　估价：79.00元

行业报告类

保健蓝皮书
中国保健服务产业发展报告 NO.2
著(编)者：中国保健协会　中共中央党校
2016年7月出版　估价：198.00元

保健蓝皮书
中国保健食品产业发展报告 NO.2
著(编)者：中国保健协会
　　　　　中国社会科学院食品药品产业发展与监管研究中心
2016年7月出版　估价：198.00元

保健蓝皮书
中国保健用品产业发展报告 NO.2
著(编)者：中国保健协会
　　　　　国务院国有资产监督管理委员会研究中心
2016年2月出版　估价：198.00元

保险蓝皮书
中国保险业创新发展报告（2016）
著(编)者：项俊波　2016年12月出版　估价：69.00元

保险蓝皮书
中国保险业竞争力报告（2016）
著(编)者：项俊波　2015年12月出版　估价：99.00元

采供血蓝皮书
中国采供血管理报告（2016）
著(编)者：朱永明　耿鸿武　2016年8月出版　估价：69.00元

彩票蓝皮书
中国彩票发展报告（2016）
著(编)者：益彩基金　2016年4月出版　估价：98.00元

餐饮产业蓝皮书
中国餐饮产业发展报告（2016）
著(编)者：邢颖　2016年4月出版　估价：69.00元

测绘地理信息蓝皮书
测绘地理信息转型升级研究报告（2016）
著(编)者：库热西·买合苏提　2016年12月出版　估价：98.00元

茶业蓝皮书
中国茶产业发展报告（2016）
著(编)者：杨江帆　李闽榕　2016年10月出版　估价：78.00元

产权市场蓝皮书
中国产权市场发展报告（2015～2016）
著(编)者：曹和平　2016年5月出版　估价：89.00元

产业安全蓝皮书
中国出版传媒产业安全报告（2016）
著(编)者：北京印刷学院文化产业安全研究院
2016年4月出版　估价：69.00元

产业安全蓝皮书
中国文化产业安全报告（2016）
著(编)者：北京印刷学院文化产业安全研究院
2016年4月出版　估价：89.00元

权威 前沿 原创

皮书系列 2016全品种

行业报告类

产业安全蓝皮书
中国新媒体产业安全报告（2016）
著(编)者：北京印刷学院文化产业安全研究院
2016年5月出版 / 估价：69.00元

大数据蓝皮书
网络空间和大数据发展报告（2016）
著(编)者：杜平　2016年2月出版 / 估价：69.00元

电子商务蓝皮书
中国电子商务服务业发展报告 NO.3
著(编)者：荆林波 梁春晓　2016年5月出版 / 估价：69.00元

电子政务蓝皮书
中国电子政务发展报告（2016）
著(编)者：洪毅 杜平　2016年11月出版 / 估价：79.00元

杜仲产业绿皮书
中国杜仲橡胶资源与产业发展报告（2016）
著(编)者：杜红岩 胡文臻 俞锐
2016年1月出版 / 估价：85.00元

房地产蓝皮书
中国房地产发展报告 NO.13（2016）
著(编)者：魏后凯 李景国　2016年5月出版 / 估价：79.00元

服务外包蓝皮书
中国服务外包产业发展报告（2016）
著(编)者：王晓红 刘德军
2016年6月出版 / 估价：89.00元

服务外包蓝皮书
中国服务外包竞争力报告（2016）
著(编)者：王力 刘春生 黄育华
2016年11月出版 / 估价：85.00元

工业和信息化蓝皮书
世界网络安全发展报告（2016）
著(编)者：洪京一　2016年4月出版 / 估价：69.00元

工业和信息化蓝皮书
世界信息化发展报告（2016）
著(编)者：洪京一　2016年4月出版 / 估价：69.00元

工业和信息化蓝皮书
世界信息技术产业发展报告（2016）
著(编)者：洪京一　2016年4月出版 / 估价：79.00元

工业和信息化蓝皮书
世界制造业发展报告（2016）
著(编)者：洪京一　2016年4月出版 / 估价：69.00元

工业和信息化蓝皮书
移动互联网产业发展报告（2016）
著(编)者：洪京一　2016年4月出版 / 估价：79.00元

工业设计蓝皮书
中国工业设计发展报告（2016）
著(编)者：王晓红 于炜 张立群
2016年9月出版 / 估价：138.00元

互联网金融蓝皮书
中国互联网金融发展报告（2016）
著(编)者：李东荣　2016年8月出版 / 估价：79.00元

会展蓝皮书
中外会展业动态评估年度报告（2016）
著(编)者：张敏　2016年1月出版 / 估价：78.00元

节能汽车蓝皮书
中国节能汽车产业发展报告（2016）
著(编)者：中国汽车工程研究院股份有限公司
2016年12月出版 / 估价：69.00元

金融监管蓝皮书
中国金融监管报告（2016）
著(编)者：胡滨　2016年4月出版 / 估价：89.00元

金融蓝皮书
中国金融中心发展报告（2016）
著(编)者：王力 黄育华　2017年11月出版 / 估价：75.00元

金融蓝皮书
中国商业银行竞争力报告（2016）
著(编)者：王松奇　2016年5月出版 / 估价：69.00元

经济林产业绿皮书
中国经济林产业发展报告（2016）
著(编)者：李芳东 胡文臻 乌云塔娜 杜红岩
2016年12月出版 / 估价：69.00元

客车蓝皮书
中国客车产业发展报告（2016）
著(编)者：姚蔚　2016年2月出版 / 估价：85.00元

老龄蓝皮书
中国老龄产业发展报告（2016）
著(编)者：吴玉韶 党俊武　2016年9月出版 / 估价：79.00元

流通蓝皮书
中国商业发展报告（2016）
著(编)者：荆林波　2016年5月出版 / 估价：89.00元

旅游安全蓝皮书
中国旅游安全报告（2016）
著(编)者：郑向敏 谢朝武　2016年5月出版 / 估价：128.00元

旅游绿皮书
2015~2016年中国旅游发展分析与预测
著(编)者：宋瑞　2016年1月出版 / 估价：98.00元

煤炭蓝皮书
中国煤炭工业发展报告（2016）
著(编)者：岳福斌　2016年12月出版 / 估价：79.00元

民营企业社会责任蓝皮书
中国民营企业社会责任年度报告（2016）
著(编)者：中华全国工商业联合会
2016年7月出版 / 估价：69.00元

皮书系列 2016全品种 — 行业报告类

民营医院蓝皮书
中国民营医院发展报告（2016）
著(编)者：庄一强　　2016年10月出版／估价：75.00元

能源蓝皮书
中国能源发展报告（2016）
著(编)者：崔民选　王军生　陈义和
2016年8月出版／估价：79.00元

农产品流通蓝皮书
中国农产品流通产业发展报告（2016）
著(编)者：贾敬敦　张东科　张玉玺　张鹏毅　周伟
2016年1月出版／估价：89.00元

期货蓝皮书
中国期货市场发展报告(2016)
著(编)者：李群　王在荣　　2016年11月出版／估价：69.00元

企业公益蓝皮书
中国企业公益研究报告（2016）
著(编)者：钟宏武　汪杰　顾一　黄晓娟　等
2016年12月出版／估价：69.00元

企业公众透明度蓝皮书
中国企业公众透明度报告(2016) NO.2
著(编)者：黄速建　王晓光　肖红军
2016年1月出版／估价：98.00元

企业国际化蓝皮书
中国企业国际化报告（2016）
著(编)者：王辉耀　　2016年11月出版／估价：98.00元

企业蓝皮书
中国企业绿色发展报告NO.2（2016）
著(编)者：李红玉　朱光辉　　2016年8月出版／估价：79.00元

企业社会责任蓝皮书
中国企业社会责任研究报告（2016）
著(编)者：黄群慧　钟宏武　张蒽　等
2016年11月出版／估价：79.00元

企业社会责任能力蓝皮书
中国上市公司社会责任能力成熟度报告（2016）
著(编)者：肖红军　王晓光　李伟阳
2016年11月出版／估价：69.00元

汽车安全蓝皮书
中国汽车安全发展报告（2016）
著(编)者：中国汽车技术研究中心
2016年7月出版／估价：89.00元

汽车电子商务蓝皮书
中国汽车电子商务发展报告（2016）
著(编)者：中华全国工商业联合会汽车经销商商会
　　　　　北京易观智库网络科技有限公司
2016年5月出版／估价：128.00元

汽车工业蓝皮书
中国汽车工业发展年度报告（2016）
著(编)者：中国汽车工业协会　中国汽车技术研究中心
　　　　　丰田汽车（中国）投资有限公司
2016年4月出版／估价：128.00元

汽车蓝皮书
中国汽车产业发展报告（2016）
著(编)者：国务院发展研究中心产业经济研究部
　　　　　中国汽车工程学会　大众汽车集团（中国）
2016年8月出版／估价：158.00元

清洁能源蓝皮书
国际清洁能源发展报告（2016）
著(编)者：苏树辉　袁国林　李玉崙
2016年11月出版／估价：99.00元

人力资源蓝皮书
中国人力资源发展报告（2016）
著(编)者：余兴安　　2016年12月出版／估价：79.00元

融资租赁蓝皮书
中国融资租赁业发展报告（2015～2016）
著(编)者：李光荣　王力　　2016年1月出版／估价：89.00元

软件和信息服务业蓝皮书
中国软件和信息服务业发展报告（2016）
著(编)者：洪京一　　2016年12月出版／估价：198.00元

商会蓝皮书
中国商会发展报告NO.5（2016）
著(编)者：王钦敏　　2016年7月出版／估价：89.00元

上市公司蓝皮书
中国上市公司社会责任信息披露报告（2016）
著(编)者：张旺　张杨　　2016年11月出版／估价：69.00元

上市公司蓝皮书
中国上市公司质量评价报告（2015～2016）
著(编)者：张跃文　王力　　2016年11月出版／估价：118.00元

设计产业蓝皮书
中国设计产业发展报告（2016）
著(编)者：陈冬亮　梁昊光　　2016年3月出版／估价：89.00元

食品药品蓝皮书
食品药品安全与监管政策研究报告（2016）
著(编)者：唐民皓　　2016年7月出版／估价：69.00元

世界能源蓝皮书
世界能源发展报告（2016）
著(编)者：黄晓勇　　2016年6月出版／估价：99.00元

水利风景区蓝皮书
中国水利风景区发展报告（2016）
著(编)者：兰思仁　　2016年8月出版／估价：69.00元

私募市场蓝皮书
中国私募股权市场发展报告（2016）
著(编)者：曹和平　　2016年12月出版／估价：79.00元

碳市场蓝皮书
中国碳市场报告（2016）
著(编)者：宁金彪　　2016年11月出版／估价：69.00元

行业报告类

皮书系列 2016全品种

体育蓝皮书
中国体育产业发展报告（2016）
著(编)者：阮伟 钟秉枢　2016年7月出版 / 估价：69.00元

投资蓝皮书
中国投资发展报告（2016）
著(编)者：谢平　2016年4月出版 / 估价：128.00元

土地市场蓝皮书
中国农村土地市场发展报告（2016）
著(编)者：李光荣 高传捷　2016年1月出版 / 估价：69.00元

网络空间安全蓝皮书
中国网络空间安全发展报告（2016）
著(编)者：惠志斌 唐涛　2016年4月出版 / 估价：79.00元

物联网蓝皮书
中国物联网发展报告（2016）
著(编)者：黄桂田 龚六堂 张全升
2016年1月出版 / 估价：69.00元

西部工业蓝皮书
中国西部工业发展报告（2016）
著(编)者：方行明 甘犁 刘方健 姜凌 等
2016年9月出版 / 估价：79.00元

西部金融蓝皮书
中国西部金融发展报告（2016）
著(编)者：李忠民　2016年8月出版 / 估价：75.00元

协会商会蓝皮书
中国行业协会商会发展报告（2016）
著(编)者：景朝阳 李勇　2016年4月出版 / 估价：99.00元

新能源汽车蓝皮书
中国新能源汽车产业发展报告（2016）
著(编)者：中国汽车技术研究中心
　　　　日产（中国）投资有限公司 东风汽车有限公司
2016年8月出版 / 估价：89.00元

新三板蓝皮书
中国新三板市场发展报告（2016）
著(编)者：王力　2016年6月出版 / 估价：69.00元

信托市场蓝皮书
中国信托业市场报告（2015～2016）
著(编)者：用益信托工作室
2016年2月出版 / 估价：198.00元

信息安全蓝皮书
中国信息安全发展报告（2016）
著(编)者：张晓东　2016年2月出版 / 估价：69.00元

信息化蓝皮书
中国信息化形势分析与预测（2016）
著(编)者：周宏仁　2016年8月出版 / 估价：98.00元

信用蓝皮书
中国信用发展报告（2016）
著(编)者：章政 田侃　2016年4月出版 / 估价：99.00元

休闲绿皮书
2016年中国休闲发展报告
著(编)者：宋瑞
2016年10月出版 / 估价：79.00元

药品流通蓝皮书
中国药品流通行业发展报告（2016）
著(编)者：佘鲁林 温再兴
2016年8月出版 / 估价：158.00元

医药蓝皮书
中国中医药产业园战略发展报告（2016）
著(编)者：裴长洪 房书亭 吴滁心
2016年3月出版 / 估价：89.00元

邮轮绿皮书
中国邮轮产业发展报告（2016）
著(编)者：汪泓　2016年10月出版 / 估价：79.00元

智能养老蓝皮书
中国智能养老产业发展报告（2016）
著(编)者：朱勇　2016年10月出版 / 估价：89.00元

中国SUV蓝皮书
中国SUV产业发展报告（2016）
著(编)者：靳军　2016年12月出版 / 估价：69.00元

中国金融行业蓝皮书
中国债券市场发展报告（2016）
著(编)者：谢多　2016年7月出版 / 估价：69.00元

中国上市公司蓝皮书
中国上市公司发展报告（2016）
著(编)者：中国社会科学院上市公司研究中心
2016年9月出版 / 估价：98.00元

中国游戏蓝皮书
中国游戏产业发展报告（2016）
著(编)者：孙立军 刘跃军 牛兴侦
2016年4月出版 / 估价：69.00元

中国总部经济蓝皮书
中国总部经济发展报告（2015～2016）
著(编)者：赵弘　2016年9月出版 / 估价：79.00元

资本市场蓝皮书
中国场外交易市场发展报告（2016）
著(编)者：高峦　2016年8月出版 / 估价：79.00元

资产管理蓝皮书
中国资产管理行业发展报告（2016）
著(编)者：智信资产管理研究院
2016年6月出版 / 估价：89.00元

文化传媒类

传媒竞争力蓝皮书
中国传媒国际竞争力研究报告（2016）
著(编)者：李本乾 刘强
2016年11月出版 / 估价：148.00元

传媒蓝皮书
中国传媒产业发展报告（2016）
著(编)者：崔保国 2016年5月出版 / 估价：98.00元

传媒投资蓝皮书
中国传媒投资发展报告（2016）
著(编)者：张向东 谭云明
2016年6月出版 / 估价：128.00元

动漫蓝皮书
中国动漫产业发展报告（2016）
著(编)者：卢斌 郑玉明 牛兴侦
2016年7月出版 / 估价：79.00元

非物质文化遗产蓝皮书
中国非物质文化遗产发展报告（2016）
著(编)者：陈平 2016年5月出版 / 估价：98.00元

广电蓝皮书
中国广播电影电视发展报告（2016）
著(编)者：国家新闻出版广电总局发展研究中心
2016年7月出版 / 估价：98.00元

广告主蓝皮书
中国广告主营销传播趋势报告 NO.9
著(编)者：黄升民 杜国清 邵华冬 等
2016年10月出版 / 估价：148.00元

国际传播蓝皮书
中国国际传播发展报告（2016）
著(编)者：胡正荣 李继东 姬德强
2016年11月出版 / 估价：89.00元

纪录片蓝皮书
中国纪录片发展报告（2016）
著(编)者：何苏六 2016年10月出版 / 估价：79.00元

科学传播蓝皮书
中国科学传播报告（2016）
著(编)者：詹正茂 2016年7月出版 / 估价：69.00元

两岸创意经济蓝皮书
两岸创意经济研究报告（2016）
著(编)者：罗昌智 董泽平 2016年12月出版 / 估价：98.00元

两岸文化蓝皮书
两岸文化产业合作发展报告（2016）
著(编)者：胡惠林 李保宗 2016年7月出版 / 估价：79.00元

媒介与女性蓝皮书
中国媒介与女性发展报告(2015~2016)
著(编)者：刘利群 2016年8月出版 / 估价：118.00元

媒体融合蓝皮书
中国媒体融合发展报告（2016）
著(编)者：梅宁华 宋建武 2016年7月出版 / 估价：79.00元

全球传媒蓝皮书
全球传媒发展报告（2016）
著(编)者：胡正荣 李继东 唐晓芬
2016年12月出版 / 估价：79.00元

少数民族非遗蓝皮书
中国少数民族非物质文化遗产发展报告（2016）
著(编)者：肖远平（彝） 柴立（满）
2016年6月出版 / 估价：128.00元

视听新媒体蓝皮书
中国视听新媒体发展报告（2016）
著(编)者：国家新闻出版广电总局发展研究中心
2016年7月出版 / 估价：98.00元

文化创新蓝皮书
中国文化创新报告（2016）NO.7
著(编)者：于平 傅才武 2016年7月出版 / 估价：98.00元

文化建设蓝皮书
中国文化发展报告（2016）
著(编)者：江畅 孙伟平 戴茂堂
2016年4月出版 / 估价：108.00元

文化科技蓝皮书
文化科技创新发展报告（2016）
著(编)者：于平 李凤亮 2016年10月出版 / 估价：89.00元

文化蓝皮书
中国公共文化服务发展报告（2016）
著(编)者：刘新成 张永新 张旭 2016年10月出版 / 估价：98.00元

文化蓝皮书
中国公共文化投入增长测评报告（2016）
著(编)者：王亚南 2016年12月出版 / 估价：79.00元

文化蓝皮书
中国少数民族文化发展报告（2016）
著(编)者：武翠英 张晓明 任乌晶
2016年9月出版 / 估价：69.00元

文化蓝皮书
中国文化产业发展报告（2016）
著(编)者：张晓明 王家新 章建刚
2016年4月出版 / 估价：79.00元

文化蓝皮书
中国文化产业供需协调检测报告（2016）
著(编)者：王亚南 2016年2月出版 / 估价：79.00元

文化蓝皮书
中国文化消费需求景气评价报告（2016）
著(编)者：王亚南 2016年2月出版 / 估价：79.00元

文化传媒类·地方发展类

皮书系列 2016全品种

文化品牌蓝皮书
中国文化品牌发展报告（2016）
著(编)者：欧阳友权　2016年4月出版 / 估价：89.00元

文化遗产蓝皮书
中国文化遗产事业发展报告（2016）
著(编)者：刘世锦　2016年3月出版 / 估价：89.00元

文学蓝皮书
中国文情报告（2015～2016）
著(编)者：白烨　2016年5月出版 / 估价：69.00元

新媒体蓝皮书
中国新媒体发展报告NO.7（2016）
著(编)者：唐绪军　2016年7月出版 / 估价：79.00元

新媒体社会责任蓝皮书
中国新媒体社会责任研究报告（2016）
著(编)者：钟瑛　2016年10月出版 / 估价：79.00元

移动互联网蓝皮书
中国移动互联网发展报告（2016）
著(编)者：官建文　2016年6月出版 / 估价：79.00元

舆情蓝皮书
中国社会舆情与危机管理报告（2016）
著(编)者：谢耘耕　2016年8月出版 / 估价：98.00元

地方发展类

安徽经济蓝皮书
芜湖创新型城市发展报告（2016）
著(编)者：张志宏　2016年4月出版 / 估价：69.00元

安徽蓝皮书
安徽社会发展报告（2016）
著(编)者：程桦　2016年4月出版 / 估价：89.00元

安徽社会建设蓝皮书
安徽社会建设分析报告（2015～2016）
著(编)者：黄家海　王开玉　蔡宪
2016年4月出版 / 估价：89.00元

澳门蓝皮书
澳门经济社会发展报告（2015～2016）
著(编)者：吴志良　郝雨凡　2016年5月出版 / 估价：79.00元

北京蓝皮书
北京公共服务发展报告（2015～2016）
著(编)者：施昌奎　2016年1月出版 / 估价：69.00元

北京蓝皮书
北京经济发展报告（2015～2016）
著(编)者：杨松　2016年6月出版 / 估价：79.00元

北京蓝皮书
北京社会发展报告（2015～2016）
著(编)者：李伟东　2016年7月出版 / 估价：79.00元

北京蓝皮书
北京社会治理发展报告（2015～2016）
著(编)者：殷星辰　2016年6月出版 / 估价：79.00元

北京蓝皮书
北京文化发展报告（2015～2016）
著(编)者：李建盛　2016年5月出版 / 估价：79.00元

北京旅游绿皮书
北京旅游发展报告（2016）
著(编)者：北京旅游学会　2016年7月出版 / 估价：88.00元

北京人才蓝皮书
北京人才发展报告（2016）
著(编)者：于淼　2016年12月出版 / 估价：128.00元

北京社会心态蓝皮书
北京社会心态分析报告（2015～2016）
著(编)者：北京社会心理研究所
2016年8月出版 / 估价：79.00元

北京社会组织管理蓝皮书
北京社会组织发展与管理（2015～2016）
著(编)者：黄江松　2016年4月出版 / 估价：78.00元

北京体育蓝皮书
北京体育产业发展报告（2016）
著(编)者：钟秉枢　陈杰　杨铁黎
2016年10月出版 / 估价：79.00元

北京养老产业蓝皮书
北京养老产业发展报告（2016）
著(编)者：周明明　冯喜良　2016年4月出版 / 估价：69.00元

滨海金融蓝皮书
滨海新区金融发展报告（2016）
著(编)者：王爱俭　张锐钢　2016年9月出版 / 估价：79.00元

城乡一体化蓝皮书
中国城乡一体化发展报告·北京卷（2015～2016）
著(编)者：张宝秀　黄序　2016年5月出版 / 估价：79.00元

创意城市蓝皮书
北京文化创意产业发展报告（2016）
著(编)者：张京成　王国华　2016年12月出版 / 估价：69.00元

创意城市蓝皮书
青岛文化创意产业发展报告（2016）
著(编)者：马达　张丹妮　2016年6月出版 / 估价：79.00元

皮书系列 2016全品种 — 地方发展类

创意城市蓝皮书
台北文化创意产业发展报告（2016）
著(编)者：陈耀竹　邱琪瑄　2016年11月出版／估价：89.00元

创意城市蓝皮书
无锡文化创意产业发展报告（2016）
著(编)者：谭军　张鸣年　2016年10月出版／估价：79.00元

创意城市蓝皮书
武汉文化创意产业发展报告（2016）
著(编)者：黄永林　陈汉桥　2016年12月出版／估价：89.00元

创意城市蓝皮书
重庆创意产业发展报告（2016）
著(编)者：程宇宁　2016年4月出版／估价：89.00元

地方法治蓝皮书
南宁法治发展报告（2016）
著(编)者：杨维超　2016年12月出版／估价：69.00元

福建妇女发展蓝皮书
福建省妇女发展报告（2016）
著(编)者：刘群英　2016年11月出版／估价：88.00元

甘肃蓝皮书
甘肃经济发展分析与预测（2016）
著(编)者：朱智文　罗哲　2016年1月出版／估价：79.00元

甘肃蓝皮书
甘肃社会发展分析与预测（2016）
著(编)者：安文华　包晓霞　2016年1月出版／估价：79.00元

甘肃蓝皮书
甘肃文化发展分析与预测（2016）
著(编)者：安文华　周小华　2016年1月出版／估价：79.00元

甘肃蓝皮书
甘肃县域社会发展评价报告（2016）
著(编)者：刘进军　柳民　王建兵
2016年1月出版／估价：79.00元

甘肃蓝皮书
甘肃舆情分析与预测（2016）
著(编)者：陈双梅　郝树声　2016年1月出版／估价：79.00元

甘肃蓝皮书
甘肃商务发展报告（2016）
著(编)者：杨志武　王福生　王晓芳
2016年1月出版／估价：69.00元

广东蓝皮书
广东全面深化改革发展报告（2016）
著(编)者：周林生　涂成林　2016年11月出版／估价：69.00元

广东蓝皮书
广东社会工作发展报告（2016）
著(编)者：罗观翠　2016年6月出版／估价：89.00元

广东蓝皮书
广东省电子商务发展报告（2016）
著(编)者：程晓　邓顺国　2016年7月出版／估价：79.00元

广东社会建设蓝皮书
广东省社会建设发展报告（2016）
著(编)者：广东省社会工作委员会
2016年12月出版／估价：99.00元

广东外经贸蓝皮书
广东对外经济贸易发展研究报告（2015~2016）
著(编)者：陈万灵　2016年5月出版／估价：89.00元

广西北部湾经济区蓝皮书
广西北部湾经济区开放开发报告（2016）
著(编)者：广西北部湾经济区规划建设管理委员会办公室
　　　　　广西社会科学院广西北部湾发展研究院
2016年10月出版／估价：79.00元

广州蓝皮书
2016年中国广州经济形势分析与预测
著(编)者：庾建设　沈奎　谢博能　2016年6月出版／估价：79.00元

广州蓝皮书
2016年中国广州社会形势分析与预测
著(编)者：张强　陈怡霓　杨秦　2016年6月出版／估价：79.00元

广州蓝皮书
广州城市国际化发展报告（2016）
著(编)者：朱名宏　2016年11月出版／估价：69.00元

广州蓝皮书
广州创新型城市发展报告（2016）
著(编)者：尹涛　2016年10月出版／估价：69.00元

广州蓝皮书
广州经济发展报告（2016）
著(编)者：朱名宏　2016年7月出版／估价：69.00元

广州蓝皮书
广州农村发展报告（2016）
著(编)者：朱名宏　2016年8月出版／估价：69.00元

广州蓝皮书
广州汽车产业发展报告（2016）
著(编)者：杨再高　冯兴亚　2016年9月出版／估价：69.00元

广州蓝皮书
广州青年发展报告（2015～2016）
著(编)者：魏国华　张强　2016年7月出版／估价：69.00元

广州蓝皮书
广州商贸业发展报告（2016）
著(编)者：李江涛　肖振宇　荀振英
2016年7月出版／估价：69.00元

广州蓝皮书
广州社会保障发展报告（2016）
著(编)者：蔡国萱　2016年10月出版／估价：65.00元

广州蓝皮书
广州文化创意产业发展报告（2016）
著(编)者：甘新　2016年8月出版／估价：79.00元

广州蓝皮书
中国广州城市建设与管理发展报告（2016）
著(编)者：董皞　陈小钢　李江涛　2016年7月出版／估价：69.00元

地方发展类 皮书系列 2016全品种

广州蓝皮书
中国广州科技和信息化发展报告（2016）
著(编)者：邹采荣 马正勇 冯元 2016年8月出版 / 估价：79.00元

广州蓝皮书
中国广州文化发展报告（2016）
著(编)者：徐俊忠 陆志强 顾涧清 2016年7月出版 / 估价：69.00元

贵阳蓝皮书
贵阳城市创新发展报告·白云篇（2016）
著(编)者：连玉明 2016年10月出版 / 估价：89.00元

贵阳蓝皮书
贵阳城市创新发展报告·观山湖篇（2016）
著(编)者：连玉明 2016年10月出版 / 估价：89.00元

贵阳蓝皮书
贵阳城市创新发展报告·花溪篇（2016）
著(编)者：连玉明 2016年10月出版 / 估价：89.00元

贵阳蓝皮书
贵阳城市创新发展报告·开阳篇（2016）
著(编)者：连玉明 2016年10月出版 / 估价：89.00元

贵阳蓝皮书
贵阳城市创新发展报告·南明篇（2016）
著(编)者：连玉明 2016年10月出版 / 估价：89.00元

贵阳蓝皮书
贵阳城市创新发展报告·清镇篇（2016）
著(编)者：连玉明 2016年10月出版 / 估价：89.00元

贵阳蓝皮书
贵阳城市创新发展报告·乌当篇（2016）
著(编)者：连玉明 2016年10月出版 / 估价：89.00元

贵阳蓝皮书
贵阳城市创新发展报告·息烽篇（2016）
著(编)者：连玉明 2016年10月出版 / 估价：89.00元

贵阳蓝皮书
贵阳城市创新发展报告·修文篇（2016）
著(编)者：连玉明 2016年10月出版 / 估价：89.00元

贵阳蓝皮书
贵阳城市创新发展报告·云岩篇（2016）
著(编)者：连玉明 2016年10月出版 / 估价：89.00元

贵州房地产蓝皮书
贵州房地产发展报告NO.3（2016）
著(编)者：武廷方 2016年6月出版 / 估价：89.00元

贵州蓝皮书
册亨经济社会发展报告(2016)
著(编)者：黄德林 2016年1月出版 / 估价：69.00元

贵州蓝皮书
贵安新区发展报告（2016）
著(编)者：马长青 吴大华 2016年4月出版 / 估价：69.00元

贵州蓝皮书
贵州法治发展报告（2016）
著(编)者：吴大华 2016年5月出版 / 估价：79.00元

贵州蓝皮书
贵州民航业发展报告（2016）
著(编)者：申振东 吴大华 2016年10月出版 / 估价：69.00元

贵州蓝皮书
贵州人才发展报告（2016）
著(编)者：于杰 吴大华 2016年9月出版 / 估价：69.00元

贵州蓝皮书
贵州社会发展报告（2016）
著(编)者：王兴骥 2016年5月出版 / 估价：79.00元

海淀蓝皮书
海淀区文化和科技融合发展报告（2016）
著(编)者：陈名杰 孟景伟 2016年5月出版 / 估价：75.00元

海峡西岸蓝皮书
海峡西岸经济区发展报告（2016）
著(编)者：福建省人民政府发展研究中心
　　　　　福建省人民政府发展研究中心咨询服务中心
2016年9月出版 / 估价：65.00元

杭州都市圈蓝皮书
杭州都市圈发展报告（2016）
著(编)者：董祖德 沈翔 2016年5月出版 / 估价：89.00元

杭州蓝皮书
杭州妇女发展报告（2016）
著(编)者：魏颖 2016年4月出版 / 估价：79.00元

河北经济蓝皮书
河北省经济发展报告（2016）
著(编)者：马树强 金浩 刘兵 张贵
2016年3月出版 / 估价：89.00元

河北蓝皮书
河北经济社会发展报告（2016）
著(编)者：周文夫 2016年1月出版 / 估价：79.00元

河北食品药品安全蓝皮书
河北食品药品安全研究报告（2016）
著(编)者：丁锦霞 2016年6月出版 / 估价：79.00元

河南经济蓝皮书
2016年河南经济形势分析与预测
著(编)者：胡五岳 2016年2月出版 / 估价：69.00元

河南蓝皮书
2016年河南社会形势分析与预测
著(编)者：刘道兴 牛苏林 2016年4月出版 / 估价：69.00元

河南蓝皮书
河南城市发展报告（2016）
著(编)者：谷建全 王建国 2016年3月出版 / 估价：79.00元

河南蓝皮书
河南法治发展报告（2016）
著(编)者：丁同民 阎德民 2016年6月出版 / 估价：79.00元

河南蓝皮书
河南工业发展报告（2016）
著(编)者：龚绍东 赵西三 2016年1月出版 / 估价：79.00元

皮书系列 2016全品种
地方发展类

河南蓝皮书
河南金融发展报告（2016）
著(编)者：河南省社会科学院
2016年6月出版 / 估价：69.00元

河南蓝皮书
河南经济发展报告（2016）
著(编)者：河南省社会科学院
2016年12月出版 / 估价：79.00元

河南蓝皮书
河南农业农村发展报告（2016）
著(编)者：吴海峰　2016年4月出版 / 估价：69.00元

河南蓝皮书
河南文化发展报告（2016）
著(编)者：卫绍生　2016年3月出版 / 估价：79.00元

河南商务蓝皮书
河南商务发展报告（2016）
著(编)者：焦锦淼 穆荣国　2016年4月出版 / 估价：88.00元

黑龙江产业蓝皮书
黑龙江产业发展报告（2016）
著(编)者：于渤　2016年10月出版 / 估价：79.00元

黑龙江蓝皮书
黑龙江经济发展报告（2016）
著(编)者：曲伟　2016年1月出版 / 估价：79.00元

黑龙江蓝皮书
黑龙江社会发展报告（2016）
著(编)者：张新颖　2016年1月出版 / 估价：79.00元

湖南城市蓝皮书
区域城市群整合（主题待定）
著(编)者：童中贤 韩未名　2016年12月出版 / 估价：79.00元

湖南蓝皮书
2016年湖南产业发展报告
著(编)者：梁志峰　2016年5月出版 / 估价：98.00元

湖南蓝皮书
2016年湖南电子政务发展报告
著(编)者：梁志峰　2016年5月出版 / 估价：98.00元

湖南蓝皮书
2016年湖南经济展望
著(编)者：梁志峰　2016年5月出版 / 估价：128.00元

湖南蓝皮书
2016年湖南两型社会与生态文明发展报告
著(编)者：梁志峰　2016年5月出版 / 估价：98.00元

湖南蓝皮书
2016年湖南社会发展报告
著(编)者：梁志峰　2016年5月出版 / 估价：88.00元

湖南蓝皮书
2016年湖南县域经济社会发展报告
著(编)者：梁志峰　2016年5月出版 / 估价：98.00元

湖南蓝皮书
湖南城乡一体化发展报告（2016）
著(编)者：陈文胜 刘祚祥 邝奕轩 等
2016年7月出版 / 估价：89.00元

湖南县域绿皮书
湖南县域发展报告NO.3
著(编)者：袁准 周小毛　2016年9月出版 / 估价：69.00元

沪港蓝皮书
沪港发展报告（2015～2016）
著(编)者：尤安山　2016年4月出版 / 估价：89.00元

吉林蓝皮书
2016年吉林经济社会形势分析与预测
著(编)者：马克　2016年2月出版 / 估价：89.00元

济源蓝皮书
济源经济社会发展报告（2016）
著(编)者：喻新安　2016年4月出版 / 估价：69.00元

健康城市蓝皮书
北京健康城市建设研究报告（2016）
著(编)者：王鸿春　2016年4月出版 / 估价：79.00元

江苏法治蓝皮书
江苏法治发展报告NO.5（2016）
著(编)者：李力 龚廷泰　2016年9月出版 / 估价：98.00元

江西蓝皮书
江西经济社会发展报告（2016）
著(编)者：张勇 姜玮 梁勇　2016年10月出版 / 估价：79.00元

江西文化产业蓝皮书
江西文化产业发展报告（2016）
著(编)者：张圣才 汪春翔　2016年10月出版 / 估价：128.00元

经济特区蓝皮书
中国经济特区发展报告（2016）
著(编)者：陶一桃　2016年12月出版 / 估价：89.00元

辽宁蓝皮书
2016年辽宁经济社会形势分析与预测
著(编)者：曹晓峰 张晶 梁启东
2016年12月出版 / 估价：79.00元

拉萨蓝皮书
拉萨法治发展报告（2016）
著(编)者：车明怀　2016年7月出版 / 估价：79.00元

洛阳蓝皮书
洛阳文化发展报告（2016）
著(编)者：刘福兴 陈启明　2016年7月出版 / 估价：79.00元

南京蓝皮书
南京文化发展报告（2016）
著(编)者：徐宁　2016年12月出版 / 估价：79.00元

内蒙古蓝皮书
内蒙古反腐倡廉建设报告NO.2
著(编)者：张志华 无极　2016年12月出版 / 估价：69.00元

皮书系列 2016全品种
地方发展类

浦东新区蓝皮书
上海浦东经济发展报告（2016）
著(编)者：沈开艳 陆沪根　2016年1月出版 / 估价：69.00元

青海蓝皮书
2016年青海经济社会形势分析与预测
著(编)者：赵宗福　2015年12月出版 / 估价：69.00元

人口与健康蓝皮书
深圳人口与健康发展报告（2016）
著(编)者：陆杰华 罗乐宣 苏杨
2016年11月出版 / 估价：89.00元

山东蓝皮书
山东经济形势分析与预测（2016）
著(编)者：李广杰　2016年11月出版 / 估价：89.00元

山东蓝皮书
山东社会形势分析与预测（2016）
著(编)者：涂可国　2016年6月出版 / 估价：89.00元

山东蓝皮书
山东文化发展报告（2016）
著(编)者：张华 唐洲雁　2016年6月出版 / 估价：98.00元

山西蓝皮书
山西资源型经济转型发展报告（2016）
著(编)者：李志强　2016年5月出版 / 估价：89.00元

陕西蓝皮书
陕西经济发展报告（2016）
著(编)者：任宗哲 白宽犁 裴成荣
2016年1月出版 / 估价：69.00元

陕西蓝皮书
陕西社会发展报告（2016）
著(编)者：任宗哲 白宽犁 牛昉
2016年1月出版 / 估价：69.00元

陕西蓝皮书
陕西文化发展报告（2016）
著(编)者：任宗哲 白宽犁 王长寿
2016年1月出版 / 估价：65.00元

陕西蓝皮书
丝绸之路经济带发展报告（2016）
著(编)者：任宗哲 石英 白宽犁
2016年8月出版 / 估价：79.00元

上海蓝皮书
上海传媒发展报告（2016）
著(编)者：强荧 焦雨虹　2016年1月出版 / 估价：69.00元

上海蓝皮书
上海法治发展报告（2016）
著(编)者：叶青　2016年5月出版 / 估价：69.00元

上海蓝皮书
上海经济发展报告（2016）
著(编)者：沈开艳　2016年1月出版 / 估价：69.00元

上海蓝皮书
上海社会发展报告（2016）
著(编)者：杨雄 周海旺　2016年1月出版 / 估价：69.00元

上海蓝皮书
上海文化发展报告（2016）
著(编)者：荣跃明　2016年1月出版 / 估价：74.00元

上海蓝皮书
上海文学发展报告（2016）
著(编)者：陈圣来　2016年1月出版 / 估价：69.00元

上海蓝皮书
上海资源环境发展报告（2016）
著(编)者：周冯琦 汤庆合 任文伟
2016年1月出版 / 估价：69.00元

上饶蓝皮书
上饶发展报告（2015～2016）
著(编)者：朱寅健　2016年3月出版 / 估价：128.00元

社会建设蓝皮书
2016年北京社会建设分析报告
著(编)者：宋贵伦 冯虹　2016年7月出版 / 估价：79.00元

深圳蓝皮书
深圳法治发展报告（2016）
著(编)者：张骁儒　2016年5月出版 / 估价：69.00元

深圳蓝皮书
深圳经济发展报告（2016）
著(编)者：张骁儒　2016年6月出版 / 估价：89.00元

深圳蓝皮书
深圳劳动关系发展报告（2016）
著(编)者：汤庭芬　2016年6月出版 / 估价：79.00元

深圳蓝皮书
深圳社会建设与发展报告（2016）
著(编)者：张骁儒 陈东平　2016年6月出版 / 估价：79.00元

深圳蓝皮书
深圳文化发展报告(2016)
著(编)者：张骁儒　2016年1月出版 / 估价：69.00元

四川法治蓝皮书
四川依法治省年度报告NO.2（2016）
著(编)者：李林 杨天宗 田禾
2016年3月出版 / 估价：108.00元

四川蓝皮书
2016年四川经济形势分析与预测
著(编)者：杨钢　2016年1月出版 / 估价：89.00元

四川蓝皮书
四川城镇化发展报告（2016）
著(编)者：侯水平 范秋美　2016年4月出版 / 估价：79.00元

四川蓝皮书
四川法治发展报告（2016）
著(编)者：郑泰安　2016年1月出版 / 估价：69.00元

皮书系列 2016全品种

地方发展类·国家国别类

四川蓝皮书
四川企业社会责任研究报告（2015～2016）
著(编)者：侯水平 盛毅　2016年4月出版／估价：79.00元

四川蓝皮书
四川社会发展报告（2016）
著(编)者：郭晓鸣　2016年4月出版／估价：79.00元

四川蓝皮书
四川生态建设报告（2016）
著(编)者：李晟之　2016年4月出版／估价：79.00元

四川蓝皮书
四川文化产业发展报告（2016）
著(编)者：侯水平　2016年4月出版／估价：79.00元

体育蓝皮书
上海体育产业发展报告（2015～2016）
著(编)者：张林 黄海燕　2016年10月出版／估价：79.00元

体育蓝皮书
长三角地区体育产业发展报告（2015～2016）
著(编)者：张林　2016年4月出版／估价：79.00元

天津金融蓝皮书
天津金融发展报告（2016）
著(编)者：王爱俭 孔德昌　2016年9月出版／估价：89.00元

图们江区域合作蓝皮书
图们江区域合作发展报告（2016）
著(编)者：李铁　2016年4月出版／估价：98.00元

温州蓝皮书
2016年温州经济社会形势分析与预测
著(编)者：潘忠强 王春光 金浩　2016年4月出版／估价：69.00元

扬州蓝皮书
扬州经济社会发展报告（2016）
著(编)者：丁纯　2016年12月出版／估价：89.00元

长株潭城市群蓝皮书
长株潭城市群发展报告（2016）
著(编)者：张萍　2016年10月出版／估价：69.00元

郑州蓝皮书
2016年郑州文化发展报告
著(编)者：王哲　2016年9月出版／估价：65.00元

中医文化蓝皮书
北京中医药文化传播发展报告（2016）
著(编)者：毛嘉陵　2016年5月出版／估价：79.00元

珠三角流通蓝皮书
珠三角商圈发展研究报告（2016）
著(编)者：王先庆 林至颖　2016年7月出版／估价：98.00元

遵义蓝皮书
遵义发展报告（2016）
著(编)者：曾征 龚永育　2016年12月出版／估价：69.00元

国别与地区类

阿拉伯黄皮书
阿拉伯发展报告（2015～2016）
著(编)者：罗林　2016年11月出版／估价：79.00元

北部湾蓝皮书
泛北部湾合作发展报告（2016）
著(编)者：吕余生　2016年10月出版／估价：69.00元

大湄公河次区域蓝皮书
大湄公河次区域合作发展报告（2016）
著(编)者：刘稚　2016年9月出版／估价：79.00元

大洋洲蓝皮书
大洋洲发展报告（2015～2016）
著(编)者：喻常森　2016年10月出版／估价：89.00元

德国蓝皮书
德国发展报告（2016）
著(编)者：郑春荣 伍慧萍
2016年5月出版／估价：69.00元

东北亚黄皮书
东北亚地区政治与安全（2016）
著(编)者：黄凤志 刘清才 张慧智 等
2016年5月出版／估价：69.00元

东盟黄皮书
东盟发展报告（2016）
著(编)者：杨晓强 庄国土　2016年12月出版／估价：75.00元

东南亚蓝皮书
东南亚地区发展报告（2015～2016）
著(编)者：厦门大学东南亚研究中心 王勤
2016年4月出版／估价：79.00元

俄罗斯黄皮书
俄罗斯发展报告（2016）
著(编)者：李永全　2016年7月出版／估价：79.00元

非洲黄皮书
非洲发展报告 NO.18（2015～2016）
著(编)者：张宏明　2016年9月出版／估价：79.00元

皮书系列重点推荐 — 国家国别类

国际形势黄皮书
全球政治与安全报告（2016）
著(编)者：李慎明 张宇燕
2015年12月出版 / 定价：69.00元

韩国蓝皮书
韩国发展报告（2016）
著(编)者：牛林杰 刘宝全
2016年12月出版 / 估价：89.00元

加拿大蓝皮书
加拿大发展报告（2016）
著(编)者：仲伟合
2016年4月出版 / 估价：89.00元

拉美黄皮书
拉丁美洲和加勒比发展报告（2015～2016）
著(编)者：吴白乙
2016年5月出版 / 估价：89.00元

美国蓝皮书
美国研究报告（2016）
著(编)者：郑秉文 黄平
2016年6月出版 / 估价：89.00元

缅甸蓝皮书
缅甸国情报告（2016）
著(编)者：李晨阳
2016年8月出版 / 估价：79.00元

欧洲蓝皮书
欧洲发展报告（2015～2016）
著(编)者：周弘 黄平 江时学
2016年7月出版 / 估价：89.00元

日本经济蓝皮书
日本经济与中日经贸关系研究报告（2016）
著(编)者：王洛林 张季风
2016年5月出版 / 估价：79.00元

日本蓝皮书
日本研究报告（2016）
著(编)者：李薇
2016年4月出版 / 估价：69.00元

上海合作组织黄皮书
上海合作组织发展报告（2016）
著(编)者：李进峰 吴宏伟 李伟
2016年7月出版 / 估价：98.00元

世界创新竞争力黄皮书
世界创新竞争力发展报告（2016）
著(编)者：李闽榕 李建平 赵新力
2016年1月出版 / 估价：148.00元

土耳其蓝皮书
土耳其发展报告（2016）
著(编)者：郭长刚 刘义
2016年7月出版 / 估价：69.00元

亚太蓝皮书
亚太地区发展报告（2016）
著(编)者：李向阳
2016年1月出版 / 估价：69.00元

印度蓝皮书
印度国情报告（2016）
著(编)者：吕昭义
2016年5月出版 / 估价：89.00元

印度洋地区蓝皮书
印度洋地区发展报告（2016）
著(编)者：汪戎
2016年5月出版 / 估价：89.00元

英国蓝皮书
英国发展报告（2015～2016）
著(编)者：王展鹏
2016年10月出版 / 估价：89.00元

越南蓝皮书
越南国情报告（2016）
著(编)者：广西社会科学院 罗梅 李碧华
2016年8月出版 / 估价：69.00元

越南蓝皮书
越南经济发展报告（2016）
著(编)者：黄志勇
2016年10月出版 / 估价：69.00元

以色列蓝皮书
以色列发展报告（2016）
著(编)者：张倩红
2016年9月出版 / 估价：89.00元

中东黄皮书
中东发展报告No.18（2015～2016）
著(编)者：杨光
2016年10月出版 / 估价：89.00元

中欧关系蓝皮书
中欧关系研究报告（2016）
著(编)者：周弘
2016年12月出版 / 估价：98.00元

中亚黄皮书
中亚国家发展报告（2016）
著(编)者：孙力 吴宏伟
2016年8月出版 / 估价：89.00元

社会科学文献出版社　皮书系列

❖ 皮书起源 ❖

"皮书"起源于十七、十八世纪的英国,主要指官方或社会组织正式发表的重要文件或报告,多以"白皮书"命名。在中国,"皮书"这一概念被社会广泛接受,并被成功运作、发展成为一种全新的出版形态,则源于中国社会科学院社会科学文献出版社。

❖ 皮书定义 ❖

皮书是对中国与世界发展状况和热点问题进行年度监测,以专业的角度、专家的视野和实证研究方法,针对某一领域或区域现状与发展态势展开分析和预测,具备原创性、实证性、专业性、连续性、前沿性、时效性等特点的公开出版物,由一系列权威研究报告组成。

❖ 皮书作者 ❖

皮书系列的作者以中国社会科学院、著名高校、地方社会科学院的研究人员为主,多为国内一流研究机构的权威专家学者,他们的看法和观点代表了学界对中国与世界的现实和未来最高水平的解读与分析。

❖ 皮书荣誉 ❖

皮书系列已成为社会科学文献出版社的著名图书品牌和中国社会科学院的知名学术品牌。2011年,皮书系列正式列入"十二五"国家重点出版规划项目;2012~2015年,重点皮书列入中国社会科学院承担的国家哲学社会科学创新工程项目;2016年,46种院外皮书使用"中国社会科学院创新工程学术出版项目"标识。

中国皮书网

www.pishu.cn

发布皮书研创资讯，传播皮书精彩内容
引领皮书出版潮流，打造皮书服务平台

栏目设置：

- □ 资讯：皮书动态、皮书观点、皮书数据、皮书报道、皮书发布、电子期刊
- □ 标准：皮书评价、皮书研究、皮书规范
- □ 服务：最新皮书、皮书书目、重点推荐、在线购书
- □ 链接：皮书数据库、皮书博客、皮书微博、在线书城
- □ 搜索：资讯、图书、研究动态、皮书专家、研创团队

中国皮书网依托皮书系列"权威、前沿、原创"的优质内容资源，通过文字、图片、音频、视频等多种元素，在皮书研创者、使用者之间搭建了一个成果展示、资源共享的互动平台。

自 2005 年 12 月正式上线以来，中国皮书网的 IP 访问量、PV 浏览量与日俱增，受到海内外研究者、公务人员、商务人士以及专业读者的广泛关注。

2008 年、2011 年，中国皮书网均在全国新闻出版业网站荣誉评选中获得"最具商业价值网站"称号；2012 年，获得"出版业网站百强"称号。

2014 年，中国皮书网与皮书数据库实现资源共享，端口合一，将提供更丰富的内容，更全面的服务。

权威报告　热点资讯　海量资源

当代中国与世界发展的高端智库平台

皮书数据库 www.pishu.com.cn

　　皮书数据库是专业的人文社会科学综合学术资源总库，以大型连续性图书——皮书系列为基础，整合国内外相关资讯构建而成。包含六大子库，涵盖两百多个主题，囊括了近十几年间中国与世界经济社会发展报告，覆盖经济、社会、政治、文化、教育、国际问题等多个领域。

　　皮书数据库以篇章为基本单位，方便用户对皮书内容的阅读需求。用户可进行全文检索，也可对文献题目、内容提要、作者名称、作者单位、关键字等基本信息进行检索，还可对检索到的篇章再做二次筛选，进行在线阅读或下载阅读。智能多维度导航，可使用户根据自己熟知的分类标准进行分类导航筛选，使查找和检索更高效、便捷。

　　权威的研究报告，独特的调研数据，前沿的热点资讯，皮书数据库已发展成为国内最具影响力的关于中国与世界现实问题研究的成果库和资讯库。

皮书俱乐部会员服务指南

1. 谁能成为皮书俱乐部成员？
   ● 皮书作者自动成为俱乐部会员
   ● 购买了皮书产品（纸质书/电子书）的个人用户

2. 会员可以享受的增值服务
   ● 免费获赠皮书数据库100元充值卡
   ● 加入皮书俱乐部，免费获赠该纸质图书的电子书
   ● 免费定期获赠皮书电子期刊
   ● 优先参与各类皮书学术活动
   ● 优先享受皮书产品的最新优惠

3. 如何享受增值服务？

（1）免费获赠100元皮书数据库体验卡

第1步 刮开皮书附赠充值的涂层（右下）；
第2步 登录皮书数据库网站（www.pishu.com.cn），注册账号；
第3步 登录并进入"会员中心"—"在线充值"—"充值卡充值"，充值成功后即可使用。

（2）加入皮书俱乐部，凭数据库体验卡获赠该书的电子书

第1步 登录社会科学文献出版社官网（www.ssap.com.cn），注册账号；
第2步 登录并进入"会员中心"—"皮书俱乐部"，提交加入皮书俱乐部申请；
第3步 审核通过后，再次进入皮书俱乐部，填写页面所需图书、体验卡信息即可自动兑换相应电子书。

4. 声明

　　解释权归社会科学文献出版社所有

皮书俱乐部会员可享受社会科学文献出版社其他相关免费增值服务，有任何疑问，均可与我们联系。
图书销售热线：010-59367070/7428　图书服务QQ：800045692　图书服务邮箱：duzhe@ssap.cn
数据库服务热线：400-008-6695　数据库服务QQ：2475522410　数据库服务邮箱：database@ssap.cn
欢迎登录社会科学文献出版社官网（www.ssap.com.cn）和中国皮书网（www.pishu.cn）了解更多信息

皮书大事记
（2015）

☆ 2015年11月9日，社会科学文献出版社2015年皮书编辑出版工作会议召开，会议就皮书装帧设计、生产营销、皮书评价以及质检工作中的常见问题等进行交流和讨论，为2016年出版社的融合发展指明了方向。

☆ 2015年11月，中国社会科学院2015年度纳入创新工程后期资助名单正式公布，《社会蓝皮书：2015年中国社会形势分析与预测》等41种皮书纳入2015年度"中国社会科学院创新工程学术出版资助项目"。

☆ 2015年8月7~8日，由中国社会科学院主办，社会科学文献出版社和湖北大学共同承办的"第十六次全国皮书年会（2015）：皮书研创与中国话语体系建设"在湖北省恩施市召开。中国社会科学院副院长李培林，国家新闻出版广电总局原副总局长、中国出版协会常务副理事长邬书林，湖北省委宣传部副部长喻立平，中国社会科学院科研局局长马援，国家新闻出版广电总局出版管理司副司长许正明，中共恩施州委书记王海涛，社会科学文献出版社社长谢寿光，湖北大学党委书记刘建凡等相关领导出席开幕式。来自中国社会科学院、地方社会科学院及高校、政府研究机构的领导及近200个皮书课题组的380多人出席了会议，会议规模又创新高。会议宣布了2016年授权使用"中国社会科学院创新工程学术出版项目"标识的院外皮书名单，并颁发了第六届优秀皮书奖。

☆ 2015年4月28日，"第三届皮书学术评审委员会第二次会议暨第六届优秀皮书奖评审会"在京召开。中国社会科学院副院长李培林、蔡昉出席会议并讲话，国家新闻出版广电总局原副局长、中国出版协会常务副理事长邬书林也出席本次会议。会议分别由中国社会科学院科研局局长马援和社会科学文献出版社社长谢寿光主持。经分学科评审和大会汇评，最终匿名投票评选出第六届"优秀皮书奖"和"优秀皮书报告奖"书目。此外，该委员会还根据《中国社会科学院皮书管理办法》，审议并投票评选出2015年纳入中国社会科学院创新工程项目的皮书和2016年使用"中国社会科学院创新工程学术出版项目"标识的院外皮书。

☆ 2015年1月30~31日，由社会科学文献出版社皮书研究院组织的2014年版皮书评价复评会议在京召开。皮书学术评审委员会部分委员、相关学科专家、学术期刊编辑、资深媒体人等近50位评委参加本次会议。中国社会科学院科研局局长马援、社会科学文献出版社社长谢寿光出席开幕式并发表讲话，中国社会科学院科研成果处处长薛增朝出席闭幕式并做发言。

皮书数据库
www.pishu.com.cn

皮书数据库三期

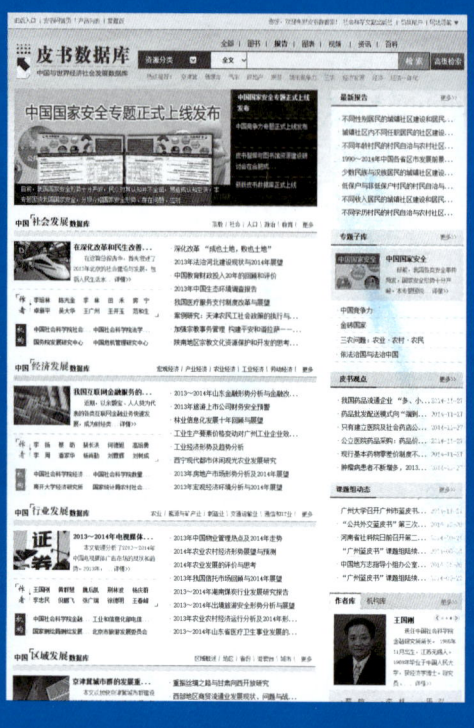

- 皮书数据库（SSDB）是社会科学文献出版社整合现有皮书资源开发的在线数字产品，全面收录"皮书系列"的内容资源，并以此为基础整合大量相关资讯构建而成。

- 皮书数据库现有中国经济发展数据库、中国社会发展数据库、世界经济与国际政治数据库等子库，覆盖经济、社会、文化等多个行业、领域，现有报告30000多篇，总字数超过5亿字，并以每年4000多篇的速度不断更新累积。

- 新版皮书数据库主要围绕存量+增量资源整合、资源编辑标引体系建设、产品架构设置优化、技术平台功能研发等方面开展工作，并将中国皮书网与皮书数据库合二为一联体建设，旨在以"皮书研创出版、信息发布与知识服务平台"为基本功能定位，打造一个全新的皮书品牌综合门户平台，为您提供更优质更到位的服务。

更多信息请登录

中国皮书网
http://www.pishu.cn

皮书微博
http://weibo.com/pishu

皮书博客
http://blog.sina.com.cn/pishu

皮书微信
皮书说

请到各地书店皮书专架/专柜购买，也可办理邮购

咨询/邮购电话：010-59367028　59367070　　　邮　　箱：duzhe@ssap.cn

邮购地址：北京市西城区北三环中路甲29号院3号楼华龙大厦13层读者服务中心

邮　　编：100029

银行户名：社会科学文献出版社

开户银行：中国工商银行北京北太平庄支行

账　　号：0200010019200365434

网上书店：010-59367070　　qq：1265056568

网　　址：www.ssap.com.cn　　　www.pishu.cn